本书为福建省社会科学规划项目“‘一带一路’背景下福建茶文化传播特征及路径研究”（课题编号：FJ2020B068）课题成果、2022年“福建省政协农业和农村委员会重大委托项目”课题成果

福建省茶产业发展报告

(2022)

ANNUAL DEVELOPMENT REPORTS ON FUJIAN'S TEA INDUSTRY(2022)

福建省政协农业和农村委员会
福 建 省 乡 村 振 兴 促 进 会
闽 江 师 范 高 等 专 科 学 校
福 州 茶 文 化 经 济 研 究 中 心
编

图书在版编目（CIP）数据

福建省茶产业发展报告．2022/福建省政协农业和农村委员会等编．--福州：福建人民出版社，2022.12

ISBN 978-7-211-08945-1

Ⅰ．①福… Ⅱ．①福… Ⅲ．①茶业—产业发展—研究报告—福建—2022 Ⅳ．①F326．12

中国版本图书馆 CIP 数据核字（2022）第 217503 号

福建省茶产业发展报告（2022）

FUJIANSHENG CHACHANYE FAZHAN BAOGAO

编　　者：福建省政协农业和农村委员会　福建省乡村振兴促进会
闽江师范高等专科学校　福州茶文化经济研究中心
责任编辑：何水儿
责任校对：李雪莹
出版发行：福建人民出版社　　**电　　话**：0591-87533169（发行部）
网　　址：http://www.fjpph.com　　**电子邮箱**：fjpph7211@126.com
地　　址：福州市东水路 76 号　　**邮政编码**：350001
经　　销：福建新华发行（集团）有限责任公司
印　　刷：福州印团网印刷有限公司
地　　址：福州市仓山区建新镇十字亭路 4 号
开　　本：787 毫米×1092 毫米　1/16
印　　张：24.5
字　　数：352 千字
版　　次：2022 年 12 月第 1 版　　2022 年 12 月第 1 次印刷
书　　号：ISBN 978-7-211-08945-1
定　　价：60.00 元

编　委　会

福茶春来早（代序）

春天，总是多故事的。

还记得，2021 年的武夷春光格外朗润。古老的茶镇星村，山花比以往任何时候都显得烂漫，脱贫致富的茶农比以往任何时候都开心。3 月 22 日，在福建考察的习近平总书记来到燕子窠生态茶园，看到在科技特派员的指导下武夷茶坚持绿色发展、品质提高、茶农增收，高兴地指出，武夷山这个地方物华天宝，茶文化历史久远，气候适宜，茶资源优势明显，又有科技支撑，形成了生机勃勃的茶产业，要很好地总结科技特派员制度经验，继续加以完善、巩固和坚持。要把茶文化、茶产业、茶科技统筹起来。过去，茶产业是这里脱贫攻坚的支柱产业，今后要成为乡村振兴的支柱产业……

习近平总书记的“三茶”统筹讲话精神，如春天的第一声信号，似一缕缕骀荡的春风，拂过燕子窠，激活了茶园积蓄的一整个冬日的能量，一行行嘉树灵芽，如一行行春的诗句，欢快，轻灵而跃动。

茶业春天的画卷从燕子窠铺展开来。作为中国茶业千年标杆的福建，历史上对世界茶业做出了无与伦比的贡献。而今，在空前的政策暖风的助力下，福建茶人心潮荡漾，第一时间推出贯彻茶业新发展理念的诸多举措。武夷岩茶、安溪铁观音、福鼎白茶、福州茉莉花茶、福建红茶 5 个拳头产品将带领全省茶叶形成产业集群；金观音、金牡丹、紫玫瑰、春闺等优良品种得以大范围推广；茶叶精深加工、茶产业数字化应用等将有实质性突破，茶业高质量发展的新格局初步形成。而福建各茶区落实“三茶”统筹发展的思路也坚决果敢，铿锵有力。例如，著名的闽东茶区核心地宁德市，明确了自己的愿景：“努力建成中国最优白茶、特色红茶以及绿茶、乌龙茶等多茶类协调发展的现代化生态茶产区。”

其实，一部茶史已经告诉我们，什么时候“三茶”融合得好，茶业就生机勃勃，什么时候失衡时茶业则如跛脚行路，磕磕碰碰，乃至于沉沦下去。最先感知国际市场风云变幻而茶行天下的福建茶业，深深理解这一点：科技是茶产业的第一推动力，文化不断打开茶的价值空间，中国茶叶走向世界市场同样需要文化开路。改革开放以来的福建茶产业大发展中，科技、文化与产业齐头并进，为中国茶产业树立了一个标杆。

2020—2021年，福建“三茶”统筹的实践丰富多彩。福建茶叶单产量、总产量、茶树良种覆盖率、毛茶产值等等继续独领风标。全产业链环环相扣，健康有序，持续提升。这两年，福建省主导制定（修订）了3项国家标准、1项行业标准、17项省地方标准；发布实施并声明公开58项团体标准和114项企业标准。茶企不仅积极贯彻标准，更化标准为经济效益，涌现出了像武夷星茶企摘取全国茶行业第一个全国质量标杆企业桂冠的茶企，以及八马、品品香等茶企以品牌成功开拓市场的案例等等，皆凸显出福建茶企实力的不断壮大与龙头茶企带动力的不断增强。

继福州茉莉花与茶文化系统之后，2022年安溪铁观音茶文化系统入选全球重要农业文化遗产。这是福建茶文化挖掘、保护与传承的又一个重大成果。这几年，福建茶文化基础建设令人振奋，诸如各地加紧编修地方茶志，《南平茶志》《宁德茶志》《政和茶志》等先后推出。而更多的地方茶文化建设亦可圈可点，像建瓯，已经启动北苑贡茶遗址勘探，目前已完成北苑御焙遗址考古勘探基础资料收集，下一步将梳理构建北苑贡茶文化体系。“天下之茶建为最，建之北苑又为最”。北苑贡茶兴盛时期，中国的贡茶生产进入专门化与制度化，贡茶制作技艺与传统的祥瑞文化完美结合，“一时之盛，诚为伟观”，制作、诗文、茶论、茶俗、宗教等空前交融，迅疾升腾出中国茶业空前绝后的一个巅峰，但遗憾的是长期以来疏于挖掘与整理。今天，福建的相关市县，在福建茶产

业大发展时期已经意识到“建茶”这座中国茶文化富矿的价值，像建瓯就明确了“抢占中华茶文化的皇冠”，可谓定位精准，目标高远。相信不远的将来，消费者将会越来越领略到福建茶文化的瑰丽多姿，更为重要的是增强中国茶文化的自信。历史上，茶是中国打破文明隔阂，促进文化交流，弘扬和平价值观的最成功的载体之一。在新时代，中国茶业开始了新的征程，历年的“茶叙外交”中总闪现着福建元素，福建茶人有责任率先讲好中国茶的新故事。

2022 年 11 月 29 日，又一项终将载入史册的大事令茶界沸腾，即“中国传统制茶技艺及其相关习俗”在摩洛哥拉巴特召开的联合国教科文组织保护非物质文化遗产政府间委员会第 17 届常会上通过评审，列入联合国教科文组织人类非物质文化遗产代表作名录（名册）。这是我国第 43 个列入联合国教科文组织非物质文化遗产名录（名册）的项目，充分体现了中国茶文化对人类文明的多样性贡献。中国传统制茶技艺及其相关习俗涉及 15 个省（区、市）的 44 个国家级项目。其中，福建省有武夷岩茶（大红袍）制作技艺、铁观音制作技艺、福鼎白茶制作技艺、福州茉莉花茶窨制工艺、坦洋工夫茶制作技艺、漳平水仙茶制作技艺等 6 个项目。习近平总书记对“中国传统制茶技艺及其相关习俗”列入联合国教科文组织人类非物质文化遗产代表作名录非常重视，强调此举对于弘扬中国茶文化很有意义。这对中国茶界既是一个巨大的鼓舞，更是一个艰巨的挑战。我们要扎实做好中国传统茶文化的系统性保护，推进传统茶文化的创造性转化和创新性发展，并自信满满地走向世界。

这两年，福建茶业科技狂飙突进，更不断落地应用，赋能发展，以科技进步掌控茶业发展的主动。例如，安溪数字茶业建设取得实质性的突破。2022 年 2 月 27 日，“安溪铁观音一号”卫星成功发射，62 天后，“安溪铁观音二号”卫星再次升空。一俟组网成功，安溪县即可直接应用卫星遥感、现代光学技术和大数据等，开展安溪茶园病虫害测报、土壤肥力检测、茶叶产量测算和茶园抢险救灾等，为茶企、茶农进行茶园规划、管理、估产及灾害治理等提供强大的数据支撑，为县域智慧茶业体系建设打下基础，进而逐步探索符合自身生产要素禀赋的内生发展机制，最终走出一条中国特色的茶业现代化之路。再如，“中国（福建）茶产业互联网综合服务平台”（福茶网）成立并运营，实现了茶业数据“活起来”，可实时化地反馈给茶叶生产者与消费者，为决策提供更科学的支撑。

在文化与科技的加持下，福建茶产业更为生机盎然，气象非凡，这在《福建省茶产业发展报告（2022）》中得以集成性地体现。《福建省茶产业发展报告（2022）》以习近平总书记来闽考察时的讲话精神为指导，系统梳理了全省以及设区市“三茶”统筹发展的情况。从产量、产值的系列数字中，从综述到专题报告，均可看到福建茶业的进步，更从良种普及、制茶技术进步、品牌价值提升、小众茶得到越来越广泛的市场认可、茶业生产模式的创新性探索等等论述中读出了福建茶产业的提升，从而大大充实了人们对茶业的认知。报告不仅全面，剖析更有力度。例如，福建茶业在发展进程中存在着的瓶颈（这也是中国茶业存在的普遍性问题），即加工粗放型多、企业规模小、生产分散、产品单一、附加值低、质量不稳定、市场拉动力弱等等，作者不是停留于泛泛之论，而是结合福建的几个茶区，条分缕析，展陈出各个茶区存在各异的疑难杂症，像漳州市，茶叶加工水平低、龙头企业带动较弱，茶园基础设施薄弱，通往山地茶园道路要么未硬化，要么过窄，严重影响了沿线村庄茶农耕作和茶叶运输，较高的生产成本妨碍了茶叶的市场竞争力。基于这种准确分析，报告给予的对策建议也就很接地气，而不是空泛的“加强生态茶园建设”“创出富有区域特色的生态茶园模式”等等语言。另外，典型案例的解析一直是报告的一大特色。这两年福建茶产业发展的成功案例特别丰富，如前所述，有茶文化的深入挖掘与整理，有茶树种质资源保护，有标杆茶企的打造，有创新多元金融产品而助力茶叶企业解决融资难题等等。这份报告选取“全球重要农业文化遗产”深度解

析就很有现实价值与标杆意义，毕竟在全国仅有的3个“全球重要农业文化遗产”茶类项目中，福建就占有两席。

“圣代殷今多雨露，诸君何以答升平。”福建先贤的智慧，一直泽被后世，而敢为人先的福建茶人在新时代将开辟出哪些新的茶业生产方式呢？茶之于福建，从来都是一项民生产业，也是一项历史文化传承。例如，由“茶叶”到“全球重要农业文化遗产”的内涵升华，为茶业跃升打开了新的思维空间与价值空间，我们可以在人与自然协调的生态综合化中激发出新业态，为茶业发展探索出一条新路径而造福全人类。应该说，福建的每一步探索都有了世界意义，乃至于为构建人类命运共同体贡献茶的力量。历史上，福建以国际化的视野发展茶产业，而今通过“闽茶海丝行”“福茶驿站”等，福建又引领中国茶叶走向世界。安溪举办的首届中国茶科技创新大赛，就以安溪的数十家茶叶龙头企业创新需求为导向，用“张榜领题”的形式，面向全球征集到两百多个参赛项目，涉及绿色生产技术、智能装备技术、茶叶深加工技术等，搭建了茶企需求与创新创业项目之间的桥梁，推动了产业、人才、技术深度融合。其实，在茶业大县安溪，茶业领域处处彰显着创新气象。例如，茶叶生产组织化程度不断提高，政府引导茶农与社会资本、龙头企业、合作社、专业大户建立“1＋X”的利益联结形式，目前全县已经产生了2400多个茶叶专业合作社与家庭农场。通过加入茶业产业化联合体，茶农合作生产，打造产销共同体、质量共同体、植保共同体、创业共同体、茶庄园共同体，推动茶园变庄园，农民变股民，就业变创业，创意变创收，劳动变活动，深刻诠释了“三茶”统筹发展的理念。安溪设立了全省首家茶业专业支行——农行安溪茶都支行，实现快速高效为茶农服务，有效规避了小农生产应对市场的风险，实现了规模经营、质量联控、集约管理，让茶农分享更多增值收益，在乡村振兴中朝着共同富裕之路迈进，相信安溪的做法会像安溪茶业品牌化经营一样，具有广阔的示范效应，乃至于典型意义。

燕子窠的那个春天，习近平总书记的“三茶”统筹讲话，深刻地推动了中国茶业的变革与升华。在完成了脱贫致富而迈向乡村振兴的伟大战略引领下，尤其是乘着党的二十大胜利召开之东风，中国茶业站在了新的起点，燕子窠也必将被浓墨重彩地载入茶业史册。

中国茶文化源远流长，博大精深，自成体系，曾深刻地影响着世界，而今，中国茶业坚定不移地踏上适合自己特点的现代化之路。

福茶，又将迎来一个绮丽的春天!

编委会

2022 年 12 月于福州

摘　要

清新福建，多彩福茶。

福建既是中国茶叶大省，也是茶叶强省，是全国最重要的茶区之一。2021 年，全省茶园面积 2321 平方千米，同比增长 3.66%；茶叶产量 48.79 万吨，同比增长 5.74%；毛茶产值 228.6 亿元，同比增长 2.24%；茶叶全产业链产值 1412 亿元，同比增长 10.45%，继续保持增产增收的良好态势。2020—2021 年，福建茶叶单产、总产、茶树良种覆盖率、毛茶产值、全产业链产值、国家级重点龙头企业数量、中国驰名商标数量等 7 项指标均居全国前列。

为贯彻习近平总书记来闽考察时关于统筹做好“茶文化、茶产业、茶科技”重要讲话精神，福建省农业农村厅出台了《关于统筹做好“茶文化、茶产业、茶科技”这篇大文章推动茶产业高质量发展的若干意见》（闽农规〔2021〕7 号）。“十四五”期间，福建省茶产业将以习近平新时代中国特色社会主义思想为指导，牢固树立新发展理念，落实高质量发展要求，以弘扬茶文化为引领，以做强茶产业为目标，以提升茶科技为支撑，以数字化为突破口，加强产地管理，保障产品质量，补齐产业短板，促进三产融合，提升品牌效应，构建茶文化、茶产业、茶科技统筹发展、相互促进、共同提升的闽茶发展新格局，到 2025 年实现全省茶叶全产业链总产值超 2000 亿元目标。

在此背景下，本书对近年来福建省茶产业发展状况进行了全面梳理，对福建省茶产业整体发展问题进行了分析与研判，对各主要茶产区的发展现状、发展特色及未来规划进行了汇总，对福建省茶产业发展典型企业进行了总结展示。全书主要从以下几个方面对近年来福建省茶产业发展做了全面的总结与分析：

第一部分福建省茶产业发展总报告：对 2020 年以来福建省茶文化、茶产业、茶科技的发展情况进行系统梳理与分析，并对“三茶”统筹标准化建设现状进行总结。

第二部分福建省茶产区报告：对福建省福州市、厦门市、宁德市、莆田市、泉州市、漳州市、龙岩市、三明市、南平市 9 个茶产区进行发展现状与对策研究。

第三部分福建省特色茶产业报告：对中国全球重要农业文化遗产(GIAHS)“福州茉莉花与茶文化系统”“安溪铁观音茶文化系统”、武夷岩茶优势特色产业集群项目、省级现代茶业智慧园项目、实施新型经营主体发展特色农业项目进行发展现状与对策研究。

第四部分福建省重点龙头茶企发展案例：对福建省重点龙头茶叶企业发展情况进行翔实分析，并对部分农业产业化国家级、省级、市级重点龙头企业进行典型剖析。

第五部分福建省茶产业专题报告：从综合调研专题、海关专题、标准化建设专题、乡村振兴专题、产业发展专题角度，对福建省茶产业发展中出现的新情况、新趋势和新问题做了较为深入的分析。

总体来看，本书既延续了原有茶业蓝皮书的整体结构布局，又结合了新时代茶产业发展背景，做了各种有益补充与创新性拓展。它不仅对福建省茶产业发展进行宏观概括与展示，对福建茶产业发展经验、存在问题进行分析与总结，也对未来福建茶产业发展提出了设想与规划，将直接服务于茶产业，为福建乃至全国相关茶叶研究机构、茶叶生产企业、茶叶经营者及广大茶友提供时效性的理论参考和实践指导。本书不仅是茶界的实用工具书，也是相关研究机构、茶叶生产企业、茶叶爱好者了解福建省茶产业的重要著作。

关键词： 福建省　茶叶　茶产业

Abstract

Fresh Fujian, colorful Fortune tea.

Fujian is not only a major tea province in China, but also a prolific tea province. It is one of the most important tea regions in the country. In 2021, the tea plantations in Fujian covered an area of 232, 100 hectares, a year-on-year increase of 3.66%. Tea output amounted to 487,900 tons, a year-on-year increase of 5.74%. The output value of gross tea was22.86 billion dollars, up 2.24% year on year; The output value of the entire tea industry chain was 141.2 billion dollars, up 10.45% year on year, and still maintained a good momentum of production and income increase. From 2020 to 2021, Fujian ranked among the top in the country in terms of its tea yield per unit, total output, coverage of improved tea varieties, gross tea production value, output value of the entire industry chain, number of national key leading enterprises, and number of well-known trademarks in China as well.

In accordance with the spirit of General Secretary Xi Jinping's important speech on coordinating "tea culture, tea industry, and tea technology" during his Fujian trip in 2021, Fujian enacts legislation on "coordinating 'tea culture, tea industry, and tea technology' to promote high-quality development of the Tea Industry" (Fujian Provincial Agricultural Stipulation 〔2021〕 No.7). As such, during the "14th Five—Year Plan" period, guided by Xi Jinping Thought on Socialism with Chinese Characteristics for a New Era, local tea industries will firmly establish a new development concept and implement high-quality development requirements. Meanwhile, guided by tea culture promotion aiming to strengthening the tea industry, supported by the advancement of tea technology aiming to highlighting digitalization, Fujian will reinforce the management of production areas to ensure product quality and make up for the shortcomings of the industry to promote the tea industry, thereby enhancing its brand effect, and ultimately bringing a new development pattern in which Fujian tea culture, tea industry, and tea technology develop and flourish in a coordinated way. By 2025, it is estimated that the total output value of the entire tea industry chain in the province will exceed approximately 200 billion dollars.

In such a case, the book combs comprehensively the development of tea industry in Fujian province in recent years, analyses the overall development of tea industry in Fujian province, summarizes present situation of main tea production area, developing characteristic and future planning, and showing typical tea enterprises as well. The book mainly summarizes and analyzes the development of Fujian tea industry in recent years from the following aspects.

The first part is about Fujian tea industry development. This part systematically sorts out and analyzes the development of tea culture, tea industry, and tea technology in Fujian Province since 2020, and summarizes the current status of the "coordination" standardization construction.

The second part is about tea production areas in Fujian province. It is about the development status and countermeasures of tea producing areas in nine Fujian cities, namely, Fuzhou, Xiamen, Ningde, Putian,

 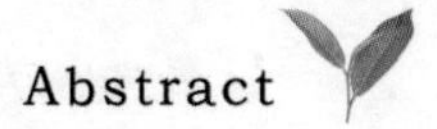

Quanzhou, Zhangzhou, Longyan, Sanming and Nanping.

The third part is the characteristic tea industries in Fujian Province. This part conducts research and propose countermeasures on the following projects, namely, "Fuzhou Jasmine and Tea Culture System" (China's Globally Important Agricultural Cultural Heritage, abbreviation for GIAHS), "Anxi Tieguany in Tea Culture System", Wuyi Rock Tea Advantage and Characteristic Industry Cluster Project, Provincial Modern Tea Industry Wisdom Park Project, implementation of the development of new business entities and development of characteristic agricultural projects.

The fourth part is about the key tea enterprises in Fujian Province. In this part, the development of tea enterprises in Fujian Province is analyzed in detail, and case studies about some national key leading enterprises with regard to agricultural industrialization are conducted.

The fifth part is about Fujian Province special report. From the perspectives of comprehensive research topics, customs topics, standardization construction topics, rural revitalization topics and industrial development topics, this part conducts a comprehensive analysis of new situations, new trends and new problems in the development of the tea industry in Fujian Province.

In general, the book has combined overall structure of the original Blue Book into background of tea industry development in new era, with much useful supplement and innovative extension. In addition, it summarizes and shows the development of tea industry in Fujian province from a macro perspective, draws on experiences and existing problems of Fujian tea industry, makes a plan for future tea industry development, all of which will directly serve the tea industry and provide timeliness theoretical reference and practical guidance for tea research institutes of Fujian and even the country, tea production enterprises, tea agents and tea lovers. This book is not only a practical reference book for the tea industry, but also an important publication for relevant research institutes, tea production enterprises and tea lovers to have a deep insight into tea industry in Fujian Province.

Keywords: Fujian province; Tea; Tea industry

目　录

第一部分　福建省茶产业发展报告

第二部分　福建省茶产区报告

第三部分　福建省特色茶产业报告

第四部分　福建省重点龙头茶企发展案例

第五部分　福建省茶产业专题报告

第一部分　福建省茶产业发展报告

贯彻习近平总书记来闽考察时关于统筹做好“茶文化、茶产业、茶科技”重要讲话精神，对2020年以来福建省茶文化、茶产业、茶科技的发展情况进行系统梳理与分析，并对“三茶”统筹标准化建设现状进行总结。

茶产业是福建省重要的特色优势产业，在农业农村经济发展和乡村全面振兴中占有举足轻重的地位。为落实福建省委、省政府高质量发展超越要求，福建省坚持以绿色发展为导向，以提升品质、打响品牌为重点，着力创新体制机制，全力推进茶产业高质量发展。2021年8月6日，新修改的《福建省促进茶产业发展条例》发布。条例修改内容主要侧重在质量安全、管控和可追溯的相关条例上，加大了违法的处罚力度，完善了产品可追溯的内容，用法律为福建茶产业发展保驾护航，以确保福建茶产业绿色、高质量、安全、可持续发展，为乡村振兴作出贡献。2020年，全省茶园面积2239平方千米，同比增长1.82%；茶叶产量46.14万吨，同比增长2.27%；毛茶产值223.7亿元，同比增长2.23%；茶叶全产业链产值1300亿元，同比增长10.45%，继续保持增产增收的良好态势。2021年，全省茶园面积2321平方千米，同比增长3.66%；茶叶产量48.79万吨，同比增长5.74%；毛茶产值228.6亿元，同比增长2.24%；茶叶全产业链产值1412亿元，同比增长10.45%。2020—2021年，福建茶叶单产、总产、茶树良种覆盖率、毛茶产值、全产业链产值、国家级龙头企业数量、中国驰名商标数量等指标均居全国前列。

为贯彻习近平总书记来闽考察时关于统筹做好“茶文化、茶产业、茶科技”重要讲话精神，福建省出台《关于统筹做好“茶文化、茶产

业、茶科技”这篇大文章推动茶产业高质量发展的若干意见》(闽农规〔2021〕7号)。“十四五”期间，福建省茶产业将以习近平新时代中国特色社会主义思想为指导，牢固树立新发展理念，落实高质量发展要求，以弘扬茶文化为引领，以做强茶产业为目标，以提升茶科技为支撑，以数字化为突破口，加强产地管理，保障产品质量，补齐产业短板，促进三产融合，提升品牌效应，构建茶文化、茶产业、茶科技统筹发展、相互促进、共同提升的闽茶发展新格局，到2025年实现全省茶叶全产业链总产值超2000亿元目标。福建省将继续紧紧围绕《关于推进绿色发展质量兴茶八条措施的通知》要求，着力促进茶叶质量效益、产业竞争力、产业持续发展能力显著提高。

一、茶文化

(一)闽茶文化传播

1. 组织开展国际茶日系列活动

2021年5月，福建省农业农村厅以“闽茶飘香，共品共享”为主题，在三明市大田县举办第二届国际茶日福建省启动仪式；组织各茶叶主产区、茶叶企业申报中国茶产业T20最美生态茶园、区域特色美丽茶乡、建党百年百条红色茶乡旅游精品路线推评活动；组织相关县(市、区)开展“百县、百茶、百人”公益推选。

2021年5月21—25日，福建省组织8个茶叶区域公用品牌200多家企业参加第四届中国国际茶叶博览会。初步统计，展会期间福建展区现场交易额3100万元，意向交易额达7.1亿元，均较上届展会增长10%以上。福建省各项参展工作获得组委会充分肯定，福建展团获评最佳组织单位；安溪县、武夷山市、福鼎市、大田县被评为全国区域特色美丽茶乡；漳平赏花品茶红色休闲之旅等15条路线被评为全国红色茶乡旅游精品路线；华祥苑国缤茶等25个产品入围第四届中国国际茶叶博览会推荐产品名单。

图 1-1 自然生态有机茶园——九曲溪畔茶园（黄金生摄）

2. 提升闽茶文化展示平台

继续开展“闽茶海丝行”活动，组织茶叶企业参加香港国际茶展，并赴“一带一路”沿线国家和地区推介闽茶，大力推动闽茶知名品牌落地，支持重点茶叶龙头企业在境外设立闽茶品牌旗舰店，拓展境外市场，参与国际竞争，打造闽茶外销的桥头堡。指导企业针对境外消费习惯开发适销对路产品，改进产品包装，提供飘逸杯等便捷泡饮器具，让闽茶更适应国际市场的多元化需求。福建省发挥福建名茶众多优势，依托中国农民丰收节、国际茶日和中国国际农产品交易会、中国国际茶叶博览会、海峡两岸茶业博览会、海峡（漳州）茶会等平台，充分展示茶文化，讲好闽茶故事、宣传闽茶品牌、促进闽茶贸易。

3. 举办海丝国际茶文化论坛

2020—2022 年，中共福建省委宣传部联合省农业农村厅、省文化和旅游厅、省归国华侨联合会，分别举办首届、第二届、第三届海丝国际茶文化论坛系列活动及“海丝国际杯”茶王赛、斗茶赛，促进海内外茶文化交流互鉴，讲好中国故事，助推 21 世纪海上丝绸之路核心区建设。2022 年，第三届海丝国际茶文化论坛系列活动中，《中国茶产业发展报告 2021（茶业蓝皮书）》《茶坐标——标杆千年福建茶》等首发式在福鼎举行。

4. 展示“闽茶工匠”精神

福建省农业农村厅与省人力资源和社会保障厅、省总工会，于2020 年 8 月底共同主办全国茶叶加工工职业技能竞赛福建选拔赛暨福建省首届茶叶（红茶）加工工职业技能竞赛，选拔 10 位优秀选手参加全国茶叶加工工职业技能总决赛。经过激烈角逐，福建代表团 10 位选手全部进入前 50 名，荣获优秀团体奖。其中，宁德选送的郑国华、陈辉煌分获第二和第四，获全国技术能手称号。省赛和国赛充分展示了福建省茶叶加工技术人员精益求精的“闽茶工匠”精神、敬业创新的精神风貌和团结奋进的时代风采，对提高福建省红茶加工技术水平起到了促进作用。

（二）茶叶品牌建设

1. 茶叶品牌建设现状

近年来，在福建省委、省政府的领导下，福建省持续加大对茶叶争创品牌的扶持力度，助推茶产业高质量发展。

（1）支持和指导茶产业争创品牌。

引导茶叶企业以创建品牌为载体，加强质量管理体系建设，不断提升发展水平。鼓励茶叶生产企业申报各级政府质量奖，涌现出一批品牌企业，目前茶叶企业获福建省政府质量奖（含提名奖）3 家、市级政府质量奖（含提名奖）3 家。福建春伦集团有限公司获第五届福建省政府质量奖，武夷星茶业有限公司获第六届福建省政府质量奖提名奖，福建品品香茶业有限公司获第七届福建省政府质量奖；武夷山香江茶业有限公司获第五届南平市政府质量奖，福建省武夷山瑞泉茶业有限公司获第五届南平市政府质量奖提名奖。组织开展政府质量奖获奖企业经验分享活动，引导更多的茶叶企业追求卓越，持续改进，提升质量管理水平。加强茶叶企业品牌宣传，推荐福建武夷山国家级自然保护区正山茶业发

展有限公司、福建品品香茶业有限公司等茶叶品牌企业参加中国品牌日活动，进一步扩大福建省茶叶产品的影响力和竞争力。

(2) 加强茶叶类地理标志的注册、使用、管理和保护。

福建省是地理标志大省，通过加强茶叶类地理标志的注册、使用、管理和保护工作，积极培育茶叶类企业品牌，推动茶叶产业发展。各级市场监管部门、农业行政部门深入了解区域资源特征，挖掘、整理辖区内符合地理标志保护要素的资源状况；指导符合条件的茶叶类产品及时注册地理标志商标，或申报地理标志产品保护，夯实法律保护基础；指导茶叶类地理标志商标通过申请驰名商标认定获得保护。通过开展全省优秀地理标志商标注册人推广示范活动，打造优质的茶叶类地理标志产品，培育龙头企业，做强做大茶产业，提高茶叶类地理标志产品的品牌知名度和市场占有率。目前，全省茶叶类地理标志商标有82件，茶叶类地理标志保护产品有9件。“安溪铁观音”拥有地理标志驰名商标，“政和工夫”“八马”“凤山”“中闽魏氏”“泉岩”“三和”“裕园”“魏氏红”“华祥苑”等商标获得驰名商标保护，“福鼎白茶”“品品香”“绿雪芽”“六妙”等白茶类商标被认定为驰名商标。目前，获得驰名商标认定保护的茶叶类地理标志商标有13件、企业商品商标有25件。

福建省十分注重茶文化旅游开发，将茶文化、茶产品有机融入各项旅游活动中，精心策划了中华武夷茶博园、“印象大红袍”山水实景演出等具有区域竞争力、唯一性和独特性的茶旅体验项目，并推出茶园生态游、茶乡体验游、茶保健旅游、茶事修学游等多条茶文化旅游线路。目前，全省已建成茶庄园60个，促进三产融合发展。通过新茶饮品牌带动茶消费，为各茶叶区域公用品牌提供了一条可联动的产业与品牌延伸发展道路。

2. 茶叶品牌建设评价

福建省盛产名茶，大红袍、铁观音、福鼎白茶、坦洋工夫、正山小种等名茶都产自福建省，并享誉全球。福建茶品历史悠久，品牌出众，在全球影响力较高，品牌认知度较好。本文以浙江大学CARD中国农业品牌研究中心发布的《2020中国茶叶企业产品品牌价值评估报告》

《2021中国茶叶企业产品品牌价值评估报告》为参考，对福建省茶叶品牌发展情况作进一步分析。

（1）福建茶叶企业产品品牌价值评估。

2020年，在全国156家茶叶企业的172个产品品牌的有效评估中，有27个茶叶产品品牌来自福建。进入前100位的茶叶企业产品品牌来自福建的有19个，品牌总价值90.07亿元，品牌总价值同比增长19.98%。其中“新坦洋”“銮露”“品品香”“鼎白Dingbai”“御茶园”“满堂香”的品牌价值超5亿元，“新坦洋”“銮露”品牌价值超12亿元（表1-1）。

表1-1　2020中国茶叶企业产品品牌价值评估结果（福建）　（单位：亿元）

排名	企业名称	品牌名称	品牌价值
3	福建新坦洋集团股份有限公司	新坦洋	12.46
4	闽榕茶叶有限公司	銮露	12.19
8	福建品品香茶业有限公司	品品香	9.74
11	福建鼎白茶业有限公司	鼎白Dingbai	8.12
15	福建省天禧御茶园茶叶有限公司	御茶园	6.92
19	福建满堂香茶业股份有限公司	满堂香	5.05
29	福建誉达茶业有限公司	誉达	4.37
34	福鼎市张元记茶业有限公司	张元记	3.94
36	福建瑞达茶业有限公司	瑞达	3.81
37	福建福鼎东南白茶进出口有限公司	多奇Duoqi	3.80
43	福建隽永天香茶业有限公司	隽永天香	3.54
44	福建百祥进出口贸易有限公司	福百祥	3.51
60	福建品品香茶业有限公司	晒白金	2.48
68	福建省天醇茶业有限公司	天醇	2.21
70	福建省裕荣香茶业有限公司	裕荣香	2.10

续表

排名	企业名称	品牌名称	品牌价值
74	福建省莲峰茶业有限公司	三泉	1.98
84	福建省银龙茶叶科技有限公司	银龙	1.59
95	福建联合闽津茶业有限公司	闽津	1.19
99	福建省泉州市裕园茶业有限公司	裕园	1.07

数据来源：浙江大学 CARD 中国农业品牌研究中心。

2021 年，在全国 158 家茶叶企业的 183 个产品品牌的有效评估中，有 29 个茶叶产品品牌来自福建，位居各省份第一。位居前 100 位的茶叶产品品牌来自福建的有 20 个，品牌总价值 106.01 亿元，品牌总价值同比增长 17.70%。其中“新坦洋”“銮露”“品品香”“鼎白 Dingbai”“御茶园”“绿芳”“瑞达”“誉达”“满堂香”等 9 个品牌价值超 5 亿元，“新坦洋”“銮露”“品品香”品牌价值超 10 亿元（表 1-2）。

表 1-2 2021 中国茶叶企业产品品牌价值评估结果（福建） （单位：亿元）

排名	企业名称	品牌名称	品牌价值
3	福建新坦洋集团股份有限公司	新坦洋	13.01
4	闽榕茶叶有限公司	銮露	12.41
5	福建品品香茶业有限公司	品品香	10.62
11	福建鼎白茶业有限公司	鼎白 Dingbai	8.84
14	福建省天禧御茶园茶叶有限公司	御茶园	7.75
16	永春县魁斗莉芳茶厂	绿芳	6.11
17	福建瑞达茶业有限公司	瑞达	5.92
18	福建誉达茶业有限公司	誉达	5.65
19	福建满堂香茶业股份有限公司	满堂香	5.43
27	福建百祥进出口贸易有限公司	福百祥	4.60
31	福鼎市张元记茶业有限公司	张元记	4.27
39	福建隽永天香茶业有限公司	隽永天香	4.05
40	福建福鼎东南白茶进出口有限公司	东南多奇	3.97

续表

排名	企业名称	品牌名称	品牌价值
53	福建品品香茶业有限公司	晒白金	2.79
60	福建省天醇茶业有限公司	天醇	2.50
62	福建省莲峰茶业有限公司	三泉	2.47
72	福建省裕荣香茶业有限公司	裕荣香	2.10
89	福建联合闽津茶业有限公司	闽津	1.27
92	福建省泉州市裕园茶业有限公司	裕园	1.17
99	武夷山香江茶业有限公司	曦瓜 XI GUA	1.08

数据来源：浙江大学CARD中国农业品牌研究中心。

对比2020—2021年进入中国茶叶企业产品品牌价值评估前100位的福建品牌，永春县魁斗莉芳茶厂的“绿芳”以6.11亿元的品牌价值由2020年未入前100位跃居第16位，武夷山香江茶业有限公司的“曦瓜 XI GUA”以1.08亿元的品牌价值闯入2021年的中国茶叶企业产品品牌价值前100位名单。“御茶园”“誉达”“瑞达”“隽永天香”“福百祥”“晒白金”“天醇”“三泉”等8个产品品牌价值增长率超10%，“瑞达”品牌价值增长率达到55.38%。2020年，福建进入前百位茶叶产品品牌平均价值4.74亿元，2021年的平均价值5.39亿元，同比增长13.71%。福建茶叶企业产品品牌价值仍处于高速发展中（表1-3）。

表1-3　中国茶叶企业产品品牌价值评估结果比较（福建）　（单位：亿元）

企业名称	品牌名称	2020		2021		品牌价值增长率（%）
		排名	品牌价值	排名	品牌价值	
福建新坦洋集团股份有限公司	新坦洋	3	12.46	3	13.01	4.41
闽榕茶叶有限公司	銮露	4	12.19	4	12.41	1.80
福建品品香茶业有限公司	品品香	8	9.74	5	10.62	9.03
福建鼎白茶业有限公司	鼎白 Dingbai	11	8.12	11	8.84	8.87
福建省天禧御茶园茶叶有限公司	御茶园	15	6.92	14	7.75	11.99

续表

企业名称	品牌名称	2020 排名	2020 品牌价值	2021 排名	2021 品牌价值	品牌价值增长率（%）
福建满堂香茶业股份有限公司	满堂香	19	5.05	19	5.43	7.52
福建誉达茶业有限公司	誉达	29	4.37	18	5.65	29.29
福鼎市张元记茶业有限公司	张元记	34	3.94	31	4.27	8.38
福建瑞达茶业有限公司	瑞达	36	3.81	17	5.92	55.38
福建福鼎东南白茶进出口有限公司	多奇 Duoqi	37	3.80	40	3.97	4.47
福建隽永天香茶业有限公司	隽永天香	43	3.54	39	4.05	14.41
福建百祥进出口贸易有限公司	福百祥	44	3.51	27	4.60	31.05
福建品品香茶业有限公司	晒白金	60	2.48	53	2.79	12.50
福建省天醇茶业有限公司	天醇	68	2.21	60	2.50	13.12
福建省裕荣香茶业有限公司	裕荣香	70	2.10	72	2.10	0.00
福建省莲峰茶业有限公司	三泉	74	1.98	62	2.47	24.75
福建省银龙茶叶科技有限公司	银龙	84	1.59			
福建联合闽津茶业有限公司	闽津	95	1.19	89	1.27	6.72
福建省泉州市裕园茶业有限公司	裕园	99	1.07	92	1.17	9.35
永春县魁斗莉芳茶厂	绿芳	16	6.11			
武夷山香江茶业有限公司	曦瓜 XI GUA	99	1.08			
总计			90.07		106.01	17.70

数据来源：浙江大学 CARD 中国农业品牌研究中心。

（2）福建茶叶区域公用品牌价值评估。

根据浙江大学 CARD 中国农业品牌研究中心发布的《2020 中国茶叶区域公用品牌价值评估报告》《2021 中国茶叶区域公用品牌价值评估报告》，对福建省茶叶区域公用品牌发展状况作进一步分析。2020 年，全国 98 个有效评估的区域公用品牌中，12 个区域公用品牌来自福建，12 个区域公用品牌平均价值为 25.33 亿元。福鼎白茶、福州茉莉花茶、武夷山大红袍、坦洋工夫、平和白芽奇兰、安溪黄金桂、正山小种等 7

个区域公用品牌价值超 20 亿元；福鼎白茶品牌价值 49.74 亿元，位居全国第 4，福建省第 1（表 1-4）。

表 1-4　2020 中国茶叶区域公用品牌价值评估结果（福建）　（单位：亿元）

排名	品牌名称	品牌价值
4	福鼎白茶	49.74
12	福州茉莉花茶	33.10
13	武夷山大红袍	33.06
15	坦洋工夫	32.53
24	平和白芽奇兰	27.97
30	安溪黄金桂	25.74
35	正山小种	24.00
46	天山绿茶	19.19
51	永春佛手	16.94
53	政和白茶	16.17
54	政和工夫	15.92
74	松溪绿茶	9.57

数据来源：浙江大学 CARD 中国农业品牌研究中心。

2021 年，全国 108 个有效评估的区域公用品牌中，14 个区域公用品牌来自福建，14 个区域公用品牌平均价值 25.32 亿元。福鼎白茶、武夷山大红袍、坦洋工夫、福州茉莉花茶、平和白芽奇兰、安溪黄金桂、正山小种、天山绿茶等 8 个区域公用品牌价值超 20 亿元；福鼎白茶品牌价值 52.15 亿元，位居全国第 5，福建省第 1。此外，相比 2020 年，2021 年诏安八仙茶以 11.76 亿元的品牌价值位居第 78，华安铁观音以 6.49 亿元的品牌价值位居第 92（表 1-5）。

表 1-5　2021 中国茶叶区域公用品牌价值评估结果（福建）　（单位：亿元）

排名	品牌名称	品牌价值
5	福鼎白茶	52.15
13	武夷山大红袍	38.44
16	坦洋工夫	37.67

续表

排名	品牌名称	品牌价值
19	福州茉莉花茶	35.63
31	平和白芽奇兰	29.63
34	安溪黄金桂	29.02
36	正山小种	27.22
46	天山绿茶	21.89
55	政和白茶	19.50
59	永春佛手	17.10
62	政和工夫	16.05
77	松溪绿茶	11.95
78	诏安八仙茶	11.76
92	华安铁观音	6.49

数据来源：浙江大学 CARD 中国农业品牌研究中心。

2022 年，全国 126 个有效评估的区域公用品牌中，16 个区域公用品牌来自福建，16 个区域公用品牌平均价值 25.26 亿元，位居各省份第 2。其中，福鼎白茶、武夷山大红袍、坦洋工夫、福州茉莉花茶、平和白芽奇兰、安溪黄金桂、正山小种、天山绿茶、政和白茶等 9 个品牌价值超 20 亿元。福鼎白茶品牌价值仍以 52.22 亿元位居全国第 5，福建省第 1。此外，相比 2021 年，2022 年北苑贡茶以 13.53 亿元的品牌价值位居第 83，周宁高山云雾茶以 7.39 亿元的品牌价值位居第 105（表 1-6）。

表 1-6　2022 年中国茶叶区域公用品牌价值评估结果（福建）（单位：亿元）

排名	品牌名称	品牌价值
5	福鼎白茶	52.22
9	武夷山大红袍	45.67
16	坦洋工夫	40.98
23	福州茉莉花茶	38.70

续表

排名	品牌名称	品牌价值
34	平和白芽奇兰	32.24
38	安溪黄金桂	31.59
39	正山小种	31.21
50	天山绿茶	24.07
62	政和白茶	21.43
67	政和工夫	17.25
68	永春佛手	17.13
83	北苑贡茶	13.53
84	松溪绿茶	13.02
89	诏安八仙茶	12.06
105	周宁高山云雾茶	7.39
113	华安铁观音	5.67

数据来源：浙江大学CARD中国农业品牌研究中心。

通过对比2020年、2021年和2022年中国茶叶区域公用品牌价值评估的福建品牌，福建省参与有效评估的区域共用品牌数量逐年递增。数据分析，2020年福建省有效评估茶叶区域公用品牌的总价值303.93亿元，2021年为354.5亿元，2022年为404.16亿元，福建茶叶区域公用品牌总价值和各品牌价值呈递增趋势。然而，2020—2022年福建省有效评估的茶叶区域公用品牌价值的排名却出现不同程度的下降，说明福建省茶叶区域公用品牌价值虽然有所提升，但与个别省份相比仍显不足（表1-7）。

表1-7 2020—2022年中国茶叶区域公用品牌价值评估结果对比（福建） （单位：亿元）

品牌名称	2020		2021		增幅（%）	2022		增幅（%）
	排序	品牌价值	排序	品牌价值		排序	品牌价值	
福鼎白茶	4	49.74	5	52.15	4.85	5	52.22	0.13
福州茉莉花茶	12	33.10	19	35.63	7.64	23	38.70	8.62

续表

品牌名称	2020 排序	2020 品牌价值	2021 排序	2021 品牌价值	增幅（%）	2022 排序	2022 品牌价值	增幅（%）
武夷山大红袍	13	33.06	13	38.44	16.27	9	45.67	18.81
坦洋工夫	15	32.53	16	37.67	15.80	16	40.98	8.79
平和白芽奇兰	24	27.97	31	29.63	5.93	34	32.24	8.81
安溪黄金桂	30	25.74	34	29.02	12.74	38	31.59	8.86
正山小种	35	24.00	36	27.22	13.42	39	31.21	14.66
天山绿茶	46	19.19	46	21.89	14.07	50	24.07	9.96
永春佛手	51	16.94	59	17.10	0.94	68	17.13	0.18
政和白茶	53	16.17	55	19.50	20.59	62	21.43	9.90
政和工夫	54	15.92	62	16.05	0.82	67	17.25	7.48
松溪绿茶	74	9.57	77	11.95	24.87	84	13.02	8.95
诏安八仙茶			78	11.76		89	12.06	2.55
华安铁观音			92	6.49		113	5.67	−12.63
北苑贡茶						83	13.53	
周宁高山云雾茶						105	7.39	

数据来源：浙江大学CARD中国农业品牌研究中心。

（三）茶旅融合

福建茶文化历史悠久、底蕴深厚，是中国最重要的产茶省和茶类最齐全的省份，也是中华茶文化发源地之一。福建省高度重视茶产业的文化赋能工作，大力提升闽茶文化影响力，积极推动全省各产茶区因地制宜，促进茶产业与文化旅游业融合发展。

1. 保护、传承和发展茶相关的非物质文化遗产

近年来，福建省不断加强茶相关的全球重要农业文化遗产保护，以及非物质文化遗产保护、传承和发展工作，持续在专项资金安排上对茶

相关项目的非遗重点保护单位、传习中心的相关活动给予支持，推动建设了一批茶文化展示馆、传承基地、传习所等设施，组织创作编排了一批茶歌舞、曲艺、戏剧等文艺节目。截至目前，中国有3项获联合国粮农组织批准的茶叶类全球重要农业文化遗产，其中福建独占2项，分别是福州茉莉花与茶文化系统、安溪铁观音茶文化系统。支持和指导全省茶相关制作技艺项目申报国家级、省级非物质文化遗产项目，2020年以来，新增红茶制作技艺（坦洋工夫茶制作技艺）和乌龙茶制作技艺（漳平水仙茶制作技艺）列入国家级非物质文化遗产代表性项目名录。截至目前，茶文化相关非遗项目中，有9个国家级非遗项目，其中传统技艺类8个、传统舞蹈类1个，先后有11人被评为国家级非物质文化遗产代表性项目代表性传承人。茶文化相关非遗省级代表性项目29个，先后有48人被评定为省级非物质文化遗产代表性项目代表性传承人（传统制茶技艺类）。

2. 大力推动万里茶道联合申遗

2019年3月，国家文物局正式将万里茶道列入《中国世界文化遗产预备名单》，福建省武夷山下梅古建筑群、闽赣古驿道及风水关遗址、武夷古茶园及茶厂、九曲茶事摩崖石刻等四类遗产点（18个构成要素）入选申遗文本。福建省高度重视万里茶道联合申遗工作，省文化和旅游厅会同福建省文物局采取有效措施，扎实推进申遗各项准备工作。一是注重提档升级，加强遗产点保护。闽赣古驿道和关隘入选第九批省级文物保护单位和第八批国家级文物保护单位，崇安江西会馆等万里茶道文物资源公布为县级文物保护单位。近年来，福建省投入专项资金500万元对省级文物保护单位下梅大夫第等遗产点进行修缮。二是编制保护规划，加强基础研究。近年来，福建省文物局指导武夷山市对万里茶道资源进行了梳理，开展《万里茶道（武夷山段）保护规划》［即《万里茶道（福建段）保护规划》］编制工作。通过扎实开展申遗基础性研究，完成了田野勘测、数据采集等工作，明确了保护范围及缓冲区，编制完成了规划初稿，目前正在组织论证修改。三是积极参与联合申遗协调，加快申遗步伐。2020年12月，万里茶道联合申遗城市联席会议在武汉

召开。会上，包括南平市在内的29个节点城市共同签署了《万里茶道保护和联合申报世界文化遗产城市联盟章程》《万里茶道联合申报世界文化遗产三年行动计划（2021—2023年）》。四是加大宣传力度，加强专业推介。以第44届世遗大会成功召开为契机，加大武夷山市万里茶道起点的宣传力度，与八省市联合打造万里茶道文物专题展，举办《万里茶道——武夷山起点史迹展》巡回展。省文物局在武夷山市举办万里茶道申遗推进会，编辑《万里茶道——武夷山史迹》宣传册，在武夷山、湖南益阳、湖北武汉的万里茶道申遗推进会上开展专业推介。

3. 持续加大对“闽茶”的宣传推广力度

福建省持续加大对“闽茶”的海内外宣传推广力度。2021年，组织“福建文化标识”评选活动，将“闽茶”评选为“福建文化标识”之一并开展宣传；依托福州市晋安区春伦生态茶园、福鼎市太姥山绿雪芽茶园、福安市坦洋村、武夷山市大红袍景区、武夷山市下梅村、《印象大红袍》实景演出、安溪县西坪村、漳州市天福茶博院等茶文化资源，串联推出福建旅游精品线路“世界茶乡之旅”。联动各地、省直部门举办多样化的茶文旅营销活动，如2022年4月举办“浪漫武夷，风雅茶韵”茶文旅系列活动，举办2021、2022年第二、三届海丝国际茶文化论坛，持续提升“闽茶”的知名度和影响力。同时，在对外文旅宣传活动中侧重融入茶文化内容，借助海外资源和平台做好福建茶文化的宣传推广工作，促进中外茶文化交流互鉴和福文化对外传播，主要做法包括：依托福建文化海外驿站和福建旅游海外合作推广中心举办一系列丰富多彩的线上线下文旅交流活动，并借由品闽茶，普及福建茶文化知识，吸引海外友人对福建茶的关注和了解；2021年5月在日本举办“清新福建”“全福游、有全福”福建精品旅游线路线上推介会，推出“茶香之旅”精品线路；2021年9月选送南音交响《丝海南弦》和舞蹈《茶香蝶舞》两个节目亮相长崎总领馆国庆招待会；2021年10月举办海外华文媒体“茶乡＋坊巷之旅”文化采风行活动等。

4. 全力支持茶文旅经济发展壮大

一是发挥重点茶文旅项目推动茶文旅经济发展的支撑、带动作用，支持茶叶主产市、县打造一批茶旅精品线路、茶旅精品园区、茶旅特色小镇，建设茶博物馆、茶文化展示中心或茶体验馆，2020年、2021年将云霄和平生态茶园文化旅游项目、安溪溪禾山铁观音文化园、泉州德化中国茶具城、武夷山茶文化展销中心、福州茶文化中心广场项目、武夷山茶人小镇、中国（政和）白茶科普园、大田大仙峰·茶美人景区提升项目等28个茶旅相关项目列入全省文化旅游重点推进项目，指导项目建设实施力争落地见效。二是切实加大“景区提升补助”文旅融合专项资金用于国家AAAA级以上景区设立“大众茶馆”力度，推动茶企在旅游景区开设各具特色的闽式茶楼、茶馆，尤其鼓励开设传播福建茶俗、茶礼、茶艺的茶艺馆。截至2021年底，全省50家A级景区已建成“大众茶馆”65处，其中国家AAAAA级景区实现全覆盖。三是培育茶文化文创产品。推动福文化资源转化利用，做好茶的福文化诠释，2020年举办“全福游、有全福”最美福建·旅游产品创意设计大赛，2021年举办第二届最美福建·文化旅游创意设计大赛，2022年策划举办以“福茶、福瓷、福章”为主题的文创作品创作推广活动，深入挖掘开发福茶礼物、新式茶器具、茶摆件、茶家具、茶服装、茶手工艺品等创意产品，制作茶文化动漫等作品，提升茶文化资源应用价值；利用海峡两岸（厦门）文博会福建文化旅游品牌综合馆等，展示茶文化文创产品；指导茶文旅企业用好福茶网平台拓展销售渠道，创新网络直播、网红带货、短视频等电商模式，实现茶产业线上线下协同发展。

（四）茶叶教育

1. 人才培养

福建省现有福建农林大学、武夷学院、宁德师范学院等3所本科高校开设茶学专业，在校生1106人。福建农林大学设置茶学二级学科博士、硕士学位授权点，博士在校生17人，硕士在校生62人。福建农业职业技术学院、宁德职业技术学院、漳州科技职业学院、武夷山职业学院、武夷山旅游职业中专学校、福鼎职业中专学校等20所职业院校开设茶艺与茶文化、茶艺与茶叶营销、茶叶生产与加工技术、茶树栽培与茶叶加工、茶园管理等茶类相关专业，在校学生约 3800 人。福建农林大学、武夷学院茶学专业获批一流本科专业。

2. 产教融合

福建省支持高等院校在茶产业领域深化产教融合，福建农林大学与安溪县政府共建的安溪茶学院，以及武夷学院、武夷山职业学院、漳州科技职业学院与茶产业领域企业共建产业学院。全省现有茶产业专业群实训基地 2 个，产教融合型企业 5 家。

3. 科研创新

2020—2021 年，福建省社会科学规划涉茶科研项目 10 项，明显偏少，与茶产业大发展须文化支撑不协调。今后，福建省涉茶项目应紧密结合地方整理、推广和传播茶文化需求，产学研相结合，促进成果转化，推动“茶文化、茶产业、茶科技”融合发展（表 1-8、本书附录二）。

表 1-8　福建省省级涉茶社科类科研项目统计　（单位：项）

年份	单位类别		总计
	科研院所	企业	
2018	6	6	6
2019	3	0	3
2020	1	0	1
2021	9	0	9

二、茶产业

《福建省促进茶产业发展条例》是全国第一部茶产业方面的法律条例，于 2012 年 6 月 1 日颁布实施。此后，由《农药管理条例》和《中华人民共和国食品安全法》作为《福建省促进茶产业发展条例》相关条款的上位法，分别在 2017 年和 2018 年进行了修订，并于 2021 年 5 月 27 日福建省第十三届人民代表大会常务委员会第二十七次会议通过。

(一)茶叶种植

1. 茶叶种植现状

(1)2020年茶叶种植情况。

2020年，福建省茶园面积22.39万公顷，同比增长1.87%。其中茶叶采摘面积20.99万公顷，当年新植面积0.42万公顷；茶叶产量46.14万吨，占全国茶叶总产量的14.45%；毛茶总产值223.73亿元，占全国茶叶总产值的8.52%。茶园面积、茶叶总产量均是宁德市占比最大，毛茶总产值泉州市占比最高。

福州市和宁德市为主的闽东茶区，茶园面积为7.50万公顷，占全省茶园面积的33.48%；采摘面积6.76万公顷，占全省采摘面积的32.21%；当年新植面积0.19万公顷，占全省新植面积的44.81%；茶叶产量15.5万吨，占全省茶叶总产量的33.61%；闽东茶区的毛茶产值56.89亿元，占全省毛茶总产值的25.43%。

龙岩市为闽西茶区，茶园面积1.30万公顷，占全省茶园面积的5.83%；茶叶采摘面积1.23万公顷，占全省采摘面积的5.88%；当年新植面积0.15万公顷，占全省新植面积的3.50%；茶叶产量2.42万吨，占全省茶叶总产量的5.25%；闽西茶区的毛茶产值17.76亿元，占全省毛茶总产值的7.94%。

厦门市、莆田市、泉州市、漳州市为主的闽南茶区，茶园面积为7.28万公顷，占比32.52%；茶叶采摘面积7.08万公顷，占全省采摘面积的33.75%；当年新植面积0.07万公顷，占全省新植面积的16.38%；茶叶产量14.45万吨，占全省茶叶总产量的31.32%；闽南茶区的毛茶产值83.92亿元，占全省毛茶总产值的37.51%。

南平市为闽北茶区，闽北茶区茶园面积达到4.12万公顷，占全省茶园面积的18.4%；茶叶采摘面积3.89万公顷，占全省采摘面积的18.52%；当年新植面积0.07万公顷，占全省新植面积的17.74%；茶叶产量7.93万吨，占全省茶叶总产量的17.20%；闽北茶区的毛茶产值41.33亿元，占全省毛茶总产值的18.47%。

三明市为闽中茶区，茶园面积达 2.19 万公顷，占全省茶园面积的 9.77%；茶叶采摘面积 2.02 万公顷，占全省采摘面积的 9.64%；当年新植面积 0.07 万公顷，占全省新植面积的 17.56%；茶叶产量 5.82 万吨，占全省茶叶总产量的 12.62%；闽中茶区的毛茶产值 23.82 亿元，占全省毛茶总产值的 10.65%（表 1-9）。

表 1-9　2020 年福建省茶园面积、产量、产值

产区	地区	茶园面积（公顷）	全省占比（%）	采摘面积（公顷）	全省占比（%）	当年新植面积（公顷）	全省占比（%）	产量（吨）	全省占比（%）	产值（万元）	全省占比（%）
	总计	223937		209935		4170		461371		2237316	
闽东	福州市	11613	5.19	10928	5.21	196	4.71	44694	9.69	147101	6.57
	宁德市	63368	28.30	56688	27.00	1672	40.10	110352	23.92	421794	18.85
闽西	龙岩市	13045	5.83	12347	5.88	146	3.50	24240	5.25	177628	7.94
闽南	厦门市	1053	0.47	788	0.38	0	0.00	3862	0.84	2725	0.12
	莆田市	925	0.41	922	0.44	3	0.06	1574	0.34	19790	0.88
	泉州市	52416	23.41	51995	24.77	122	2.93	90057	19.52	700643	31.32
	漳州市	18427	8.23	17145	8.17	558	13.39	49011	10.62	116056	5.19
闽北	南平市	41202	18.40	38885	18.52	740	17.74	79346	17.20	413338	18.47
闽中	三明市	21888	9.77	20239	9.64	732	17.56	58235	12.62	238240	10.65

数据来源：福建省种植业技术推广总站。

（2）2021 年茶叶种植情况。

2021 年，福建省茶园面积 23.21 万公顷，同比增长 3.66%。茶叶采摘面积 21.78 万公顷，当年新植面积 0.64 万公顷；茶叶产量 48.79 万吨，占全国茶叶总产量的 15.93%；毛茶总产值 228.61 亿元，同比增长 2.32%。其中，茶园面积和茶叶总产量均是宁德市占比最大，毛茶总产值泉州市占比最高。

福州市和宁德市为主的闽东茶区，茶园面积为 7.96 万公顷，占全省茶园面积的 34.28%；采摘面积 7.16 万公顷，占全省采摘面积的 32.87%；当年新植面积 0.38 万公顷，占全省新植面积的 59.02%；茶叶产量 16.49 万吨，占全省茶叶总产量的 33.8%；闽东茶区的毛茶产值 60.94 亿元，占全省毛茶总产值的 26.66%。

龙岩市为闽西茶区，茶园面积 1.32 万公顷，占全省茶园面积的 5.68%；茶叶采摘面积 1.27 万公顷，占全省采摘面积的 5.83%；当年新植面积 0.14 万公顷，占全省新植面积的 2.1%；茶叶产量 2.53 万吨，占全省茶叶总产量的 5.19%；闽西茶区的毛茶产值 14.65 亿元，占全省毛茶总产值的 6.41%。

厦门市、莆田市、泉州市、漳州市为主的闽南茶区，茶园面积为 7.37 万公顷，占全省茶园面积的 31.73%；茶叶采摘面积 7.20 万公顷，占全省采摘面积的 33.07%；当年新植面积 0.09 万公顷，占全省新植面积的 13.78%；茶叶产量 16.19 万吨，占全省茶叶总产量的 33.19%；闽南茶区的毛茶产值 98.27 亿元，占全省毛茶总产值的 42.99%。

南平市为闽北茶区，闽北茶区茶园面积达到 4.29 万公顷，占全省茶园面积的 18.5%；茶叶采摘面积 4.07 万公顷，占全省采摘面积的 18.69%；当年新植面积 0.07 万公顷，占全省新植面积的 11.32%；茶叶产量 8.38 万吨，占全省茶叶总产量的 17.17%；闽北茶区的毛茶产值 42.82 亿元，占全省毛茶总产值的 18.73%。

三明市为闽中茶区，茶园面积达 2.27 万公顷，占全省茶园面积的 9.8%；茶叶采摘面积 2.08 万公顷，占全省采摘面积的 9.54%；当年新植面积 0.09 万公顷，占全省新植面积的 13.77%；茶叶产量 5.2 万吨，占全省茶叶总产量的 10.65%；闽中茶区的毛茶产值 11.92 亿元，占全省毛茶总产值的 5.22%（表 1-10）。

表 1-10　2021 年福建省茶园面积、产量、产值

产区	地区	茶园面积（公顷）	全省占比（%）	采摘面积（公顷）	全省占比（%）	当年新植面积（公顷）	全省占比（%）	产量（吨）	全省占比（%）	产值（万元）	全省占比（%）
总计		232088		217817		6436		487901		2286068	
闽东	福州市	11663	5.03	11107	5.10	127	1.97	46660	9.56	151545	6.63
	宁德市	67893	29.25	60482	27.77	3672	57.05	118253	24.24	457844	20.03
闽西	龙岩市	13186	5.68	12708	5.83	135	2.10	25317	5.19	146526	6.41

续表

产区	地区	茶园面积（公顷）	全省占比（%）	采摘面积（公顷）	全省占比（%）	当年新植面积（公顷）	全省占比（%）	产量（吨）	全省占比（%）	产值（万元）	全省占比（%）
闽南	厦门市	1057	0.46	817	0.37	0	0.00	1575	0.32	2817	0.12
	莆田市	984	0.42	922	0.42	61	0.94	4001	0.82	20384	0.89
	泉州市	52631	22.68	52203	23.97	377	5.86	93876	19.24	729250	31.90
	漳州市	18979	8.18	18082	8.30	449	6.98	62466	12.80	230262	10.07
闽北	南平市	42948	18.50	40717	18.69	729	11.32	83775	17.17	428205	18.73
闽中	三明市	22748	9.80	20779	9.54	886	13.77	51978	10.65	119234	5.22

数据来源：福建省种植业技术推广总站。

（3）2020—2021 年各县（市、区）茶叶种植情况。

据统计，福建省五大主要产茶区共 71 个县（市、区）。2020—2021 年，福建省各县（市、区）茶园面积、茶叶产量逐年递增。福建省共 18 个重点产茶县（市、区）茶园面积达 3400 公顷以上，较 2019 年新增 2 个（诏安县和平和县）。18 个重点产茶县（市、区）中三明市 2 个、泉州市 2 个、漳州市 3 个、南平市 4 个、龙岩市 1 个、宁德市 6 个（表 1-11）。

表 1-11 2020—2021 年福建省各县（市、区）茶叶生产情况

年份		2020		2021	
产区	地区	茶园面积（公顷）	产量（吨）	茶园面积（公顷）	产量（吨）
福州市	晋安区	940	2184	943	2399
	长乐区	61	154	62	167
	福清市	223	536	221	472
	闽侯县	1176	1855	1199	2006
	连江县	2177	12579	2152	12805
	罗源县	2924	8223	2937	8674
	闽清县	1416	3519	1443	3737
	永泰县	2696	15644	2707	16400
厦门市	集美区	2	7	6	6
	同安区	1045	1563	1045	1565
	翔安区	5	4	0	

续表

年份		2020		2021	
产区	地区	茶园面积（公顷）	产量（吨）	茶园面积（公顷）	产量（吨）
莆田市	荔城区	6	18	6	19
	城厢区	34	40	32	33
	涵江区	126	755	145	784
	仙游县	760	3049	801	3165
三明市	梅列区	18	20	18	21
	三元区	177	547	163	578
	永安市	1613	2270	1633	2154
	明溪县	1192	3525	1237	3857
	清流县	1880	2380	1880	2475
	宁化县	2566	5687	2566	6228
	大田县*	6474	13742	6634	14870
	尤溪县*	4990	13287	5588	13876
	沙县（区）	1009	4136	1015	4326
	将乐县	399	769	415	830
	泰宁县	1144	908	1170	991
	建宁县	427	1740	430	1772
泉州市	丰泽区	20	3	7	1
	洛江区	92	94	93	97
	泉港区	76	459	76	465
	南安市	1502	1220	1509	1278
	惠安县	52	40	53	40
	安溪县*	43652	75613	43580	78715
	永春县*	5168	11038	5421	11577
	德化县	1854	1590	1893	1703
漳州市	芗城区	64	164	64	165
	龙文区	25	330	27	345
	龙海市（区）	215	138	166	117

续表

年份		2020		2021	
产区	地区	茶园面积（公顷）	产量（吨）	茶园面积（公顷）	产量（吨）
	云霄县	763	1442	766	1510
	漳浦县	139	265	137	275
	诏安县*	3587	13758	3688	15772
	长泰县	872	2769	939	2683
	南靖县	2589	7524	2695	7953
	平和县*	3601	12088	3898	13013
	华安县*	6572	19757	6599	20633
南平市	延平区	121	261	197	307
	邵武市	2469	9457	2630	9876
	武夷山市*	12378	22482	13064	23883
	建瓯市*	7467	17274	7910	18418
	建阳区*	5466	6167	5683	6615
	顺昌县	156	259	167	272
	浦城县	2088	1944	2115	2008
	光泽县	1967	1296	2000	1346
	松溪县	2932	7777	3026	8348
	政和县*	6158	12429	6156	12702
龙岩市	新罗区	479	1097	519	1108
	漳平市*	7527	12994	7593	13653
	长汀县	964	1849	966	1885
	永定县	667	1627	670	1653
	上杭县	999	1803	1005	1848
	武平县	1595	3395	1612	3569
	连城县	814	1475	821	1601
宁德市	蕉城区*	6174	9080	6256	7914
	福安市*	16654	26399	17018	27204
	福鼎市*	15104	32448	17046	37499

续表

年份		2020		2021	
产区	地区	茶园面积（公顷）	产量（吨）	茶园面积（公顷）	产量（吨）
	霞浦县*	5073	7273	6231	9057
	古田县	1108	1004	1100	1072
	屏南县	504	613	638	645
	寿宁县*	10786	20020	11116	20555
	周宁县*	4866	7707	4957	8034
	柘荣县	3099	5808	3532	6273

数据来源：福建省统计年鉴；标“*”县（市、区）为茶园面积达3400公顷以上的重点产茶县（市、区）。

2. 茶树品种现状

（1）茶树品种资源收集与保护利用。

福建省是茶树品种资源大省，素有“茶树品种宝库”之称。1957年，福建省农业科学院茶叶研究所建立了我国第一个茶树品种资源圃，共征集、迁地保存地方品种资源（株、系）308个；1976年迁地保存国内外茶树品种资源418个，种质材料1211个；至1986年，该圃内共迁地保存国内外茶树品种资源782份，种质总数达3509个。目前，福建茶树品种资源圃（含茶树品种自然杂交一代初选种质资源圃、福建省乌龙茶种质资源圃和福建原生茶树种质资源圃）总建设面积2.53公顷，收集保存国内外茶树品种资源1000多份（个），乌龙茶种质（含杂交创新种质）材料1000个（品、株、系），其他种质材料4000个（品、株、系），是福建最大的茶树品种资源圃。目前，福建省农业科学院茶叶研究所等单位已选育出国家级茶树良种26个、省级良种19个，无性系良种推广面积达95%以上，居全国领先水平（表1-12）。

表1-12　福建省茶树品种

级别	适制茶类	品种名称	产地	认定时间（年）	编号	实验编号
国家认(鉴)定	绿茶	福鼎大白茶	福鼎市点头镇柏柳村	1985	GS 13001—1985	/
国家认(鉴)定	绿茶	福鼎大毫茶	福鼎市点头镇汪家洋村	1985	GS 13002—1985	/

续表

级别	适制茶类	品种名称	产地	认定时间(年)	编号	实验编号
国家认(鉴)定	绿茶	福安大白茶	福安市康厝乡高山村	1985	GS13003—1985	/
国家认(鉴)定	绿茶	政和大白茶	政和县铁山乡	1985	GS 13005—1985	/
国家认(鉴)定	绿茶	福云6号	福建省农业科学院茶叶研究所选育	1987	GS 13033—1987	/
国家认(鉴)定	绿茶	福云7号	福建省农业科学院茶叶研究所选育	1987	GS 13034—1987	/
国家认(鉴)定	绿茶	福云10号	福建省农业科学院茶叶研究所选育	1987	GS 13035—1987	/
国家认(鉴)定	绿茶	霞浦春波绿	福建省霞浦县茶业局选育	2010	2010001	/
国家审(认、鉴)定	乌龙茶	梅占	安溪县芦田镇三洋村	1985	GS 13004—1985	/
国家审(认、鉴)定	乌龙茶	毛蟹	安溪县大坪乡福美村	1985	GS 13006—1985	/
国家审(认、鉴)定	乌龙茶	铁观音	安溪县西坪镇松尧村	1985	GS 13007—1985	/
国家审(认、鉴)定	乌龙茶	黄棪	安溪县虎邱镇罗岩美庄	1985	GS 13008—1985	/
国家审(认、鉴)定	乌龙茶	福建水仙	建阳市小湖乡大湖村	1985	GS 13009—1985	/
国家审(认、鉴)定	乌龙茶	本山	安溪县西坪镇尧阳南岩	1985	GS 13010—1985	/
国家审(认、鉴)定	乌龙茶	大叶乌龙	安溪县长坑乡珊屏田中	1985	GS 13011—1985	/
国家审(认、鉴)定	乌龙茶	八仙茶	福建省诏安县科学技术委员会选育	1994	GS 13012—1994	/
国家审(认、鉴)定	乌龙茶	茗科2号(黄观音)	福建省农业科学院茶叶研究所选育	2002	2002015	105
国家审(认、鉴)定	乌龙茶	悦茗香	福建省农业科学院茶叶研究所选育	2002	2002016	101
国家审(认、鉴)定	乌龙茶	茗科1号(金观音)	福建省农业科学院茶叶研究所选育	2002	2002017	204
国家审(认、鉴)定	乌龙茶	黄奇	福建省农业科学院茶叶研究所选育	2002	2002018	/

续表

级别	适制茶类	品种名称	产地	认定时间(年)	编号	实验编号
国家审(认、鉴)定	乌龙茶	丹桂	福建省农业科学院茶叶研究所选育	2010	2010015	304
国家审(认、鉴)定	乌龙茶	春兰	福建省农业科学院茶叶研究所选育	2010	2010016	301
国家审(认、鉴)定	乌龙茶	瑞香	福建省农业科学院茶叶研究所选育	2010	2010017	305
国家审(认、鉴)定	乌龙茶	金牡丹	福建省农业科学院茶叶研究所选育	2010	2010024	203
国家审(认、鉴)定	乌龙茶	黄玫瑰	福建省农业科学院茶叶研究所选育	2010	2010025	506
国家审(认、鉴)定	乌龙茶	紫牡丹	福建省农业科学院茶叶研究所选育	2010	2010026	111
福建省审定	绿茶	早逢春	福建省福鼎市茶业管理局选育	1985	1985002	/
福建省审定	绿茶	福云595	福建省农业科学院茶叶研究所选育	1988	1988001	/
福建省审定	绿茶	九龙大白茶	松溪县郑墩镇双源村	1998	1998001	/
福建省审定	绿茶	霞浦元宵茶	福建省霞浦县茶业局选育	1999	99003	/
福建省审定	绿茶	早春毫	福建省农业科学院茶叶研究所选育	2003	2003001	/
福建省审定	绿茶	福云20号	福建省农业科学院茶叶研究所选育	2005	2005001	/
福建省审定	绿茶	歌乐茶	福鼎市点头镇柏柳村	2011	2011001	/
福建省审定	绿茶	榕春早	福州市经济作物技术站、福建农林大学园艺学院和罗源县茶叶技术指导站共同选育	2012	2012001	/
福建省审(认)定	乌龙茶	肉桂	武夷山市马枕峰	1985	1985001	/
福建省审(认)定	乌龙茶	佛手	安溪县虎邱镇金榜骑虎岩	1985	1985014	/

续表

级别	适制茶类	品种名称	产地	认定时间(年)	编号	实验编号
福建省审(认)定	乌龙茶	朝阳	福建省农业科学院茶叶研究所选育	1994	1994003	/
福建省审(认)定	乌龙茶	白芽奇兰	福建省平和县农业局茶叶站和崎岭乡彭溪茶场选育	1996	1996001	/
福建省审(认)定	乌龙茶	凤圆春	安溪县茶叶科学研究所选育	1999	99001	/
福建省审(认)定	乌龙茶	杏仁茶	安溪县蓬莱镇清水岩	1999	99002	/
福建省审(认)定	乌龙茶	九龙袍	福建省农业科学院茶叶研究所选育	2000	2000002	303
福建省审(认)定	乌龙茶	紫玫瑰	福建省农业科学院茶叶研究所选育	2005	2005003	210
福建省审(认)定	乌龙茶	台茶12号(金萱)	台湾省茶业改良场选育	2011	2011002	—2027
福建省审(认)定	乌龙茶	大红袍	武夷山市茶业局选育(来源于武夷山风景区天心岩九龙窠岩壁上母树)	2012	2012002	/
福建省审(认)定	乌龙茶	春闺	福建省农业科学院茶叶研究所选育	2015	2015001	308

数据来源：《福建省茶树品种图志》。

福建在积极推进茶树资源保护方面取得了一定成效。组织开展茶树种质资源普查，建立茶树优异种质资源保护点、区、圃，根据《福建省种子保护条例》和《福建省促进茶产业发展条例》，划定区域以设区市级人民政府和福建省农业农村厅名义进行挂牌保护。每年安排省级财政专项资金200万元，在全省建设10个茶树种质资源保护点（资源圃），用于支持开展茶树种质资源保护工作，重点开展道路、沟渠修缮等基础设施建设，以茶树种质与生长环境共同保护的理念，保护好资源及其生长的环境。

自2008年起，福建开展茶树种质资源保护，采取迁地与原地并举的保护方式，在保护优异种质资源的同时将周边生态环境一并列入保护范围。目前，福建省已有30个县、65个全省茶树种质资源保护点（资源圃）。同时，福建省加快选育特色明显、抗性显著、适制性强的茶树新品种，大力推广花香显著、适制红茶与乌龙茶的金观音，以及适制高香红茶的金牡丹等；积极开展种质资源的开发与利用，建立了全国最大的茶树良种繁育基地——福安甘棠茶树良种繁育基地。2019年，福安甘棠茶树良种繁育基地被农业农村部命名为国家茶树良种繁育基地，每年出圃的茗科1号（金观音）、金牡丹、茗科2号（黄观音）、福鼎大白茶、福鼎大毫茶、福安大白茶、安吉白茶、早春毫等40多个优良品种茶树苗木5亿多株，为国家中西部茶产业发展、实现脱贫致富提供了有力支持。福建茶树品种资源的收集保护、筛选鉴定及推广应用，有利于保护福建茶树遗传资源的多样性，拓宽了遗传基础研究，使福建乃至全国的茶树品种创新应用获得了突破性进展，在我国茶叶生产中具有举足轻重的地位。

（2）茶树品种未来发展趋势。

福建原生茶树种质资源丰富，具有很高的遗传多样性。通过杂交育成的茶树品种大多以高产、优质、高香为主，多茶类适制性较强，制优率高，受亲本选择和遗传背景的影响，产品存在一定的同质化现象。今后应立足地方种质资源优势，加强地方基因资源多样、丰富各类型茶树种质资源的发掘、保护与发展应用，进一步明确育种目标与重点，形成适合当地茶产品风格和气候类型的优质茶树新品系，并依托科研院所对创新种质进行登记、保护与利用，为多元化、个性化茶产品奠定品种基础。

（二）茶叶生产

福建是我国重要的产茶区，地处东南沿海，属亚热带海洋性季风气候，气候温和，雨量充沛，山地丘陵起伏，生物多样，是种植茶树的适宜区。福建产茶历史悠久，种质资源丰富，茶文化底蕴深厚，名茶荟

萃，产制的乌龙茶（青茶）、绿茶、红茶、白茶四大茶类及再加工类的花茶，除绿茶外，均为福建首创。福建茶叶以“茶类多、特色显”著称，秉承传统茶叶生产技艺，生产多茶类特色产品，以优势茶类拓展销售，活跃市场，抢占先机。“十三五”期间，福建以白茶、乌龙茶、红茶为主力产品，组织优势产区加强生产，开拓市场，保持多茶类发展的优势，确保茶产业始终保持稳步发展的态势。

1. 茶类结构生产现状

2020 年，福建省毛茶总产值 223 亿元，茶叶产量 46.14 万吨，同比增长 4.86％，占全国茶叶总产量的 14.45％。其中乌龙茶、绿茶、红茶、白茶分别占全国茶叶总产量的 51.58％、28.02％、12.01％、8.29％，茶类总体格局不变，但红茶和白茶的占比较 2019 年上升，乌龙茶和绿茶占比微下降（图 1-2）。

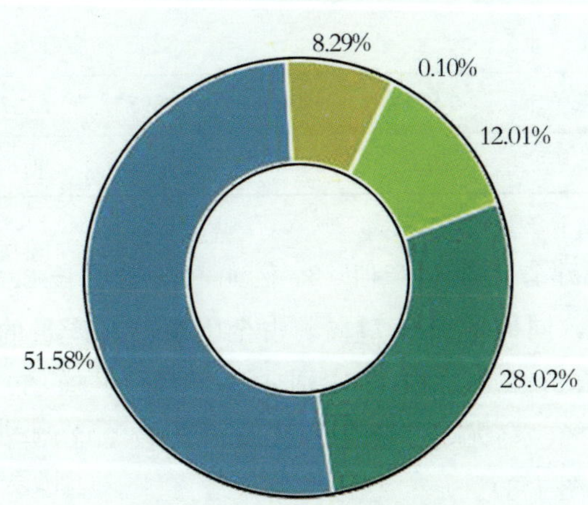

图 1-2 2020 年福建省毛茶生产结构

2020 年，福建省各茶区不同茶类产量情况如表 1-13 所示。闽东茶区（福州市和宁德市）以绿茶、白茶为主，其中福州市绿茶总产量占该市茶叶总产量的 70.89％，宁德市绿茶和白茶总产量占该市茶叶总产量 75.24％；闽北茶区（南平市）以乌龙茶为主，红绿茶次之，乌龙茶占该区茶叶总产量的 50.86％；闽中茶区（三明市）以乌龙茶和绿茶为主，乌龙茶和绿茶产量占该市茶叶总产量的86.03%；闽西茶区（龙岩市）和闽南茶区（厦门市、莆田市、泉州市、漳州市）均以乌龙茶为主，闽西茶区（龙岩市）乌龙茶占该区茶叶总产量的61.26%，闽南茶区乌龙茶占比99.16%。

表1-13 2020年福建省各茶类产量（单位：吨）

产区	地区	红茶	绿茶	乌龙茶	白茶	其他茶
总计		55433	129290	237976	38225	447
闽东	福州市	6368	31685	6495	72	74
	宁德市	24617	50824	2669	32208	34
闽西	龙岩市	2400	7087	14753		
闽南	厦门市			1570		4
	莆田市	523	345	2921		73
	泉州市	304	39	89714		
	漳州市			58235		
闽北	南平市	14590	18870	39897	5727	262
闽中	三明市	6631	20440	21722	218	

数据来源：福建省统计年鉴。

2021年，福建省毛茶总产值229亿元，同比增长2.32%；茶叶总产量48.79万吨，同比增长5.77%，占全国茶叶总产量的15.93%。其中乌龙茶、绿茶、红茶、白茶分别占总产量的51.39%、25.59%、11.69%、11.28%。乌龙茶、绿茶、红茶占比较2020年均下降，只有白茶占比上升（图1-3）。

2021年，福建省各茶区不同茶类产量情况如表1-14所示。各茶区茶类结构不变，闽东茶区（福州市和宁德市）以绿茶、白茶为主，其中福州市绿茶产量占该市茶叶总产量的71.06%，宁德市绿茶和白茶产量占该市茶叶总产量的77.63%；闽北茶区（南平市）以乌龙茶为主，红绿茶次之，乌龙茶占该区茶叶总产量的50.28%；闽中茶区（三明市）以乌龙茶和绿茶为主，乌龙茶和绿茶产量占该市茶叶总产量的

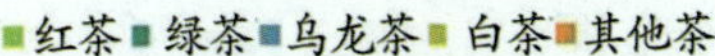

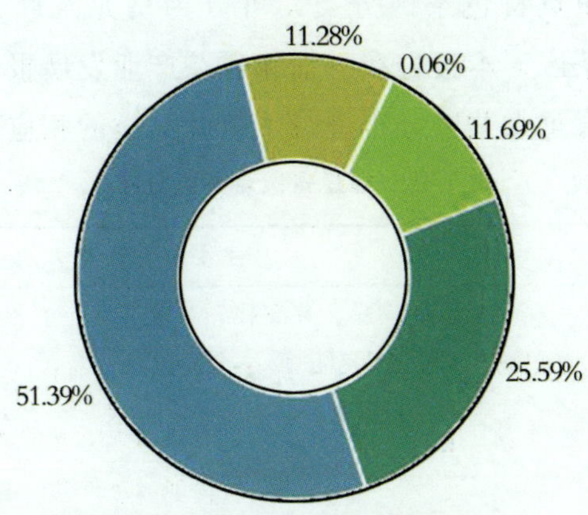

图 1-3　2021 年福建省毛茶生产结构

86.03%；闽西茶区（龙岩市）和闽南茶区（厦门市、莆田市、泉州市、漳州市）均以乌龙茶为主，闽西茶区（龙岩市）乌龙茶占该区茶叶总产量的 60.86%，闽南茶区乌龙茶占该区茶叶总产量的 99.22%。

表 1-14　2021 年福建省各茶类产量　（单位：吨）

产区	地区	红茶	绿茶	乌龙茶	白茶	其他茶
总计		57033	124845	250716	55029	278
闽东	福州市	6597	33157	6674	232	
	宁德市	24381	44114	2074	47684	
闽西	龙岩市	2462	7346	15509		
闽南	厦门市			1571		4
	莆田市	545	359	3086		11
	泉州市	310	40	93526		
	漳州市			62466		
闽北	南平市	15266	18760	42608	6878	263
闽中	三明市	7472	21069	23202	235	

数据来源：《福建省统计年鉴》。

2. 特色茶区生产现状

根据福建省重点特色茶区分类，可分为乌龙茶区、绿茶区、红茶区、白茶区和花茶区，本报告在《福建省茶产业发展报告（2020）》的基础上，对福建省重点茶区分布进行了茶叶品类的相应补充（表 1-15）。

表 1-15　福建省重点茶区分布

茶类	主产区	主要茶叶品类
乌龙茶	安溪县	安溪铁观音、黄金桂、毛蟹、本山、梅占、大叶乌龙
	武夷山市	武夷岩茶（大红袍、肉桂、水仙）、八角亭龙须茶
	建瓯市	闽北水仙、矮脚乌龙、南雅水仙
	建阳区	闽北乌龙
	永春县	永春佛手、闽南水仙
	德化县	铁观音等
	平和县	白芽奇兰
	诏安县	诏安八仙茶
	南靖县	黄观音等
	漳平市	漳平水仙、永福高山茶、官田铁观音
	大田县	大田美人茶、铁观音
	华安县	华安铁观音
	闽侯县	雪峰高山茶
	泰宁县	泰宁岩茶
	沙　县	沙县红边茶、闽南乌龙茶
	蕉城区	金观音乌龙茶、东方美人茶
	福安市	福安乌龙茶、东方美人茶
	周宁县	高山乌龙茶、东方美人茶
	古田县	古田乌龙
	寿宁县	寿宁高山乌龙茶
	蕉城区	天山清水绿、天山绿茶、闽东烘青
	武平县	武平绿茶

续表

茶类	主产区	主要茶叶品类
绿茶	福安市	富春银毫、六杯香、莲岳翠芽、福云曲毫等
	霞浦县	霞浦元宵茶、福宁毫茶、葛洪开目绿等
	福鼎市	太姥翠芽等福鼎绿茶
	周宁县	周宁官司茶、周宁高山云雾茶
	寿宁县	寿宁高山绿茶、宫山仙蕾
	松溪县	松溪绿茶
	柘荣县	柘荣高山绿茶、仙岩雪峰、彭山翠芽等
	屏南县	黛春绿茶、松针、粟香玉芽等
	尤溪县	尤溪绿茶
	清流县	清流绿茶
	永泰县	永泰绿茶
	罗源县	七境茶、罗源烘青
	连江县	连江绿茶
	新罗区	龙岩斜背茶
	邵武市	邵武碎铜茶
	南安县	南安石亭绿茶
	晋安区	北峰绿茶
红茶	福鼎市	白琳工夫
	蕉城区	天山红茶
	福安市	坦洋工夫、坦洋金针、坦洋金猴
	寿宁县	寿宁高山红茶
	古田县	古田红茶
	屏南县	屏南小种
	周宁县	高山红茶
	松溪县	松溪红茶
	尤溪县	尤溪红茶

续表

茶类	主产区	主要茶叶品类
	武夷山市	正山小种、金骏眉等
	政和县	政和工夫
	光泽县	干坑红茶
白茶	福鼎市	福鼎白茶
	蕉城区	天山白茶、花香白茶
	福安市	福安白茶
	柘荣县	柘荣高山白茶
	寿宁县	寿宁高山白茶
	霞浦县	霞浦白茶
	周宁县	周宁高山白茶
	建阳区	建阳白茶（白茶、漳墩小白茶、水仙白）
	政和县	政和白茶
	松溪县	松溪九龙大白茶
花茶	福州仓山区、长乐区等	福州茉莉花茶
	福鼎市	太姥银毫、太姥香云、香朵朵茉莉花茶
	蕉城区	天山银毫、天山春毫等茉莉花茶
	福安市	白云山茉莉花茶、莲岳茉莉花茶等茉莉花茶
	柘荣县	张一元、白龙等柘荣茉莉花茶
	寿宁县	福寿银毫等寿宁茉莉花茶
	周宁县	九龙溪等周宁茉莉花茶
	政和县	雄峰银芽等政和茉莉花茶

数据来源：各设区市农业农村局；在《福建省茶产业发展报告（2020）》基础上进行更新。

（1）乌龙茶区。

福建乌龙茶产业以众多乌龙茶良种为基础，通过独特的制茶技术，赋予茶叶优良的品质，形成品种丰富的福建乌龙茶茶类群体。目前，福建已形成了各有文化背景支撑的闽南与闽北乌龙茶区。闽南产区主要以

安溪县、永春县、德化县、莆田市，以及漳州市的平和县、诏安县、华安县、云霄县、南靖县等为代表。其中，安溪县是中国名茶铁观音的原产地。截至 2020 年，安溪县涉茶人口 80 多万人，茶业收入占农民可支配收入 56%；2022 年，安溪铁观音茶文化系统被列入全球重要农业文化遗产名录。闽北产区主要以武夷山市、建瓯、建阳为代表。

近年来，福建省乌龙茶产区呈不断扩大趋势。传统的福建乌龙茶产区主要分布于以武夷山为中心的闽北产区和以安溪为中心的闽南产区，共计覆盖 18 个县（市、区）。据统计，2020 年福建省乌龙茶的总产量为 23.80 万吨，约占福建茶叶总产量的 51.58%、全国乌龙茶产量的 85.67%；2021 年福建乌龙茶的总产量为 25.07 万吨，约占福建茶叶总产量 51.39%、全国乌龙茶产量的 87.29%，在中国乌龙茶产业中处于绝对优势地位。

福建省乌龙茶业在发展进程中也存在着不少制约因素，主要有以下几点：一是初加工企业总体呈现“多、小、散”状况。粗放型生产加工，质量不稳定，附加值不高。二是省外一些茶区也在发展乌龙茶，不久的将来可能会成为有力竞争者。福建省应当加快新品种的繁育推广进度，促进栽培用种的更新换代、合理区域布局和搭配，严格执行标准，切实保障茶叶质量安全。三是要加强生态茶园建设，鼓励各地创出富有各自区域特色的生态茶园模式，示范推广绿色高效精准、科学施用、减量化学用药用肥技术。四是强化加工企业 SC 认证（食品生产许可证），淘汰落后加工设备，鼓励“龙头企业＋联合体＋科技”结成利益共同体，进行产业化运作、标准化加工，提高产品质量档次，降低产品成本，提高综合效益，增加茶农收入，促进产业升级。

在茶叶产销方面，也存在一些问题：一是品牌发展水平有待提升，知名区域公用品牌和品牌企业数量仍显不足。二是产品形式单一，商品多为礼盒或大宗散茶，衍生品（茶饮料、茶食品等）寥寥无几，产品细分程度不高，产品赛道覆盖不全，难以迎合消费差异。三是企业多数选择淘宝（天猫）、京东等传统电商销售渠道，与新零售的结合度不高，未能充分开拓抖音、快手、小红书等渠道，短视频引流、社群空间“种草”、粉丝变现等特性利用率有待加强。四是出口方面仍然受到技术壁垒的困扰，少部分不了解情况的媒体将问题夸大报道，使国内消费者对乌龙茶质量安全持怀疑态度。五是乌龙茶出口对“一带一路”沿线国家和地区的市场开拓程度不高，未能充分利用地区政策红利，如税收抵免、饶让等条款。有鉴于此，可通过以下几点进行改善提升：第一，应当推进品牌建设，加强宣传推广。各地政府应出台相关政策，扶持品牌建设与发展，加强品牌保护，规范品牌使用，完善品牌（商标）管理体系。第二，要聚焦新零售，拓宽销售通路。企业可根据自身业务规划针对性选择新零售渠道，通过有传播力的内容或话题，结合社群的网络结构进行人与人的链接，以快速实现信息的扩散与传播，最终获得商业传播和价值的效用最大化。第三，洞悉消费趋势，深耕茶叶新品。基于当下快节奏的生活方式，速溶茶、袋泡茶、茶饮料、茶含片等食用品具有方便快捷的特点，能够满足消费者需求；茶保健品、茶药品、茶日用品越来越受到人们关注，传统茶产业应向医药、日化行业延伸，助推茶的养生文化与现代生物科技实现完美结合。第四，提升绿色品质，对接国际标准。通过各种途径及时收集国外涉及乌龙茶的技术规范、标准、合格评定程序及卫生检疫措施，及时反馈给茶叶出口企业及有关部门，实现信息共享，打通“绿色壁垒”。针对农残问题，应综合运用各种防治措施，例如物理防治（灯光、太阳能、振频等方式）和生物防治等方式，科学合理使用农药，促进乌龙茶产业绿色发展。第五，搭建“云端”丝路，拓展国际市场。乌龙茶出口应当充分依托当地海外华人、华资和华企，扩大品牌传播。此外，跨境电商必将成为一条不可忽视的“云端”丝绸之路，与陆上“一带一路”相互呼应，相互补充，最终形成以国内大循环为主体、国内国际双循环相互促进的新发展格局。

（2）绿茶区。

绿茶是我国历史最悠久、品种最多、产量最高、消费面最广的茶类。福建既是乌龙茶大省，也是绿茶大省。绿茶为福建省历史上第一大茶类，2006 年以后退居为第二大茶类。福建省拥有一批历史悠久的名优绿茶，如闽东绿茶、龙岩的武平绿茶、南安的石亭绿。福建绿茶的主

要种类有烘青绿茶、炒青绿茶和半烘炒绿茶。绿茶主产区主要分布在宁德、南平、三明、福州、龙岩等地区。据统计，2020 年福建绿茶的年产总量为 12.93 万吨，约占福建茶叶总产量的 28.02％，2021 年福建绿茶的年产总量为 12.48 万吨，约占福建茶叶总产量的 25.59％。

福建绿茶产区的竞争压力主要来自两个方面，一方面是价格竞争。我国生产的均为原料茶，产品附加值不高，市场价格低，国际绿茶出口价格更低，企业利润空间被压缩，茶农也难得到实惠。另一方面是质量竞争，绿茶产品档次偏低，大多为出口大宗产品或作为茉莉花茶原料。所以资本投入积极性不高，生产手段相对落后。要改变这一现状，可以采用政府补贴的形式，规范市场秩序，合理定价，提高茶农和茶企的积极性。此外，可以改变产品定位，加大研发投入，以提高产品附加值为目标，将产品多样化和准确定位于合适区间，通过市场的检验和放大，从而带来经济效益。

（3）红茶区。

红茶是近代以来世界各类茶叶中产销量最大的茶类，约占世界茶叶消费及贸易总量的 80％以上（以红碎茶为主）。福建红茶主要以工夫红茶为主，其主产区分布于闽东茶区和闽中茶区一带，其中以福安市、蕉城区、寿宁县、柘荣县、周宁县、尤溪县、政和县、松溪县等产量较大，宁德和三明两市发展较好；福州市、漳州市、泉州市、龙岩市也有少量生产，主要采用夏秋季节的原料加工红茶。福建是世界红茶的发源地，以小种红茶和工夫红茶闻名于世。近年创新的花果型福安红茶（福安首创）也深受消费者青睐，成为新式茶饮的重要原料。随着红茶市场的不断扩大和技术创新，红茶主要产区的红茶生产、贸易与消费蓬勃发展。据统计，2020 年福建省红茶总产量 5.54 万吨，约占福建省茶叶总产量的 12.01％；2021 年福建省红茶总产量 5.7 万吨，约占福建省茶叶总产量的 11.69％。

福建红茶经过近几年的发展，在茶树品种选育与优化调整、生态茶园建设与友好栽培、加工工艺革新与产品研发、品牌打造宣传与资源整合等方面勇于创新，并取得了显著成效，促进了福建红茶产业的不断升

图 1-4　寿宁茶山（陈孟聪摄）

级。福建红茶产业未来发展应健全生产模式，保障茶叶品质，规范红茶生产加工及品质标准，强化茶园管理、茶叶采摘、加工生产监管，保障品质安全；加快现代化茶园建设，将生态茶园、生态景观、美丽茶乡、优质农产品、茶旅体验等相结合，从而带动茶叶消费，促进茶区经济增长；筛选优化地方茶种的推广种植及工艺优化，针对茶树新品种的特性、产品需求，进一步优化加工工艺，制定新品种的加工标准，规范生产；发展福建茶叶产品信息化网络贸易平台，对接茶农、茶叶合作社、茶企与消费者、经营商，构建沟通两端的贸易桥梁，拓宽福建茶叶产品市场，促进福建茶叶产业可持续发展。

（4）白茶区。

福建白茶产区主要分布在闽东茶区及闽北茶区。闽东地区主产地在福鼎市、福安市、柘荣县、霞浦县、寿宁县等地，闽北地区主产地在松溪县、政和县、建阳区等地。据统计，2020 年福建省白茶总产量 3.82 万吨，约占福建省茶叶总产量的 8.29%、全国白茶总产量的 51.97%；2021 年福建白茶总产量 5.50 万吨，约占福建茶叶总产量的 11.28%、全国白茶总产量的 67.16%，在中国白茶产业中处于相对优势地位。

福建省不同产区的白茶各具特色，福鼎白茶的主要茶树品种为福鼎大白和福鼎大毫，茶芽洁白肥壮、茸毛多，制成的白茶鲜爽甘甜，外形银装素裹，具有先天的原料优势。政和白茶主要品种是福安大白茶、政和大白茶、福云 6 号等，所产茶叶持嫩性强，滋味鲜爽，毫香显露。建

阳是历史悠久的老茶区，白茶中白牡丹发源于此，主要产品有“小白”和“水仙白”。白茶品种主要为福安大白茶、政和大白茶以及当地菜茶，主要产区集中在漳墩和水吉。建阳“水仙白”，花香馥郁，滋味醇厚顺滑、甜爽回甘。当地菜茶制作的“小白茶”外形娇小玲珑、口感甜爽、回甘明显。

福建省拥有白茶这个特种茶类，有着做强做大白茶产业的种种优势。新时期福鼎白茶引领中国白茶产业发展，在全国白茶产业中所占的份额最大，地位特殊，已经真正成为地方优势特色主导产业。

白茶产业发展中，在生产、营销等方面也存在制约因素，如白茶企业虽然注重品牌建设和宣传，但新产品开发、市场开拓和营销手段仍然还有待进一步提升，同时这些企业对茶农的带动能力还不够。另外，产品多元化发展也是制约白茶产业的大问题。要使福建白茶在激烈的市场竞争中脱颖而出，就必须加大科技创新，走向多元化，要在白茶深加工、精加工上下功夫，同时还可以开发茶食品、茶饮料、美容用品、白茶花茶等。

2021 年 5 月 27 日，以“统筹茶文化、茶产业、茶科技，助推中国白茶高质量发展”为主题的“2021 中国白茶大会暨政和白茶交易大会”在政和县举行。本次大会举办了茶叶电商及茶叶市场专题会议、中国白茶流通峰会、中国白茶产区政府沙龙等多项重点活动，在全面回顾总结当前中国白茶产业现状、展示全国不同白茶产区风采的同时，引领中国白茶产业理清发展思路、明确前进方向，助力产业跃上新台阶。

（5）茉莉花茶区。

中国茉莉花的四大主产区，包括广西横县、四川犍为县、福建福州市、云南元江县。2011 年，国际茶叶委员会授予福州“世界茉莉花茶”发源地称号，2012 年，国际茶叶委员会又授予福州茉莉花茶“世界名茶”称号。“福州茉莉花茶”是国内唯一的全部获得 3 个地理标志保护的地标产品。2021 年，福州市茉莉花茶生产加工企业 100 余家，其中拥有 SC 认证企业 41 家，农业产业化国家重点龙头企业 3 家，省级重点龙头企业 12 家，市级重点龙头企业 8 家，总资产上亿元的企业 9 家；

中国驰名商标4件；拥有中国茶叶百强企业5家、院士工作站2家。在2022年5月公布的中国茶叶区域公用品牌价值评估报告中，福州茉莉花茶品牌价值达38.70亿元。

2020年，福州茉莉花种植面积1200公顷，减少约200公顷，占全国茉莉花种植面积的9.30%；福州茉莉花产量0.54万吨，减幅达50.91%，占全国茉莉花总产量的4.54%；产值2.70亿元，减幅达28.95%，占全国茉莉花农业总产值的10.09%；2020年全国茉莉花成交均价为22.49元/千克，其中福州茉莉花均价为50元/千克，为全国最高均价。

2020年，福州茉莉花茶产量为1.52万吨，同比增长7.04%，占全国茉莉花茶总产量的13.51%；产值约25.50亿元，与2019年持平，占全国茉莉花茶农业总产值的20.34%。福州地区的茉莉花茶均价最高，达到了167.76元/千克，高于全国茉莉花茶产区均价（111.45元/千克）。

目前，福州茉莉花茶生产存在的问题：第一，茉莉花种植面积持续缩小，不能满足与之相配套的茶叶生产需要，导致许多大型花茶厂纷纷将茉莉花种植基地外迁到成本更低廉的广西等地。福州茉莉花茶行业规模正在急剧萎缩。第二，福州茉莉花茶作为全球重要农业文化遗产的历史文化底蕴未能得到深度挖掘。第三，产品创新及产业链有待延伸。目前，福州市对茉莉花香气的利用还停留在制茶方面，在精油、制药等领域研究有限，产业链没有得到有效延伸。

福建花茶产业有许多其他省份没有的优势，有市场、有品牌、有资源、有文化、有历史。历史传承价值作为农业文化遗产产业化开发的资源前提，是影响产业化发展的先决条件，应当加大资源保护与挖掘力度，将福州茉莉花与茶文化的起源与演变历史、独特的农业生产特征、完整的农作技术体系、独特的茉莉花茶加工工艺、承载的文化特征等进行系统梳理。同时要推动产业融合发展，提升产业化水平，注重夯实茉莉花与茶树两方面的种植基础，建立一批茉莉花和茶树生态种植基地，采用传统生态技术与现代智慧农业技术相结合的方式，既充分展示福州茉莉花与茶树优良的生态品质，又展示现代绿色农业科技。在保持茉莉

花茶窨制的加工优势基础上，开发提取茉莉花活性成分和精油、中药材料、花渣用于制作饲料等加工项目，以及茉莉精油、茶精油、茶多酚等精深加工产品，延伸产业链。还应注重结合科教文化价值和休闲体验价值开发，通过设计具有强体验性的农业休闲活动，将文化认同度高的习俗、典故、艺术作品等进行展示，以休闲服务带动福州茉莉花与茶文化价值传播的同时，推动一二三产业融合发展。严格执行福建省地方标准《地理标志产品福州茉莉花茶》，规范福州茉莉花茶地理标志证明商标的使用。启动福州茉莉花茶精品名茶打造工程，开发高端产品，完善工艺，统一规格，提升品质，进一步提高精品名茶比重，提升福州茉莉花茶区域公用品牌价值。

2021 年 12 月 3 日，国家标准化管理委员会下达《国家标准化管理委员会关于下达第二批国家级消费品标准化试点项目的通知》（国标委发〔2021〕35 号），福州茉莉花茶国家级消费品标准化试点项目被列入其中。2022 年 5 月 30 日，福州市人民政府办公厅下达《福州市人民政府办公厅关于印发福州茉莉花茶国家级消费品标准化试点项目建设实施方案的通知》（榕政办〔2022〕72 号），成立福州茉莉花茶国家级消费品标准化试点项目工作领导小组，对试点工作进行统一领导、统一组织、统一协调、统一实施。领导小组下设办公室，承担领导小组日常工作。领导小组各成员单位切实履行职责，按照方案提出的目标、任务，进一步细化工作重点，完善配套政策措施，落实工作责任，形成发展合力，确保福州茉莉花茶国家级消费品标准化试点项目工作顺利推进。具体举措有：深入推进福州茉莉花茶品种培优、生态保护、品质提升、品牌打造和文化传承，增加绿色优质福州茉莉花茶供给，促进福州茉莉花茶产业高质量发展；通过两年的试点项目建设，达到标准化有效支撑福州茉莉花茶产业发展的目标。强化标准引领，构建福州茉莉花茶产业标准体系，推进茶产业标准制（修）订，创建标准化示范基地，加快福州茉莉花茶产业园建设；强化全域推进，依托产业园、示范区等，在全市范围内进行标准化专业知识宣传、贯彻与普及工作，支持数字赋能，打通产业链，坚持标准化发展，促进全环节升级、全链条增值；强化品牌打造，实施地理标志农产品保护工程，统筹实施福州茉莉花茶品牌培育计划，推进标准引领高质量发展，打响“福州茉莉花茶”区域公用品牌。

图 1-5 “福州茉莉花茶国家级消费品标准化试点项目”专家研讨会（闽江师范高等专科学校供图）

（三）茶叶销售与流通

一是从出口品种看，福建省茶叶出口基本涵盖所有品类，包括乌龙茶、绿茶、花茶、红茶和普洱茶，拥有安溪县、宁德市两个国家级出口茶叶质量安全示范区。福建省乌龙茶出口占全国三分之二，花茶出口居全国首位，红茶出口居全国第二（仅次于贵州省），绿茶出口居全国第三（仅次于浙江省和安徽省）。二是从出口市场看，福建省茶叶出口到全球 60 多个国家和地区，长期以来亚洲市场占福建省出口 80%以上份额。2021 年，东盟、中国香港、日本和美国位居福建省茶叶出口额前四，分别为 2.26 亿美元、1.74 亿美元、0.36 亿美元和 0.21 亿美元，合计占出口额的 85.1%。三是从茶叶出口附加值看，福建省茶叶出口附加值高于全国平均水平。目前，我国茶叶出口 80%以上以价格低廉

的绿茶为主，2021 年福建省茶叶平均出口单价 19655 美元/吨，超出全国平均出口单价（6230 美元/吨）3 倍以上，也大幅高于其他主要出口省份茶叶平均出口单价（浙江 3223 美元/吨、安徽 4239 美元/吨、湖南 2981 美元/吨）。

1. 茶叶销售市场现状

（1）茶叶进口市场状况。

2020 年，福建茶叶进口总量 0.8 万吨，同比下降 10.3%；进口金额 2.1 亿元，同比下降 27.7%；进口均价 25.9 元/千克，同比下降 19.6%。

2021 年，福建省茶叶进口总量 1.2 万吨，总金额为 2.9 亿元；进口均价 23.5 元/千克，同比下降 9.1%。2021 年，福建省茶叶进口量同比增长 52.1%，进口金额同比增长 38.2%，均实现了较大幅度增长（表 1-16）。

表 1-16 2020—2021 年福建省茶叶进口情况

年份	进口量（万吨）	进口金额（亿元）	进口均价（元/千克）	进口量同比增长（%）	进口金额同比增长（%）	进口均价同比增长（%）
2020	0.8	2.1	25.9	−10.3	−27.7	−19.6
2021	1.2	2.9	23.5	52.1	38.2	−9.1

数据来源：福州海关。

据统计，2020 年福建茶叶进口来源国和地区主要包括斯里兰卡、印度、布隆迪和中国台湾。斯里兰卡为福建进口茶叶的最大来源地，进口茶叶数量 0.16 万吨，进口金额 0.43 亿元，进口均价 26.88 元/千克，进口量同比下降 16.80%，进口金额同比下降 19.90%，进口均价同比下降 3.80%；印度为福建进口茶叶的第二大来源地，进口茶叶数量 0.15 万吨，进口金额 0.30 亿元，进口均价 20.00 元/千克，进口量同比下降 43.30%，进口金额同比下降 42.10%，进口均价同比增长 2.10%；布隆迪为福建进口茶叶的第三大来源地，进口茶叶数量 0.12 万吨，进口金额 0.23 亿元，进口均价 19.17 元/千克，进口量同比增长 44.20%，进口金额同比增长 55.40%，进口均价同比增长 7.70%（图 1-6、表 1-17）。

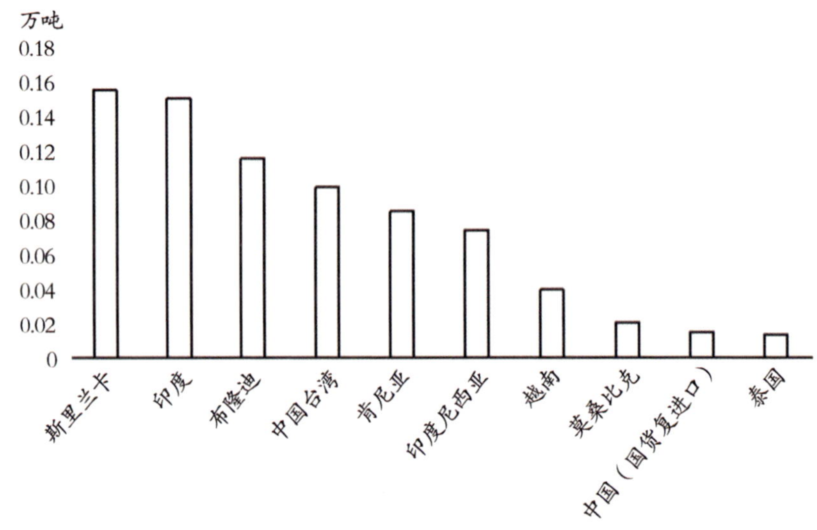

图 1-6 2020 年福建省茶叶进口地区情况（进口量前 10 位）

表 1-17 2020 年福建省茶叶进口地区情况（前 10 位）

地区	进口量（万吨）	进口金额（亿元）	进口均价（元/千克）	进口量同比增长（%）	进口金额同比增长（%）	进口均价同比增长（%）
斯里兰卡	0.16	0.43	26.88	−16.80	−19.90	−3.80
印度	0.15	0.30	20.00	−43.30	−42.10	2.10
布隆迪	0.12	0.23	19.17	44.20	55.40	7.70
中国台湾	0.10	0.74	74.00	−39.20	−43.80	−7.60
肯尼亚	0.09	0.15	16.67	25.70	27.50	1.50
印度尼西亚	0.08	0.01	12.50	59996.00	3699.40	−93.70
越南	0.04	0.09	22.50	53.30	−14.30	−44.10
莫桑比克	0.02	0.02	10.00	−20.00	−19.60	0.50
中国（国货复进口）	0.02	0.04	20.00	146.40	77.30	−28.00
泰国	0.01	0.02	20.00	−25.00	−23.80	1.50

数据来源：福州海关。

2021年福建茶叶进口来源国和地区主要包括斯里兰卡、印度、印度尼西亚和布隆迪。斯里兰卡继续保持福建进口茶叶最大来源国地位，进口茶叶数量0.37万吨，进口金额1.13亿元，进口均价30.54元/千克，进口量同比增长131.25%，进口金额同比增长162.79%，进口均价同比增长13.62%。印度为福建进口茶叶的第二大来源国，进口茶叶数量0.24万吨，进口金额0.41亿元，进口均价17.08元/千克，进口量同比增长60.00%，进口金额同比增长36.67%，进口均价同比下降14.60%。印度尼西亚为福建进口茶叶的第三大来源国，进口茶叶数量0.13万吨，进口金额0.01亿元，进口均价7.69元/千克，进口量同比增长63.00%，进口均价同比下降38.48%，下降幅度比较大。布隆迪为福建进口茶叶的第四大来源国，进口茶叶数量0.11万吨，进口金额0.20亿元，进口均价18.18元/千克，进口量同比下降8.33%，进口金额同比下降13.04%，进口均价同比下降5.16%（图1-7、表1-18）。

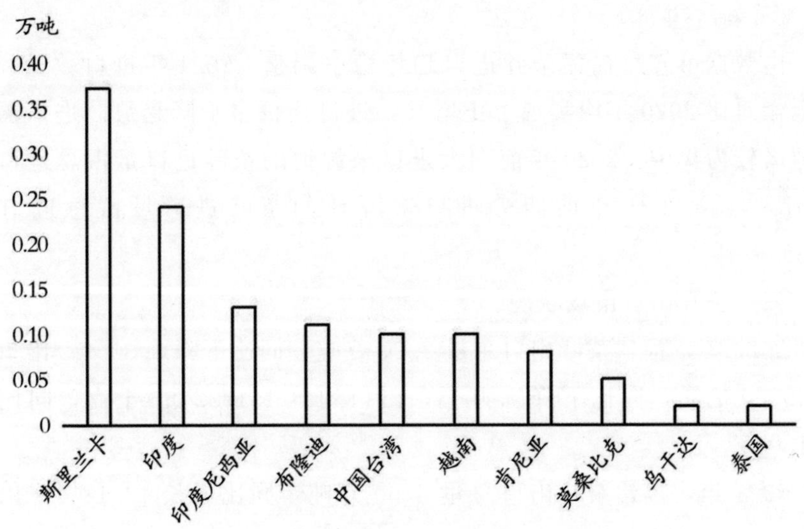

图1-7　2021年福建省茶叶进口地区情况（进口量前10位）

表 1-18　2021 年福建省茶叶进口地区情况（前 10 位）

国别（地区）	进口量（万吨）	进口金额（亿元）	进口均价（元/千克）	进口量同比增长（%）	进口金额同比增长（%）	进口均价同比增长（%）
斯里兰卡	0.37	1.13	30.54	131.25	162.79	13.62
印度	0.24	0.41	17.08	60.00	36.67	−14.60
印度尼西亚	0.13	0.01	7.69	63.00	0.00	−38.48
布隆迪	0.11	0.20	18.18	−8.33	−13.04	−5.16
中国台湾	0.10	0.71	71.00	0.00	0.00	−4.05
越南	0.10	0.15	15.00	150.00	66.67	−33.33
肯尼亚	0.08	0.12	15.00	−11.11	−20.00	−10.02
莫桑比克	0.05	0.06	12.00	150.00	200.00	20.00
乌干达	0.02	0.02	10.00	671.20	515.30	−20.20
泰国	0.02	0.02	10.00	100	0.00	−50.00

数据来源：福州海关。

由数据可知，福建茶叶进口趋势稳中调整，2021 年进口数量、进口金额对比 2020 年均实现了正增长，进口均价呈下降趋势。进口国家和地区较为集中，2020 年前四大进口来源地的茶叶进口量占总进口量的 67.09%，2021 年前四大进口来源地的茶叶进口量占总进口量的 69.67%。

（2）茶叶出口市场状况。

2020 年，福建茶叶出口总量 2.20 万吨，同比下降 8.30%；出口金额 29.00 亿元，同比下降 7.40%；出口均价 131.82 元/千克，同比增长 1.00%。

2021 年，福建茶叶出口总量 2.60 万吨，同比增长 18.18%；出口金额 33.10 亿元，同比增长 14.14%；出口均价 126.92 元/千克，同比下降 3.71%。

由数据可知，2021 年福建茶叶出口量与出口金额均实现了 10%以上的正增长，但出口均价呈下降趋势（表 1-19）。

表 1-19 2020—2021 年福建省茶叶出口情况

年份	出口量（万吨）	出口金额（亿元）	出口均价（元/千克）	出口量同比增长（%）	出口额同比增长（%）	出口均价同比增长（%）
2020	2.20	29.00	131.82	−8.30	−7.40	1.00
2021	2.60	33.10	126.92	18.18	14.14	−3.71

数据来源：福州海关。

2020 年，福建茶叶出口国家和地区主要是日本、中国香港和马来西亚。日本为福建茶叶出口的最大目的地，出口茶叶数量 0.69 万吨，出口金额 2.50 亿元，出口均价 36.23 元/千克，出口量同比下降 0.80%，出口金额同比增长 9.30%，出口均价同比增长 10.20%。中国香港为第二，出口茶叶数量 0.40 万吨，出口金额 11.20 亿元，出口均价 280.00 元/千克，出口量同比下降 18.50%，出口金额同比下降 17.10%，出口均价同比增长 1.70%。马来西亚居第三，出口茶叶数量 0.24 万吨，出口金额 5.50 亿元，出口均价 229.17 元/千克，出口量同比增长 37.70%，出口金额同比增长 40.30%，出口均价同比增长 1.90%（表 1-20）。

表 1-20 2020 年福建省茶叶出口地区情况（前 10 位）

国别（地区）	出口量（万吨）	出口金额（亿元）	出口均价（元/千克）	出口量同比增长（%）	出口额同比增长（%）	出口均价同比增长（%）
日本	0.69	2.50	36.23	−0.80	9.30	10.20
中国香港	0.40	11.20	280.00	−18.50	−17.10	1.70
马来西亚	0.24	5.50	229.17	37.70	40.30	1.90
越南	0.13	1.70	130.77	−34.90	−56.90	−33.80
美国	0.11	0.90	81.82	−16.70	−28.00	−13.60
泰国	0.10	0.80	80.00	−55.40	−53.00	5.60
缅甸	0.10	2.70	270.00	87.50	106.60	10.20
新加坡	0.07	0.80	114.29	30.30	211.50	139.00
西班牙	0.06	0.40	66.67	−47.40	−58.70	−21.50
马里	0.06	0.20	33.33	−41.60	−41.90	−0.50

数据来源：福州海关。

2021年福建茶叶出口国家和地区主要是日本、马来西亚和中国香港。日本为福建茶叶出口的最大目的地，出口茶叶数量0.60万吨，出口金额2.30亿元，出口均价38.33元/千克，出口量同比下降13.04%，出口金额同比下降8.00%，出口均价同比增长5.80%。马来西亚为第二，出口茶叶数量0.44万吨，出口金额11.30亿元，出口均价256.82元/千克，出口量同比增长83.33%，出口金额同比增长105.45%，出口均价同比增长12.07%。中国香港为第三，出口茶叶数量0.37万吨，出口金额11.30亿元，出口均价305.41元/千克，出口量同比下降7.50%，出口金额同比增长0.89%，出口均价同比增长9.08%（表1-21）。

表1-21　2021年福建省茶叶出口地区情况（前10位）

国别（地区）	出口量（万吨）	出口金额（亿元）	出口均价（元/千克）	出口量同比增长（%）	出口额同比增长（%）	出口均价同比增长（%）
日本	0.60	2.30	38.33	−13.04	−8.00	5.80
马来西亚	0.44	11.30	256.82	83.33	105.45	12.07
中国香港	0.37	11.30	305.41	−7.50	0.89	9.08
泰国	0.24	1.40	58.33	140.00	75.00	−27.09
马里	0.19	0.70	36.84	216.67	250.00	10.53
越南	0.14	1.40	100.00	6.80	6.80	6.80
美国	0.13	1.40	107.69	18.18	55.56	31.62
阿尔及利亚	0.08	0.40	50.00	236.30	268.90	9.70
新加坡	0.05	0.30	60.00	−28.57	−62.50	−47.50
乌兹别克斯坦	0.05	0.20	40.00	146.50	148.20	0.70

数据来源：福州海关。

（3）福茶网平台建设。

2021年3月1日，福茶网科技发展有限公司注册成立；4月25日，福茶网在首届数字产品博览会亮相推介；6月28日，福茶网平台电商、溯源、数字化营销系统正式上线运行；7月起，福茶网在福州市、南平

市、泉州市、宁德市、三明市、龙岩市等7个设区市15个重点茶产区对接茶企2151家，累计上架856款茶产品，首批3000万元福茶券在平台开始陆续发放。福茶网平台从产业链角度出发，融合数字科技，围绕茶叶交易、茶叶大数据、茶产业服务和茶文化推广四大功能，构建“一中心、四平台、八系统、十八项业务”，目标是建成国内最专业、最权威、最具公信力的茶产业互联网综合服务平台，并致力于做优茶品牌、挖掘茶文化、创新茶科技，助力乡村振兴，推动茶产业成为福建省的优势产业，让更多的福建茶叶和涉茶产品走向全国，走向世界。

福茶网着力解决茶产业发展的痛点、难点，凸显四大优势：一是突出综合服务。以茶农、茶企、消费者需求为导向，通过数字赋能、撮合交易、质量管控、物流配套、产业科研、金融、人才等服务，吸引全链条各类商家进驻，吸引各类买家在平台上采购。二是突出垂直领域。福茶网除进行茶叶交易外，将融合与茶关系密切的第一、二、三产业，助力茶技、茶机、金融、人才、文化等全链条融合发展。三是突出公信力。树立平台交易公信力，实现产品产地可溯源、企业入驻有标准、产品交易守规则。打造福茶网百姓茶，让老百姓喝得起、喝得放心、喝得安全。四是突出茶文化推广。

根据《福茶网建设工作组工作方案》分工，福建省积极推进引导全产业链企业有序进驻福茶网平台。发挥中国国际茶叶博览会等茶叶专业展会影响力，持续推进品牌营销，开展“县长带你买好货”“闽茶行天下网红直播带货”“福茶直播带货季”等活动，线上线下同步推进茶叶销售，不断提升服务平台品牌知名度和影响力。截至2021年底，福茶网已入驻包括全省头部企业在内的茶叶企业超6000家，上架茶产品超万款，实现交易额10.06亿元。

（4）茶叶出口促进措施。

一是加大推广力度，拓展茶叶重点消费市场。福建省积极组织茶企参加国内外展会、展示展销等活动，利用好RCEP（区域全面经济伙伴关系协定）、国际茶日和中欧地理标志协定生效的契机，在巩固东盟、中国香港、日本等优势市场的基础上，积极开拓印度、中东、非洲、欧洲、北美等重点消费市场和空白市场。二是强化主体建设，积极培育福茶品牌。福建省依托“助力万企成长”计划，开展孵化工作，激发中小茶企创新活力，加强产品研发，大力提升茶叶品质。提高品牌核心竞争力，培育一批特色鲜明、竞争力强、市场信誉度高的福茶国际化品牌。三是推动贸易创新，强化茶叶平台作用。福建省加快拓展福茶网平台功能，支持省内茶企、茶农上线借助福茶网开拓国际市场。推动茶叶公共服务检测等平台建设，进一步降低检测费用。鼓励茶企通过与市场采购、跨境电商等新业态、新模式相结合，拓展国际市场。四是优化营商环境，加强茶要素服务保障。福建省推动监管部门进一步简化监管流程，提升对茶企的金融、外汇、信保等方面的服务支持力度，优化营商环境。

2. 茶叶流通市场发展现状

以福建茶产区宁德市、泉州市、漳州市和南平市的主要茶叶交易市场为例。

宁德市茶叶交易市场有富春茶城和闽浙边贸茶花专业交易市场。2021 年，富春茶城年交易量 50000 吨，同比增长 11.11%，年交易额 400000 万元，同比增长 11.11%；闽浙边贸茶花专业交易市场茶青年交易量 22000 吨，同比增长 10%；干茶 5200 吨，同比增长 4%，年交易额 185000 万元，同比增长 8.82%。2021 年，安溪中国茶都年交易量 21500 吨，同比下降 2.71%；年交易额 232000 万元，同比增长 1.75%。福建省漳州市茶叶交易市场有华仙茶都、闽南新城茶叶市场和南靖茶市。2021 年，华仙茶都年交易量 15470 吨，同比增长 8.56%，年交易额 58175 万元，同比下降 3.04%；闽南新城茶叶市场年交易量 2260 吨，同比增长 3.19%，年交易额 40800 万元，同比增长 10.27%；南靖茶市年交易量 900 吨，同比下降 10%，年交易额 3000 万元，同比下降 9.09%。福建省南平市茶叶市场有城南新天地茶叶交易市场和南平中国茶都，新增中国白茶城。2021 年城南新天地茶叶交易市场年交易量 585 吨，同比增长 4.28%，年交易额 6856 万元，同比增长 4.51%；南平中国茶都年交易量 362 吨，同比增长 2.55%，年交易额 4239 万元，同比

增长 2.64%；中国白茶城 2020 年处于建设招商阶段，市场面积 72602.66 平方米，2021 年交易量 1308 吨，年交易额 22000 万元，首年交易额突破亿元大关（表 1-22）。

表 1-22　福建省主要茶叶交易市场统计

市场名称	2020 年		2021 年	
	年交易量（吨）	年交易额（万元）	年交易量（吨）	年交易额（万元）
富春茶城	45000	360000	50000	400000
闽浙边贸茶花专业交易市场	茶青 2.0 万吨，干茶 5000 吨	170000	茶青 2.2 万吨，干茶 5200 吨	185000
安溪中国茶都	22100	228000	21500	232000
华仙茶都	14250	60000	15470	58175
闽南新城茶叶市场	2190	37000	2260	40800
南靖茶市	1000	3300	900	3000
城南新天地茶叶交易市场	561	6560	585	6856
南平中国茶都	353	4130	362	4239
中国白茶城	处于建设招商阶段		1308	22000

数据来源：各设区市农业农村局。

可见，福建省主要茶叶交易市场大部分实现了年交易量、年交易额的同步增长，这与福建省积极拓展国内茶叶市场和消费需求促进消费市场回升有关。目前，福建省支持各地利用公园、历史文化街区、景区等场所，打造一批主题鲜明且价格亲民的大众茶馆消费场景，省级财政资金给予一定补助，继续推动福州、南平等地试点建设。2021 年 4 月，《福州市大众茶馆试点建设工作方案》发布。方案明确指出，至 2021 年 6 月底前，利用已建成的公园、历史文化街区、景区等国有、集体权属场所率先打造 15 个以上试点项目，力争到 2023 年在福州市范围内打造一批主题鲜明、特色突出的大众茶馆。这些茶馆会成为推广福州市地方茶文化的重要窗口，为市民和游客提供品质化、大众化的休闲旅游消费服务。截至 2021 年 11 月 11 日，福州市正式授牌试点大众茶馆 14 家。

三、茶科技

（一）推进茶产业集聚发展

实施福建省特色现代农业高质量发展“3212”工程，“十四五”期间，重点打造安溪、福鼎、政和、漳平、永春5个茶叶类重点现代农业产业园，以及武夷岩茶、安溪铁观音、福鼎白茶、福州茉莉花茶、福建红茶5个优势特色产业集群，打造以茶叶为主导产业的40个农业产业强镇和200个产业强村，形成闽茶产业“圈状”发展新格局。

（二）推广茶叶绿色高质高效技术模式

依托武夷岩茶优势特色产业集群项目，推广天敌友好型茶园绿色防控技术（茶树害虫性诱剂、天敌友好型LED杀虫灯、茶树害虫数字化粘虫色板、水溶性农药速测卡等茶园有害生物综合防治）、茶园土壤环境优化技术（在茶园科学套种油菜、大豆等绿肥作物）、以虫治虫生物防治技术（实施“以虫治虫”“以螨治螨”“以螨治虫”“以螨带菌治虫”等多种防治手段），建立茶园动植物生态平衡系统，取得良好的防治成效。

围绕基本实现全省茶园不用化学农药目标，坚持生态优先，组织开展茶叶绿色高质高效行动，强化茶园科学管理，倡导茶树健身栽培，严禁高度密植和过度矮化等掠夺性生产方式。综合采取种树、留草、间作、套种、疏水、筑路、培土等措施，保持茶园水土，改善茶园生态。以项目为抓手，组织人员对特色优势产业集群、绿色循环优质高效特色农业、茶叶绿色高质高效创建等项目开展技术指导，示范带动全省大力建设不用化学农药茶叶绿色生产示范基地和不用化学农药示范茶园。举办茶叶绿色发展关键技术培训班，邀请省内外知名专家学者，对各设区市和重点产茶县（市、区）茶叶技术干部、茶叶企业代表进行培训，进一步提升福建省茶叶质量安全管理技术水平。

（三）深化茶叶产业技术体系

2021年，福建省茶产业技术体系工作开展以来，加工方面开展了乌龙茶、白茶品质提升技术、不同杀青方法试验对比等研究；绿色防控方面开展了泡沫机开发、防除杂草小飞蓬、茶小绿叶蝉高效低毒杀虫剂筛选等方面研究。此外，开展了金牡丹茶树新品种及其化肥减施增效栽培关键技术示范、茶园显花生态植物间套种技术模式示范，集成乌龙茶提质增效技术研究等。

（四）实施特色农业“五千工程”

组织实施福建省特色农业“五千工程”，围绕培育特色优势茶产业，2020年福建省建立了60个规模较大、设施较优、技术先进、基础条件好、标准化生产水平高、达到国际出口要求的优质茶叶标准化示范基地，推广应用标准化生产技术规程，开展病虫害专业化统防统治等服务，推广有机肥替代化肥，落实“一品一码”，着力推进生产标准化、资源高效化、质量可控化，提升茶叶国际市场竞争力。

（五）强化技术指导服务

福建省农业农村厅印发《关于抓好当前茶叶生产有关工作的通知》，从密切关注市场动态、加大资金扶持力度、强化技术指导服务、推动营销模式创新等方面加强助力，持续推动茶产业健康发展。同时，福建省农业农村厅组织茶叶专家服务团队赴寿宁县、福安市、福鼎市、安溪县等茶叶主产区，开展科技服务，指导复工复产，确保春茶生产平稳有序。持续开展百万茶农培训行动，每年培训高素质茶农10万人，远程培训30万人次以上，持续强化现代茶叶产业技术体系，充分发挥科技特派员作用，大力推动茶叶科技成果普及推广。

（六）推进茶叶加工清洁化、标准化、智能化

全省农业产业化重点龙头企业加大科技、设备的投入，武夷星茶业

有限公司投入3条自动化生产线，福建八马茶业有限公司投入建成清洁化降除尘生产线，福建品品香茶业有限公司投入智能化自动白茶生产线。此外，中国白茶城、福建八马茶业有限公司等已建设启用智能仓储机械人，六妙白茶股份有限公司等建成智能化仓储等。福鼎市已建成全域茶产业大数字平台；安溪县应用卫星遥感技术，建成覆盖全域的“安溪数字茶业服务平台”，大量的新机具、新设备、新技术以及高科技手段在传统茶叶加工业得到广泛应用。

（七）促进科技成果转化

一是支持高校茶产业科技创新平台建设。在2021年福建省高校重点实验室评估中，福建农林大学“土壤生态系统健康与调控福建省高校重点实验室”“害虫绿色防控福建省高校重点实验室”被评为优秀，“茶学福建省高校重点实验室”被评为良好。二是支持高校加强茶产业相关理论和关键技术研究。2020—2021年，福建省教育厅每年投入1000万元，与省科技厅共同实施省自然科学基金高校联合资助项目，多项茶产业发展相关项目获立项。三是推动高校茶产业相关科技成果转化和产业化。2021年，福建省教育厅会同省工信厅，资助龙岩学院“茶树精油饲料添加剂的开发与应用研究”等一批省级科技创新重点项目，促进茶产业相关科技成果转化落地。

2020—2021年，福建省科技厅涉茶科研项目117项。2018—2021年数据显示，福建省涉茶科技类项目增幅明显，增幅比达119.23%，研究范围涉及乌龙茶、绿茶、红茶、白茶及花茶的品种选育、基因研究、加工技术、设备研发、茶园建设等，研究范围广泛，有力地推动了茶产业可持续发展。（表1-23、本书附录二）。

表1-23　福建省省级涉茶科技类科研项目统计　（单位：项）

年份	单位类别		总计
	科研院所	企业	
2018	21	5	26

续表

年份	单位类别		总计
	科研院所	企业	
2019	22	11	33
2020	50	10	60
2021	46	11	57

四、"三茶"统筹标准化建设

2021 年 3 月 22 日，习近平总书记来闽考察时强调，要统筹做好茶文化、茶产业、茶科技这篇大文章。茶之于福建，是一项历史文化传承，是一条乡村振兴之路，是一个重要科研领域。近年来，福建省立足标准化职能，大力推进茶文化、茶产业、茶科技的标准化建设，积极组建福建省茶产业标准化技术委员会为茶叶标准工作提供专业技术支撑，不断丰富茶文化的内涵，不断发挥茶科技力量，推动茶产业高质量发展。据统计，2020—2021 年，福建省有关单位主导制（修）订 3 项国家标准、1 项行业标准、17 项省地方标准，发布实施并声明公开 58 项团体标准和 114 项企业标准（本书附录二）。

（一）茶文化标准化建设

"茶庄园""茶赛事""茶技艺"等领域标准不断创新。在福建省地方标准《茶庄园建设指南》（DB35/T 1857—2019）指导下，福建省先后建成 60 多家茶庄园，成为"茶旅融合"发展的重要载体。2022 年，福建省地方标准《茶庄园评价》进入研制阶段，为下一步茶庄园的品质提升奠定了基础。根据福建乌龙茶独特的功夫茶品鉴方式和全省各地积极开展茶叶赛事的具体实践，福建省地方标准《茶叶赛事，茶叶感官评定方法》（DB35/T 1987—2021）和《茶叶赛事，组织通则》（DB35/T 2057—2022）应运而生，进一步规范了标准化赛事活动。《绿茶冲泡与品鉴方法》（DB35/T 1953—2020）等 13 项省地方标准和团体标准，适用于列入中欧地理标志互认的 12 项茶产品，为国内其他省份研制茶叶冲泡相关标准提供了借鉴，开创全国先河。福建有 6 项制茶传统技艺被列入国家级非物质文化遗产代表性项目，计划将武夷岩茶传统技艺固化为省级地方标准，进一步丰富茶文化的内涵。

（二）茶产业标准化建设

福建省积极完善茶产业标准体系，涵盖了基础通用、茶叶、茶装备、茶制品、茶旅游等多个二级体系，覆盖茶产业的全产业链。其中，茶叶二级体系是重点体系，近两年主要向生产前端和消费末端发展。《茶园减量化施肥操作技术规范》（DB35/T 2036—2021）、《山地有机茶园“茶—草—菌”生产技术规范》（DB35/T 1898—2020）等茶园管理技术标准，符合当前国家化肥减量施用的大政方针，有效保持土壤肥力推动茶园可持续发展。《茶叶体验店服务规范》（DB35/T 2047—2021）等标准进一步延伸了产业链，提供了服务领域的技术要求。“台式乌龙茶”系列标准的研制，是贯彻落实习近平总书记两岸“行业标准共通”的重要举措，在全国开创两岸专家共同研制国家标准、省地方标准的先河。近两年来，两岸专家成功研制并发布实施了 10 项茶叶领域的共通

图 1-8　生态丛林之中的武夷山“有机茶园”——曹墩茶园（阮雪清摄）

标准，其中国家标准 2 项，省地方标准 8 项。特别是 5 项“台式乌龙茶”系列标准，为产品、加工技术、树种、栽培、冲泡与品鉴 5 个方面提供了统一的技术规范，解决了台企茶农无标可依的困境，有力地促进了两岸茶产业的经贸往来，获得台湾专家和茶企的广泛认同。

（三）茶科技标准化建设

福建省种植业技术推广总站、福建省农业科学院、福建农林大学等科研院校的专家不断地将科研成果转化为技术标准，让农民看得懂、用得上最新科研成果。2021 年，廖红教授在武夷山燕子窠亲自为习近平总书记讲解茶园套种大豆的生态种植方式，成功转化为省地方标准《改良茶园土壤用大豆种植规范》（DB35/T 1977—2021），并在省市场监管局指导下在武夷山市开展标准发布、宣传和实施工作。为进一步推广“增产施肥、经济施肥、环保施肥”的理念，实现化肥减量增效，实现农业增效、农民增收和农业可持续发展的目的，福建省农业科学院茶叶研究所牵头研制了《茶园减量化施肥操作技术规范》（DB35/T 2036—2021），在福建省 15 个重点产茶县收集了 269 个调查样本，提出针对不同区域、不同茶类的有机肥替代化肥的测土配方施肥技术规范，解决土壤酸化硬化、肥料投入比例失衡、肥料利用率低等问题。

2022 年 9 月，由民革福建省委员会、福建省茶产业标准化技术委员会等单位指导，光泽县多家单位联合福建省标准化研究院、福建省标院信息技术有限公司等单位共同起草的《光泽红茶，工夫红茶》（T/CSTEA 00046—2022）；《光泽红茶，工夫红茶加工技术规范》（T/CSTEA 00047—2022）；《光泽红茶，干坑正山小种》（T/CSTEA 00048—2022）；《光泽红茶，干坑正山小种加工技术规范》（T/CSTEA 00049—2022）；《光泽红茶，冲泡与品鉴》（T/CSTEA 00050—2022）等 5 项团体标准，正式由海峡两岸茶业交流协会发布，填补了光泽红茶相关标准的空白，对全方位地指导光泽红茶的生产、加工、销售、冲泡、品鉴，打造区域公用品牌，提升光泽红茶知名度，推动光泽茶产业高质量发展，促进乡村振兴具有重要意义。

第二部分 福建省茶产区报告

一、福州篇

总结福州市茶产业在打造绿色生态茶园、扶持茉莉花基地建设、宣传推广茶文化、强化遗产传承、加大科研投入力度、强化标准化建设、坚持全产业等方面的成效，对福州市茶（花）产业发展制约因素进行分析，并从加快提升茶文化影响力、加快完善茶产业链、加快增强茶科技竞争力、加快扩大市场占有率等方面提出了推动福州市茶产业进一步发展的政策建议。

唐代，福州即有产茶记载。方山露芽、鼓山柏岩茶、罗源七境绿均为福州历史名茶。福州为茉莉花茶的发源地，其历史可追溯到南宋以前，已有800年以上历史。新中国成立后，福州茉莉花茶是我国出口创汇的重要商品和外交礼品茶，也是福州的重要特色产品。2014年，福州茉莉花与茶文化系统被联合国粮农组织列为全球重要农业文化遗产。福州市委市政府坚持在发掘中保护，在利用中传承，深入挖掘全球重要农业文化遗产的社会、经济、文化价值，坚持“茶文化、茶产业、茶科技”统筹发展，逐步探索出“做强茶产业，助力乡村振兴”之路。

（一）福州市茶产业现状

1. 茶文化底蕴深厚

《八闽通志》载：“福州府诸县皆有，闽之方山、鼓山、侯官之水西，怀安之凤冈尤胜。”明洪武（1368—1398）年间，“永泰细茶”被列为贡品，“细茶”即“好茶”，与“粗茶”相对，其中尤以有800年以上

历史的“姬岩茶”和300年历史的“藤山茶”为著。谢肇淛《小草斋诗话》云：“鼓山半岩茶，色香风味，旧人评为闽中第一，不让虎丘、龙井也。”《福建之茶》记载：“罗源所产纯为绿茶……其品质为各县之冠。茶叶嫩长而紧卷，色泽绿润蜜黄，水色杏绿，历数小时不变，易于窨花，为制花香茶之上品。”

宋代张邦基撰《闽广茉莉说》记载：“闽广多异花，悉清芬郁烈，而茉莉花为众花之冠。岭外人或云抹丽，谓能掩众花也。至暮则尤香。今闽人以盎种之，转南海而来……”南宋隆兴乾道（1163—1173）年间楼钥的《次韵胡元甫茉莉》诗中有“吾闻闽山千万木，人或说此齐蒿菜”之句，可见那时福建种植茉莉花这一种芳香植物已相当普遍，这一举措为发展福州茉莉花茶奠定了物质基础和品质基础。宋代，福州已经是茉莉满城之都。北宋名士湛俞颂福州乌石山诗“茉莉晓迷琼径白，荔枝秋映绮筵红”，就点出其时乌山遍栽茉莉、荔枝的胜景。清代描写福州为“山塘日日花成市，园客家家雪满田”，福州南台岛因茉莉满岛被称为琼花玉岛，建新、上街被称为花乡和花屿。而今福州是中国唯一以茉莉为市花的城市。

2. 茶产业发展稳健

（1）生产稳中有增。

2021年，福州市茶园面积1.17万公顷，同比增长0.40%；茶叶产量4.67万吨，同比增长4.47%，位居全省第6。其中：罗源县茶园面积2866.67公顷，茶叶产量8667吨；永泰县茶园面积2693.33公顷，茶叶产量约1.56万吨，茶叶产值约5.79亿元；连江县茶园面积2133.33公顷，干茶产量约1.2万吨；闽清县茶园面积1446.67公顷，茶叶产量3737吨，茶叶产值约6.82亿元；闽侯县茶园面积1046.67公顷，干茶产量1855吨；晋安区茶园面积约933.33公顷，茶叶产量2400吨；福清市茶园面积220.87公顷，产量472吨；长乐区茶园面积45.33公顷，茶叶产量154吨。

（2）生态茶园发展良好。

福州市积极打造绿色生态茶园，严禁毁林种茶，综合采取种树、留

图 2-1 永泰县同安镇生态茶园（吴伯锋摄）

草、间作、套种、疏水、筑路、培土等措施，保持茶园水土，通过生态调控、农艺改良等措施防控茶园病虫害，改善茶园生态，维护生态平衡，保护和增加生物多样性。截至 2021 年底，福州市生态茶园面积 9533.33 公顷，占全市茶园面积的 81.76%。其中，主要产茶区永泰县建立绿色生态茶园 2133.33 公顷，生态茶园占全市茶园面积 82%；罗源县通过示范区建设的推动，建立绿色生态茶园 2733.33 公顷，全县已申报认定绿色茶叶基地 2 个，正在申报 2 个，生态茶园占全市茶园面积 95%；连江县建立绿色生态茶园 1666.67 公顷，生态茶园占全市茶园面积 81%。

（3）品种资源丰富。

福州生态环境富有多样性，是茶树生长的最适宜地区之一。全市茶树品种资源丰富，目前主栽品种为福云 6 号，各县（市）区又有所不同。据统计，罗源县主要有福云 6 号、菜茶、茗科 1 号（金观音）、梅占、榕春早等；永泰县主要有福云系列（6 号、7 号、福云 595）、铁观音、茗科 1 号（金观音）、金牡丹、梅占、安吉白茶等；连江县主要有福云 6 号、福鼎大白、梅占、茗科 1 号（金观音）、菜茶等；闽清县主要有铁观音、福云6号、肉桂、福鼎大白、茗科1号（金观音）、白芽奇兰等；闽侯县主要有铁观音、白芽奇兰、台湾软枝乌龙、福云6号、梅占等；晋安区主要有福云6号、茗科1号（金观音）、梅占、福鼎大白、福安大白等；福清市主要有菜茶、福云595、福云6号、铁观音等。

（4）茉莉花种植扶持力度大。

2021年茉莉花种植面积1200公顷，与2020年持平；福州茉莉花茶产量1.68万吨，全产业链产值约58.3亿元。在高度城市化的今天，福州市以每亩3000元的补贴力度大力扶持茉莉花基地种植，确保茉莉花种植面积，目前茉莉花种植主要分布在永泰县、长乐区、闽侯县、仓山区等地。福州市组织科技人员深入茉莉花种植基地，指导花农进行科学的茉莉花种植与养护，增强农户田间管理能力；推广种养结合、使用生物有机肥、测土配方施肥、物理与生物无公害综合防治等技术，建设绿色茉莉花生产基地，减少化学污染，提高茉莉花产量和质量，进一步提高茉莉花价值，实现农业增产、农民增收的良好局面。

（5）产业发展稳健。

截至2021年底，全市共有福州茉莉花茶生产加工企业100余家，其中农业产业化国家重点龙头企业3家、农业产业化省级重点龙头企业12家、农业产业化市级重点龙头企业8家。设立茶业院士工作站2家，其中闽榕茶业院士工作站2017年获得“福州市十佳院士工作站”称号，拥有中国驰名商标4个。全市共有无公害认证茶叶企业8家，面积1153.33公顷；绿色食品认证茶叶企业32家，产量1220吨；有机食品认证茶叶企业5家，产量844吨。2021年福建春伦集团有限公司、闽榕茶业有限公司、福州福民茶叶有限公司等茉莉花茶企业进入中国茶叶百强前列。“春伦茉莉花茶”和“崟露茉莉花茶”获得福建省著名农业品牌荣誉。

（二）福州市茶（花）产业发展举措

1. 做好规划引领

2022年，福州市出台《福州茉莉花与茶文化系统保护和发展专项

规划（2021—2025）》，明确了福州茉莉花茶产业高质量发展目标，做好茉莉花、茶种植区域和生产加工，以及销售市场和上下游产业链布局，明确福州茉莉花茶产业高质量发展目标，统筹做好茉莉花茶产业大文章。

2. 加强政策扶持

加强《福州市茉莉花茶保护规定》的贯彻实施，出台《关于支持福州茉莉花茶产业发展九条措施》《关于推进福州茉莉花茶产业高质量发展行动方案》等。从基地保护、园区创建、三产融合、品牌宣传、科技创新、龙头培育等方面，全面扶持福州茉莉花与茶文化系统保护与发展，从而推动茶产业不断发展壮大。

3. 持续推广宣传

福州市开展丰富多彩的茶文化宣传展示活动，利用全媒体矩阵持续推广宣传福州茶文化，着力提升区域公用品牌形象。2021 年，福州市先后成功举办第七届茉莉花主题文化节、首届福州（仓山）茉莉花茶文化节、“七境茶”高峰论坛、“交融互鉴·茶香世界”第二个“国际茶日”活动、福州茉莉花茶茶王首场品鉴会等活动；组织企业参加首届中国跨境电商交易会、第四届数字中国建设峰会、第五届“文化和自然遗产日”、第 23 届海峡两岸经贸交易会暨 23 届福州海交会、第九届中国茶叶博览会，开展茉莉花茶传统技艺展示、茶叶（茉莉花茶）展览展销活动，进一步挖掘福州茉莉花茶的文化内涵，彰显福州茉莉花茶的文化特色。同时，福州市着力打造 15 个主题鲜明、特色突出的大众茶馆，促进农、商、文、旅业态相互交融。

4. 强化遗产传承

以福州茉莉花茶传统工艺传承大赛和茶王赛为抓手，宣传文化、传承工艺、提升品质，不断加大专业人才队伍建设，并举办福州茉莉花茶专题培训班，加大传承人培育力度，强化相关从业人员培养培训。福建春伦集团有限公司、闽榕茶业有限公司等茉莉花茶龙头企业成立大师工作室，充分发挥“传帮带”作用，不断壮大传承人队伍。目前，福州市

拥有18位市级以上非物质文化遗产福州茉莉花茶窨制工艺传承人。

5. 加大科研投入力度

福州强化产学研联合，与高校科研院所进行深入合作，不断提升产业科技竞争力。一是设立农业文化遗产信息监测点。全市6个县（市）区设立9个农业文化遗产信息监测点，实现农业文化遗产信息监测常态化。二是发布单瓣茉莉花基因组最新研究成果。发布福州单瓣与双瓣茉莉花高质量参考基因组，揭示不同瓣型茉莉花的分化与结构变异，填补了福州单瓣和双瓣茉莉花基因组学研究空白。三是进行茶叶种质资源保护与开发。2018年以来，永泰县争取省市财政资金40万元，开展古茶树种质资源异地开发利用和古茶树保护等项目建设；罗源县开展“七境茶”原种质资源保护与利用，已完成场部到保护点主干道路面硬化、铺设及沟渠建设，并切实抓好保护点的茶园管护，促进了茶树优异种质资源的开发利用。福清市建设茉莉花种质资源圃1个，保护种植“香妃1号”“香妃2号”“笔尖茉莉”等15个茉莉花品种。福州市农业科学研究所开展茉莉花种质资源保存工作，在福州市果树良种场保存15种茉莉花优异种质资源，加快推进“全球茉莉花种质资源保护与创新基地项目”基地建设。

6. 强化标准化建设

福州市严格执行《地理标志产品福州茉莉花茶》有关标准，支持企业参与茉莉花茶标准化修订工作，2015年全国茶叶标准化技术委员会花茶工作组落户福州，由春伦集团有限公司任秘书处承担单位，主导全国花茶领域的标准化工作，推动了福州市茉莉花茶标准化工作进程。截至2021年底，福州企业已主导或参与制定《茉莉花茶加工技术规范》（GB/T34779—2017)、《茉莉花茶》(GB/T22292—2017)、《电子商务交易产品信息描述，茶叶》（GB/T38126—2019）国家标准3项；参与制定《茉莉红茶》（GH/T1297—2020)、《茶叶交易市场建设和经营管理规范》(SB/T11061—2013）等行业标准2项；《地理标志产品福州茉莉花茶》(DB35/T991—2010)、《茉莉花茶冲泡与品鉴方法》（DB35/T1634—

2016)、《茶庄园建设指南》(DB35/T1857—2019)、《花茶烘青坯加工技术规范》(DB35/T1910—2020)福建省地方标准4项;制定团体标准5项和若干项企业标准;福州开展省级农业标准化示范区建设项目5项。由闽榕茶业有限公司牵头起草的《茉莉白茶》标准成为国内首个中国茶叶学会团体标准。2021年12月,福州茉莉花茶成功入选国家级消费品标准化试点项目,也是全国唯一入选的设区市级项目,为期两年的标准化试点项目建设将有效推动产业发展壮大。

7. 坚持全产业链发展

福州市发挥行业优势,以龙头企业为带动,不断扩大茉莉花与茶种植规模;加快福州茉莉花茶产业园建设,形成产业积聚效应;推动茶(花)文旅融合发展,开发茉莉花茶文旅基地、现代茶(花)庄园、体验店、大众茶馆等项目,打造集采花、采茶、制茶、品茶和购茶为一体的"福州茉莉花茶集聚区",全力打造海丝路上的"世界茶港"。连江县充分利用长龙镇作为联合国粮农组织的"全球重要农业文化遗产——福州茉莉花与茶文化系统"基地资源,立石碑在庐峰山上,吸引了大批游客慕名而来,成为网红景点;充分发挥乡村振兴茶产业党建联盟作用,不断挖掘建设庐峰山"红色丰碑"景区,大力开展茶企与红色文化结合,休闲农场与旅行团队合作,将茉莉花茶文化与旅游文化有机结合起来,推动茶旅产业融合发展,进一步培育茶产业新的经济增长点。福建东来农业发展集团有限公司和福建春伦集团有限公司分别在长乐营前和永泰春光村等地广泛种植茉莉花,推广"企业+基地+农户"生产经营模式,开展茶(花)文旅融合发展探索,助力农民增收。永泰县同安茶旅小镇建设初显成效,成为乡村休闲旅游的一个亮丽景观。春伦茉莉花茶文化创意园茉莉花种植面积近1公顷,平均每年吸引游客3万人次,直接带动茉莉花茶销售600万元。

(三)茶(花)产业发展制约因素

一是龙头企业带动能力偏弱。各类茶业生产经营主体6900多家,但95%以上都是小微企业,龙头企业辐射带动能力弱,产业集群发展

还处于成长阶段。二是绿色发展依然面临挑战。茶园规模化、集约化和茶叶生产加工标准化程度不高，安全监管依然存在短板。三是品牌引领作用不强。品牌资源缺乏有效整合，宣传力度不够，宣传形式较为单一，品牌运作能力和经验不足。四是产业基础仍然滞后。茶园基础设施落后，标准化生态茶园面积占比偏低，茶园机械化管理水平不高，茶树品种结构还不尽合理。五是配套政策还需要加强。茶企加工用地困难问题普遍，行业人才力量薄弱，品牌等产权保护力度不够，企业投资积极性有待加强。六是茉莉花茶交易和宣传平台建设滞后。茉莉花基地依托于各个茶厂，以订单合同模式进行销售，茉莉花茶专业交易和宣传平台建设进度仍相对滞后，茉莉花茶交易和宣传平台建设推广工作依然任重道远。七是茶叶科技含量有待加强。

（四）福州市茶（花）产业发展对策

重点培育10家以上产值超亿元花茶龙头企业，建成2个福州茉莉花茶产业园，打造中国茶叶交易中心和中国茶叶交易大数据中心，到2025年福州茉莉花茶品牌价值不断提升，福州茉莉花茶产业链更加完善，茶科技水平走在全国前列。

1. 加快提升茶文化影响力

一是加强茶文化资源保护，深入挖掘“世界茶港”历史文化底蕴，推动福州古茶港、闽海关码头、古洋行茶行、古茶园遗址、记茶事石碑、长乐鹤上茉莉园等茶址茶迹的保护工作，同时建设中国茉莉花茶博物馆。二是加强茶文化资源开发，在交通要道、旅游景点、大型会议活动现场等广泛推介福州茉莉花茶文化元素。三是丰富茶文化活动，举办福州茉莉花茶文化节、茶产业高级论坛等。

2. 加快完善茶产业链

一是扩大茉莉花种植面积，结合“两江四岸”景观提升工程，鼓励企业认种认养，在郊野公园以及闽侯县闽江岸滩规划种植茉莉花。二是培育产业龙头，实施龙头带动工程，打造全产业链龙头企业。三是建设福州茉莉花茶产业园，加快推进闽清县、仓山区福州茉莉花茶产业园建设。四是壮大产业链，提高精深加工水平，支持上下游产品开发。五是推广茶文旅融合，打造精品线路。

3. 加快增强茶科技竞争力

一是加强种质资源保护与选育，实施“全球茉莉花种质资源圃”项目建设，加强茶树种质资源挖掘与保护。二是推动高碳汇示范区建设，建立高碳汇示范茉莉园与茶园。三是推进茉莉花茶标准化建设，实施福州茉莉花茶地标保护工程，做好福州茉莉花茶国家级消费品标准化试点项目实施。四是推动数字茶业发展，建立茉莉花茶种植生态模拟系统。五是加强专业人才队伍建设，加大福州茉莉花茶窨制工艺传承人培育力度，加强相关从业人员培养培训。

4. 加快扩大市场占有率

一是升级传统市场，加快五里亭茶叶市场升级改造，将其打造成中国最具影响力的茶业交易中心和福州地标性建筑。二是拓展国内外市场，办好中国茶叶交易会，构建中国茶叶交易大数据中心，搭建全产业链金融服务平台，探索进行中国茶叶期货交易。三是创新营销方式，培育扩大线上交易覆盖范围，丰富线上交易方式。

二、厦门篇

总结厦门市茶产业在茶叶绿色生产示范基地、充分发挥科技特派员作用、充分发挥农业产业化重点龙头企业带动作用等方面的成效，从继续开展生态茶园试点建设、实施商品有机肥补助、实施茶园统防统治等方面提出了推动厦门市茶产业进一步发展的政策建议，并介绍厦门海关关于进出口茶叶贸易情况。

厦门市茶叶种植主要分布在同安区莲花镇、汀溪镇和双溪林场。厦门茶叶出口繁盛，集收购、加工、运销于一体，是清代以来福建乌龙茶最大的出口口岸。

（一）厦门市茶产业发展现状

1. 茶产业现状

厦门茶叶主要分布在同安区莲花镇军营、白交祠、西坑、淡溪、小坪、尾林、水洋等村以及汀溪镇堤内村，2021年茶园面积1057公顷。种植区域品种主要为毛蟹、本山、铁观音、乌旦、黄金桂、奇兰等。2021年全区茶叶产量1575吨，均价由28元/千克提高至30元/千克。由于受到茶园矮化密植、土壤肥力不高、品种与市场需求不适应、加工技术不高等因素制约，茶农有心发展茶产业，但是进展缓慢，同安茶叶改造还需努力。

近年来，同安区以发展“生态美丽乡村”为目标，发挥莲花镇的地域优势和生态优势，培育厦门市生态茶产业，保护生态环境，发展生态茶旅游，完善生态机制，实现绿色发展。厦门市政府经过实地调研，多方听取相关科研院校专家意见，广泛开展产学研合作。2020年，为进一步推进厦门市茶产业高质量发展，加快转变茶产业发展模式，厦门市在同安区茶叶主产区开展了生态茶园试点建设工作，通过生态调控、农艺改良、物理防控和生物防治等措施，开展示范片建设。

2. 厦门市茶产业发展成效

（1）茶叶绿色生产示范基地。

截至2021年，厦门市已在同安区茶叶主产区莲花镇军营村和白交祠村推动建立相对集中连片不用化学农药茶叶绿色生产示范基地40公顷，总辐射面积493.33公顷，财政预算总投资400万元。

第一，实施有机肥替代化肥技术措施。亩施1吨以上，每吨补助500元；如购买的有机肥价格低于500元/吨，则按照实际购买价格进行补助，每亩每年最多补助1吨。2021年共下达补助资金95.65万元，补助面积约127.53公顷。

第二，安装太阳能杀虫灯。以政府采购方式，根据茶园地形设置杀虫灯，利用光捕杀茶毛虫、尺蠖类等鳞翅目害虫成虫，减少害虫危害，促进农药减量控害。已安装太阳能杀虫灯 480 台，辐射面积 493.33 公顷。

第三，病虫害专业化统防统治。引进病虫害专业化统防统治组织，实施统防统治生态茶园 493.33 公顷，建立 2 个共 40 公顷不使用化学农药示范基地，辐射面积 493.33 公顷。

（2）充分发挥科技特派员作用。

厦门市通过搭建科特派创新平台方式，联合高校、科研机构、企事业单位，在茶叶产区建设绿色食品示范基地，充分发挥科技特派员的作用，发展科技创新工艺茶产品、建立完善的茶叶管理体系等，带动农民 300 户，新增 650 个就业岗位，并提供 12 次、100 人/次的种植加工培训，有力地促进了农业增效、农民增收、农村稳定，有利于社会主义新农村和谐社会的建设，对厦门（同安）茶种植业发展以及区域经济环境协调可持续发展、为其产业规划和经济发展的宏观布局提供了参考，为促进人与自然的和谐、实现经济和自然环境的协调绿色可持续发展做出了贡献。

（3）充分发挥重点龙头企业带动作用。

厦门市通过政府搭桥，引入龙头企业，对重点茶叶种植村形成点对点帮扶建设，根据当地茶园现状，推动生态科技标准化管理茶园基地建设；深入指导茶农种植，为茶农开展质量安全、卫生管理培训；引入新设备，研发新工艺，开发新产品，为茶产业插上了科技的翅膀。

（二）厦门市茶产业发展对策

厦门市将继续开展生态茶园试点建设。按照《厦门市同安区莲花镇生态茶园试点建设方案》（厦同农〔2021〕181 号），继续在同安区莲花镇 9 个村开展生态茶园试点建设，市财政预算总投资 650 万元，新建 3 个各 20 公顷不使用化学农药示范基地，辐射面积 528.67 公顷；实施商品有机肥补助面积 200 公顷，现正宣传发动生产主体积极申报；采购安装吸入式杀虫灯 600 盏，辐射面积 646.67 公顷，目前采购已进入招标阶段；引进病虫害专业化统防统治组织，实施茶园统防统治，实施方现

已进场实施春茶病虫害调查及防治工作，总辐射面积1022公顷，待试点建设验收后全市生态茶园覆盖率达95%以上。

（三）厦门海关茶叶贸易

厦门海关直属中华人民共和国海关总署，管辖范围包括厦门、漳州、泉州和龙岩4市。

1. 进出口茶叶海关监管制度

（1）注册、备案管理制度。

海关对出口茶叶原料种植基地和生产加工企业实施备案管理制度。所有出口茶叶均需来自出口茶叶备案种植基地，出口茶叶生产加工企业应建立完善可追溯的质量安全控制体系，属地海关开展日常监督管理。海关对向中国境内出口茶叶的境外生产企业实施注册管理、向中国境内出口茶叶的境外出口商或代理商实施备案管理、茶叶进口商实施备案管理。

（2）风险管理制度。

海关总署依据风险分析和检验检疫实际情况制定年度安全监督抽检和风险监测计划，重点监控进出口茶叶中农残、污染物等有毒有害物质，应用于进出口茶叶抽查检测，确保茶叶的卫生质量安全。直属海关结合关区出口茶叶种植生产情况、进口国（地区）标准、风险预警信息等开展风险评估，动态更新质控项目的风险等级，指导企业建立自检自控体系、出口产品原料验收、成品检测等。

（3）属地检验口岸通关制度。

企业出口申报，企业所在地的属地海关对出口茶叶实施合格评定，查验、抽查检测出口茶叶符合出口目的国家或地区要求的放行，不合格的不予出口；口岸海关根据布控指令对出口食品实施验证抽查，合格的放行出口，不合格不予出口并通报属地海关责令出口企业整改。进口茶叶根据企业申报，目的地海关对进口茶叶实施合格评定，查验、抽查检测进口茶叶是否符合我国国家食品安全标准，符合标准要求的准予进口，涉及安全、健康、环境保护项目不合格的，责令退运或销毁，其他项目不合格的，经技术处理符合合格评定要求的，方准进口。

(4) 核查制度。

海关对出口种植原料基地、出口生产企业、食品进口商开展年度定期管理核查，如出口茶叶被境外通报，组织核查通报原因，发现问题，纠正整改，必要时通报地方政府协调落实。

2. 厦门海关进出口茶叶贸易情况

截至 2022 年 4 月 30 日，厦门海关辖区共有出口茶叶生产加工备案企业 74 家、出口茶叶原料种植基地 48 片。

(1) 出口情况。

2021 年，厦门关区出口茶叶 6753 吨，同比增长 2.3%；金额 11900 万美元，同比增长 50.3%；茶叶出口单价 17.6 美元/千克，同比增长 47%，茶叶出口单价增幅明显。厦门关区出口茶叶至 28 个国家和地区，主要是日本、东南亚各国、中国香港、加拿大、美国、俄罗斯、澳大利亚、欧盟、秘鲁、智利、毛里求斯等。除黄茶外各类茶叶均有出口，以乌龙茶出口为主，乌龙茶出口量 5394 吨，占出口总量的 80%；出口金额 9422 万美元，占出口总金额的 79%。其他茶叶出口量依次为茉莉花茶、绿茶、红茶、黑茶、白茶，其中 40%茶叶出口日本、21%出口东南亚各国、11%出口中国香港。2021 年，茶叶出口日本呈下降趋势，茶叶出口东南亚和中国香港呈增长趋势，且主要以中高档预包装乌龙茶为主，直接提升了茶叶出口单价。

(2) 进口情况。

2021 年，厦门关区进口茶叶 8366 吨，金额 3294 万美元，同比分别增长 68.4%和 49.8%。其中，茶叶进口居前十的国家和地区，主要为印度尼西亚、越南、阿根廷、斯里兰卡、中国台湾、肯尼亚、马拉维、乌干达、布隆迪、莫桑比亚。厦门关区进口茶叶的贸易方式有一般贸易和对台小额贸易，其中 92.5%为一般贸易，7.5%为对台小额贸易；一般贸易主要来自斯里兰卡、肯尼亚、印度尼西亚、马拉维等国家，低档红茶进口量增长明显，进口量占一般贸易总量和金额的 87.3%和 73.6%，主要作为速溶茶和茶饮料的原料。随着两岸贸易的

日益频繁，作为与台湾一水之隔的厦门口岸，对台小额贸易持续不断，来自台湾地区的进境茶叶90%为台湾乌龙茶，绝大部分以预包装方式直接投入市场，销售单价较高。

3. 严把进出口茶叶质量安全关

（1）出口情况。

2020年、2021年厦门关区出口茶叶均未检出不合格批次，无被国外通报案例，质量安全情况良好。

（2）进口情况。

2020年、2021年厦门关区共检出5批次进境茶叶不合格。其中2批来自日本的煎茶、焙茶无法提供日本官方放射性物质检测合格证明材料，2批调味茶添加未获准入的玫瑰茄、决明子，1批绿茶粉超范围添加食品添加剂叶绿素铜钠，上述不合格货物均按要求做退运或销毁处置。

4. 服务进出口茶叶贸易

（1）营造良好的进出口营商环境。

厦门海关不断优化通关流程，深化模式改革，运用科技创新赋能，持续压缩通关时间，为进出口企业减负增效。

（2）强化贸易措施应对。

厦门海关密切关注贸易国家和地区的茶叶技术壁垒动态更新情况，收集、梳理并及时在关区内发布预警信息，及时发布关注输韩国茶叶、输台湾地区农残高风险项目，指导辖区出口茶叶生产企业及早应对。2020年、2021年厦门关区出口茶叶无被国外通报案例。

（3）充分发挥国家茶叶检测重点实验室优势。

国家茶叶检测重点实验室（福建）建在茶叶主产区之一的安溪县，已连续14年为安溪地方茶产业发展提供强有力的技术支撑。厦门海关建立企业交流机制，主动邀请茶叶出口企业到实验室交流；建立“送技术上门、为企业培训检测人员”等帮扶工作的长效机制；依托专业、专家优势，积极参与国际、国家茶叶标准制（修）订工作和科技课题研究。

（4）积极宣传贯彻进出口食品安全法律法规。

厦门海关充分利用“食品安全周”宣传活动及各隶属海关现场，通过“线上+线下”“个别+集中”等形式，多渠道向进出口企业宣传贯彻进出口食品安全法律法规，尤其是为确保2022年1月1日正式实施的《中华人民共和国进口食品境外生产企业注册管理规定》《中华人民共和国进出口食品安全管理办法》各项工作的顺利过渡，厦门海关成立工作应急专班，保障7×24小时电话值班全时畅通，对于关区出现的各类突发情况和新规实施过程中遇到的重大疑难问题，启动应急响应，快速高效应对，有效保障进出口食品的顺利通关。

三、宁德篇

总结宁德市茶产业在产业规模、产类健康、三茶统筹、项目带动战略、茶叶质量安全、产业人才队伍建设、茶叶品牌影响力、茶叶销售市场、产业科技创新、产业发展文化内涵的发展成效，对宁德市茶产业发展制约因素进行了分析，从打造中国白茶产业地标、做强做大宁德红茶产业、调整优化品种结构、增强产业科技支撑、强化质量安全监管、着力提升茶叶品牌、积极拓展市场空间、发挥龙头企业带动作用、促进三产融合发展等方面提出了推动宁德市茶产业进一步发展的政策建议，并介绍宁德市茶树种质资源保护案例。

据统计，2021年宁德市茶园面积6.79万公顷，同比增长7.14%。茶叶产量11.83万吨，同比增长7.16%，其中，白茶产量4.77万吨，同比增长48.05%；红茶产量2.44万吨，同比减少0.96%；绿茶产量4.41万吨，同比减少13.20%；青茶产量0.21万吨，同比减少22.29%。全市毛茶产值45.78亿元，同比增长9.13%。全产业链产值达212亿元。

（一）宁德市茶产业发展现状

1. 茶产业现状

（1）持续做大产业发展规模。

2020—2021 年，宁德茶产业规模进一步做大，两年新增茶园面积近 6000 公顷，新增毛茶产量 1.4 万吨，福鼎白茶被认定为全国第二批特色农产品优势区，蕉城天山绿茶、周宁高山云雾茶、坦洋工夫红茶、寿宁高山茶、柘荣茶叶被认定为福建省特色农产品优势区。2021 年，宁德市茶叶面积、产量、产值、品牌等各项指标均创历史新高，尤其是白茶、红茶在全省、全国优势明显，白茶产量占全省白茶总产量的 86.65％、全国白茶总产量的 52.22％，红茶产量占全省红茶总产量的 42.75％、全国红茶总产量的 5.61％。全市茶叶生产经营主体 6900 余家，市级以上龙头企业 232 家，占全市总量的 48.84％；其中省级以上龙头企业 111 家，占全市总量的 58.73％，农业产业化国家重点龙头企业 3 家。2021 年，福建品品香茶业有限公司、福建奇古枝茶业有限公司、太姥山名茶有限公司、六妙白茶股份有限公司、福建永和春农业综合发展有限公司等 5 家企业入选福建省重点上市后备企业。

图 2-2　寿宁竹管垅乡高山茶园（卓仕尉摄）

（2）全力保障产业健康发展。

2020 年初，为应对不期而遇的新冠肺炎疫情对茶产业的不利影响，确保广大茶农不减收，宁德市印发了《宁德市关于应对新冠肺炎疫情促进茶产业高质量发展八条措施》，帮助50多家茶企接回外省采茶工上千人，县（市）级以上茶叶龙头企业、茶叶精加工企业享受用电优惠107万元，全市申请茶机补贴1057台（套），同比增加27.5%，补助金额236.3万元，有力保障了疫情防控和茶叶稳产增收“两不误”。2021年3月，为进一步规范全市茶叶市场经营秩序，市市场监督管理局与农业农村局联合下发了《关于加强市场监管，促进茶产业健康发展的若干措施的通知》，要求各地加强市场监管，规范市场秩序，引导企业树立“绿色兴茶、质量兴茶、品牌强茶”发展理念。根据省纪委关于宁德市茶叶质量监管存在短板的要求，5月19日，市农业农村局办公室印发了《关于进一步加强茶叶产品质量安全监管的通知》，从落实主体责任、强化用药管理、加强种植指导和监管等方面保障茶叶质量安全。

（3）加快推进“三茶”统筹发展。

2021年5月，市政府办组织市直相关部门深入寿宁、福安、福鼎、蕉城等重点产茶县（市、区）开展调研，并形成专题调研报告呈报市委市政府。7月24日，宁德市举办了“茶文化、茶产业、茶科技统筹发展”高峰论坛，邀请刘仲华院士、姜爱芹研究员、杨江帆教授、夏良玉教授等国内茶业权威专家共聚闽东，就茶科技、品牌推广与市场营销、茶产业、茶文化与乡村振兴等展开研讨，为推进宁德茶产业高质量发展出谋划策。市政府拟制定《促进宁德市茶产业健康发展若干意见》，争取通过加大政策扶持，进一步促进宁德市茶产业高质量发展。

（4）大力实施项目带动战略。

2020—2021年，根据省农业农村厅的工作目标和年度任务指标，全市完成36个优质农产品标准化示范基地和113个茶叶产地初加工中心建设，实施绿色防控茶园占茶园总量的80%，生态茶园覆盖率达77%。按照市重点项目任务部署，全面完成2019—2021年市级财政补助的改造低产低质茶园2666.67公顷，其中茶树品种改造1041.67公顷，累计下达市级财政补助资金1450万元。产业重点项目建设持续推进，蕉城有机肥替代化肥项目推广面积833.33公顷，实施单位47家，

施用有机肥8000多吨，采用“有机肥＋水肥一体化”模式建立茶园蓄水池和滴灌设施40公顷；寿宁省级茶业产业园项目和福安茶叶绿色高质高效行动项目完成验收；福安市数字农业重点示范县获得国家财政补助经费1200万元。福鼎茶叶有机肥替代化肥试点县项目于2021年底完结，累计支出1992.5万元，覆盖155家企业5346.6公顷茶园。坦洋茶谷文旅基地建设项目（财政部PPP项目）累计完成投资5800万元，完成场地平整工程量80%；福安市茶叶出口示范基地项目（亚行贷款项目）自2020年4月进场实施，累计完成投资2575.45万元，增加绿色和有机茶生产面积253.33公顷，铺设茶园道路43千米。重点项目的实施为茶产业的持续健康发展夯实了基础。

（5）致力提升茶叶质量安全。

一是开展专项整治和监督抽检。中心每年组织开展茶叶质量安全月专项整治行动，市县两级每年完成茶叶产品质量安全监测抽检1000批次以上，合格率都在98%以上。二是提升企业加工能力。通过开展产地初加工中心建设，鼓励企业自主升级改造初制加工厂，建设连续化、自动化、标准化精制加工生产线，如寿宁、周宁等县引导支持茶叶初制加工厂清洁化升级改造，对新取得SC认证企业给予专项资金补助，有效改善了茶叶生产加工条件。三是推进信息化溯源体系建设。作为全国首个福鼎白茶大数据溯源平台系统，实现了茶青采摘、交易及茶叶生产、销售全过程的质量可追溯。与此同时，通过在全市推广福鼎、福安数字化示范应用的做法，利用大数据平台的监管功能，推行可视化茶园建设和赋码销售制度，茶叶生产、管理、运营过程的数字化应用水平显著提升。截至2021年12月底，全市有1383家茶叶企业纳入“一品一码”可追溯体系平台管理。四是标准化生产水平不断提高。近年来，宁德市有关部门和茶叶企业主持或参与修（制）订茶叶国家标准10项、行业标准3项、省地方标准13项、团体标准17项及一系列市农业技术规范，为实行茶叶标准化生产提供了遵循。2021年，全市新增绿色食品茶叶产品132个、面积1433.33公顷，通过有机茶认证的企业有107家、认证面积3173.33公顷，茶叶“三品”产地监控和出口基地备案面积超2.47万公顷，“三品”茶叶产品350多个；福建品品香茶业有限公司入选第七届福建省政府质量奖和宁德市政府质量奖。

（6）着力扩大茶叶品牌影响力。

一是举办宁德市第九届茶王赛。2020年第九届茶王赛共收到四大茶类参评茶样412个，为历届最多，赛事首次采用全程网络直播，评审过程专家在线点评参评茶样，赛后邀请各茶王获得企业和专家举办绿、白、红三场茶王网络品鉴会，累计吸引直播观看人数27.7万人次以上。二是举办首个国际茶日系列活动。2020年5月21日是联合国确定的首个“国际茶日”，国家主席习近平向“国际茶日”系列活动致信表示热烈祝贺。根据省农业农村厅关于“国际茶日”系列活动方案部署，各县（市、区）举办了丰富的茶事活动，其中福鼎作为福建主会场，以“茶兴人兴百业兴”为主题，由10家茶企联合研制了“首个国际茶日纪念茶砖”，福安市举办坦洋工夫邀你喝杯“福茶”系列活动，福建品牌农业系列宣传片《坦洋工夫》在东南卫视、福建综合频道首播。此外，各县（市、区）结合开茶节、斗茶赛、技能大赛等，全年组织开展各类活动30余场。三是举办首届红茶评比大赛。2021年6月，作为2021年“国际茶日”主题系列活动之一的宁德市首届红茶评比大赛举办，其间，市茶产业发展中心与市海峡茶业交流协会、宁德师范学院茶学系、各县（市、区）茶业主管部门等共同开展了“茶文化、茶产业、茶科技统筹”研讨会，并举办“乡村振兴路，闽东茶飘香”茶席展和颁奖晚会。四是积极参与展览展示活动。两年来，宁德市积极扩大以“喝好茶到闽东”为主题、多县市组团参与、集中展示宣传的闽东茶叶品牌推介活动，组织企业抱团开拓国内重点销区市场，先后组团参加了济南、武夷山、深圳、武汉等重要茶博会，各县（市、区）单独组团参加全国各类大型茶业专业展会均在30余场次。五是“海丝行”扬帆线上。会同宁德市海峡茶业交流协会，分别于2020年10月和12月组织40多家次茶企举办“宁茶品牌丝路行”宁德—俄罗斯和宁德—摩洛哥茶产业线上对接会，其中俄罗斯专场达成采购与合作协议、意向签约总额500多万元。一系列宣传活动的开展，有效扩大了茶叶品牌影响力，2021年“福鼎白茶”

以52.15亿元位居中国茶叶区域公用品牌价值排行榜第5，全市有12家企业获评“2021年度茶业百强企业”，5项企业品牌被评为“2021年度茶业畅销品牌”，六妙白茶、友缘坦洋工夫入选2021年福建名牌农产品。

(7) 积极拓展茶叶销售市场。

一是产地市场不断提升。福安市富春茶城全面投入使用，以茶城为中心辐射周边，逐步形成涵盖600多家商铺的茶叶贸易集散中心，2021年交易额达40亿元以上，现正着手建设“茶王街”，进一步拓展市场功能。福鼎在完善点头茶青市场功能的基础上，加快由传统贸易向商品展示、体验、电子商务和科技仓储为主的现代化经营方式转变，打造以白茶贸易为核心的数字商业体系——中国白茶中心，预计2022年年底白茶商场可交付使用。二是加快发展茶叶电子商务。按照“互联网＋”的战略部署，在支持企业入驻福茶网、“0593—宁德号”等政府综合性服务平台，加强企业与京东、淘宝等大型电商合作的同时，2021年7月，福鼎创立首家茶业电商直播基地，集培训孵化、共享办公、茶学空间、电商服务于一体，实现直播带货的流量、人才、技术共享，现已吸引50余家企业签约合作，开启“直播＋”带货销售模式，2021年“双十一”期间，仅品品香一家企业销售额就达到3300万元，同比增长40％。

(8) 加快产业科技创新步伐。

一是加快产业信息化。近年来，宁德市大力推进茶产业信息化建设，支持企业开展“互联网＋茶产业”的融合、创新，建立茶业大数据互联共享平台，成效明显。由福建联通与福建农垦集团共同搭建的全国首个5G农业智慧茶园示范区落户福安坦洋村，实现253.33公顷茶园的虫情信息自动采集和实时监测，极大地提升了茶园管理水平。福鼎市着力搭建茶园数据库，全面摸清茶园情况，建立福鼎白茶大数据溯源平台系统，已有企业2422家、经纪人6886个、茶农72149户纳入大数据溯源平台系统管理。周宁县、寿宁县等地也纷纷加快推进茶产业物联网智慧茶园建设，2021年福建品品香茶业有限公司被农业农村部认定为

“全国农业农村信息化示范基地”，福建品品香茶业有限公司、福建省天湖茶业有限公司、大荒（福建）控股有限公司承担的国家数字农业创新应用基地建设项目获省农业农村厅批复。二是加强校地协作。近年来，宁德市支持科研院校与企业合作建立茶叶研究中心、院士工作站、专家工作站、博士后工作站，开展茶叶重大项目攻关；围绕茶产业等闽东农业优势特色产业发展，与院校合作组建“闽东乡村振兴学院”“中国白茶研究院”等。福建品品香茶业有限公司等 4 家白茶企业联合中国农业科学院茶叶研究所、福建农林大学攻关的“白茶提质增效关键技术创新与产业化应用”项目获 2020—2021 年度神农中华农业科技奖科学研究类成果一等奖；福安红茶科技小院入选 2021 年“中国农技协科技小院”，人力资源和社会保障部、全国博士后管理委员会批准福建新坦洋集团股份有限公司设立全国首个红茶产业博士后科技工作站。

（9）深挖产业发展的文化内涵。

一是讲好茶品牌故事。各级涉茶部门致力挖掘闽东深厚的人文历史、茶文化、制茶技艺、乡风民俗、红色经典等特色文化，先后编撰了《宁德茶业志》等茶文化书籍 20 多部；创作了歌曲、微电影、动画片和形象宣传片等 10 多部。2021 年，“福安白茶”“福安绿茶”“柘荣高山白茶”国家地理标志证明商标相继通过国家知识产权局核准；坦洋工夫红茶技艺入选第五批国家级非遗代表性项目名录推荐项目名单，蕉城绿茶、寿宁高山红茶制作技艺入选省级第七批非物质文化遗产代表性项目，蕉城茉莉花茶、古田红茶、周宁绿茶、寿宁绿茶制作技艺被列入第七批市级非遗项目，促进茶文化区域性保护。二是加快三产融合发展。近年来，随着茶产业和企业实力不断增强，宁德市茶文化的深度开发和茶旅的融合发展有了很大成效，太姥山镇被授予“中国白茶始祖小镇”，“坦洋工夫茶学堂”在福安社口镇坦洋村正式挂牌开班，“福安坦洋茶谷春季茶旅——寻缘坦洋工夫”入选“春季踏青到茶乡”全国茶乡旅游精品，周宁的“清新福建、云端周宁——夏季茶香避暑之旅”入选“夏季避暑到茶乡”全国茶乡旅游线路，溪柄镇柏柱洋红色茶旅线路、“福鼎白茶、茶乡之旅”入选“全国百条红色茶乡旅游精品路线”。2020 年，

“我们的中国梦”文化进万家——中央广播电视总台“心连心”宁德慰问演出走进福鼎市太姥山镇、寿宁县下党乡，向全国人民展示闽东茶园风光和茶产业助力百姓致富、乡村振兴的精神面貌。

（10）加强产业人才队伍建设。

一是举办福建省首届茶叶加工工职业技能竞赛。2020 年 8 月，在福安举办全国茶叶加工工（红茶）职业技能竞赛福建省初赛暨福建省首届茶叶加工工职业技能竞赛，全省 9 个设区市的 30 名制茶能手参与角逐，其中福安市的郑国华选手获得第二名，陈辉煌、黄震标、汤小廷 3 位选手获得第三名，前十名中宁德选手占 6 名。宁德市选送 6 名选手参加 2020 年全国茶叶加工工（精制）职业技能竞赛总决赛，分获全国总决赛第二、四、七、十四、十七、二十六名的佳绩，在进入全国总决赛排名前 20 名的 7 名福建选手中，宁德市占据 5 名。二是举办首届宁德市茶艺职业技能竞赛。2020 年 9 月，首届宁德市茶艺职业技能竞赛在福鼎开赛，共有 8 支代表队、40 多位选手参与竞技。通过理论知识、规定茶艺、自创茶艺、茶汤质量等内容的比拼，宁德茶艺队伍人才技能得以进一步提升。三是举办首届评茶员职业技能竞赛。2021 年 10 月，宁德市首届评茶员职业技能竞赛举行，全市 48 名选手经过理论知识笔试和 5 个环节的操作技能比拼，评选出个人一等奖 1 名，二等奖 3 名，三等奖 5 名，有效提高了茶叶从业者专业素质。四是开展技能评比和培训活动。全市通过实施新型职业农民培育工程，评选评定各类能手、大师、传承人，举办斗茶赛、茶叶加工技能比赛，开展职业技能和企业运营提升培训班等，挖掘和培养了一大批专业人才，目前宁德市拥有农业农村部、人社部、全国总工会认定的全国技术能手 2 人、全国农业技术能手 1 人，中国茶叶流通协会认定的制茶大师 13 人，国家级非遗传承人 1 人、省级 4 人、市级 21 人、县级 40 多人，以及县级制茶能手数百人，为产业健康发展提供了人才支撑。

2. 茶产业发展制约因素

一是龙头企业带动能力偏弱。各类茶叶生产经营主体 6900 多家，但 95%以上都是小微企业，龙头企业辐射带动能力弱，产业集群发展

还处于成长阶段。二是绿色发展依然面临挑战。茶园规模化、集约化和茶叶生产加工标准化程度不高，安全监管依然存在短板。三是品牌引领作用不强。品牌资源缺乏有效整合，宣传力度不够、宣传形式较为单一，品牌运作能力和经验不足。四是产业基础仍然滞后。茶园基础设施落后，标准化生态茶园面积占比偏低，茶园机械化管理水平不高，茶树品种结构还不尽合理。五是配套政策还需要加强。茶企加工用地困难问题普遍，行业人才力量薄弱，品牌等产权保护力度不够，企业投资积极性有待加强。

（二）宁德市茶产业发展对策

"十四五"时期，宁德茶产业将深入贯彻落实市委市政府战略部署，坚持贯彻新发展理念，紧紧围绕实施乡村振兴这条主线，加快推进茶文化、茶产业、茶科技统筹发展，努力建成中国最优白茶、特色红茶，以及绿茶、乌龙茶等多茶类协调发展的现代化生态茶产区，在现有全产业链产值212亿元的基础上，力争到2025年突破330亿元。

1. 以"福鼎白茶"为引领，打造中国白茶产业地标

一是全力打造"中国白茶之都"。发挥"福鼎白茶"目前已经形成的在全国白茶行业的引领和标杆作用，结合宁德不断提升的知名度和影响力，积极申报认定宁德市"中国白茶之都"称号，加快创建"宁德白茶"公用品牌，形成"宁德白茶""福鼎白茶""福安白茶""柘荣高山白茶"等品牌梯队，整合市县两级优势资源，集中品牌宣传打造，全面提高宁德白茶产业的知名度和整体竞争力，进一步推动优势特色产业做优做强。二是实施项目带动战略。充分利用国家级茶业产业园项目在福鼎的布局和建设，发挥三年中央财政给予7000万元项目补助资金的导向作用，引导和鼓励企业和社会资本参与白茶全产业链项目的规划建设，夯实产业发展基础。三是加快形成中国白茶中心影响力。加快推进中国白茶中心建设，尽快形成中国白茶集散中心，完善中心市场的各项软硬件设施配套，融合文化、旅游、美食、展示等发展模式，拓展服务功能，定期发布白茶产品产销供求信息、价格指数，提升影响力和市场

话语权。

2. 提升坦洋工夫影响力，做强做大红茶产业

一是以项目实施强化产业基础。积极争取国家红茶产业集群等重大项目在宁德的布局和建设，加快推进福安市数字农业试点县、坦洋茶谷文旅基地、茶叶出口示范基地（亚行项目）等项目建设，搭建起区域茶业大数据平台系统，整合“坦洋工夫”、福建省农业科学院茶叶研究所、福安市坦洋茶场、坦洋村、白云山地质公园等丰富的自然、文化、社会、科技、产业资源，打造全国茶叶产学研销合作示范基地、国内外红茶交流中心。二是全力打造中国红茶集散中心。提升富春茶城产区市场建设水平，尽快形成交易规范、配套齐全的产地中心市场，完善市场管理服务中心、茶叶电子商务中心，以及茶叶价格信息发布、仓储、物流、检测、交易、文化交流、教育培训等公共设施，加强与全国重点红茶产区和主要茶叶销区市场的合作，提升坦洋工夫知名度。三是做强唱响坦洋工夫品牌。强化坦洋工夫红茶发展顶层设计，明确产业发展目标定位，突出展示坦洋工夫的卖点和宣传推广亮点；深入挖掘地方红色、历史、民族、旅游、习俗等文化资源，讲好坦洋工夫故事。

3. 坚持生态优先，调整优化品种结构

一是加快推进茶叶绿色发展。完善茶叶产区的区域性发展规划，合理开发利用资源，注重茶叶生产基地建设与生态环境保护相结合。支持企业和茶农按照《福建茶叶绿色发展技术规程》，加快推进现有茶园的高效安全生态建设，实现茶园化肥农药减量增效。力争到2025年基本实现全市茶园绿色防控全覆盖，生态茶园覆盖率达85%以上。二是调整优化品种结构。按照《宁德市乡村振兴产业发展规划（2018—2022年）》的部署，在现有福云6号面积约1.8万公顷的基础上，扎实推进茶树品种结构调整优化，每年实施品种改造1333.33公顷，增加优质绿色茶叶产品供给，增强产业发展后劲。

4. 加快科技创新，增强产业科技支撑

一是强化产业链信息化管理。全面推广福鼎建立福鼎白茶大数据平台的经验，利用大数据平台的监管功能，推行茶青凭证交易和“一品一码、赋码销售”制度，确保茶叶产品来源可查询、质量可追溯、责任可追究。二是加快科技成果转化。鼓励支持科研院校与茶叶企业合作建立茶叶研究中心、院士工作站、专家工作站，开展茶叶精深加工产品开发、关键工艺技术、基础性研究等重大项目攻关，加快推进科技成果转化。依托科研院校加大茶产业综合配套技术的推广力度，尤其在提高茶园机械化管理和自动化连续化加工方面要加大推动力，以解决“采茶难”“用工贵”问题，实现节本增效。三是致力产业业态创新。充分发挥宁德茶叶资源丰富的优势，做精现有特色茶品类，积极发展茶饮料、茶食品、茶保健品和茶食品添加剂、茶日化用品、医药用品等精深加工产品研发和开发，延伸产业链，提高产品附加值。

5. 注重源头管控，强化质量安全监管

一是抓实投入品源头管控。从源头上把好茶园投入品准入关，健全农资监管平台，推行茶园农资投入品登记备案和实名购买制度，建立可追溯机制，及时向社会公布茶园专用绿色农药产品目录，严禁违禁投入品进入茶区。二是提高标准化生产水平。加强对企业和农民的示范、培训，加大标准宣传和执行落实力度，提高全社会的质量安全意识，推广、普及标准化生产技术。到2025年，力争实现全市茶园90%以上按标生产。鼓励企业积极申报无公害、绿色食品、有机茶和开展ISO、HACCP等相关质量管理体系认证，增强市场竞争优势。三是加大市场监管力度。建立健全部门联合执法工作机制，强化茶叶市场监管，加大茶叶质量抽查抽检监管力度，从严从重查处违法违规行为，进一步规范茶叶生产经营活动。

6. 强化宣传推广，着力提升茶叶品牌

一是加大品牌宣传推介。研究提升区域公用品牌宣传推广方式，加强与全国各主流媒体和融媒体的中长期合作，尤其要适应“流量为王”的时代需要，高度关注品牌的线上宣传，促进区域公用品牌提升取得新突破。继续扩大以“喝好茶到闽东”为主题的多县市集中展示和各县组

团参与的茶叶品牌推介活动，持续举办福鼎白茶开茶节、坦洋工夫斗茶展示会以及各地形式多样的原产地茶事活动，进一步提升区域品牌的知名度和美誉度。二是促进公用品牌与企业品牌共同发展。择优培育知名企业品牌，扶持一批品牌企业和名牌农产品，构建“区域公用品牌＋企业品牌”的品牌推广体系，以公用品牌带动企业品牌发展，以优势企业品牌促进公用品牌提升，培育具有全国较强影响力的宁德茶叶优势品牌，以品牌带动产业的健康发展。

7. 加强渠道建设，积极拓展市场空间

一是拓展全国市场渠道。加快宁德主要区域茶叶品牌和优势企业品牌在全国重点销区的专卖、加盟连锁销售网点建设；充分发挥闽东10多万在外茶商的优势，引导各地茶叶经销商加入闽东茶叶的营销队伍，支持构建闽东茶叶营销联盟，组织闽东茶商抱团开拓市场。二是线上线下并重。按照“互联网＋”的战略部署，加强与电商平台合作，完善宁德茶叶展示销售平台，畅通茶叶网络销售渠道，加强线上与实体的紧密结合，提升茶叶电子商务发展水平，促进茶叶品牌的网络推广和市场拓展。三是努力开拓国际市场。加强出口原料基地建设，从源头控制优质出口资源，强化全产业链质量安全管理，推进生产设备的升级换代和加工工艺技术的创新提升。

8. 培育经营主体，发挥龙头企业带动作用

一是培育壮大龙头企业。按照“特色化、规模化、产业化”的要求，整合资源集中配置，支持龙头企业采取合资合作、兼并重组、股份制等方式提高产业集中度、延伸产业链，不断做强做大。到2025年，力争培育年销售收入超5亿元的龙头企业3～5家，新增国家级龙头企业1～2家。二是发挥龙头带动作用。大力推广“企业推动＋联合体带头”运营模式，充分发挥龙头企业的品牌、市场，合作社、家庭农场的组织、技术，农民的茶园、劳动力的优势，实现联合体内部的专业化分工、集约化管理、标准化生产、品牌化经营，促进联合体内土地、资金、技术、人才和信息等要素的优化配置。

9. 拓展产业功能，促进三产融合发展

一是挖掘茶文化资源。组织力量收集整理与茶有关的历史、文化故事和红色资源，将闽东茶文化与旅游资源、民族习俗有机结合起来，将茶文化推广与世界地质公园宣传紧密相连，与红色教育基地和红色旅游深度结合，实现文化、茶业、旅游相互促进，展示闽东茶文化魅力。二是促进三产融合发展。依托宁德生态环境清新、茶园面积广阔、产业特色明显、文化内涵丰富的优势，深入挖掘茶叶多种功能与多重价值，将茶叶产业从生产功能为主向生产、生活、生态、文化多功能转变。适应茶叶消费新形势和不同群体不断升级的消费需求，支持电商、物流、商贸、金融等企业参与茶叶电子商务发展，培育网络营销、直播带货等新业态。积极推动茶产业与休闲、旅游、文化、体验、养生等产业深度融合，打造茶旅精品线路、茶旅精品园区、茶旅特色小镇，开发“茶旅＋民宿”“茶旅＋研学”等茶旅融合新业态。

（三）宁德市茶树种质资源保护案例

1. 宁德市茶树种质资源开发与保护现状

优良的茶树品种是茶叶高效生产和茶产业可持续发展的物质基础，而种质资源是新品种选育的重要基础。宁德茶区茶树品种选育历史悠久，明洪武四年（1371），福安坦洋村胡成德培育“坦洋菜茶”并试种成功；万历八年（1580），周墩（今周宁县）官司村村民开始种植茶树，并选育了官司茶。随着茶类创新的需要，闽东人民对选育新品种越来越重视，咸丰七年（1857），福鼎点头翁溪村张阿河发现了白毛茶，后定名为福鼎大白茶；光绪六年（1880），福鼎点头江家洋村林圣松在太姥山麓发现了大号白毛茶树，后定名为福鼎大毫茶；宣统元年（1909），福安穆云高岭村林秀珠的祖父发现了高岭大白茶，当地群众称之为“皇帝茶”，1973 年定名为“福安大白茶”。到清代后期，福鼎点头一带茶农，先后选育了“长叶早”“牛角茶”“紫芽早”；宁德（今蕉城区）八都吴山一带茶农选育了“吴山清明茶”“半清明茶”；霞浦县崇儒畲族乡

后溪岭村茶农采用分株法选育了“春分茶”等无性系品种。福鼎大白茶在全国产茶省（区、市）均有大面积栽培，并被作为全国省（区、市）的绿茶标准对照种；坦洋菜茶于1912年就向四川、吉林、江苏、湖南、湖北等省份推广，20世纪60年代还曾输往马里、肯尼亚等非洲国家试种，取得成功。

截至2017年，宁德市经普查认定的优异茶树种质资源有：周宁祖龙半野生茶；屏南野生苦茶树、鸡髻山玉竹茶；柘荣乍洋野生茶树；蕉城八都中栏际苦茶1号、2号、3号，虎贝姑娘坪门头厂苦茶、姑娘坪乌坑苦茶、姑娘坪苦茶、姑娘坪石门峡野生大茶树、姑娘坪坪岗头野生大茶树、姑娘坪野生茶树6株等18个单株或小群落。列入福建省茶树优异种质资源保护名录的有：蕉城天山绿茶、野生茶树、吴山清明茶，福安坦洋菜茶、福安大白茶，福鼎大白茶、福鼎大毫茶、歌乐茶，霞浦元宵茶、春波绿、四季春，周宁官司菜茶、汤家山菜茶、祖龙野生茶，古田鹤塘菜茶，屏南野生苦茶树、鸡髻山玉竹茶、鸡官岩菜茶，柘荣野生茶、寿山早芽有性群体种等20个品种（共有23个种质资源群落）。另外，还有蕉城的春分早、吴山早芽，福鼎的早逢春，福安的岭路大白茶、孟洋菜茶、林家早茶，霞浦的岚下菜茶、春分茶，屏南的菜茶、雷鸣茶、柳叶茶，寿宁的寿山早茶、芹洋菜茶、南阳菜茶、凤阳菜茶，周宁的东洋菜茶，福鼎的柏柳乌龙、黄岗乌龙、牛角茶、紫芽早等20多个当地群体品种，以及稀有品种原产于蕉城区洋中镇章后村的坎下楼曲枝茶等。其中福鼎大白茶、福鼎大毫茶、福安大白茶、霞浦春波绿4个品种被全国农作物品种审定委员会审定（认定）为国家级良种，福鼎早逢春、霞浦元宵茶、福鼎歌乐茶3个品种被福建省农作物品种审定委员会审定（认定）为省级良种。近代福建第一个茶业改良场创设于福安，使宁德在茶树良种创新和推广方面具有得天独厚的优势。目前，全市拥有国家级良种17个，省级良种19个，无性系良种普及率达95%以上；建成全国规模最大的茶树良种繁育基地（甘棠），每年繁育良种茶苗6亿株以上，被农业农村部认定为国家区域性良种繁育基地。

2. 宁德市茶树种质资源保护的主要做法

(1) 科技工作者长期致力于茶树种质资源的挖掘和保护。

宁德市古茶树及地方群体种等茶树种质资源十分丰富，各级茶业管理部门历来重视资源的挖掘、保护和利用。自1957年以来，全市各地茶业部门联合福建农林大学、福建省农业科学院茶叶研究所等科研院校的茶叶科技工作者，深入各县（市、区）进行实地调查，至2017年发现的野生茶树种质资源有：福鼎太姥山野生茶树、柘荣东狮山野生茶树、蕉城霍童仙墩山野生茶树，以及通过福建省农业农村厅认定的野生茶树种质资源共21个单株或群落，树型呈乔木、小乔木或灌木，以小乔木为主，最高达10米。与此同时，各地茶业部门组织科技人员调查挖掘地方品种和品系，让老品种焕发新生机，取得明显成效。自2008年福建省农业农村厅（原省农业厅）开展茶树优异种质资源保护名录认定以来，以上野生茶树种质资源有18个通过认定并取得编码；另有15个地方性群体种通过认定，取得18个编码，为开展茶树种质资源保护和开发利用奠定了坚实基础。

(2) 从法律法规层面加强对茶树种质资源的保护。

《福建省促进茶产业发展条例》第五条规定“省人民政府和茶叶主产区市、县（区）人民政府应当安排茶产业发展专项资金，重点支持茶树种质资源保护、新品种选育与推广……”第十三条规定“省人民政府农业行政管理部门应当会同有关设区市人民政府，加强优、特、珍、稀茶树种质资源的保护工作，划定茶树优异种质资源保护区、保护地。天然茶树优异种质资源保护区、保护地的划定，应当报省人民政府批准。茶树优异种质资源保护区、保护地由所在地县级人民政府管理，县级人民政府农业（茶业）行政管理部门具体负责……”宁德市茶业管理部门认真贯彻执行条例精神，按照已发现种质资源的范围，由宁德市人民政府联合省农业农村厅划定保护区域、实施立碑保护，积极做好茶树种质资源保护点的设立、资源的保护与开发利用工作，实现对茶树种质资源的有效保护。

(3) 从政策层面加强对茶树种质资源的保护。

2014年以来，省政府安排茶树种质资源保护专项资金，省农业农村厅加大对各地茶树种质资源保护与开发利用工作的支持力度，全市各县（市、区）茶业管理部门积极争取省厅的政策支持，不断加强对茶树种质资源的保护。截至2021年，累计争取补助资金460多万元，已经建成茶树种质资源保护点（资源圃）达23个。根据项目建设的要求，茶树种质资源保护与利用项目建设的主要内容有：一是确定保护点的品种名录、位置、面积等相关内容，制定《茶树种质资源保护项目实施方案》。二是加强保护点田间管理，完成保护区内杂草清除，清除茶树病枝、枯枝，复壮树势。三是完善保护点的道路、水利、管理房以及资源圃整地等基础设施建设，设立园内种质资源保护标识标牌。四是开展种质资源生化成分分析、农艺性状调查、茶类适制性研究等。五是建立和完善种质资源保护档案、资料。

(4) 从科技层面加强对茶树种质资源的保护。

近年来，宁德市依托福建省农业科学院茶叶研究所的茶树品种资源和人才优势，加强对茶树种质资源包括野生大茶树的保护。目前，福建省农业科学院茶叶研究所对全市大部分县（市、区）已发现的野生茶树种质资源和列入福建省茶树优异种质资源保护名录的茶树种质资源采取单株收集、扦插繁育、移植资源圃栽培等措施进行种质资源保护。由于适应性、管理等方面的原因，至今尚存活的种质资源单株有20多个，有效保护了野生茶树种质资源，为后续进一步开发利用做好基础性工作。

(5) 茶业部门积极加强对茶树种质资源的保护。

宁德市各地茶业管理部门历来对加强茶树种质资源的保护工作十分重视，先后有7个地方性品种通过茶业部门的努力被认定（审定）为国家级和省级茶树良种，实施了23个茶树种质资源保护项目的建设。在此基础上，大部分发现特色茶树种质资源的县（市、区）已将茶树优异种质资源进行编号和立碑保护，委托茶企或聘请专人负责做好日常管护工作，市政府也根据各地管护情况下拨一定的专项资金给予支持。部分县市还采取集中保护的方式进行种质资源保护，如柘荣县茶业局近年来整合项目资金 60 多万元，将偏远地方的荒野大茶树迁移集中种植，建立了 3 片约 6.67 公顷的集中种植区，并委托茶叶生产企业承担日常管护。茶企在利用这些荒野大茶树原料加工生产一些特色产品和发展茶旅方面也取得一定的成效，实现保护与开发利用双赢。

(6) 鼓励和引导企业参与对茶树种质资源的保护和开发利用。

近年来，宁德市各地不断强化措施，鼓励和引导茶叶企业参与对茶树优异种质资源的保护和开发利用，特别是注重现存的大量群体种和种植年限较长抛荒弃管茶园的开发利用，充分发挥其生态、经济效益。一是为实现茶树种质资源保护的可持续，各地将种质资源保护点委托茶企日常管理，加强日常的督促检查，在确保保护资源的前提下允许企业适当开发利用，作为开发企业特色产品原料来源和茶旅观光基地的重要组成部分，发挥其应有的价值。二是强化政策导向，引导企业参与优异种质资源的保护与开发利用。如周宁县 2020 年以来举办的名优茶评比活动，特别单列了“荒野茶”制作产品的评比项目，获得“茶王”奖金 1 万元，就是为了鼓励和引导企业积极参与保护和利用已抛荒的古茶树等茶树资源。目前，全市已有相当多的茶叶企业在开发利用原有抛荒弃管老茶园方面取得明显成效，所生产的特色产品也成为企业品牌宣传的一大亮点。

虽然，在地方政府有关部门的高度重视和省市相关部门的大力支持下，宁德市的茶树优异种质资源保护取得一定的成效，但在实施保护过程依然存在诸多问题：一是由于对茶树优异种质资源保护的宣传不够，农民保护意识不强，将野生茶树或优异茶树种质资源砍伐破坏的现象时有发生。二是茶树优异种质资源由于村民的不科学采摘和管护，极易造成茶树的损伤、树势衰弱甚至死亡。三是缺乏对茶树优异种质资源管理和保护的具体措施，加上缺少长期稳定的管护资金支持，后期保护难度大。

3. 进一步加强茶树种质资源保护的对策思路

下一步，宁德市将认真落实农业农村部《国家现代种业提升工程项目运行管理办法》的相关要求，坚持保护与开发并重，进一步加强宁德市茶树优异种质资源的挖掘、保护和开发利用，重点做好以下工作：

（1）打造区域性茶树良繁基地。

立足福安市被农业农村部认定为“第二批国家区域性良种繁育基地”的坚实基础，加强茶树优异种质资源的挖掘、保护与开发利用，推动实施国家区域性茶树良种繁育基地提升工程，积极创建国家种业创新与产业化工程种业公共服务平台，打造全国茶树良种重要交易基地，做强做优宁德茶树良种繁育产业。

（2）扩大种质资源保护范围。

继续争取将已列入茶树优异种质资源保护名录但尚未实施项目保护的品种（或群落）和未列入保护名录的新发现茶树优异种质资源列入省农业农村厅的茶树种质资源保护点项目建设支持，扩大宁德市茶树种质资源保护范围，加强对野生茶树资源的保护利用。

（3）强化种质资源保护措施。

制定宁德市茶树种质资源发展和利用规划，培育壮大茶树种质资源开发主体，进一步完善茶树种质资源保护点的管理制度和保护措施，确保种质资源保护和开发利用走上规范化轨道。

（4）实施资源保护与开发并重。

研究探索种质资源保护与开发的政策措施，进一步鼓励和引导茶叶企业参与对茶树优异种质资源的保护和开发利用，特别是大量荒废茶园的开发利用。

（5）加强种质资源保护的扶持。

市县两级地方政府要在财力、人力、物力等方面加强对种质资源保护的扶持，市级种业管理部门要加强对各地的业务指导，支持各地茶业管理部门加强与科研院校的合作，进一步强化对茶树种质资源（包括野生茶树资源）的调查挖掘，建立和完善茶树种质资源保护档案、资料，为资源的后续开发利用做好基础性工作。

四、莆田篇

总结莆田市茶产业在茶叶种植情况、茶叶加工状况、茶品牌发展状况、茶叶研究机构发展状况，并从加强政策扶持、推行标准化生产、完善平台建设等方面提出了推动莆田市茶产业进一步发展的政策建议。

莆田市茶树始植于隋代，仙游凤山九座山区时有成片种植，钟山镇麦斜岩、南雾寺、榜头塔山寺等，时有名茶。2016 年，历史名茶郑宅茶成为国家地理标志证明商标。龟山茶是以莆田市龟山山脉生长的茶树鲜叶以传统工艺制成的茶叶。因龟山茶具有外形卷曲结实、色泽绿油润带点砂绿、香气清香持久、汤色金黄、滋味鲜醇等特征而受到广大爱茶人士的追捧。

（一）莆田市茶产业发展现状

1. 茶叶种植与加工情况

莆田市不属于福建省茶叶主产区，茶叶种植主要集中在仙游县，其次为涵江区、城厢区。根据莆田市统计局统计，莆田市自 2018 年扩大茶叶种植面积，且随着茶叶种植管理的跟进、种植技术的投入、茶树龄的增加、生产茶叶的茶树分枝增多，茶叶产量逐年增加。2021 年，莆田市茶园面积 984 公顷，茶叶产量 4001 吨，毛茶产值 2.04 亿元，面积、产量、产值分别同比增长 6.3%，3.6%，3.0%；总体来说，茶叶种植面积相对稳定或略增，产量、产值三年来每年均有不同程度增长。但是，春茶采制铁观音的做法，逐渐被制作红茶、绿茶所取代。主要原因有三个：一是春茶采制期经常遇阴雨天气。二是受到乌龙茶茶叶市场不景气的影响，近年的乌龙茶茶叶流通市场低迷，价格低，挫伤了茶农的生产积极性，加之年轻劳力外流，致使茶农对茶园管理粗放，大部分树体营养欠缺，茶原料品质不高。三是小规模茶厂雇不起技术过硬的制茶师，原材料较为粗放，内销中高端茶叶不多。

2. 茶叶加工状况

莆田市茶品种繁多，经长期的发展与调整，现全市形成了三大茶类五大主要产区，即龙华镇、钟山镇、游洋镇、鲤南镇、园庄镇、梧塘镇、赖店镇、大济镇、枫亭镇、江口镇、秋芦镇、新县镇等以出产铁观音、黄金桂、本山为主；绿茶类品种主要有：福云6号、7号、8号，福安大白茶，福鼎大白茶、大毫茶，梅占等。乌龙茶有铁观音。农业产业化省级重点龙头企业福建金溪茶业有限公司年产量4000吨，销售额2.5亿元；涵江天林茶叶农民合作社年产量950吨，销售额5980万元。

3. 茶品牌发展状况

莆田市发展茶产业是走名牌、优质、高效之路，坚持“主攻名优茶，兼产大宗茶，发展无公害茶，开发有机茶”的发展方针。目前，全市获无公害农产品认证面积超万亩，有机茶认证面积36.70公顷。莆田市内有2家农业产业化省级重点龙头企业，即福建金溪茶业有限公司和莆田市天林茶业有限责任公司。福建金溪茶业有限公司的茶叶基地被认定为国家级农业标准化示范区，公司的“仙溪牌”乌龙茶在中国国际农产品交易会、上海世博会、美国和澳大利亚世界茶博会等展会上荣获诸多金奖。莆田市天林茶业有限责任公司主要经营铁观音、红茶、大红袍、白茶，是一家集茶叶种植、生产、销售、科研、推广于一体的综合型茶业公司。莆田市枫林郑宅茶叶有限公司，主要从事莆田郑宅茶品种的加工、研发和推广，改革开放后，郑宅茶内销市场不断扩大，2020年5月被莆田市人民政府评为“首批老字号”。

4. 茶叶研究机构发展状况

莆田市的茶叶研究机构，主要有莆田市南方茶叶技术研究所、福建省盛世祥和农业科技发展有限公司、莆田市枫林郑宅茶科学研究所、金溪茶厂和蔡襄文化研究院等。其中莆田市南方茶叶技术研究所由天林茶业有限公司于2016年注册成立，与福建省农业科学院、福建师范大学、莆田市农林所、莆田学院等多家机构合作，专家力量雄厚，在茶树种植、茶树新品种选育、茶树栽培、茶树无害化防治、茶叶深加工以及茶

叶质量安全和标准等领域开展研究。福建省盛世祥和农业科技发展有限公司旗下有安溪祥华和永春、德化、仙游等高海拔原生态茶叶基地，仙游县祥和茶叶科学研究所、莆田市上官长垣茶叶技能大师工作室及研发中心，茶叶直营店分布于福建、广西、山东等主要城镇。2022 年，福建金溪茶业有限公司成立茶叶研发中心，旨在对标欧盟茶叶出口标准，研发不同茶叶品种、制作技术、栽培技术，研发工业用茶速溶粉等新型茶饮品等。

（二）莆田市茶产业发展对策

1. 加强政策扶持，引导产业升级

对接福建省委省政府出台的《福建省促进茶产业发展条例》，莆田市农业农村局和市财政局出台《莆田市现代农业发展资金管理办法》，统筹安排现代农业发展专项资金，进一步扶持茶产业发展。以服务专业合作社、龙头企业、公司及种植大户等新型农业经营主体为重点，积极带动茶叶先进技术的示范、引领、宣传工作，不断增强辐射带动效应，进一步做好龙头企业的扶持工作，走“公司＋农户＋基地”的发展模式，实现生产、加工、销售一条龙，农工贸一体化，形成利益上的共同体，引导茶叶栽培向规模化、集约化、标准化栽培转变。积极推进茶叶出口，以福建金溪茶业有限公司为龙头，带动莆田市周边茶企、茶农建立万亩茶叶出口基地，做好生产指导、管理、加工，严格按照出口标准来规范生产，保证产品全面符合欧盟等发达国家的标准，确保乌龙茶系列产品出口欧盟名列前茅。

2. 实施科技兴茶战略，推行标准化生产

指导各地强化茶园科学管理，倡导茶树健身栽培，采取适时修剪、分批采摘、中耕培土、冬季清园等措施。严禁高度密植和过度矮化等掠夺性生产方式。鼓励茶园套种绿肥、增施有机肥，有效改良土壤，增强地力，促进提质增效。加强监测预警，推进茶园病虫害绿色防控，强化统防统治，综合应用生态调控、农艺改良、物理防控、生物防治等措

施，确保产品质量安全。积极组织茶叶企业、种植大户参加茶叶绿色发展质量兴茶培训班；对接“专家茶区行”活动，积极配合省市茶叶专家前往重点茶区的茶叶企业开展技术指导，增强茶叶种植户质量安全意识，提高茶叶生产水平。同时通过举办茶业无公害生产栽培技术培训班等，深入茶叶主产地，把有关茶叶的选苗、种植规格及日常管理、采摘等知识传授给广大茶农，使广大茶农真正掌握相关技术，确保培育出高产高质茶叶。实施绿色茶叶标准化基地茶叶初制厂建设，引进国内领先的自动化生产设备，建立自动化、洁净化茶叶精加工生产线，实现茶青全程不落地生产。

3. 完善平台建设，加强品牌管理

确保产品质量安全，提升产品质量，把所有茶叶生产主体纳入省级农产品质量安全可追溯平台，发挥平台在茶叶投入品监管、规范农药科学使用及产品质量安全保障方面的作用。加强督查，做到生产有记录、流向可追踪、信息可查询、质量可追溯。一是在春茶、秋茶加工结束后，对产地龙头企业、专业合作社、家庭农场生产的茶叶监测全覆盖。二是发展生态茶园，积极推广生态调控、农业措施、化学诱控、物理防治、生物防治和科学用药等综合防控措施。三是加快无公害、绿色食品生产进程。做好茶叶农残超标专项整治行动，充分利用生物有机肥、农家肥对茶树进行施肥，同时改善生态环境，实现茶产业可持续发展。病虫害的防治坚持以农业综合防治为主，使用高效、低残留农药防治为辅，促进茶园生态向良性方向发展，确保生产出无公害优质茶，增强茶产业在市场上的竞争力。

五、泉州篇

总结泉州市茶产业在茶叶种植、品种结构、“三品一标”（无公害农产品、绿色食品、有机食品）认证、茶叶加工情况、茶叶经营主体情况、市场销售情况及茶庄园建设的发展成效，对泉州市茶产业工作措施进行了总结，并从提升茶叶生产效益、提升茶园生产水平、提升茶叶质

量安全、做好茶叶五新推广、加快一二三产融合、促进茶产业高质量发展、促进茶产业增收增效等方面提出了推动泉州市茶产业进一步发展的政策建议，并介绍安溪铁观音茶文化系统以及安溪县建设“181”县域智慧农业体系案例。

泉州产茶历史悠久，安溪县是乌龙茶制作工艺发源地及铁观音原产地，安溪铁观音是中国茶叶十大区域公用品牌，品牌价值1428.46亿元，连续5年位居全国茶叶类区域品牌价值第一。安溪县连续10年位居全国重点产茶县首位、国家农产品质量安全县。2022年5月，“安溪铁观音茶文化系统”入选中国重要农业文化遗产。永春县是全国重点产茶县、全国绿色食品原料（茶叶）标准化生产基地县、福建省十大产茶大县、“中国名茶之乡”，是全国著名的闽南水仙、佛手茶生产出口基地。茶叶作为泉州市三大经济作物之一，是山区农民群众收入主要来源。

（一）泉州市茶产业发展现状

1. 茶产业现状

（1）茶叶种植。

泉州市茶类以乌龙茶为主，乌龙茶产量约占全国乌龙茶产量的31.87%，主要集中在安溪县、永春县内陆山区，南安市、德化县的部分乡镇。至2021年底，全市茶园面积5.26万公顷，采摘面积5.2万公顷，茶叶产量9.39万吨，面积和产量均位居福建省第二，毛茶产值72.9亿元，全产业链产值超280亿元。其中，安溪县茶园面积4.36万公顷，茶叶产量7.87万吨；永春县茶园面积5421公顷，茶叶产量1.16万吨；南安市茶园面积1509公顷，茶叶产量0.13万吨；德化县茶园面积1893公顷，茶叶产量0.17万吨。133公顷以上种植基地16个、67公顷以上种植基地22个、33公顷以上种植基地43个、7公顷以上种植基地233个。

（2）品种结构。

乌龙茶产量占全市茶叶总产量99.6%。泉州市茶叶品种资源丰富，

素有“茶树品种宝库”的美誉。据统计，全市共有茶树品种149个，其中，国家级良种6个，为铁观音、本山、毛蟹、黄金桂、大叶乌龙、梅占；省级良种3个，为佛手、杏仁、凤圆春。全市无性系茶叶良种覆盖率高达99.46%。全市茶树主栽品种及分布区域：①铁观音现有面积3.81万公顷，占茶园总面积71.24%，主要分布在安溪县西坪、祥华、感德、长坑、龙涓、剑斗、虎邱等乡镇，永春县一都、横口、坑仔口、玉斗等乡镇，南安市眉山、蓬华、向阳等乡镇，德化县龙浔、三班、盖德、国宝等乡镇。②毛蟹现有面积3866.67公顷，占茶园总面积7.23%，主要分布在安溪县大坪、龙门、虎邱等乡镇。③本山现有面积2600公顷，占茶园总面积4.86%，主要分布在安溪县的西坪、虎邱等乡镇及永春县、德化县、南安市各产茶乡镇。④黄金桂现有面积2133.33公顷，占茶园总面积3.98%，是低海拔地区的主栽品种，主要分布在安溪县虎邱、金谷、参内等乡镇。⑤佛手和闽南水仙为永春县特有品种，现有茶园面积佛手3333.33公顷、水仙800公顷，分别占茶园总面积的6.36%、1.53%，分布在永春县苏坑、玉斗、锦斗、坑仔口、湖洋、蓬壶等乡镇。

(3)“三品一标”认证。

泉州市通过“三品一标”认证81家、面积9973公顷，其中农产品地理标志4个，为安溪铁观音、永春佛手、闽南水仙茶及南安石亭绿茶；有机食品认证28个，面积4866.67公顷；绿色食品认证企业29家，面积3000公顷；无公害认证13家，面积7840公顷。通过SC认证企业有376家。

(4) 茶叶加工情况。

泉州市工商注册的茶叶加工企业5194家，茶叶精深加工企业120家，茶叶初制不落地自动化生产线17条、茶叶精制自动化生产线194条。

(5) 茶叶经营主体情况。

泉州市共有涉茶类农业产业化国家级重点龙头企业7家、农业产业化省级重点龙头企业51家、农业产业化市级重点龙头企业64家。销售额超1.5亿元企业13家、销售额超1000万元企业102家、销售额超500万元企业203家。全市现有八马、凤山、中闽魏氏、魏氏红、三和、华祥苑、日春、泉岩、裕园和富源等10件中国驰名商标；“八马”获中国名牌农产品称号；“凤山”铁观音和乌龙茶、“八马”乌龙茶、“泉岩”安溪铁观音、“安溪铁观音”茶叶、“三竹”有机乌龙茶、“日泰”乌龙茶、“理想”铁观音等7个产品获评省级名牌产品。全市茶叶专业合作社1965家、家庭农场865家，茶农24.02万户，茶叶从业人员84.88万人。

（6）市场销售情况。

全市有大型茶叶批发市场3个，茶青（鲜叶）交易市场12个。泉州市内外茶叶市场营销人员达45万，全国各大中城市都有开设泉州茶叶品牌专卖店或发展加盟商；安溪县在全国23个省份组建了35个异地茶业发展促进会，现有近2万会员单位，近4万家茶店。茶企、茶商开设茶叶网店，微商进行网上交易，抖音、快手和淘宝等自媒体直播带货，泉州茶业实现了多渠道开拓茶叶销售市场。安溪县茶叶电商发达，建有弘桥智谷（泉州）电商产业园等电商园区，拥有10个淘宝镇、36个淘宝村，农产品电商销售位居全国县域第二，2020年全县累计网络零售额超213.47亿元，网络茶叶销售48.53亿元。泉州市出口茶叶以色种茶为主，主要经泉州、厦门、福州、深圳等口岸出口，出口量在1.2万吨左右，主要销往日本、东南亚、欧洲等40多个国家与地区，创外汇1.89亿美元。主要出口企业有福建八马茶业有限公司、福建安溪铁观音集团股份有限公司、安溪县兴溪茶厂、永春县魁斗莉芳茶厂、泉州市日泰茶业有限公司、泉州津香源茶叶有限公司。

（7）茶庄园建设。

泉州市引导茶叶一、二、三产业融合。在龙头企业、茶叶专业合作社示范社围绕基地建设、美丽庄园、清洁生产、质量安全管理、品牌建设与保护、文化弘扬等方面内容，建设集“生产、加工、营销、品牌、文化、休闲、体验、旅游”于一体，具有文化底蕴和丰富内涵的现代茶庄园。至2021年，全市规模茶庄园36家（安溪25家、永春3家、德

化2家、丰泽2家、南安3家、鲤城1家)。

2. 茶产业发展举措

近年来，泉州市坚持以市场为导向，以科技创新为动力，以提升装备为手段，以品牌精品为战略，以培植龙头企业为载体，以提高效益为目标，加快“四化”步伐，打通茶业发展的“七大通道”，推动泉州市茶产业创新转型升级。

(1) 开展生态茶园建设，促进茶园生态环境明显改善。

泉州市从全域生态、茶园小生态、土壤微生态和绿色防控等4个维度推进茶园生态建设，围绕改善提升茶园生态环境、提档升级茶园标准化管理、集成推广农业“五新”(新品种、新技术、新肥料、新农药、新机具)、完善生态茶果园基础设施，配套水利排蓄设施，促进乡村特色茶产业发展。通过财政资金奖补的方式累计建设生态茶园3933.33公顷，示范带动3.76万公顷生态茶园。至2021年，生态茶园占比77.6%，茶园生态环境明显改善、茶叶品种结构更加合理，达到茶—林—草生态平衡，茶园合理绿化、物种多样、水土保持良好、茶树生长健壮，茶园高产、优质、高效。推广绿色安全的病虫防控，积极推广绿色发展新模式。建立茶园基地备案制、农药配送制、县域农资监管全程追溯，推行生物防治、物理防治、智能防治等“绿色植保”技术，构建从茶园到茶杯的茶叶质量全程保障体系。建设有机、绿色茶叶生产基地和出口备案基地。促进茶园生态环境明显改善，使茶树生长与茶园生态系统和谐统一，是保持茶叶可持续发展的新栽培模式。

(2) 加快加工设备升级，促进茶叶加工水平明显提升。

一是推进茶叶智能化自动化清洁化加工设施升级改造。通过省级茶叶加工机械设备升级改造项目，加大技术创新，研发乌龙茶标准化、机械化、自动化、智能化加工装备，实现茶叶高产、优质、安全、低耗，突破了乌龙茶生产看天吃饭的瓶颈，大大降低人工成本和劳动强度，提高了生产效率。安溪县支持八马茶业数字化茶叶生产线和老陈化仓储、小罐茶现代化茶叶生产车间、禅心缘茶业茶浓缩液基底饮料、桃源有机茶新一代功能性茶产品等建设。永春县建设不落地机械化、自动化生产

线4条，年可加工茶青500余吨。二是加强深加工产品研发。安溪县开发茶多酚、茶氯酸等茶叶生物科技产品，研制出速溶茶、花草茶、养生茶、茶酒、茶辣椒酱、茶菌饮料、茶挂面等深加工产品50余种。永春县与福建农林大学等专业科研机构深度合作，在改进佛手乌龙茶工艺、品质的同时，开发加工永春佛手红、金花香橼等佛手系列新产品，在国内茶叶市场普遍不景气的情况下逆势而上，销售与利润稳步增长。支持永春县魁斗莉芳茶厂转化"永春佛手标准化品质提升关键技术研究与示范"泉州市科技成果，永春县魁斗莉芳茶厂投入5500万元建设厂房，扩建乌龙茶精制加工生产线，为厦门茶叶进出口有限公司加工"金花香橼"砖型茶8万片、80吨，产值超1亿元。三是加强茶功能性研究。永春与湖南农业大学、中国农业科学院茶叶研究所合作开展"永春佛手茶关键成分及对结肠炎辅助保护功能研究"，发现佛手茶具有独特的化学成分黄酮糖苷类；清香型、浓香型、陈香型佛手茶对结肠炎均具有明显的辅助保护效果，其中浓香型佛手茶对于结肠炎辅助保护效果最佳。

(3) 培植茶叶经营主体，带动茶叶产业发展明显壮大。

泉州市加快茶业资源资本化步伐，大力扶持茶业全产业链企业及龙头企业上市，打造茶企"航母"编队，有福建八马茶业有限公司、福建三和茶业有限公司、日春股份公司、泉州泉岩茶业有限公司4家上市后备企业；开展财政支农资金股权量化的新型农民利益联结机制试点，带动茶农更多分享二三产增值收益，加大新型经营主体培育，特别是在市级示范家庭农场、农民专业合作社示范社、农业产业化重点龙头企业认定上加以倾斜，带动提升新型经营主体发展质量。鼓励企业、合作社进行土地流转，承包茶园，提高规模经营水平，引导企业、合作社建立"企业＋合作社＋基地＋农户"的生产经营模式，培植壮大农业产业化省级重点龙头企业4家和农业产业化市级重点龙头企业12家。安溪县推动现代大茶业与农户小生产衔接，引导78家规模以上茶企、38家农业产业化重点龙头企业、合作社、专业大户与茶农、返乡农民工、高校毕业生建立"1＋X"利益联结，打造产销共同体、质量共同体、植保共同体、创业共同体、茶庄园共同体等。

(4) 融合一二三产业，带动茶叶附加值明显增加。

泉州市依托茶园自然风光、茶叶加工作坊、茶叶制作体验、茶文化特色，突出生态旅游、茶事体验、休闲观光，创建一批集生产加工、采制体验、文化传播、旅游观光、品牌营销、形象展示于一体的茶叶庄园，云岭、国心绿谷、添寿福地、清净桃园等 36 家茶庄园每年接待游客 196 万人次，茶文化旅游品牌进一步打响，推动茶业向二、三产业拓展，促进茶叶与旅游、文化、健康、养老、金融等结合，大大增加茶叶附加值。永春县制定《关于进一步推动茶产业持续发展的意见（2018—2022 年）》，落实加快茶产业发展的主要措施，进一步推进茶产业化进程，全力做大做强茶产业。安溪县利用铁观音特色产业，打造 6 条以茶园、茶庄园为主题的乡村振兴示范线等，形成城厢、湖头、祥华、虎邱、尚卿等 5 个特色产业镇。

(5) 推广应用茶叶科技，实现创新驱动科技引领。

在市级层面，整合知名高校、科研院所、专家顾问等优质资源，加强校企合作联动，支持开展政、产、学、研一体化合作，引导涉茶类农业产业化重点龙头企业与福建农林大学、福建省农业科学院茶叶研究所等开展合作，加大关键技术攻关和科技成果转化力度，提高茶叶制作工艺；指导和推动制定茶叶生产、加工和茶机械国家行业标准；支持建设智慧茶园，加强农业遥感、大数据、物联网推广应用，普及植保无人机、无人驾驶农机、农业机器人等新装备在茶园生产管理的应用，对茶园生产管理进行数字化改造。一方面，加强平台载体建设。建设两个电子科技园区（弘桥智谷电商产业园、中国国际信息技术福建产业园），两个国家级茶叶检验监测中心（国家茶叶检测重点实验室、国家茶叶质量监督检验中心），三个国字号科技平台（福建农林大学安溪茶学院、泉州国家农业科技园区、国家茶叶质量安全工程技术研究中心），三个加工商贸物流园区（中国茶都市场、中国茶博汇市场、安溪城区工业园品牌茶企总部区），筑牢茶产业创新发展基础性支撑。另一方面，深入实施科技创新项目。近两年来，泉州实施国家、省、市级各类科技项目 45 项，在茶叶深加工、茶叶机械智能化等关键性、共性技术研究方面

走在了全国前列。

(6) 创新多元金融产品，助力茶叶企业解决融资难题。

泉州市加大金融信贷支持力度，助力茶叶经营主体通过金融服务云平台申办“乡村振兴贷、龙头企业贴息贷款”，银行给予最高100万元免抵押授信、最高500万元的一年期免抵押短期流动资金贷款。安溪县开展茶叶种植保险，每年县财政投入200万元为全县因自然灾害受灾茶叶投保。开展政府性融资担保，将茶园、仓单、应收账款纳入担保物范围，助力茶叶企业融资；推进茶园抵押贷款，累计办理抵押登记7046.67公顷，累计贷款42767万元；设立增信增贷资金，设立小微企业信贷风险补偿共担资金、农业贷款风险补偿专项资金等各类增信资金合计2293万元。设立全省首家茶业专业支行——农行安溪茶都支行，全省首创推出“闽茶大师贷”金融产品，推行整村批量授信。农行安溪支行首创的“金穗快农贷”业务，依托安溪农资监管平台与物流追踪平台，充分运用大数据技术，实现批量化、标准化、模式化发放农户小额信用贷款。

(7) 加强质量安全监管，促进茶叶卫生质量明显提高。

泉州市推广绿色安全的病虫防控，积极推广绿色发展新模式；建立茶园基地备案制、农药配送制、县域农资监管全程追溯，推行生物防治、物理防治、智能防治等“绿色植保”技术，构建从茶园到茶杯的茶叶质量全程保障体系；建设有机、绿色茶叶生产基地和出口备案基地；建立健全茶叶质量安全保障体系，推广“德盛安全植保模式”，创建茶叶标准化生产基地，严格控制化肥、农药的使用，确保茶叶产品的农残及有毒、有害物质达到标准限量要求。围绕实施乡村振兴战略，牢固树立“生态优先，绿色发展”理念，通过“科技引领，典型示范，综合施策”，积极打造茶产业绿色发展新模式，打响泉州茶叶品牌。2020年，泉州市下达建设不用化学农药茶叶绿色生产示范基地64个，示范推广不用化学农药绿色示范茶园8573.33公顷。依托福建省农产品质量安全追溯监管信息平台，推动408家农产品生产主体实现“一品一码”。扶持企业建立茶园基地备案制、农药配送制和质量溯源制，支持茶叶质量

安全可追溯体系建设，抓好认证企业的产地环境、生产过程、市场准入等环节的监控，在全省范围内定期抽检茶叶的农药残留、重金属含量等。组织茶农培训参观学习，利用电视、广播、报刊、科技下乡等方式宣传科学的病虫害防治，宣传茶叶用药安全。加强农业执法，严厉查处在产茶区销售和使用国家规定在茶园禁用的农药，引导经营者和使用者推广和使用安全、高效、经济的农药，加强茶农栽培生产技术规程、茶叶加工技术规程、产品包装与储运等方面培训，提高广大茶农的茶叶生产标准意识和茶叶产品安全意识。鼓励茶业企业进行“三品一标”认证，对通过认证的企业分别奖励1万～2万元、2万元、2.5万元，促进茶叶卫生质量水平提高。

(8) 创新多元销售模式，开拓国际国内茶叶市场。

泉州市依托弘桥智谷（泉州）电商产业园、茶多网、天猫、京东商城安溪会馆等平台，大力发展电子商务和跨境电商，形成线上线下融合发展的格局。全市茶叶电商交易额达46.41亿元。依托“茶酒对话”“闽茶海丝行”“中法文化论坛”等载体，积极开拓欧美、东南亚、非洲等国际市场，市场格局由传统市场向“线上线下融合”加速转变。推动铁观音茶文化系统成功申报“全球重要农业文化遗产”，打造区域公用品牌，培育龙头企业集群，提升安溪铁观音区域公用品牌美誉度和影响力；举办了中国茶都（安溪）国际茶业博览会、安溪铁观音大师赛，不断提升泉州茶叶品牌知名度、美誉度。组织400多家涉茶企业入驻7个省直部门整合资源建设的茶产业互联网综合平台福茶网。

永春佛手主要销往泉州、厦门、福州等地以及全国19个省份的300多个县市。支持永春县魁斗莉芳茶厂、诗坛茶业有限公司、金斗洋生态农业有限公司等企业在北京、上海、福州、厦门、泉州等城市建立品牌连锁经营店18家，发展茶叶电商12家，以线上线下双渠道促进销售。大力拓展海外市场，目前已销往德国、英国、日本、美国、新加坡、澳大利亚、马来西亚等26个国家和地区，年出口茶叶1500多吨。

(9) 挖掘宣传茶文化，谱写泉州茶业新篇章。

泉州市组成专家团队深入挖掘、系统总结“安溪铁观音茶文化系统”丰富内涵，2022年5月，“安溪铁观音茶文化系统”成功申报全球重要农业文化遗产。利用市级宣传平台，宣传推广“国际茶日”“开茶节”、茶王赛等茶事活动，宣传推介茶艺茶舞、品茗斗茶、制茶体验、大型茶文化音乐舞台剧等茶文化特色旅游品牌。集聚市级主流媒体、文艺名家开展茶文化采风活动，整合“报、台、网、端、微、抖”等资源，全力提升全媒体宣传质效。支持安溪县感德槐植服务区铁观音茶主题文化旅游项目建设，打造全省唯一一个以茶叶深度沉浸式体验为主题的旅游文化项目。编写《泉州茶叶志》《八闽茶韵·永春佛手》，协助编写《福建茶志》《百年名茶》等作品。

（10）培养茶叶产业人才，壮大茶产业技术人才队伍。

泉州市深入实施“茶业万人培训工程”“茶商培训工程”“茶叶技能鉴定”，推荐新型职业农民参加省、市、县三级培训班，培训内容为茶园标准化建园技术、土水肥高效利用技术、绿色防控技术、茶叶采制技术、产品销售等方面；开展茶叶职业技能鉴定培训，培养评茶师、茶叶加工工、茶艺师等职业技能人才。一是大师。安溪县共有安溪铁观音大师、中国制茶大师、安溪铁观音制茶工艺大师（含荣誉大师）等各类大师33名。二是非物质文化遗产代表性传承人。全市共有非物质文化遗产代表性传承人152名，其中国家级传承人2名，省级传承人9名，市级传承人19名，县级传承人122名。

3. 茶产业发展制约因素

（1）茶类和品种搭配不合理。

泉州市青茶种植面积和产量占比99.6%，只有少量红茶和绿茶，茶类单一。安溪县铁观音种植面积超过2.67万公顷，南安市、德化县主栽品种铁观音占90%以上，茶树品种单一，茶叶采制时间过于集中，对天气依赖性强，出现鲜叶过老弃采现象。

（2）夏暑茶利用率低。

泉州市茶类以乌龙茶为主，全年采摘以春秋茶为主，夏暑茶品质差、效益低，弃采现象普遍，利用率低，造成资源的极大浪费，亟待改变“一季茶叶吃一年”的现状，比如拓展深加工之路，研制超细茶粉、

萃取茶多酚、茶保健枕头、汽车空气清新剂、茶食品等，实现夏暑茶成为茶农收入的一个新增长点。

（3）茶叶产销矛盾正在凸显。

21 世纪初，在泉州市各级政策的大力扶持和茶叶良好效益驱动下，泉州市茶叶种植面积和产量保持 20 年快速增长，至 2021 年泉州市茶园面积 5.26 万公顷、增长 2.48 倍，年产量 9.39 万吨、增长 4.59 倍。国内茶叶消费市场增量不足以消化快速发展的茶叶生产，茶叶产销矛盾凸显，低端铁观音出现滞销现象。

（4）茶叶生产比较效益下降。

茶叶产业属于劳动密集型产业，在茶园施肥、病虫害防治、除草、采制、包装等环节需要投入大量的劳动力，而农村劳动力大量向城镇第二、三产业转移，茶业劳动力日益紧缺。茶叶采制技术要求高、需求量大、工期短、季节性强，造成采制工人供不应求，劳动工资逐年上涨。此外，农资价格逐年攀升，造成茶叶生产比较效益下降。

（5）茶叶质量安全隐患依然存在。

泉州市推进农药化肥减量化，扶持茶叶加工厂清洁化改造，茶叶质量安全水平大大提高，但茶叶质量安全涉及茶园土壤、病虫害防治、施肥、加工、包装、运输等多环节，全市小加工厂占比较高，应用茶叶标准体系比率不高，高标准清洁化、连续化、标准化的生产线比例不高，茶叶质量安全隐患依然存在。

（6）茶叶行业标准执行不到位。

目前，泉州市执行茶叶标准大部分是企业标准，国家品质标准、方法标准和质量安全标准执行不到位；市场端与消费端的国家标准应用很少，茶叶消费端标准化的多元化就会导致行业的无序；茶叶品质标准应该恢复“茶叶实物标准样”；没有标准化就没有茶叶大产业；应该积极引导茶叶企业实施和应有标准化。

（7）茶叶龙头带动作用较弱。

泉州市涉茶企业众多，龙头企业主要是以采购毛茶的营销企业为

主，上规模、上档次、建基地、按标准化进行生产的企业不多，与茶农签订合作协议、全程进行有效生产加工监管的企业较少，能真正起到带动茶产业发展的龙头企业少。

（二）泉州市茶产业发展对策

1. 调整优化茶类结构，提升茶叶生产效益

泉州市引导铁观音、茗科1号（金观音）、黄金桂、毛蟹、梅占等高香乌龙茶品种试制红茶、绿茶；合理调整清香型、韵香型、浓香型、陈香型乌龙茶的加工比例；充分利用茶叶原料，开发茶多酚、茶氨酸等茶叶生物科技产品，加快研制速溶茶、花草茶、养生茶、茶酒、茶辣椒酱、茶菌饮料、茶食品等深加工产品，提升茶叶生产效益。

2. 加强基础设施建设，提升茶园生产水平

泉州市继续扶持建设生态茶园，围绕改善提升茶园生态环境、配套水利排蓄设施，建立完善茶园交通网络，配备茶树病虫害物理防控设备，提档升级茶园标准化管理，集成推广茶叶“五新”，改造升级茶叶初精制加工清洁化、自动化生产设备，实现茶叶可持续、高效益发展。

3. 加强用药安全监管，提升茶叶质量安全

泉州市推广农药全监管平台，对茶农购买、使用和安全间隔期进行指导，宣传科学病虫害防治，推广农业防治、物理防治、植物源农药和生物农药，禁用高毒高残留化学农药，指导茶叶安全用药。协助企业建立茶园基地备案制、农药配送制和质量溯源制，鼓励茶业企业进行无公害食品、绿色食品、有机食品和地理标志认证，奖励通过“三品一标”认证的企业，促进茶叶卫生质量水平提高。加强农业执法，在全市范围内定期抽检茶叶的农药、重金属残留等，严厉查处在产茶区销售和使用国家规定在茶园禁用的农药，把好茶叶卫生质量安全关。组织茶农培训、观摩、学习茶叶质量安全监管。

4. 做好茶叶“五新”推广，促进茶叶节本增效

泉州市加强茶叶初加工工艺的改进，为适应消费者对茶叶不同口味

的要求，泉州茶农在传统制茶技术基础上，创新茶叶加工技术，开发清香型、韵香型、浓香型和陈香型乌龙茶的加工工艺，既稳定传统乌龙茶市场，又加快新市场开拓速度。积极推广应用采茶机、色选机、茶叶不落地加工机械等，提升全市初制及精加工机械改进创新，在茶区推广使用，大大降低劳动强度及人工成本，提高茶农效益。引进台资茶叶加工企业，生产的蒸青绿茶、台式乌龙茶等产品大都销往日本，也有部分产品返销台湾及大陆，不仅提高全市茶叶生产加工水平，而且扩大全市茶叶花色品种及销售市场。

5. 加快一二三产融合，带动茶产业提质增效

泉州市继续扶持建设茶叶庄园，加大生态茶园建设力度，保护生态环境，凸显各自特色。依托茶园自然风光、茶叶加工作坊、茶文化特色，突出生态游乐、茶事体验、休闲观光，建设一批集基地生产、集中加工、文化传播、旅游观光、品牌营销、形象展示于一体，个性特征鲜明的茶叶庄园，推动茶业向第二、三产业延伸拓展，增加茶叶附加值。

6. 扶持龙头企业壮大，促进茶产业高质量发展

鼓励茶叶加工龙头企业创新“龙头企业＋合作社＋农户”等组织方式，向前端延伸带动农户建设原料基地，向后端延伸建设物流和服务网络，通过“订单收购＋分红”“入股＋保底收益＋按股分红”等方式，强化利益联结，采取低息贷款、税收优惠、科技扶持等措施，发展茶叶龙头企业。通过龙头企业示范带动，建立利益共同体，促进茶农稳定增收，打造一批涉茶类农业产业化重点龙头企业，力争到2025年培育100个关联紧密、功能互补的茶产业联合体，促进企业做大做强。

7. 开拓茶叶市场，促进茶产业增收增效

茶叶宣传推介是开拓茶叶市场的主要方式，泉州市通过举办、参加各种展会、博览会，大力宣传以安溪铁观音、永春佛手为主的茶叶，培育新的消费群体，不断开拓消费市场；积极组织茶企及台资企业参加海峡两岸茶业博览会、中国茶叶博览会等，指导企业布展，设立泉州茶叶综合馆，加大茶产业宣传力度；大力扶持茶叶依托弘桥智谷（泉州）电

商产业园、茶多网、天猫、京东商城安溪会馆、微商、抖音、快手等平台，发展电子商务和跨境电商，形成线上线下融合发展的格局。

（三）安溪县建设“181”县域智慧农业体系案例

2022年2月27日，铁观音一号卫星成功发射升空，赋予了安溪数字茶业新动能。卫星发射后，安溪县可直接应用卫星遥感、现代光学技术和大数据应用，开展安溪茶园病虫害测报、土壤肥力检测、茶叶产量测算和茶园抢险救灾等，为茶企、茶农进行茶园规划、管理、估产及灾害治理等提供强大的数据支持。经过多年的建设发展，安溪数字茶业建设取得良好成效，基本建成了“181”的县域智慧农业体系。

1.“1”是一个平台

“1”是一个平台，即安溪“数字茶业”云平台。从解决服务信息化问题入手，通过云平台、农业物联网、卫星遥感、人工智能技术的整合运用，开展数据化应用建设，挖掘安溪铁观音大数据价值，构建铁观音单品数据自动化采集监测体系，服务政府、茶农、茶商的管理与生产经营需求。

2.“8”是八个应用

(1) 安溪铁观音数字地标监管平台。

从为消费者打通购买正宗安溪铁观音的通道入手，建设安溪铁观音空间数据采集、核心数据库管理、数字地标综合监管、数字地标决策辅助以及产业科研平台等模块，实现“一部手机”对安溪铁观音全链条监管，确保从茶园到茶杯的质量安全。

(2) 县域农资监管与物流追踪平台。

从解决农业投入品安全问题入手，实现了农资商品质量全程、双向、即时追溯管理。同时，通过10年来对农资监管平台的不断升级改造，开展大数据开发运用，对接农户手机+APP、供销社慧享供销电商平台、农业银行金融服务平台等，拓展农资监管平台服务功能，创新为农服务内容。

(3) 茶叶气候品质认证。

由福建省气象服务中心根据全县铁观音茶园小气候，客观评定天气气候对茶青品质影响的优劣等级，并提供认证证书和认证报告、认证商标，为好茶贴上“身份”标志。目前已经投入运行，颁发首批12张茶叶气候品质认证书。

(4) 食用农产品质量全程追溯体系建设。

从解决农产品质量全程监管、全程追溯问题入手，将全县所有地标使用企业全部纳入省农产品追溯平台管理，实现质量安全全程可追溯。

(5) 茶都交易市场一品一码标准化改造。

从解决茶都市场交易产品信任度问题入手，一品一码可追溯体系功能模块与电子交易结算系统对接程序编写和二维码生成器的开发等，实现入市交易茶叶全程可追溯。

(6) 省级农业智慧园建设。

以信息化技术应用于茶园生产管理、加工和销售，以信息化技术手段改造传统茶园生产管理和销售手段，建设基本达到可视化管理、智能化生产管理、质量安全监管信息化、公共信息服务管理、农村电商为一体的智慧园区，推进“互联网+”与现代茶业融合发展，打造一批农业智慧园。至2023年，建成6个省级智慧园。

(7) 茶叶加工“数控一代”研发项目。

研制节能高效茶叶加工自动化生产线，力求在机械技术逐步成熟的基础上，向机械手、工业机器人迈进。

(8) 安溪铁观音智能化加工关键技术开发应用项目研究。

3. “1”是一个支撑

“1”是一个支撑：茶叶全产业链的天空地一体化数据支撑即安溪铁观音智能化加工关键技术开发应用项目研究。基于天空地一体化数据的采集，在利用GPS、GIS、RS技术和人工智能技术的基础上，通过对各类型数据进行智能分析，实现地块尺度的茶园种植信息的精准提取、病害信息的监测和预警、土壤成分的反演，为相关部门、茶农进行茶园

规划、管理、估产及灾害治理等提供数据支持，特别是为茶叶的全流程监测以及茶叶品级的定级提供空天大数据支撑。

六、漳州篇

总结漳州市茶产业在强化质量安全、培育壮大龙头企业、举办茶事活动、扶持绿色发展、推进三产融合的成效，并从加强组织领导、加强质量管控、加快产品研发、强化营销推介、加强政策扶持等方面提出推动漳州市茶产业进一步发展的政策建议。

2021年，漳州全市茶园面积1.90万公顷，茶叶产量6.25万吨，全产业链产值超130亿元。漳州市主要以茶叶标准化生产、生态茶园建设、茶叶品牌提升等一系列举措推动茶产业稳定发展、绿色发展。2021年6月，漳州市成功举办第七届海峡（漳州）茶会海峡两岸茶王赛，共有792个茶样参赛；2021年5月24—26日和11月11—12日举办两次茶叶技能竞赛，每次评出一等奖2名、二等奖3名、三等奖5名；2021年5月21—22日开展“世界茶日”系列活动。平和县先后获得“中国茶叶（白芽奇兰茶）之乡”“福建省十大产茶大县”“全国重点产茶县”“中国十大最美茶乡”等称号，2021年“平和白芽奇兰”中国茶叶区域公用品牌价值评估29.63亿元。南靖县随着茶叶品牌“南靖丹桂”知名度和影响力逐年提升，茶叶质量显著提高，产品基本销售一空，茶价好，茶叶畅销，茶农收入比上年提高5%以上。华安县积极推广“五新”技术，带动茶产业提质增效，加快《华安县生态茶园建设实施方案》，通过改善茶园生态、完善茶园基础设施、推广生草栽培、绿色防控、茶树“瘦身”培植、地力提升、建立质量追溯体系等七大措施，以点带面，建设生态茶园，全县已累计完成生态茶园建设6666.67公顷。加大对光照人茶业有限公司、哈龙峰茶业有限公司等茶企的引领和政策扶持，提高华安茶叶品牌知名度。2021年11月，长泰区举办第五届“天竺状元杯”茶王赛，大力推介“长泰天竺岩茶”公用品牌。

（一）漳州市茶产业现状

漳州市茶产业重点打造一县一品，根据各茶叶主产县的特色，主推平和白芽奇兰、华安铁观音、诏安八仙茶、南靖丹桂、云霄黄观音等“五泡茶”。

1. 强化质量安全，品质稳步提升

一是加强源头管控，落实茶叶生产主体质量安全责任，严格执行茶叶生产和销售记录档案制度，强化产品出厂检验。实施“检打联动”，加大茶叶产品抽检力度，严厉打击违法使用禁限用农药的行为。二是完善运用好省、市级农产品质量安全可追溯监管平台和农资监管平台，全市所有工商登记注册有生产基地的茶叶生产主体均要实现追溯凭证准出，预包装或包装的食用农产品同时粘贴追溯标签，全面推进源头赋码、一品一码、标识销售，实现从“茶园到茶杯”的全程可追溯，促进漳州茶产业绿色发展。三是推进茶叶“三品一标”认证。全市茶叶获得有机、绿色和无公害“三品”认证 37 个。四是开展绿色生态茶园建设。突出绿色建园，采取种树、留草等综合措施，加快生态茶园建设进度。截至 2021 年底，全市生态茶园面积占茶园总面积的 98％以上。

2. 培育壮大龙头企业，打响绿色品牌

全市茶叶类商标 1500 多件，其中天福、华安铁观音、平和白芽奇兰等 3 件为中国驰名商标。华安铁观音、平和白芽奇兰、南靖铁观音和丹桂、诏安八仙茶获得国家地理标志认定。漳州天福茶业有限公司、大闽食品（漳州）有限公司为农业产业化国家重点龙头企业，福建哈龙峰茶业有限公司、福建天醇茶业有限公司、漳州光照人茶业有限公司等 13 家为农业产业化省级重点龙头企业，农业产业化市级重点龙头企业 33 家，茶叶专业合作社 235 家、家庭农场 195 家。

3. 举办茶事活动，影响不断扩大

通过举办海峡（漳州）茶会、农博会茶展、茶王赛等茶事学术交流及品茶、斗茶等茶文化活动，加强对茶文化挖掘，进一步丰富茶文化内

涵，推动茶文化与旅游、商务活动等相结合，有力地提升了漳州茶产业国内外知名度和市场影响力。利用茶博会、展销会、农博会等大型展会和网络、新闻媒体、旅游景点设立广告牌等渠道进行大力宣传，既拓展了营销渠道，又提升了茶叶品牌的知名度，有效促进了茶叶品质不断改善。各茶叶主产县积极组织茶企走出去，到全国各主销区、大中城市进行展销、展示、推介“五泡茶”。

4. 出台扶持茶叶绿色发展的政策措施

为保障茶叶绿色高质量发展，积极出台一系列政策措施。平和县政府出台了《白芽奇兰茶高质量发展16条措施》；华安县实施《华安县生态茶园建设实施方案》《关于生态茶园改造建设贷款贴息方案》，加快生态茶园建设；南靖县颁布了《南靖县低产低效老茶园改植换种技术规范方案》，规范茶园改造，推进标准化生态茶园建设；诏安县为推进八仙茶产业的可持续发展，促进八仙茶标准化、规模化、产业化和信息化发

图 2-3　漳州市南靖县南坑镇生态梯田茶山

展，每年安排农业发展专项资金1000万元，用于扶持八仙茶产业发展。

5. 推进一、二、三产融合发展

通过“龙头企业＋合作社＋家庭农场＋农户”三产融合模式，整合资源，推进茶叶一、二、三产业融合发展。按照产业链理念打造茶产业，进一步推进茶叶绿色发展战略，积极发展茶产品加工，拓展茶产业多种功能，大力发展休闲农业、乡村旅游和茶旅游有机结合，促进一、二、三产业融合发展，拓宽农民就业增收渠道。进一步提高茶叶品质，宣传推介茶叶品牌，做好产销衔接，促进茶产业健康发展。建立“高峰谷”33.33公顷生态观光茶园有机栽培示范基地，推进平和白芽奇兰茶旅融合发展示范基地建设。华安县积极挖掘先锋村红色茶乡底蕴，积极引导4家企业共投资2.5亿元建设精品红色茶乡旅游线路，获评全国“建党百年百条红色茶乡旅游精品路线”。不断推进茶产业转型升级，持续推进茶产业健康发展，极大促进漳州市茶园转型升级，促进全域旅游经济发展。

（二）漳州市茶产业发展制约因素

1. 加工水平低，龙头企业带动较弱

目前，漳州市茶叶加工企业大部分规模小、实力弱，很多为初加工环节的家庭小作坊式，生产设备和工艺水平较为落后，不重视传统制茶工艺，部分茶农为图省工不规范使用压茶机、综合摇青机，甚至人为安上“电控”，使所产毛茶质量低，导致优质茶比重极小。漳州天福茶业有限公司、大闽食品（漳州）有限公司等农业产业化重点龙头企业优势没有得到充分发挥，漳州天福茶业有限公司主要销售绿茶、茉莉花、铁观音和其他乌龙茶，在全市收购铁观音不多，并逐年递减，且基本没有收购奇兰茶和八仙茶。大闽食品（漳州）有限公司年消耗毛茶7万多吨，而在全市收购毛茶约5000吨，仅占公司年收购量的7%，对本地茶农带动不够。其他茶企实力普遍不强，上规模、上档次的企业不多，在全国、全省市场占有率高的名牌企业较少。

2. 品牌知名度不高，营销方式比较落后

漳州市茶叶区域公用品牌宣传起步晚，品牌使用仅局限于单一县(市、区)，如华安铁观音、平和白芽奇兰茶、诏安八仙茶等，在全国茶叶市场的认知度不高，公用品牌对销售的带动效应不明显。大多数茶企在市场开发上缺乏长远规划，终端消费市场营销手段落后，缺少专业营销人员，广告宣传投入少，营销网络不完善，电商发展缓慢。漳州市虽然有闽南新城等5个茶叶市场，但交易规模都不大，年销售本地茶叶只约占总产量三分之一，一些茶产区依赖于外地茶商上门收购。

3. 基础设施薄弱，生产成本高

茶园大都在较高海拔山区，通往山上茶园的道路要么未硬化，要么过窄，严重影响了沿线村庄茶农耕作和茶叶运输。据平和县九峰、崎岭等乡镇茶农反映，环大芹山沿线村庄没有互通道路，从大溪镇灵通山前往九峰镇大芹山绕道要花费两天时间，影响外地茶商进村收购茶叶和发展乡村旅游。

4. 政府扶持力度不够，茶企发展资金短缺

生态茶园建设投资大，由于市级茶产业发展经费没有列入预算，虽然县级财政有补助，但资金缺口还是比较大。多数茶企尚处于资本原始积累阶段，缺少扩大再生产的必要资金。一方面，茶叶收购季节集中，茶企短时期所需资金量很大，但当前茶叶销售期延长，资金回笼慢，造成茶企资金严重短缺。另一方面，茶企投入大量资金用于厂房、设备、茶园建设，但这些固定资产大多无证件或证件不齐，无法抵押融资。

（三）漳州市茶产业发展对策

1. 加强组织领导，完善发展规划

各级政府要高度重视茶业发展，建议成立茶产业发展工作领导小组，负责实施全市茶叶产业规划与发展的宏观指导、协调、管理等工作。在深入调研的基础上，完善茶产业发展规划，研究提出漳州茶产业发展的基本思路、战略目标、区域布局、发展重点、保障措施等，通过

退果还茶、退茶还林等措施，加快实施品种改良，大力发展白芽奇兰、八仙茶、铁观音、丹桂等当家名优茶，适度发展茗科1号（金观音）、金牡丹、茗科2号（黄观音）等高香型、制优率高、适制性好的特色茶。以优良的品种和高标准建园，为茶产业高质量发展奠定坚实基础。

2. 加强质量管控，提升茶叶品质

一要全面推行绿色化发展。加强推广绿色防控技术，鼓励茶园套种绿肥，综合运用生态调控、农艺改良、物理防控、生物防治等措施指导好茶农用药；鼓励茶叶企业实行农药配送制度，增强农残自我控制意识，坚决禁止“三高”农药和生物激素使用。要通过严管茶叶生产化学投入品，保证质量安全和鲜叶高品质。二要通过对加工环节能源、设施等的绿色化改造，实现清洁优质加工。

3. 加快产品研发，搞好精深加工

只有加快茶叶产品的深度开发和综合利用步伐，拉长产品链条，才能提高产业的附加值，增加茶农收入。一是要搞好中低档茶和夏秋茶的合理开发，做到资源合理有效利用，提高单产、增加总产、推进茶叶产品由单一品种向多品类转变。二是加快茶叶深加工产品系列化开发，支持有实力茶企开展茶叶精深加工研究，提取、利用茶多酚、茶多糖、茶色素等有效成分，鼓励开发茶饮料、茶日用品和茶保健品，积极帮助龙头企业申报国家农产品加工技术研发专业中心。三是改进制茶工艺，提升产品品质。加大培训力度，提高从业人员素质。改进制茶工艺和设计包装，提升茶叶加工水平，探索出一套适合漳州茶类的制作工艺。每年分区域、分品种开展茶王赛，进一步促进茶叶品质和品牌的提升，扩大漳州茶知名度和影响力。

4. 强化营销推介，打造响亮品牌

一是深入开展漳州“五泡茶”（平和白芽奇兰、华安铁观音、诏安八仙茶、南靖丹桂、云霄黄观音）宣传推介活动，加大品牌培育力度，着力提升茶叶区域公用品牌，打造一批具有全国影响的企业品牌。二是增强龙头企业对产业发展的支撑带动作用，积极发动茶企参加福建茶产业绿色发展联盟，支持各茶叶主产县组建县级茶产业绿色发展联盟，推进行业自律、信息共享、标准统一。三是及时宣传漳州茶叶产业发展所取得的新成就，有计划地组织茶叶企业赴北上广深等一线城市举办专场展销会、推介会。

5. 加强政策扶持，完善投入机制

加大财政扶持力度，重点支持茶叶企业科技研发、品牌宣传、市场拓展等。围绕绿色发展质量兴茶的总体目标，出台扶持政策，整合项目资金，着力推进茶产业绿色发展。加大对生态茶园建设、有机肥替代化肥、茶叶初制厂清洁化升级改造、自动化精深加工设备引进、品牌推介等的扶持力度。优先安排现代农业专项资金和可持续绿色发展专项资金，用于茶业绿色发展项目。设立茶产业发展专项资金，用于茶叶主产区建设标准化茶园、良种补贴、茶叶机械化采摘补助、技术推广、茶叶市场建设、产品研发、储藏保鲜设施建设等。支持企业、合作社、村集体经济等经营主体集中连片流转土地发展茶园，规范茶园产权登记备案。适当放宽茶叶企业用地审批条件，优先保障茶叶加工企业用电需求，落实农产品加工及贮藏电价优惠。加大金融产品和服务创新，破解经营主体融资难问题，为茶叶产业持续健康发展提供资金保障。

七、龙岩篇

总结龙岩市茶产业在茶叶种植面积、茶事活动、观光茶园建设、茶文化挖掘和发展、茶叶初精深加工的发展成效，对龙岩市茶产业发展制约因素进行了分析，并从加强“五新”技术示范推广、积极开展茶事活动、整合和提升区域茶叶品牌、提高茶旅融合水平、加强茶产业人才体系建设等方面提出了推动龙岩市茶产业进一步发展的政策建议，并介绍“龙岩斜背茶”快速恢复发展案例。

龙岩市是个古老而新兴的多茶类生产区。说其古老，从宋代开始就有种植加工茶叶，产茶历史悠久。勤劳智慧的闽西人民创制了乌龙茶中唯一紧压茶——漳平水仙茶饼，以及被录入《中国茶经》的龙岩斜背

茶。说其新兴，是因为目前生产加工的茶园茶厂都是20世纪80年代后逐步建立的。说其多茶类，全市已初步形成了漳平水仙茶饼、武平绿茶、台式乌龙茶、龙岩斜背茶、优质铁观音、保健茶六大主要品类产品生产格局。

2020年，龙岩市茶园面积1.30万公顷、茶叶产量2.42万吨、毛茶产值14.7亿元，全产业链产值40.0亿元，新植茶叶面积146公顷。2021年，全市茶园面积1.32万公顷、茶叶产量2.53万吨、毛茶产值14.65亿元，全产业链产值44.94亿元，新植茶叶面积135公顷。目前，龙岩市拥有1033家茶叶企业，其中：22家农业产业化市级重点龙头企业，5家农业产业化省级重点龙头企业；有41家获得SC认证，2家获得无公害食品认证，10家获得绿色食品认证，10家获得有机食品认证；有10家茶企的产品被评为省级名牌农产品称号，9件商标获得福建省著名商标，4件商标获得中国驰名商标，4件茶叶产品获得农产品地理标志登记产品。全市茶产业从业人员（含种植、加工、销售）近20万，4个乡镇茶园面积超万亩（漳平市南洋镇、永福镇、官田镇和武平桃溪镇），30个村成为漳州市“一村一品”茶叶专业村。

（一）龙岩市茶产业发展现状

1. 茶产业发展现状

（1）漳平水仙茶发展迅速。

漳平水仙茶以漳平市的南洋镇、双洋镇为主产区，2020年面积3513.33公顷、产量5000余吨，2021年面积3646.67公顷、产量近6000吨，已成为龙岩市茶叶第一主栽品种。

（2）武平绿茶——福建炒绿茶珍品。

以武平县北部的桃溪镇、大禾镇为主产地，并以炒绿产品为主，近几年开发出扁形、卷曲形、珠形等特种绿茶产品，2020年面积超1520公顷、产量3395吨，2021年面积超1520公顷、产量3569吨。

（3）漳平市台湾农民创业园是全国最大台式乌龙茶生产基地。

目前，在龙岩市投资茶叶的台资企业有33家，分布在漳平、武平、

图 2-4 永福茶园（黄伟摄）

新罗、长汀、连城等 5 地，2020 年全市台式乌龙茶种植面积 3444 公顷，2021 年保持不变，成为闽西茶叶第二大主栽品种。其中，漳平市永福国家级台湾农民创业园是我国最大的台式乌龙茶生产基地和全国最大的软枝乌龙茶生产基地，也是全国最大的樱花茶园基地。漳平永福镇被台商俗称为“大陆阿里山”，台资茶叶企业 28 家，开发标准化生态茶园超 2666.67 公顷，成为福建省台商投资茶叶最集中的区域。

（4）观光茶园建设蓬勃发展。

龙岩市现有茶旅融合点 36 个，累计投资超过 6.5 亿元，经营收入达到 11 亿元。以漳平永福高山樱花茶园、漳平九鹏溪、官田岳山生态茶园、上杭步云蛟潭茶园、永定金丰茶园、武平松花寨茶园等为代表的茶叶生态旅游正蓬勃发展，前景看好。2020 年，龙岩市推荐 13 家茶企单位为海峡两岸茶业交流协会组建的茶旅委员会成员单位并获审批，为进一步拓展茶旅融合打下了良好基础。

（5）茶文化得到有效挖掘。

随着 2021 年漳平水仙茶被列入国家级非物质文化遗产代表性项目

图 2-5 五一森林公园——高山茶园（黄伟摄）

名录，龙岩市目前涉茶类非物质文化遗产项目有 11 个，其中市级 6 个、省级 2 个、国家级 3 个，实现了“市级—省级—国家级”梯次的逐层分布。同时，非物质文化遗产传承人队伍也不断壮大，现有省级 1 位（漳平水仙茶）、市级 19 位（其中漳平水仙茶 17 位、武平绿茶 2 位）、县级 23 位（漳平水仙茶）。

（6）茶叶初精深加工逐渐发展。

龙岩市茶叶初精深加工经逐年发展，取得了一定成效，不仅拓展产业链长度和深度，也极大地提高了茶产业的综合效益，具体表现在：一是以福建好日子食品有限公司、福建天马茗茶有限公司为代表，利用茶叶副产品（茶片、茶末）及山区野生（鱼腥草、藤茶等）或人工种植的植物（荷叶、生姜等）等原料为主，通过几年来的技术对接、设备改造与引进、美化产品包装、加强多渠道营销等措施，已闯出了稳步发展之路，年产值已超亿元。二是以金绿源（中国）生物科技有限公司为代表，进入茶叶精深加工行业，能生产经营相应的茶叶提取物，如茶多酚、茶氨酸、茶多糖、儿茶素、EGCG 单体等各种系列产品，广泛应用于食品、保健品、日用化妆品和药品。三是以龙岩市松花寨农业发展有限公司为代表的企业，逐年开发各种茶食品，拓宽茶叶使用渠道和方法，该公司近年来逐步开发了百家姓十八子糕点升级版的茶香糕等 16 款茶衍生系列伴手礼产品，包括茶香鸡、茶香蛋、茶香酥、茶香枕、茶香蜜、茶香粉等茶叶延伸产品。

2. 茶产业发展举措

近年来，龙岩市高度重视茶产业发展，2017 年龙岩市政府印发了《关于加快七大优势特色农业产业发展的实施意见》（龙政综〔2017〕216 号），2018 年 9 月龙岩市农业农村局印发了《关于贯彻落实〈福建省推进绿色发展质量兴茶八条措施〉的通知》（龙农〔2018〕155 号），2019 年龙岩市人民政府出台了《关于印发龙岩市 2019 年特色现代农业提质增收行动方案的通知》（龙政综〔2019〕26 号），以及龙岩市农业农村局办公室关于印发《进一步推进茶产业绿色发展实施方案的通知》（龙农〔2019〕44 号），提出茶产业发展要以供给侧结构性改革为主线，以现代茶产业园区建设为抓手，以市场需求为导向，以绿色发展为原则，以质量效益为中心，着力优化产业布局，调优品种结构，围绕“品种引领、品质提升、品牌打造”的总体要求，到 2025 年茶叶全产业链产值实现 50 亿元目标。

（1）加快具有本地特色的优势茶类发展。

龙岩市着力发展具有本地特色的茶类，尤其是列入“闽西八大珍”的漳平水仙茶、武平绿茶、龙岩斜背茶。在漳平市、武平县等重点茶区研究集成组装并推广一批优质高效、生态环保的技术模式，加快农机农艺配合，夯实漳平水仙、武平绿茶等区域公用品牌推广基础，并积极推进低产茶园改造，完善茶叶标准化生产，推行茶树病虫害专业化统防统治，推广茶树病虫害绿色防控技术。

（2）大力培育茶叶龙头企业以及专业合作组织。

近年来，龙岩市为做强做大茶产业，采取了多项措施，积极培育扶持茶叶龙头企业。先后出台《龙岩市农业产业化市级龙头企业认定和运行监测管理办法》《龙岩市农业局、龙岩市财政局关于印发龙岩市农业产业化信息化发展扶持资金使用办法的通知》等扶持龙头企业政策措施。目前，全市拥有 5 家省级、22 家市级农业产业化重点龙头企业；现有茶叶专业合作社 150 家，其中国家级示范社 5 家、省级示范社 10 家、市级示范社 9 家。

（3）积极有效组织开展各类赛事活动。

2020 年，全市共计举办了 12 场茶叶赛事活动，包括市级层面组织举办 2020 年度“红古田杯”漳平水仙茶茶王赛、2020 年度“红古田杯”台式乌龙茶茶王赛两大赛事；县级层面组织举办 2020 年漳平市春、秋季茶王赛，2020 年漳平市春季、秋季“水仙公主”“水仙王子”鉴评活动等；乡镇级层面举办了新罗区龙岩斜背茶首届斗茶赛、2020 年南洋镇春季以及秋季斗茶赛等赛事活动。

2021 年，全市继续举办了 12 场茶叶赛事活动，包括市级层面组织举办 2021 年度“红古田杯”绿茶茶王赛、2021 年度“红古田杯”乌龙茶茶王赛（主要指漳平水仙茶和台式乌龙茶）两大赛事；县级层面组织举办 2021 年漳平市春、秋季茶王赛，以及武平县 2021 年度绿茶茶王赛，新罗区龙岩斜背茶第五届茶王赛；乡镇级层面举办了上杭县下都镇首届春季绿茶斗茶赛等赛事活动。漳平市还组织举办“浓香型”漳平水仙茶茶王赛，传导茶农回归传统制作工艺，逐步推动去“冰箱化”，并开展“漳平水仙茶”广告语征集大赛等。“漳平水仙茶”广告语征集大赛征集了 1100 多条广告语，组织相关专家对征集作品进行初评和网络投票后，最终采用作品 1 条、入围作品 4 条。同时积极宣传发动并落实龙岩市相关茶叶企业选送茶样参加第二届“海丝国际杯”茶王赛、“福茶杯”等赛事活动。

（4）多层次发力推动茶叶销售。

一是向外推广带动。2020 年，福建南朝印象农业发展有限公司在山东济南设立漳平水仙茶品牌运营推广中心，通过网络直播带货、头条号等方式宣传推广、销售漳平水仙茶。该公司于产茶期间大量收购漳平水仙茶中端产品（价格在 120～300 元/千克之间），漳平水仙茶产品一度供不应求，单价提升 20%左右。二是国企参与经营。福建龙岩海晟连锁商贸有限公司通过举办茶王赛、公开采购漳平水仙茶等方式，经营漳平水仙茶产品；龙岩农业发展有限公司对“红古田杯”水仙茶茶王赛、龙岩市绿茶茶王赛入围茶产品分别进行定价收购，并设计包装进行宣传推介，在“红古田”农产品展销中心设立专柜，展示和销售漳平水

仙茶、武平绿茶。三是打造高端品牌。漳平市茶叶协会从 2013 年开始，每年春秋两季组织开展漳平水仙茶“水仙王子、水仙公主”审评活动。协会组织通过“统一收样、统一评审标准、统一包装、统一指导价、统一进行市场监督反馈与管理”的“五统一措施”，保证产品质量，达到好茶好价的目的。

(5) 全面推进茶叶产品质量安全监督管理可追溯。

目前，龙岩市各地茶叶企业（含茶叶专业合作社、家庭农场等实体）在福建省农产品质量安全追溯监管信息平台注册，全面落实茶叶生产主体质量安全责任，严格执行茶叶生产和销售记录档案制度，强化产品出厂检验，并在生产季节及时录入茶园田间管理生产档案，实行“一品一码”销售产品，实现源头赋码、标识销售、全过程追溯，不仅实现了对茶园田间管理用药的实时监管，也有效提高了茶叶企业自律性，目前全市茶叶企业基本实现了“一品一码”。

(6) 内联外引，加大投入，不断提高茶产业标准化水平。

两年来，龙岩市通过与福建农林大学、福建省农业科学院茶叶研究所等相关科研教学院所通力合作，开展了多项标准研究与制定，使龙岩市茶产业标准化水平进一步提高，共制定并发布了 6 项标准，包括由福建农林大学园艺学院、龙岩市农业农村局、漳平市农业农村局等单位及部分台资企业参与制定的《台式乌龙茶》和《台式乌龙茶加工技术规范》国家标准 2 项，《台式乌龙茶茶树品种》《台式乌龙茶茶树栽培管理技术规范》《漳平水仙茶加工技术规范》省地方标准 3 项，以及《武平绿茶》团体标准 1 项。此外，龙岩市各大主要茶叶品类在生产、加工、产品质量控制等方面，不断加快推动茶产业标准化水平。

(7) 抓好茶业科技人才培育，为科技兴茶提供人才支撑。

一是组织茶叶企业、新型经营主体、种植加工大户，参加省、市举办的各类培训班、研修班，努力提高广大茶叶从业人员的科技水平。如自 2014 年以来，龙岩市海峡两岸茶业交流协会联合市关工委等社团组织，每年举办一期以茶叶从业人员为培训对象，以茶科技、茶文化、茶市场等为主要培训内容的茶产业发展研修班，对茶叶从业人员开展了系

统的研修培训，对提高广大茶叶从业人员科技水平、认知茶文化、了解茶市场发挥了重要作用。近两年来，全市参加培训的茶叶从业人员达200多人次。二是组织茶叶从业人员参加新型职业农民培训。近两年来，组织产茶区200多名茶农参加新型职业农民培训，学习新时期农业生产经营新知识、新理念，以提升生产经营水平。三是推荐茶技人员参加省市相关部门组织的制茶能手大赛，培养制茶能手，通过参赛过程的技术交流与观摩，参赛选手加工技术水平有了很大提高。四是相关部门机构组织技术职称评审、职业技能培训与鉴定。两年来，龙岩市通过人社、工会等多部门合作，培训各级别评茶员、茶艺师拿证人员1500余人。

（二）龙岩市茶产业发展制约因素

一是茶园基础设施不够完善。部分茶园水、电、路等基础设施较差，应对不良气候影响能力弱，生产受气候影响大。二是茶企加工方式相对落后。茶农分散经营，小作坊生产，加工设备相对落后，加工设施配套不完善，生产的茶叶品质参差不齐。三是茶叶生产成本日益增加。受人口老龄化及产业比较效益低下影响，目前茶区青年劳动力大量外出，造成茶产业就业人员数量少、工价高、工效低。四是茶叶品类发展不平衡。目前，漳平水仙茶、武平绿茶、龙岩斜背茶供不应求，产销两旺；以新罗区的“天马茗茶”、永定区的“好日子”为代表的保健茶生产与销售进入较快发展时期。台式乌龙茶国内销售缓慢，返销台湾只能通过中转销售，目前较为困难；以铁观音为主的乌龙茶产品由于前几年快速发展，目前产大于销，销售进入非常困难时期，茶园不少抛荒失管。五是龙头企业带动能力不足。在多年来的市场竞争中，龙岩市虽然初步涌现出具有一定规模和知名度的龙头企业或苗头企业，但均存在规模不大、品牌知名度不高、市场竞争力不强、带动产业发展力度有限等问题。茶叶企业与茶农之间的关系，仅是以茶叶购销为主的松散型的买卖关系；企业间各自为政，没有结成紧密利益共同体，尚未形成“龙头经济”；茶叶经营还停留在传统销售渠道上，缺乏规模性连锁、电商、经纪人、微商等广泛有效经营方式和经营业态，导致“有产无市”“有场无市”“有价无市”现象。

（三）龙岩市茶产业发展对策

1. 继续加强“五新”技术示范推广

为提高龙岩市茶叶科技水平和产品市场竞争力，必须坚持以推广“五新”技术为抓手。重点推广太阳能诱虫灯、黄色粘虫板、捕食螨和新型茶园机械、加工机械，开展茶厂清洁化生产改造，并逐步完善已经初步建立的茶叶质量安全可追溯制度，确保全市茶叶产品优质、卫生、安全。

2. 继续积极有效组织开展各类赛事活动

一是要积极组织茶叶企业参加各种农博会、茶博会、博览会、展览会、鉴评会，充分展示龙岩市茶产业特色产品。二是要协助各县（市、区）及主产乡镇开展各项赛事活动、鉴评会、采摘节，扩大影响，提高特色产品知名度。三是继续借助央视和地方电视台有关栏目以及新媒体等平台宣传闽西茶叶，通过拍摄茶专题片、电影和动漫，聘请知名人员创作茶叶歌曲，在茶叶消费区（北京、上海、山东、深圳、厦门等地）开展专项洽谈会、经销商对接会、品茗推介会、茶叶高峰论坛，在地铁、列车、公交车、班车、的士、微信公众号（如古田红、红古田）等地方或平台投放茶叶广告宣传推介茶产品。四是积极挖掘茶叶文化。龙岩市产茶历史悠久，茶文化底蕴深厚，要通过加大涉茶民俗风情、茶史、茶文化的研究与挖掘，开展茶文化学术交流，尤其是要加快对漳平水仙茶传统加工技艺申报国家级非物质文化遗产传承人认定、武平绿茶申报省级非物质文化遗产传承人认定、龙岩斜背茶传统加工技艺申报省级非物质文化遗产项目名录等活动，以丰富漳平水仙茶、武平绿茶、龙岩斜背茶文化内涵，提升茶叶品牌价值。

3. 着力整合和提升区域茶叶品牌

按照扶优扶强的倾斜政策，集中力量，着力优先培育扶持一批具有

较强竞争力、带动力的加工型、外向型龙头企业，推进贸工农一体经营。围绕龙岩市“漳平水仙”“武平绿茶”“台式乌龙茶”“龙岩斜背茶”四个龙岩特色公用品牌，研究和制定公用品牌、县域知名品牌的管理办法和产品质量标准。采取成立品牌公司的形式，推行“公司＋基地＋农户”的模式，由品牌公司与农户建立长期稳定的合作关系，通过实行“统一质量标准、统一包装规格、统一品牌外销、统一对外宣传”的策略，集中力量上批量、上档次、上规模，以品牌效益和规模效益占领市场，解决当前龙岩市茶叶“有品牌无名牌”短板，真正形成规模优势和品牌效益，加快推进龙岩市茶叶产业化的发展步伐。

4. 着力提高茶旅融合水平

按照“优势互补、循环相生”的理念，加大茶叶产业及旅游产业的融合力度，积极推广茶文化，深度挖掘茶文化的内涵，提高茶产业知名度。结合全市市情，大力挖掘地方文化、红色文化内涵等旅游资源，为茶产业发展注入文化基因。同时，大力发展茶艺馆及农家茶楼，形成处处有茶馆的盛况。在提升茶文化促进旅游产业方面，重点开发茶旅游产品，生产适合旅游销售的茶饼、茶食品及相关纪念品；在漳平市，重点培育“台品”“鸿鼎”等一批特色茶庄园，固定举办樱花节及妈祖茶文化节活动，打造“游茶园、赏樱花、品高山好茶”休闲旅游品牌；在武平县，重点扶持松花寨生态茶庄园项目。

5. 继续加强茶产业人才体系建设

目前，龙岩市相关部门经协商，规划在未来五年内，在全市范围内培训各种茶产业技术工人 2000 名，其中制茶能手 1000 名（高级 200 名、中级 300 名、初级 500 名），茶园管理工 1000 人。积极开展茶叶职业技能培训与鉴定，五年内全市计划培训与鉴定评茶师 200 名、高级评茶员 500 名、中级评茶员 1000 名、各级茶艺师 1000 名。

（四）龙岩斜背茶快速恢复发展案例

一般地，相较于大品类茶而言，“有一定历史渊源，在特定自然区域范围内，面积小、产量少，加工工艺有特色、产品有特点，有相应的消费人群或爱好者”的茶产品被归为“小众茶”。目前，龙岩市已初步形成了漳平水仙茶、武平绿茶、台式乌龙茶、优质铁观音、保健茶五大品类产品生产格局，其余茶叶都可归在“小众茶”之列，如新罗区龙岩斜背茶、新罗区适中绿茶、武平民主高埔茶、武平中山古石堂茶、上杭古田茶、上杭下都砂睦包子茶、永定灌洋茶、长汀石人茶、长汀涂坊茶、连城宣和茶等等。在这些“小众茶”中，目前恢复发展最好最快的，是龙岩斜背茶，按目前发展趋势，将很快成为龙岩市的主要茶叶品类之一。本文从龙岩斜背茶的发展历程，逐一梳理归纳，总结其快速恢复发展的内因，供其他“小众茶”借鉴。

1. 龙岩斜背茶快速恢复发展的历程与成效

龙岩斜背茶产于新罗区江山镇的老寨、新寨、背洋、山头、梅溪村等地，据考证迄今已有300多年的历史。1962年，张天福考察了斜背茶，并形成系统性的调研报告《龙岩“斜背茶”调查研究初报》。1980年，龙岩斜背茶被评为“福建省十大地方传统名茶”，并被载入1992年出版的《中国茶经》。2008年，经省农业厅专家考证，斜背茶茶树被列入福建省优异茶树种质资源保护名录。传统优质的龙岩斜背茶，以“三著黄绿”而受赞誉，即条索灰绿带黄、汤色黄绿、叶底嫩黄绿亮，内质香气清高而稍带艾香、滋味浓厚回甘犹如新鲜橄榄、生津持久而耐人寻味。通俗地讲，外形色泽黄、汤色黄、叶底黄，即所谓的“三著黄绿”以及“艾草香”“橄榄味”的香气、滋味特点是该品类茶的主要品质特征。

据统计，2015年年底，龙岩斜背茶面积不到46.67公顷，茶树基本上是分布在当地群众的房前屋后及自留山地上，没有规模性连片茶园，产量不足1750千克，机制加工厂仅一座，面积不到100平方米，全天候日加工干茶能力不到100千克，产品平均单价不到100元/千克，高优品质的产品则更少。当地人戏称此种茶“只在书本中，不在现实中”。

从2016年春季新罗区江山镇举办第一届斜背茶茶王赛以来，至今

已连续举办了五届茶王赛、一届斗王赛，通过六年多来江山镇党委政府与产地茶区干部群众、茶企、茶农上下齐心的推动与发展，龙岩斜背茶面积扩大、单产提升、总产增加、品质提高、单价提高、知名度扩大，产业整体经济效益获得了极大的提升，已成为当地富民的重要产业之一，发展成效主要体现在以下几个方面：

（1）生产规模在扩大。

至2021年底，斜背茶茶园面积233.33公顷，其中采摘面积122公顷，毛茶产量110吨，毛茶产值2800万元；种植规模较大的有老寨村的陈长富家庭农场、背洋村的新罗区洪香家庭农场、龙岩市黄岭山生态农业有限公司等。目前，斜背茶叶加工企业19家，其中加工厂房、设备配套较为标准的茶叶加工企业4家。

（2）产品质量在提高。

茶企、茶农积极参加各项茶叶赛事活动，并纷纷获奖，尤其是2019年度龙岩市“红古田杯”茶王赛中，分别获绿茶类金奖1个、银奖1个，在炒绿茶类中分别排第一名、第三名。继此次获奖后，在龙岩市2021年度“红古田杯”绿茶茶王赛中，又夺得金奖1个、优质奖1个，在炒绿茶类中列第一名、第二名。这些获奖现象背后透露的信息是：首先，说明龙岩斜背茶采制加工水平有了很大的提高；其次，高海拔茶园的气候、土壤特点，为高品质产品提供了原料保障；最后，龙岩斜背茶在炒绿茶类中的品质表现，相较于武平绿茶大有后来居上之势。

（3）产业效益在提升。

目前，在龙岩城区从事专门斜背茶销售的商家有4家，产品除在本地销售外，还销往北京、广东、海南、福州、泉州以及新加坡、马来西亚等地。近年来，随着绿茶保健功效逐步被广大消费者所认识，以及对特殊茶叶品质产品的需求，斜背茶销量逐年增加，价格也随之逐年提高，2015年以前斜背茶的平均销售价格80～120元/千克，2016年开始不低于180元/千克，2017年不低于240元/千克，2018年至今不低于300元/千克，品质特别好的不低于2000元/千克，产品处于供不应求状态。

（4）品牌意识在增强。

一是当地茶企茶农成立了新罗区江山斜背茶专业合作社、新罗区斜背高山茶专业合作社、新罗区老寨高山茶专业合作社等 3 个专业合作社，并注册了“龙岩斜背茶”“春润秀茗”“畲背”“帝王绿”“土坑”“垒崎岩”等茶叶商标。二是在相关部门支持下，龙岩斜背茶 2018 年 2 月获农业部农产品地理标志登记证书，2018 年 7 月龙岩斜背茶传统制作技艺被列入了龙岩市非物质文化遗产名录，2019 年 2 月龙岩斜背茶获得地理标志证明商标证书。

2. 龙岩斜背茶快速恢复发展的主要举措

（1）做好规划，循序渐进，先易后难，分步发展。

2016 年，针对龙岩斜背茶的现代茶园管理和机械化生产处于起步阶段、品质提升空间大的生产现状，在省、市、区三级茶叶专家会商下，龙岩市对斜背茶发展提出了八大工作目标：

一是制定一个标准。即制定一个茶园建立、茶叶生产管理、加工及产品标准，明确斜背茶的产品特点，生产加工、保管规范，并强化新形势下市场对斜背茶发展的多元性需求，逐渐制订完善相应标准。

二是建立一个示范茶场、茶厂、茶叶店（龙岩城区）。在产地有茶场、茶厂供参观调研，在龙岩城区有不同等级茶叶产品供审评及挑选购买。

三是每年举行一次茶叶评比。在每年春茶结束时进行，邀请省市区茶叶专家及市、区领导等相关单位人员参加；在评审期间，采取专家点评、送样者相互交流等多种形式，提高从业人员茶园管理、加工、评审水平。

四是扶持一家企业或一个品牌达到知名商标或农业产业化市级龙头企业。

五是拿到一本证。鼓励茶叶企业或协会组织申报无公害农产品或绿色食品或有机食品认证。

六是建立一个网络销售（平台）专店。针对电商快速发展的市场趋势，强化网络营销，突出高海拔生态特点和茶园美景，扩大销售渠道。

七是申报非遗保护。对龙岩斜背茶传统制茶技艺尽快申报非物质文化遗产保护，以挖掘茶文化底蕴，扩大知名度。

八是借鉴漳平市茶叶协会做法，加强对高品质斜背茶的管理，即由政府指定的茶叶协会采取统一收样、统一组织评审、统一包装、统一指导价、统一进行市场监督反馈与管理的“五统一”管理办法，从而保证产品质量，达到好茶好价的目的。

目前八大工作目标已实现了5个。

(2) 以产业思维促发展并争取多渠道资金投入。

江山镇党委政府把龙岩斜背茶产业确立为当地脱贫致富的重要产业后，按照“一个规划指导、一套政策扶持、一套班子协调、一个团队运作、一个品牌对外”的思路，建机制、重规划、强科技、树品牌、立政策。据不完全统计，2016年以来镇财政在斜背茶产业发展上已投入350余万元，并向上争取茶园节水灌溉项目、土地整理及茶园农业综合开发等项目资金370余万元，进一步完善了斜背茶的茶园、加工厂基础配套设施。

(3) 采取“走出去”与“请进来”宣传推广模式，提高知名度和美誉度。

一是邀请海外媒体采访。2017年，龙岩市邀请俄罗斯电视1台前往龙岩斜背茶产地领略当地高海拔风光、茶叶生产情况，品饮斜背茶产品，并向其国内茶叶爱好者进行宣传传播。二是“龙岩斜背茶”助力龙岩市茶艺队参赛获奖。2016年，“天福杯”福建省职业院校技能大赛中华茶艺赛在漳州科技学院举行，来自全省8个设区市中职代表队与15所高职院校共92名选手参赛，由龙岩农校组织的茶艺表演队获得了二等奖。三是龙岩斜背茶亮相CCTV。2016年10月9日晚，中央电视台综合频道黄金档播出的《中国民歌大会》节目中，新罗区演出队展演的“采茶扑蝶”及龙岩斜背茶技艺展示作为福建省代表之一，成功将国家级非物质文化遗产“龙岩采茶灯”带上央视大舞台，向全国各地观众展示了新罗独特的文化魅力。四是龙岩斜背茶作为旅游产品推介。2017年5月，由龙岩市旅游发展委员会主办、新罗区旅游事业局承办的以“清新福建·欢乐龙岩”为主题的旅游推介会在广州亚洲国际大酒店隆

重召开，由“龙岩斜背茶”核心产地江山镇老寨村加工制作选送的春茶产品，作为本次推介会的茶叶饮品供来宾品饮、鉴赏，并可采购供应。五是“龙岩斜背茶”统一包装。张天福题字的“龙岩斜背茶”印于龙岩斜背茶产品外包装上，并对外宣传推广。

（4）充分认识传承、发展、创新是“龙岩斜背茶”做大做强的必由之路。

首先，对目前采制加工产品质量做到充分认识。从2016年春季举办第一届茶王赛以来，江山镇已连续举办了五届茶王赛、一届斗王赛，通过六年多来的总结，茶叶产品品质特征得到充分肯定和高度评价：产品品质特色明显，高山特质突出，尤其在内质香气和滋味方面表现突出，香气有花香、栗香、豆香、清香等类型，滋味有浓厚、浓爽、鲜爽等类型；茶叶地域、品种、工艺的区域特征明显；产品品质与特点在继承传统基础上，得到了较好的传承及创新发展。

其次，应用机制工艺后，总结出采制加工传统产品的工艺与操作方法。目前，龙岩斜背茶已全部实现机制，手工加工仅作为表演性质存在，手工加工的各种工具已作为历史见证及申报非物质文化遗产使用。为满足部分消费者对“传统、正宗”斜背茶产品的需求，市、区两级农业部门技术人员针对性地开展了采制加工技术研究，目前取得了初步成果：在技术上采用的办法，一是相对熟采，二是杀青杀熟，三是趁热或微热揉捻，四是对揉捻叶进行必要的“焖黄”，五是足火提香，六是进行后熟储存而后拣剔；在机械使用上，在揉捻时使用棱角较高的乌龙茶揉捻机，此种做法确保了龙岩斜背茶“三著黄绿”特点被很好地保持，完全保留了“艾草香、橄榄味”感官品质。

3. 龙岩斜背茶快速恢复发展的主要启示

（1）持续的政策扶持是关键。

2016年以来，江山镇党政出台了多项扶持斜背茶产业发展的政策措施，并多渠道争取了720万元资金投入产业发展中，更主要的是先后上任的党政主要领导，继续把斜背茶产业作为当地重要产业来抓，历年出台的优惠政策或措施持续有效。目前，茶旅融合发展工作也被列入工

作规划，摆上议事日程。

（2）技术支撑是保证。

在确定龙岩斜背茶产业发展之初，就确立了省、市、区三级茶叶专家共同作为技术支持的共识。一是省、市、区三级专家通过多次前往现场开展调研座谈，明确该产业发展路径和方法，保证技术的科学性与先进性，“走快道，不走弯道”。二是每届茶王赛所邀请的评委，都是省、市、区资深专家，能够有针对性提出技术改进措施，快速指导一线茶农、茶企落实先进技术。三是通过形式多样的培训，包括茶园管理、茶叶配套机械使用、茶叶加工、产品包装及宣传推广等，从业人员素质与管理水平得到极大提升。

（3）技术路线须选准。

如何继续快速恢复斜背茶发展，专家们与负责领导、茶企茶农进行了充分的调研与讨论，最后确立了借鉴武平绿茶的发展技术线路。一是派出主要领导带队前往武平绿茶核心区武平县桃溪镇参观交流，并建立多种联络方式，加强各层次的有效沟通。二是直接邀请武平绿茶的一线权威技术专家多次前往当地授课及现场操作指导。三是在初制加工机械的配套及工艺流程上，在吸收武平绿茶加工模式的基础上，结合斜背茶品质要求，在细节上进行技术调整。四是针对茶叶产品，进行产品评审对比，从中找出优缺点，并在下次实操中摸索提高。应该说，斜背茶的技术路线是非常成功的，从2019年以来的全市绿茶审评结果来看，斜背茶制作工艺完全吸收了武平绿茶的采制加工技术精髓，当然这也是武平茶叶界完全没有保留技术、尽心指教的结果。

（4）典型示范很重要。

在产地找到肯干、能干、年轻肯钻研的人选，进行重点指导与扶持，如筛选出老寨村重点发展户，让他们应用新技术、新设备，取得生产效益，成为当地产业水平先进以及致富的带头人，以他们为典型，让发展该产业的群众进行学习、模仿、借鉴，从而壮大了产业队伍。目前龙岩斜背茶已全部实现机械制作，加工企业达19家，其中高标准的加工企业4家。

八、三明篇

总结三明市茶产业凝聚工作合力、营造文化氛围、夯实产业基础、提升品牌影响、充实人才队伍的发展成效，对三明市茶产业发展制约因素进行了分析，从拓展“三明实践”宣传成果、带动“绿色+产业”融合发展、打通“小农户+大市场”连接通道、推动“绿色+乡村融合振兴”等方面提出了推动三明市茶产业进一步发展的政策建议，并介绍三明市发展壮大生态茶产业，助推革命老区乡村振兴的案例。

2020年以来，三明市按照生态产业化的发展思路，突出“林深水美茶香”优势，集聚各方力量，积极采取政策引导、资金扶持、龙头企业培育和人才队伍建设等措施，探索出一条三明茶产业全方位高质量发展之路。2021年，全市茶园面积2.27万公顷，茶叶产量5.2万吨，毛茶产值38亿元。生态茶成为“绿色三明”的重要篇章。

（一）三明市茶产业发展现状

1. 通过“三动”凝聚工作合力

一个地方产业的发展离不开领导重视、政策支持、服务保障和主体能动。三明市委主要领导多次调研茶产业，亲自部署推进，有效聚集了政府部门、高等院校、研究所、茶企、茶农等多方力量，合力推进茶产业高质量发展。

第一，高位推动。三明市委市政府主要领导亲自谋划部署，分管领导牵头推动，特别是市委主要领导在2020年调研实践6次、作出批示8次，推进茶产业工作落实。市委市政府于2020年3月出台了《三明生态茶产业发展实施方案》，4月召开了全市茶产业发展座谈会，推进茶产业发展。市政府成立了全市生态茶产业发展领导小组，研究出台了《2020年三明“林深水美茶香”茶事活动方案》和《2021年三明“林深水美茶香”茶事活动方案》等政策。市人大常委会、市政协通过调研和

召开研讨会等形式助推茶产业发展。多次邀请浙江大学、福建省农业农村厅和福建省农业科学研究院等单位的茶叶专家指导三明生态茶产业发展工作。

第二，部门联动。三明市直机关党工委、农业农村局、人力资源和社会保障局、商务局、妇女联合会等19个市直相关单位和茶叶主产县对标《三明生态茶产业发展实施方案》的28项任务分解表，出政策、出资金（争取资金），积极开展茶事活动。2020年以来共争取国家武夷岩茶优势特色产业集群项目资金补助3000万元，市、县两级财政资金超2600万元用于“三茶”发展。大田、尤溪和建宁县等各茶叶主产县先后出台了支持茶产业发展政策，其中大田县出台了《茶产业高质量发展行动方案（2020—2022年）》《2021年大田美人茶产业实施方案》，尤溪县出台了《尤溪县“两茶”（茶叶、油茶）产业发展工作方案（2021—2023年）》，建宁县出台了《建宁县扶持茶产业发展工作措施的通知》，推进了“三茶”发展。

第三，企业行动。通过政策引导和资金支持，茶企发展茶产业的积极性提升。2020年，三明市主要茶企共投入1.24亿元用于企业技改升级、扩大产能、开展茶旅融合项目建设，其中新建或续建茶旅融合项目15个、总投资3540万元，培育了一批茶旅融合发展样板，并在2021年率先在全国开展了三明市十佳茶香小院评选活动，培育了“茶文化、茶产业、茶科技”深度融合新业态。如，大田大仙峰·茶美人景区被列为国家AAAA级旅游景区，清流双秋农业公司和泰宁世德堂茶业有限公司被列为2020年第六批全国森林康养基地试点，沙县红边茶文化馆，大田县五龙山生态茶园，境元生态旅游观光园等。2021年大田县被评为区域特色美丽茶乡，大田高山茶乡红色之旅、清流赖坊海峡两岸茶博园红色之旅、游革命老区品盘兰古茶三条线路被评为百条红色茶乡旅游路线，永安罗坊盘兰有机茶园被评为T20最美生态茶园。2020年，到三明各茶旅融合点观光体验旅游的人数达40.71万人次，营业额1245.5万元；获得茶香小院评选第1名的福建省沙县宏苑茶业有限公司，据统计2021年到公司参观、体验、食宿的游客达300多批次，接

图 2-6　清流台创园东方美人茶叶基地

待游客 2 万人以上，带动茶叶销售 1300 千克以上，新增经济效益 100 万元。

2. 通过“三进”营造文化氛围

茶文化对茶产业发展的影响越来越显著，它改变着消费者的饮茶方式和思维，进而影响到茶叶的生产和销售。2020 年，三明市积极开展茶文化宣传普及活动，让更多的机关干部、市民和学生了解茶、会喝茶、喝好茶。

第一，进讲坛。把茶文化知识列入中共三明市委员会中心组学习内容。2020 年 11 月 23 日，三明市委举行中心组学习会暨第十四期中央苏区三明讲坛，市、县四套班子主要领导及部门主要负责人等近 2000 人现场或通过视频连线聆听了讲座，受邀的国务院学科评议组成员、全国首席科学传播茶学专家、浙江大学茶叶研究所所长王岳飞教授作“新时代茶产业发展与乡村振兴”专题讲座，讲清三明市发展茶产业在促进乡村产业振兴方面的重要作用，在市、县领导层强化认同感，形成合力，进一步发挥“林深水美茶香”优势，做好发展三明生态茶产业这篇大文章。

第二，进机关。三明市直机关工委印发《开展茶文化进机关活动实施方案》，把“茶文化进机关”活动纳入党建工作总体布局、市直机关党组（党委）中心组和机关党组织全年学习内容、机关党组织“主题党日活动”、机关党建考评内容，有效推进了活动落实。2020 年市直机关

各级党组织开展“茶文化专题讲座”“茶艺表演”“林深水美茶香”等茶事活动169场，参与人数近万。如市妇联邀请中国茶道表演艺术家吴雅真、国家一级评茶技师叶灿等名师为市机关事业单位干部培训茶文化。全市机关干部学茶、知茶、懂茶、爱茶、兴茶的良好风尚日益形成。

第三，进网络。充分发挥年轻群体的优势与活力，由三明团市委组织开展茶文化知识网络竞赛活动，推广普及茶文化。比如，2020年5月举办三明市茶文化知识网络竞赛，2020年和2021年举行茶文化知识普及赛，比赛题目涵盖茶叶知识、茶文化基础知识、三明市情等相关内容，吸引了社会人士广泛参与，2021年累计参与答题72406人次，普及了三明生态茶文化。全市近10万名茶行业人员及茶叶爱好者通过“e三明”、抖音、微信等线上平台参加茶文化知识学习和茶艺技能培训，提升了茶文化素养。举办的全市个人茶艺大赛和团体茶艺大赛来自机关、企事业单位、茶企、大中专院校以及12个县（市、区）的选手报名参赛，通过央视频移动网、“e三明”等平台线上直播，为推进三明生态茶产业发展营造了良好氛围。

3. 通过“三好”夯实产业基础

基础能力决定了一个地区产业的整体素质、综合实力和核心竞争力。三明市通过开展十佳优质茶叶基地评选活动、推进品种改良、加强茶叶质量安全监管、茶叶加工基地建设等引导种好茶；举办春季和秋季茶王赛等引导制好茶；举办直播带货活动等引导卖好茶，夯实茶产业基础。

第一，指导种好茶。三明市农业农村局积极推行茶叶绿色生产，2021年全市生态茶园面积为1.50万公顷，占全市茶园比例的77.12%，全市绿色食品茶园面积4790公顷，有机茶园面积482.67公顷。2020年，在全市建立不用化学农药茶叶绿色生产示范基地24个，创建省级优质茶产品标准化示范基地8个，推广茶树病虫害绿色防控技术和优质栽培新技术等，着力提升茶企、茶农种茶技术水平。2021年，三明市组织召开了茶企代表与厦门茶叶进出口有限公司产销对接会，对标厦门茶叶进出口有限公司的各类茶产品采购需求和采购标准，指导建宁和清流等县茶企加强茶叶原料基地建设。大田县推广种植金萱、金牡丹、软枝乌龙、青心大有、黄玫瑰等适制美人茶的茶树新品种面积 88.67 公顷，采取重剪、台刈等技术措施改造低产茶园面积 262.67 公顷，改造提升大田美人茶茶园面积 351.33 公顷。2020 年，三明市首次开展三明市十佳优质茶叶基地评选活动，评选出 10 个优质茶叶基地；2021 年推进大田美人茶文化创意园，泰宁标准化、智能化、清洁化茶叶加工厂房，尤溪县华达茶叶有限公司的项目建设。

第二，指导制好茶。通过举办三明市春季和秋季茶王赛、十佳制茶大师评选等活动，促进茶企制好茶。根据三明多茶类生产的特色，春季举办绿茶和红茶评比，秋季举办台式乌龙、闽北乌龙和闽南乌龙评比。2020 年，全市十佳制茶大师评选活动制定了参赛选手申报办法和评选规则，分设绿茶、红茶、美人茶、闽北乌龙茶等 4 个组别评选，由茶叶专家对参赛选手从理论知识（闭卷）、审评技能和加工技能等三个环节进行现场考核评分，按每组（四组）参赛选手的总分高低次序确定排名，最后评选出 10 位熟悉技术规程、传承制茶工艺的制茶大师，引导制好茶。

第三，引导卖好茶。顺应后疫情时代销售模式变化，三明市商务局有效对接阿里巴巴、字节跳动、拼多多等互联网公司和福建广播影视集团、东南网等媒体，举办了市、县联动的政府领导直播带货活动，2020 年全市举办包括茶产品的直播带货活动超 400 场。2020 年 8 月 16 日，首届“乐购三明”直播节通过抖音、央视移动客户端、广电云、东南网等网络平台向全国互联网用户进行全程直播，精选了 15 家茶企参与直播带货。2021 年，三明市举办国际茶日福建省系列活动启动仪式暨大田美人茶开茶节活动，由福建省农业农村厅和三明市人民政府共同主办，以“风展红旗如画三明，大田美人茶香天下”为主题，通过会场直播、短片介绍、直播带货、专题讲座等形式，积极营造了国际茶日浓厚氛围，实现了“线上逛、云上购”，共品共享“多彩闽茶”，全方位展现了大田美人茶“三贵”（贵出身、贵姿色、贵品位）品牌文化。三明市各茶叶主产县围绕茶叶公用品牌推广活动，开展了各类线上线下直播营

销，大田美人茶、沙县红边茶、尤溪红茶、绿茶等茶系列产品成为网红产品。

4. 通过“三主”提升品牌影响

2020年以来，三明市高水平谋划、有序开展了41场茶事活动，讲好三明茶生态、茶品牌、茶故事，积极培育以大田美人茶公用品牌为主导的三明生态茶品牌。

第一，亮相主要展会。三明市农业农村局积极组织茶企参加中国国际农产品交易会、中国国际茶叶博览会、上海国际茶文化旅游博览会、厦门国际茶业博览会、海峡两岸茶业博览会和海峡两岸林业博览会等各类大型展会，宣传推介大田美人茶等三明生态茶品牌：2020年、2021年组织茶企参加厦门国际茶业博览会，全方位展示了三明生态之美和大田美人茶“三贵”品质等三明生态茶品牌文化；2021年组织大田县茶企参加第四届中国国际茶叶博览会，大田美人茶作为“福茶”的一张亮丽名片在茶博会福建展馆亮相，宣传推介大田美人茶品牌。

第二，培育主打品牌。集中力量、突出重点，解决品牌不响问题，坚持市县联手、政企联手、协会联手，集中资源全力提升大田美人茶公用品牌影响力，引领三明生态茶产业品牌化发展。通过专班服务、专策支撑、专款扶持、专场推广（举办大田美人茶开茶节等）、专园集聚（建设大田美人茶文化创意园等）“五专”举措推进大田美人茶品牌建设。2020年，大田美人茶实现量涨价增，供不应求，2021年产量2550吨，比2019年产量增加1840吨、干毛茶市场销售价增加200元/千克，在增加传统市场销量的同时，还开拓了山西和黑龙江等省外销售市场。2021年，由海峡两岸茶业交流协会和三明市政府主办的首届中国美人茶大赛暨产业发展研讨会在大田县举办，活动内容丰富、形式多样、主题新颖，全矩阵宣传，扩大了活动传播面和影响力。

第三，吸引主流媒体。通过一系列茶事活动的开展，三明茶产业受到了主流媒体的关注。2020年，人民网、新华网和中央电视台等国家级主流媒体7次报道三明茶事活动，其中5次报道大田美人茶茶事活动。2020年5月21日，央视新闻以大田美人茶为题做了《国际茶日：

中国茶从深山走向世界》专题报道，讲述了大田美人茶为何得名、美人茶制茶程序、年轻人和古老茶叶碰撞的故事等。2020 年 6 月 25 日（端午节），央视国际频道《传奇中国节》专题关注大田美人茶开采。国家级主流媒体的持续关注报道，明显提升了大田美人茶等三明生态茶品牌知名度和认可度。

5. 通过“三批”充实人才队伍

第一，选拔一批“优等生”。2020 年通过举办三明市制茶大师评选活动，选拔了 10 位制茶大师，茶艺大赛赛出了 10 位优秀茶艺师，评茶员职业技能竞赛赛出了 6 位优秀评茶员，其中 3 位制茶大师和 1 位优秀茶艺师被授予“三明市五一劳动奖章”，17 位茶艺师被认定为“三明市青年岗位能手”。2021 年举办全市个人茶艺赛，来自机关、企事业单位、茶企、大中专院校以及 12 个县（市、区）的 214 名选手报名参赛，评选出十佳茶艺师、十三位优秀茶艺师。鼓励机关事业单位工作人员参加评茶员或茶艺师职业技能培训，对取得评茶员或茶艺师国家职业资格证书的干部，每人奖励 0.1 万元。2020 年全市共有 1725 人次取得评茶员、茶艺师职业资格证书，其中评茶员 250 人、茶艺师 1475 人。

第二，培养一批“后生仔”。大田职业中专学校对接县域产业发展需求，开设茶叶生产与加工专业，培养茶叶生产、加工、品质检验、营销和茶艺表演等岗位需要的实用型人才。2020 年，该校共有茶叶生产与加工专业在校生 44 人，为大田美人茶产业发展培养专业人才队伍。三明市农业学校在园林绿化等农业类专业中开设茶文化相关专业课程，在轨道运输专业、酒店服务等服务类专业开设茶艺等选修课程，充实茶产业及相关专业人才的茶文化专业知识。

第三，引进一批“特长生”。三明市人力资源和社会保障局会同中共三明市委组织部发布 2020 年度人才引进和招聘紧缺急需专业目录，将茶学、茶叶生产加工技术、茶艺等专业列入现代农业领域人才引进和招聘紧缺急需专业目录，对全日制普通高等院校本科（学士）及以上学历、学位（含全日制普通高等院校专升本）且年龄不超过 30 周岁的应往届毕业生，可简化招聘程序，采取直接面试考核的方式招聘。2020

年以来全市招聘或调剂茶学、茶叶生产加工技术等涉茶专业人才20名，其中市茶叶站新招了一位茶学专业研究生。

（二）三明市“三茶”发展制约因素

三明市茶文化、茶产业、茶科技发展虽已具备一定基础和规模，产品市场影响力逐步提升，但市场化、规模化、产业化程度不高，产业整体发展水平还有待进一步提升。一是品牌影响力有待提升。三明生态茶品牌特别是大田美人茶品牌在全省业界和学界已有了较高知名度，引起了主流媒体关注，但对消费者的引导能力和市场占有率方面，与武夷岩茶、安溪铁观音、福鼎白茶等知名公用品牌有较大差距。二是企业竞争力有待增强。三明市茶叶企业多而不强，没有农业产业化国家重点龙头企业，农业产业化省级重点龙头企业仅10家，仅占福建省农业产业化省级重点龙头企业的6.5%，与三明市茶产业规模（面积、产量分别位居全省第4、第5）在福建省的位置不匹配。三是茶产业链有待延伸。茶叶产品主要在加工干毛茶和精品茶方面，茶叶食品、饮料、保健品、茶具研发等领域仍是空白，茶旅产品单一，茶产业链尚未形成。

（三）三明市“三茶”发展对策

三明“三茶”发展应坚持“立足生态、着力特色、保障品质、做响品牌”的发展总体思路，突出三明“林深水美茶香”优势，以做响茶品牌作为振兴茶产业的重要抓手，引领三明“三茶”高质量发展。

1. 以茶为媒，拓展“三明实践”宣传成果

以系列茶事活动为媒介，坚持“事业＋产业”，深入挖掘茶产业文化内涵和宣传功能，高水准策划“林深水美茶香”系列茶事活动，配合宣传部门持续打响“风展红旗，如画三明”城市品牌。一是继续办好春季和秋季茶王赛、茶艺个人赛和团体赛，以赛事推动制茶水平提升和茶艺队伍建设。二是持续开展形式多样的茶叶品鉴、茶艺展演活动，扎实推进茶文化进机关、进企业、进校园活动，宣传普及茶文化知识，扩大茶行业爱好者群体。三是全力办好国际茶日三明“林深水美茶香”专场

活动、大田美人茶开茶节、林博会期间明台茶文化交流活动，营造发展三明生态茶产业和普及茶文化的浓厚氛围。

2. 以茶为引，带动“绿色＋产业”融合发展

以生态茶产业发展为引领，做好“绿色＋”文章，把良好的生态环境作为生态茶产业核心竞争力。一是种好茶。以全市十佳优质茶叶基地、省级优质茶产品标准化示范基地和省级农业农村标准化示范区为典型，全面推行茶叶绿色生产，重点建设生态茶园，全面推广有机肥替代化肥，全力推进茶园病虫害绿色防控，确保茶叶品质和质量安全。二是制好茶。引进龙头茶企或战略投资者，通过合资合作、兼并重组等方式提升现有龙头茶企实力。积极引进知名茶企建设茶叶深加工项目，开发奶茶、果茶等茶饮料，研究利用茶多酚、茶多糖等功能性成分开发茶保健品、茶食品等，延伸产业链。加大大田美人茶精深加工与茶旅康养项目招商力度，与浙江大学茶叶研究所建立产学研合作平台，在“大田美人茶制作工艺研究和茶叶生产线研制”等项目开展多层次、宽领域的合作。三是卖好茶。拓展线下营销网点，在上海等地设立三明生态茶展示展销窗口，辐射长三角，拓展国内茶叶销售市场。组织茶企赴上海、济南、厦门、武夷山等地，参加茶业展会和大型茶叶交易市场展示展销，在福州举办三明生态茶专场推介会，提升会展营销实效，进一步扩大三明生态茶品牌的影响力。

3. 以茶为基，打通“小农户＋大市场”连接通道

以广大茶农为根基，加快培育茶产业经营主体，探索构建茶企、茶业经营组织和茶农利益联结机制，有效促进茶农增收。一是创新发展载体。依托龙头企业、合作社等新型经营主体，按照“一个基地、一套技术、一个实体、一组产品、一种文化”的模式，探索建设“茶香小院”发展载体，为茶农提供科技支持和管理服务，帮助小农户对接大市场。二是拓宽线上营销渠道。引导和支持经营主体通过淘宝、京东等营销平台，销售三明生态茶，拓宽茶企、茶农销售渠道，以“P2P”思维打通茶农到大市场“最后一公里”。三是培育茶产业“新农人”。研究出台支

持返乡大学生等“新农人”群体经营生态茶产业等特色现代农业产业的具体政策措施，借鉴四川理塘“丁真模式”和大田“后生仔”模式，鼓励发展直播带货等新业态，培育本土乡村“网红”及“新农人”运作团队。

4. 以茶为缘，推动“绿色＋乡村融合振兴”

以茶产业合作交流作为推进明台两岸乡村融合振兴的突破口，发挥两岸客家文化血缘、美人茶引种情缘、来明创业台农亲缘优势，促进两岸产业、文化、科研交流。一是促进茶企交流合作。用好福建大田大方广茶业有限公司、福建省沙县山富企业有限公司等茶企“台湾基因”，积极探索和拓宽两岸茶企、茶农合作交流的有效方式与渠道，在两岸茶叶品种、技术、设计、文化等领域共享资源、互补优势。二是推进茶旅融合发展。围绕文旅康养产业发展，串联大田美人茶、沙县红边茶、泰宁岩茶等特色茶产业旅游资源，推出大田美人茶之旅、大田五龙山茶生态之旅、沙县红边茶之旅、世界地质公园茶文化之旅等茶旅精品线路，吸引两岸茶叶爱好者参与“茶学研游”，推进以茶为主题的民宿发展。三是助力两岸乡建乡创。重点支持大田县坪山乡大仙峰茶美人基地、三元区万寿岩三明市综合实践学校两个项目创建省级交流基地，推进海峡两岸乡村融合振兴交流中心——闽台茶文化体验区建设。在林博会期间举办海峡两岸茶文化交流活动，通过开展闽台制茶技艺交流、闽台茶艺展演、闽台好茶品鉴推介等活动，进一步加强海峡两岸茶文化合作交流，助力两岸乡村融合振兴。

（四）发展壮大生态茶产业，助推革命老区乡村振兴案例

1. 主要做法和经验

（1）落实保障措施。

一是出台政策。三明市政府办印发了2021年全市茶事活动方案等，推进了全市生态茶产业发展。二是成立机构。大田县成立了茶业发展促进中心推进大田美人茶产业发展。尤溪县成立“两茶”工作领导小组推进茶产业发展。三是落实资金。2021年，市、县两级财政茶业专项资

金超1500万元，其中市农业农村局安排260万元，用于“三茶”发展。沙县区和泰宁县争取武夷岩茶特色优势产业集群项目资金1000万元。

（2）营造茶文化氛围。

一是通过赛事活动营造氛围。举办了首届中国美人茶大赛和全市春季茶王赛，促进了全市制茶水平提升。举办了全市茶文化知识网络竞赛活动，普及三明生态茶文化。举办了全市茶艺赛，提升参赛选手茶艺水平。二是通过节庆活动营造氛围。2021年，三明市政府主办国际茶日福建省系列活动启动仪式暨大田美人茶开茶节活动，首届中国美人茶大赛暨产业发展研讨会活动开幕仪式，泰宁县和尤溪县分别举办了采茶节，通过融媒体直播，扩大了活动传播面和影响力。

（3）夯实茶产业基础。

一是建好种植基地。积极推行茶叶绿色生产，2021年生态茶园面积占全市茶园面积77.12%，其中绿色食品茶园面积4793.33公顷。二是建好加工基地。大田美人茶集中加工区已建成投产，提升了大田美人茶加工能力。尤溪华达茶叶有限公司新建茶叶精加工厂房3.8万平方米。三是加强市场拓展。组织茶企参加杭州、厦门和福州茶博会，提升了大田美人茶、泰宁岩茶等品牌知名度。四是推进茶旅融合。在国内率先开展十佳茶香小院评选活动，培育“茶文化、茶产业、茶科技”深度融合新业态，促进茶旅融合发展。

（4）强化茶科技支撑。

一是引智提升茶事活动影响力。聘请省农业农村厅、浙江大学、福建农林大学、省农业科学院、省茶文化研究会等单位5位知名茶叶专家为三明市生态茶产业发展顾问，提升三明茶事活动层次和传播效果。二是制定标准引领茶叶标准化生产，发布了《大田美人茶》团体标准和《沙县红边茶》四项团体标准，推进了大田美人茶和沙县红边茶区域公用品牌创建。《建宁红茶》团体标准进入公开征求意见阶段。

2. 今后工作重点

（1）持续营造茶文化氛围。

一是组织举办茶事活动。通过组织举办中国美人茶大赛暨产业发展

研讨会、全市春季茶王赛等茶事活动，活跃茶文化氛围。持续开展形式多样的茶叶品鉴活动，扎实推进茶文化进机关、进企业、进校园活动，宣传普及茶文化知识，扩大茶叶爱好者群体。2022年，全市春季茶王赛设立专家点评环节，现场品鉴参赛茶，审评专家与送样茶企、茶农交流互动，提升茶农制茶水平，送样茶企可派1位代表参加，激发茶农参与积极性。二是加强茶品牌文化宣传。深入挖掘三明茶历史文化与茶产业有机结合点，融合红色文化，编创一批三明生态茶故事，创作一批茶文化作品，丰富大田美人茶、沙县红边茶、泰宁岩茶、尤溪红、尤溪绿茶等区域公用品牌的品牌文化内涵，讲好茶品牌故事。加强大田美人茶区域公用品牌培育，引领全市美人茶产业高质量发展。三是推动闽台茶文化产业深度合作。

（2）持续增强茶产业实力。

一是加强生态茶园建设。以全市十佳优质茶叶基地和省级优质茶产品标准化示范基地为样板，持续推行茶叶绿色生产，重点建设生态茶园，持续推广有机肥替代化肥，全力推进茶园病虫害绿色防控，确保茶叶品质和质量安全。二是持续培育壮大经营主体。开展招大商、招好商活动，力争引进龙头茶企或战略投资者，通过合资合作、兼并重组等方式提升现有龙头茶企实力。通过武夷岩茶优势特色产业集群项目的实施，提升沙县区和泰宁县的项目承担经营主体的产业经营实力。推进茶旅融合发展，以全市十佳茶香小院为样板，进一步培育、宣传推介具有三明特色的“茶文化、茶产业、茶科技”深度融合新业态，做优大田美人茶之旅、大田五龙山茶生态之旅、沙县红边茶之旅、世界地质公园茶文化之旅等茶旅精品线路的载体，吸引茶叶爱好者参与“茶学研游”，推进以茶为主题的民宿发展。三是持续拓展茶叶销售市场。拓展线下营销网点，持续在上海等地设立三明生态茶展示展销窗口，辐射长三角，拓展国内茶叶销售市场。组织茶企赴杭州、济南、厦门、武夷山等地，参加茶叶展会和大型茶叶交易市场展示展销，在福州举办三明生态茶专场推介会，并提升会展营销实效，进一步扩大三明生态茶品牌的影响力。

(3)持续提升茶科技水平。

一是发挥专家顾问的智力支持作用。借助5位三明生态茶产业发展顾问的智力支持，提升全市春季茶王赛、全市美人茶科技培训班和第二届中国美人茶大赛暨产业发展研讨会等茶事活动的科技含量和传播效果，确保活动办出水平、办出成效、办出影响力。二是继续与院校科研单位合作。继续推进政校企合作，建立产学研合作平台，提升沙县区和泰宁县的武夷岩茶优势特色产业集群项目的科技含量。通过省农业农村厅现代茶叶产业技术体系首席团队和福建农林大学资源与环境学院根系生物学研究中心廖红教授团队的技术指导，实施好大田美人茶药肥双控试点项目，重点开展茶园套作氮磷协同高效大豆和土壤生境优化技术、病虫害绿色防控技术和化肥减量增效技术。借力厦门茶叶进出口有限公司大力帮扶建宁县茶产业的机遇，充分发挥福建省评茶技能大师陈志雄建宁工作站优势，提升“建宁红”品牌红茶的品质。三是持续推进茶叶标准化生产。制定并宣传贯彻、实施《尤溪红茶》《尤溪绿茶》等系列团体标准、《建宁红茶》团体标准，持续宣传贯彻和实施好《大田美人茶》团体标准和《沙县红边茶》系列团体标准，力争从“茶园到茶杯”的每一环节都实现标准化、清洁化生产，提升茶叶品质。

九、南平篇

总结南平市茶产业在构建高效管理体系、打造特色产业集群、打响茶叶品牌名片、推进产业提质增效等方面的发展成效，并从强化强链延链、强化文化挖掘、强化科技创新等方面提出了推动南平市茶产业进一步发展的政策建议。

2021年，南平全市茶园面积4.29万公顷，茶叶总产量8.38万吨，其中红茶1.53万吨、绿茶1.88万吨、乌龙茶4.26万吨、白茶0.69万吨；毛茶总产值42.82亿元；工商注册茶叶企业8963家，规模以上茶叶企业84家，规模以上茶叶企业加工产值95.93亿元，茶叶税收1.3亿元。2021年3月22日，习近平总书记考察武夷山市星村镇燕子窠生

态茶园时指出："要统筹做好茶文化、茶产业、茶科技这篇大文章，坚持绿色发展方向，强化品牌意识，优化营销流通环节，打牢乡村振兴的产业基础。"全市上下深入贯彻落实习近平总书记的指示精神，全力做好统筹发展"茶文化、茶产业、茶科技"这篇大文章。

（一）南平市茶产业发展现状

1. 茶产业现状

（1）打好"组织"牌，构建高效管理体系。

一是强化组织领导。2021 年 4 月，市政府成立了统筹"三茶"高质量发展工作小组，多次深入武夷山、政和等茶产区开展专题调研，先后召开市政府座谈会、专题会共 20 余次，研究"三茶"统筹发展的思路对策，解决"三茶"发展中的重大问题。同时，市农业农村局牵头科技局、文旅局等部门组建了市"三茶"办，对重点项目和重点工作定期通报、全程督促指导，并印发了《2021 年绿色发展与绩效考评指标（"三茶"统筹发展）考评细则》。武夷山、政和、建阳、建瓯、松溪等 5 个产茶重点县（市、区）也相应成立了由党委或政府主要领导任组长的"三茶"统筹发展领导小组，全力推进"三茶"统筹发展。二是突出规划引领。2021 年 9 月 22 日，市委办、市政府办印发《南平市统筹"茶文化、茶产业、茶科技"高质量发展的意见》，明确了南平市"三茶"统筹发展的目标任务、推进措施等，力争到 2025 年建成全域绿色生态茶园，创建国家级茶树种质资源圃，培育规模以上茶企 110 家，茶叶全产业链产值达到 500 亿元。各产茶重点县围绕各自实际，委托福建农林大学、福建省农业科学院、杭州茶叶研究院等专业团队科学编制"三茶"统筹发展专项规划，抓好"三茶"统筹发展的顶层设计。三是加强政策扶持。市、县两级政府积极出台扶持政策，整合项目资金，优先安排"三茶"统筹发展。市本级财政统筹整合资金 1200 万元，设立"三茶"融合乡村振兴资金池，为辖区内发展茶文化、茶产业、茶科技项目的相关企业、农民专业合作社、家庭农场提供贷款担保，进一步发挥财政资金撬动作用。各产茶重点县在近年来出台政策的基础上，研究制定“三茶”统筹发展新政策。如，政和县印发《统筹“茶文化、茶产业、茶科技”高质量发展的若干意见》，确定县本级财政每年预算1000万元“三茶”统筹发展专项资金，全力推动“三茶”统筹发展。

（2）打好“产业”牌，打造特色产业集群。

一是培育龙头企业。不断优化营商环境，实施用地、用电、税收优惠的龙头企业扶持政策，对重点茶企开展“一对一帮扶”，帮助协调解决困难、问题和争取政策、资金、融资支持，同时，鼓励支持有潜力的小企业做大做强。目前，已培育茶叶规模以上企业84家，农业产业化市级以上重点龙头企业67家，其中农业产业化国家重点龙头企业2家、农业产业化省级龙头企业33家、农业产业化市级龙头32家。2021年8月，成功推荐福建武夷山国家级自然保护区正山茶业有限公司入围2021年度首批福建省重点上市后备企业名单。二是推进项目建设。围绕打造茶百亿元产业链条，坚持以商招商、以链招商，大力引进补链强链延链项目。福建八马茶业有限公司、华祥苑茶业股份有限公司、福建满堂香茶业股份有限公司等国家级重点龙头企业先后同武夷山市、政和县等地签约，一批“三茶”重点项目加快落地南平。全市确定了武夷星中华茗园、政和瑞和白茶庄园等总投资100多亿元共53个项目作为“三茶”重点项目。同时，积极向上争取项目支持，2021年累计向上争取到“三茶”项目资金9500万元［其中，武夷山、建瓯、建阳争取到武夷岩茶国家优势特色产业集群项目资金共4000万元，政和县、光泽县争取到省级现代农业（茶业）产业园项目资金共5000万元］，有力推动了全市“三茶”项目的建设。三是加强平台搭建。坚持打造各类产业发展平台，依托平台推动茶产业融合发展，武夷山市、政和县、光泽县先后成功创建省级现代农业（茶业）产业园。武夷山市正在推进总投资4.8亿元、规划总面积280公顷，集加工、茶食品、包装、仓储、物流、研发等全产业链于一体的茶产业专业园建设，目前已启动一期133.33公顷征地；政和县正推进用地面积90.67公顷、计划投资9亿元的白茶标准化产业园区建设，该项目2021年完成年度投资9539万元；政和县与中农批公司合作建设的中国白茶城，已于2022年4月投入运营，该项目总投资5亿元、130余家企业入驻，打造集智能仓储、检测认证、金融服务、价格指数发布等功能于一体的综合平台，对促进政和白茶产业高质量发展具有重要的推动作用，2021年底中国白茶城交易额已突破2.5亿元。武夷山抖音茶叶电商直播基地目前服务商家超过1万家，月网站成交金额超过4.5亿元。四是打响茶叶品牌。将茶产业融入南平市“武夷山水”区域公用品牌建设，鼓励企业开展驰名商标、地理标识保护产品等品牌认证，初步建立了以“武夷山大红袍”等公用品牌为主导，以企业专有品牌为基础的区域茶叶品牌体系。武夷山市获“中国茶文化艺术之乡”、政和县获“中国白茶之乡”、松溪县获“中国绿茶之乡”和“中国九龙大白茶之乡”、建阳区获“中国小白茶之乡”称号。武夷岩茶（大红袍）传统制作技艺被列入国家首批非物质文化遗产名录。“武夷山大红袍”获中国十大茶叶区域公用品牌称号。“武夷岩茶”品牌连续位居中国品牌价值评价全国茶类第二，2021年品牌价值710.54亿元。全市拥有茶叶地理标志保护产品、地理标志农产品或地理标志证明商标25件，拥有“武夷山大红袍”“政和白茶”“松溪绿茶”等中国驰名商标8件。

（3）打好“文化”牌，打响茶叶品牌名片。

一是讲好茶故事，浓厚茶文化氛围。南平市深入挖掘闽北茶文化，近年来编写了《南平茶志》《文韵悠扬武夷茶》《茶话政和》等一批闽北茶文化书籍，传承弘扬了喊山祭茶、茶灯戏、茶百戏等一批特色茶技艺，编创《请茶》《喊山》等一批茶歌舞节目，制作《武夷山茶文化》《武夷茶之心》等纪录片和《重走“万里茶道”》《寻访“大红袍”》等专题片。开通了喜马拉雅南平频道，已上线播出100集南平市茶文化主题故事。以“万里茶道”入选中国世界文化遗产预备名单为契机，加快《“万里茶道”（福建段）保护规划》编制和基础性研究，持续推进“万里茶道”申遗步伐。推荐武夷山成功申报2021—2023年度中国民间文化艺术（茶文化）之乡，推荐上报光泽红茶制作技艺为省级第七批非物质文化遗产代表性项目，将政和茉莉花茶窨制技艺、武夷山喊山祭茶、武夷山红园摆茶、松溪九龙大白茶制作技艺列入第九批市级非遗项目，促进全市茶文化区域性保护。二是办好茶活动，提升茶经济水平。近年来，南平市成功举办了“无我”茶会、国际禅茶节、三教泰斗武夷山论茶、中国茶业经济年会、全国茶叶技能大赛等活动，海峡两岸茶博会国际化、专业化、市场化水平不断提升，持续扩大南平市茶文化影响。2021 年 5 月 23 日，中国（武夷）“茶文化、茶产业、茶科技”统筹发展高峰会在武夷新区成功举办，峰会以主旨演讲和沙龙交流为重点，配套在武夷山水城举办“三茶”展示活动。同时，各地也积极举办各类茶事活动，如政和县 2021 年 5 月成功举办中国白茶大会暨政和白茶交易大会，每年举办“开茶节”“藏茶节”等活动；松溪县每年举办松溪茶商大会等，显著提升了各地特色茶产品知名度和市场占有率。三是提升茶体验，促进茶文旅融合。加快推进中国武夷茶博物馆、政和白茶博物馆、八马茶文化研学体验园等一批茶文旅项目建设。通过深入挖掘茶道、茶艺、茶诗、茶歌、茶戏、茶事、茶俗等茶文化，打造了“印象大红袍”“中华茶博园”等精品茶文化项目，以茶为主题的民宿业蓬勃兴起；同时，推出茶园生态游、茶乡体验游、茶保健旅游、茶事修学游等茶文化旅游线路，培育一批以采茶、制茶、品茶为内容的旅游体验项目。如，武夷山市推出了 3 条大红袍八段锦茶旅融合线路，推出了“香江茗苑”“茶言精舍”等茶研学精品项目。2021 年，又新推出“跟着习近平总书记打卡武夷山”1 条金牌线路，以及世界茶乡体验之旅等 4 条主题线路。政和县推动白茶文化与廖俊波精神、紫薇文化、朱子文化融合，形成“学俊波、寻朱子、赏紫薇、品白茶”精品文化旅游线路。

（4）打好“科技”牌，推进产业提质增效。

一是建设生态茶园。印发《南平市建设绿色生态茶园三年行动计划》，于 2021 年 7 月在武夷山燕子窠召开全市绿色生态茶园建设现场会，大力推广以“种树、植草、筑路、疏水”为主的茶园生态建设和绿色管护模式。2021 年 11 月 18 日，市政府召开了绿色生态茶园建设专题研讨会，专门邀请中国茶叶研究所、福建农林大学、省农业农村厅、省农科院茶叶研究所、武夷学院等 9 位生态茶叶专家，研究制定《全市绿色生态茶园建设与管理的指导意见》，进一步统一全市绿色生态茶园

建设和管理标准。2021年底，全市已建成绿色生态茶园1.84万公顷，建成绿色生态茶园示范片97个。二是加强院地协作。积极与陈宗懋院士、廖红教授团队合作，建立了“6·18”（茶产业）虚拟研究院，争取到陈宗懋院士工作站落地武夷星茶业有限公司，并建立福建省茶科技（武夷山）研究院。目前福建武夷山国家级自然保护区正山茶业有限公司、武夷山市皇龙袍茶业有限公司等21家重点茶企申报了福建省茶科技（武夷山）研究院分中心。邀请刘仲华院士开展武夷岩茶和武夷红茶品质化学特征与保健功能研究，武夷岩茶项目研究成果计划在第十五届茶博会上正式发布。与中国茶叶研究所合作，争取成立中国茶叶研究所武夷山中心，共同在武夷山打造全国一流茶树种质资源圃。2021年4月，全国茶叶生产全程机械化培训现场观摩活动、农业农村部环境保护科研监测所主办的武夷茶产业可持续绿色发展与福建生物炭产业发展论坛相继在武夷山举行，武夷山已成为全国茶科技的重要版图。三是强化科技创新。围绕茶产业生物资源开发，2020年组建南平市资源化学产业技术研究院，设立南平市科特派科技创新专项资金，目前已有3个茶产业科技研发项目获支持290万元；16个茶叶相关项目获省、市立项支持，争取科技经费1160万元。全市创建武夷星茶业、政和县深山茶叶机械等国家级高新技术企业2家，福建武夷山国家级自然保护区正山茶业有限公司、武夷山市骏德茶厂等7家茶企入选市级高新技术企业培育库企业。2021年，首届南平市茶产业“双创”之星评选活动举办，评选出10名茶产业“创业之星”“创新之星”，每名予以50万元奖励。突出全产业链布局科特派队伍，全市申报2021年度省级茶科特派团队52个，并策划了中国茶叶研究所、浙江大学、福建省农科院茶叶研究所等国内茶科技领军人物入驻南平市科技特派员创新创业服务中心，建立9个高端团队，为全市茶产业提供综合性服务。

2. 产业发展制约因素

（1）茶文化方面。

茶文化的研究和系统梳理不够，对茶的生态、健康、包容、开放等方面的价值挖掘和阐释不深入。茶文化人才匮乏，茶文化知识进机关、

进乡镇、进校园、进企业的力度不够、氛围不足。茶文化载体不够丰富，随处可见的“三茶”宣传视频、文字、图像和雕塑等实物还比较少，茶文旅融合不足，以产业化思路推动茶文化发展的力度仍需进一步加强。

(2) 茶产业方面。

一是企业不强。全市茶叶生产经营主体多达8000余家，企业散、小、弱，有限资源碎片化，资源整合难，龙头企业难以做大做强，龙头带动能力弱。二是延伸链不足。茶叶加工仍以泡饮单一产品为主，茶饮料、茶保健品、茶食品、茶洗护用品等深加工产品较少，茶全产业链有待进一步延伸。三是未形成集群效应。目前没有相对集聚的产业专业园，从配套看，茶设计包装、茶机械、茶生产性服务组织等关联企业发展与茶产业规模不相适应。

(3) 茶科技方面。

一是科技创新平台少。茶产业的国家级高新技术企业较少，以企业为主体的茶产业省级新型研发机构空白。二是带动提质增效能力不足。生物质提取开发利用、种质资源保护与利用等科技支撑不足，茶产业智慧平台等应用面窄且粗浅。三是新型科技人才队伍弱。茶产业技术人员结构不合理，茶种植方面技术人员较多，茶加工、茶流通等其他领域的科技人员较为缺乏，科特派及团队合力不够。

(二) 南平市茶产业发展对策

南平市扎实推进《南平市统筹茶文化、茶产业、茶科技高质量发展的意见》落实，按照“大抓项目、大抓基层”的工作要求，以茶产业为内核，以茶科技和茶文化为两翼，着力构建文化赋魂、科技赋能和产业融合的发展大格局，力争2022年实现全产业链产值突破380亿元，加快推动茶产业成为南平市乡村振兴支柱产业。

1. 强化强链延链，推动茶产业集群发展

一是培育龙头企业。鼓励现有优势龙头企业通过整合资源、兼并重组，做大做强，培育一批规模以上茶企及农业产业化市级以上重点龙头

企业。争取到2022年，培育规模以上茶叶企业90家以上，农业产业化市级以上重点龙头企业70家以上。二是开展精准招商。重点引进一批跨国公司、中央企业、行业龙头企业和种业创新、深加工、营销平台等补链强链延链大项目、好项目。力争2022年新引进投资亿元以上的茶产业链项目5个以上。三是加强品牌建设。鼓励建立健全“从茶园到茶杯”的可追溯绿色生产质量管控体系，组织企业抱团到北京、深圳、广州等茶叶主销区开展宣传推广活动，各产茶重点县每年至少参与5场国内茶业宣传展示活动。四是打造贸易平台。推动武夷山、政和、建瓯等各茶叶主产县（市、区）建立专业茶叶贸易市场，重点推进政和中国白茶城、武夷茶世界、武夷山抖音电商直播基地、建阳快手电商直播基地等建设与发展，力争2022年中国白茶城茶叶交易额突破4亿元，武夷茶世界茶叶交易额突破2亿元。五是打造专业园区。鼓励产茶重点县加快建立配套齐全的茶叶专业园区，依托园区大力引进发展茶叶包装设计、制茶装备、茶具等关联配套产业，打造产业链条完整、配套体系完善的产业集群。

2. 强化文化挖掘，推动文化赋魂茶产业

一是实施茶文化“保护工程”。加大茶文化遗址保护力度，持续推进“万里茶道”申遗步伐。策划推动下梅茶文化博览园区建设，打造茶文化保护展示窗口，加快推进八马茶文化研学体验园、武夷星中华茗园等茶文旅项目建设。二是实施茶文化“传承工程”。推动武夷岩茶制作技艺申报人类非遗代表作，加快推进“政和白茶”“政和工夫”等制作技艺申报国家级非物质文化遗产。深入挖掘幔亭招宴、茶灯戏、茶百戏、点茶等闽北特色茶民俗项目，推出一批茶主题“十佳”非遗体验馆。三是实施茶文化“传播工程”。持续放大喜马拉雅南平频道作用，编撰、录制以茶文化、建盏文化等为主题的茶文化故事，传递南平茶文化声音。积极推进武夷茶博物馆、政和白茶博物馆、建阳建盏博物馆等茶主题场馆和浦城丹桂茶、顺昌畲家青草茶、松溪绿茶等传习所建设。四是实施茶文化“融合工程”。推动顺昌华阳山景区、武夷山香江茗苑、邵武和平古镇等AAAA级景区建设“大众茶馆”，打造一批茶主题精品民宿，大力推广“岩骨花香漫游道”等极具茶文化特色的旅游体验线路。持续优化“一部手机游大武夷”智慧旅游平台，打造闽北茶文化的宣传窗口。

3. 强化科技创新，推动科技赋能茶产业

一是推进种业创新。加强与中国农科院、福建省农业科学院等科研院所合作，系统调查、收集、保存、鉴定评价全市茶树种质资源，打造“1+N”种质资源圃，选育一批国家级、省级认定的茶树优良新品种。重点推动与中茶所深度合作，在武夷山小武夷公园建设占地“千亩茶树种质资源圃”。二是建设生态茶园。持续开展绿色生态茶园建设三年行动，构建“林、茶、草、水、土”立体生态系统。到 2022 年，全市绿色生态茶园占茶园总面积的 65%以上，争取新增茶相关绿色食品、有机食品认证个数 10 个以上，新增全国绿色食品（茶叶）原料标准化生产基地 1 个以上。三是创新产品开发。加快推进武夷红茶内含物质及保健功能、政和白茶内含功能性成分及保健功能研究项目，引导企业充分利用茶资源，大力开发茶食品、茶饮料、茶保健品、茶化妆品、茶日用品等茶深加工及茶衍生产品，延伸产业链。四是提升科研能力。发挥南平科特派发源地优势，从高校、科研院所等引进高端科特派团队，建立“三茶”专家库。推动中茶所等在南平市建立分中心，打造研发平台。

第三部分 福建省特色茶产业报告

一、中国全球重要农业文化遗产（GIAHS）发展报告

全球重要农业文化遗产（Globally Important Agricultural Heritage Systems）（以下简称GIAHS）是联合国粮农组织（FAO）在全球环境基金（GEF）支持下，联合有关国际组织和国家，于2002年发起的一个大型项目，旨在建立全球重要农业文化遗产及其有关的景观、生物多样性、知识和文化保护体系，并在世界范围内得到认可与保护，使之成为可持续管理的基础。2014年，福州茉莉花与茶文化系统被联合国粮农组织认定为全球重要农业文化遗产。2022年，安溪铁观音茶文化系统被联合国粮农组织认定为全球重要农业文化遗产。除了云南普洱古茶园与茶文化系统，福建省成为唯一拥有两项茶叶类全球重要农业文化遗产的省份。

总结福州茉莉花与茶文化系统、安溪铁观音茶文化系统发展情况，对进一步完善GIAHS管理体系及以农业文化遗产为抓手促进乡村振兴提出对策建议。

（一）“福州茉莉花与茶文化系统”遗产地发展报告

介绍“福州茉莉花与茶文化系统”遗产地农民生计要素、系统生物多样性及生态模式要素、生态系统服务功能等遗产核心要素情况，以及遗产地经济发展、社会维系、文化品牌传承等可持续发展情况，总结福州市加大“福州茉莉花与茶文化系统”全球重要农业文化遗产宣传、健全非遗项目保护传承机制、持续扩大品牌效应等的发展成效，对“福州

茉莉花与茶文化系统”全球重要农业文化遗产管理制约因素进行分析，并提出进一步加强全球重要农业文化遗产传承保护和开发利用的建议。

福州茉莉花与茶文化系统核心区范围为福州市境内的6个县（区）：晋安区、仓山区、闽侯县、长乐区、连江县、永泰县所辖31个乡镇，界于东经118°08′～120°31′、北纬25°15′～26°29′之间，总面积3291平方千米。茉莉花种植主要分布在闽江沿岸的冲积平原和沙洲上，而茶树主要分布在鼓山、鼓岭等山区。

1. 遗产核心要素清单

（1）农户生计要素。

为农民创造收入的主要农产品有茉莉花、茶青和茉莉花茶，主要产业类型有绿茶种植、茉莉花种植、花茶制作销售以及务工和经商等，茉莉花和茶叶种植收入占家庭总收入的约30%。

（2）系统生物多样性及生态模式要素。

第一，生物多样性丰富，有地方特有物种。茉莉花品种多样性丰富，在中国，单瓣茉莉为福州特有。茉莉花的品种较多，目前仅我国就有60多个，其中主要的栽培品种依其花形结构一般分为单瓣茉莉和双瓣茉莉两种（图3-1、图3-2）。

图3-1　单瓣茉莉

图3-2　双瓣茉莉

第二，生态系统物种多样，单脚蛏和黄色河蚬为地方独有品种。茉莉花和绿茶林下物种十分丰富，其中茶园生态系统中植物53科111属

147种，动物53科111属147种，茉莉花生态系统中有动物29科51种，茶园生态系统中有动物55科79种。其中，单脚蛏（Single Clam，学名中国淡水蛏，又名河蛏）为福州特有物种，1979年世界新发现一只产于茉莉花附近的湿地。黄色河蚬（Asian Clam，福州话为“炆拗”，方言读为“niuyang”）也为福州特有品种，与其他的黑色河蚬不同，只有在湿地环境极佳的环境下才能生存。据专家调查，单脚蛏和黄色河蚬为福州特有，说明茉莉花生存的闽江江滨湿地生态环境质量极高。

第三，丰富的相关物种。福州市内河网纵横，植被类型分为天然植被和人工植被两大类。全市森林覆盖率54.9%，独特的地形地貌和森林、湿地孕育了丰富的生物多样性。据调查，全市属于国家重点保护的野生动物有83种，其中，黑嘴端凤头燕鸥和黑脸琵鹭分别被列为全球极危（全球仅100只）和濒危（全球仅600只）物种，省重点和省一般保护的陆生野生动物有43种和300种，珍稀野生植物属国家重点保护的有37种。福州地区维管束木本植物共有109科428属945种，乡土植物物种共有3门160科1136种。

（3）生态系统服务功能。

第一，保护生态系统的生物多样性。福州茉莉花一般种植在江边湿地沙洲，为鸟类等动物提供理想的栖息地和丰富的食物，每年有大量越冬候鸟飞临此地栖息，共有鸟类10目19科73种，其中属国家二级保护的鸟类就占总种数的15%，还有48种为《中日候鸟保护协定》保护的鸟类，占总数的66%。茶树主要种植于海拔在600～1000米高的山坡与山顶上，茶园生态系统为多种有益昆虫提供生存和栖息的场所，形成林下物种丰富的茶园生态系统。

第二，水土保持价值。茉莉花主要种植于河流两岸的平原和沙洲，可降低雨水对河岸沙壤的直接冲刷，有效减少水土与养分流失（图3-4、表3-1）。种植茉莉花一般采取蘑菇土做底肥，挖深沟高起垄，使土质更加疏松，土壤的孔隙度与含水量增加，该管理方式下的茉莉种植园涵养水源价值达2293.73 yuan · hm^{-2} · a^{-1}（374.69 USD · hm^{-2} · a^{-1}），

图 3-3 茶园生态系统——闽侯县茶山（林耘摄）

在一定程度上起到保持水土的作用；部分地区农户用龙眼树、橄榄树、柑橘树、白玉兰树等与茉莉花套作，增加了单位体积土壤的生物量和地上植被覆盖率，也可减少水土流失。茶树种植采用修筑梯田栽种植株的形式，梯田可以减缓坡面水流速度，增加下渗量，减少坡面径流量，降低水流对坡面土壤的冲刷能力，起到水土保持的作用（图 3-5）。

表 3-1 茉莉园和对照土壤容重、含水量与土壤孔隙度对比

类别	容重（$g\ cm^{-3}$）	含水量（%）	土壤孔隙度（%）
茉莉园	1.17	35.38	41.46
对照	1.25	32.32	40.43

第三，调节气候与大气成分和净化空气的作用。茉莉花和茶树成片集中种植，使区域的蒸腾作用加强，形成稳定的小气候，对当地的气候起到调节作用。研究表明，在空气温度、湿度、空气负离子含量等指标上，高度 1.5 米处茉莉花种植园均优于邻近无植被覆盖区域，茶园也明显优于邻近无植被覆盖区域，同时，茉莉花和茶树通过光合作用，吸收 CO_2 释放出 O_2，在物质生产的同时释放 O_2，是自然界 C 循环的重要环

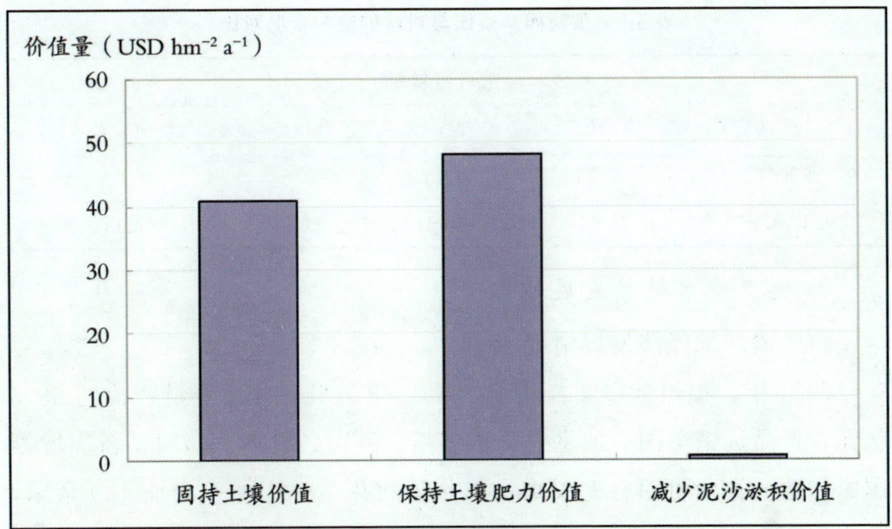

图 3-4 茉莉园固持土壤、保持肥力、减少淤积价值

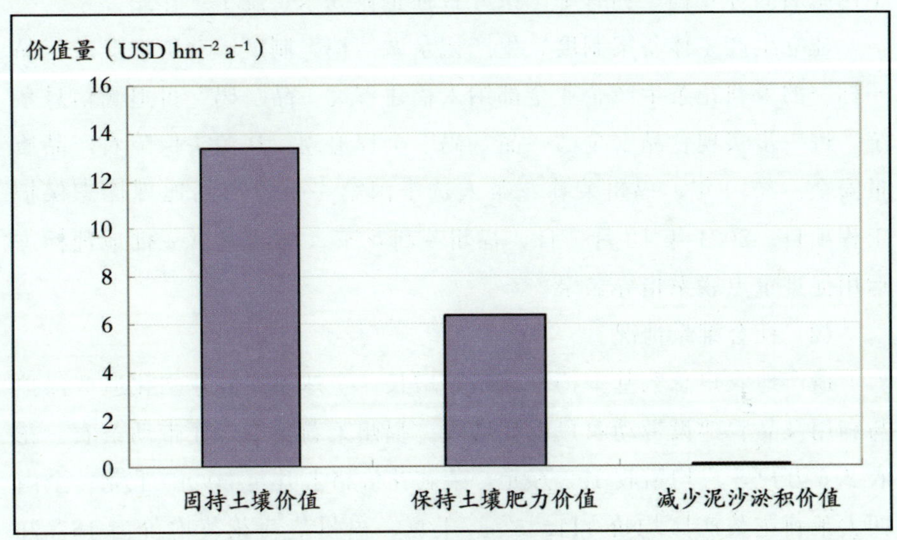

图 3-5 茶园固持土壤、保持肥力、减少淤积价值

节，具有调节 C 平衡，增加空气 O_2 的作用。据研究，其固碳释氧的价值量分别为 26942.39 yuan · hm^{-2} · a^{-1}（4401.13 USD · hm^{-2} · a^{-1}）和 6781.13 yuan · hm^{-2} · a^{-1}（1107.72 USD · hm^{-2} · a^{-1}）。此外，茉莉和茶树叶也具有吸附烟尘与净化空气的功能（表 3-2）。

表 3-2 茉莉园和茶园与对照的空气状况对比

类别	茉莉园	茉莉园对照	茶园	茶园对照
温度（℃）	20.7	21.4	11.4	14.7
湿度（%）	71	67.1	79.6	68.8
空气负离子（个）	335	268	832	633

2. 遗产地可持续发展情况

（1）遗产地经济发展情况。

2021 年，福州全市茉莉花茶产量 1.68 万吨，全产业链产值约 58.3 亿元，产品远销美国、加拿大、俄罗斯、欧盟、日本、韩国、新加坡等国家和地区。全市拥有大大小小福州茉莉花茶生产加工企业 100 余家，其中拥有 SC 认证企业 41 家，农业产业化国家重点龙头企业 3 家；荣获中国驰名商标 4 件；拥有中国茶叶百强企业 5 家、院士工作站 2 家。

建立生产主体备案制度、生产记录诚信档案制度，获得农业“三品一标”的茉莉花茶生产企业全部纳入福建省“一品一码”可追溯信息系统，进一步实现食品安全“一品一码”全程追溯，从源头保障农产品质量安全。2019 年，福州茉莉花茶入选全国第一批农产品地理标志保护工程项目。2021 年 12 月 3 日，福州茉莉花茶入选国家第一批地理标志运用促进重点联系指导名录。

（2）社会维系情况。

遗产地农户总数基本持平而略有增长，全球重要农业文化遗产保护与利用及品牌建设带动农户就业增收。福州茉莉花茶产业带动茶农、花农 2.6 万户，户均增收 1.2 万元，茉莉花价格上升至 50 元/千克；全国四大茉莉花茶产区均价 111.45 元/千克，福州茉莉花茶均价为 167.76 元/千克。

（3）文化品牌传承情况。

福州市委市政府长期以来十分重视全球重要农业文化遗产的品牌宣传和文化传承，设立管理机构并逐渐完善，并整合优势资源，多举措传承与保护全球重要农业文化遗产。2011 年 10 月，国际茶叶委员会授予

福州“世界茉莉花茶发源地”称号；2012 年 11 月，国际茶叶委员会授予福州茉莉花茶“世界名茶”称号；2013 年 5 月，福州茉莉花种植与茶文化系统被农业部列为首批中国重要农业文化遗产；2014 年 4 月 29 日，福州茉莉花与茶文化系统被联合国粮农组织（FAO）列入全球重要农业文化遗产保护项目名录；2014 年 11 月，福州茉莉花茶窨制工艺被文化部列入国家级非物质文化遗产代表性项目名录；2015 年 3 月，全国茶叶标准化技术委员会花茶工作组在福州成立，花茶国家标准的制定和修订由福州市为主承担。在“中国茶叶区域公用品牌价值评估”研究中，福州茉莉花茶品牌价值从 2010 年的 16.85 亿元上升至 2022 年的 38.70 亿元，10 多年间品牌价值实现翻倍。

第一，不断完善管理机制。2011 年 8 月，福州市成立福州海峡茶业交流协会，旨在整合资源，服务申报全球重要农业文化遗产。随后，福州市成立申遗领导小组，下设申遗小组办公室，挂靠福州市农业局（现福州市农业农村局）。2014 年 8 月，福州市颁布实施《福州市茉莉花茶保护规定》。2014 年 9 月，福州市成立“全球重要农业文化遗产福州茉莉花与茶文化系统联合研究中心”，邀请 10 多位专家学者共同为福州全球重要农业文化遗产事业提供智力支持。

第二，多措并举宣传品牌文化。一是基地建设。加强对新植茉莉花基地的补贴力度，至 2021 年福州市新植茉莉花基地每亩补贴 3000 元，全市广种茉莉花，重大场合摆放茉莉花，立项建设帝封江茉莉花湿地公园，并根据《福州市茉莉花茶保护规定》对茉莉花基地实行分级保护。二是政策扶持。2020 年，福州市政府出台了《关于支持福州茉莉花茶产业发展九条措施》，2021 年持续加强有关政策实施，支持福州茉莉花茶产业做大做强。三是品质提升。制定（修订）福州茉莉花茶国家标准和行业标准等。开展福州茉莉花茶茶王赛和福州茉莉花茶传统窨制工艺传承人传承大师赛，以赛促进，提升福州茉莉花茶品质和制作工艺水平。四是广泛宣传。组织企业参加各种大型展览展销活动；建设多种福州茉莉花茶文化展示馆文化馆等；出版福州茉莉花与茶文化系统有关读物；开展各种民俗和节庆活动；拍摄专题纪录片和各种宣传视频；演绎制作宣传歌舞；投放公益广告等。五是信息监测。在全市6个县（市）区建立9个信息监测点，实现了福州茉莉花与茶文化系统全球重要农业文化遗产信息监测常态化。与福建师范大学建立中长期战略合作，深入开展有关研究。

3. 遗产地主要工作成效

2021年1月，福州市“十四五”规划和2035年远景目标建议，加大“福州茉莉花与茶文化系统”全球重要农业文化遗产宣传力度，健全非遗项目保护传承机制，持续扩大品牌效应。

福州市委市政府持续高度重视福州茉莉花茶产业，实施《关于支持福州茉莉花茶产业发展九条措施》，福州市人大常委会对《福州市茉莉花茶保护规定》进行较大规模的执法检查，全面加强福州茉莉花茶的保护；福州市政协主持进行“做强福州茉莉花茶产业，助力乡村产业振兴”协商议题，对福州茉莉花茶产业发展建言献策。

（1）做好规划引领。

组织专家学者编制《福州茉莉花与茶文化系统保护和发展专项规划（2021—2025）》，并经市政府研究通过由福州市农业农村局正式印发。规划明确了福州茉莉花茶产业高质量发展目标，8个县（市）区列入茉莉花种植布局，形成以闽侯、仓山和长乐为中心的“福州茉莉花茶核心保护区”。

（2）加强政策扶持。

2021年，福州市贯彻实施各项奖补政策，依据《关于支持福州茉莉花茶产业发展九条措施》，下达奖补资金380万多元，支持茉莉花和茶叶的种植、茉莉花茶加工、电商扶持等。在第二批分级保护基地上立碑保护，完善遗产地核心保护区域的立碑工作。

（3）持续推广宣传。

一是组织参加非遗公益宣传活动。2021年3月首届中国跨境电商交易会，4月第四届数字中国建设峰会，6月第五届“文化和自然遗产日”分别组织企业和个人，开展“闻香不见花，独特冰糖甜”为主题的传统技艺展示活动，向全世界推广福州茉莉花茶文化。二是组织企业抱

团参加展览展销活动。5月组团参加第二十三届海峡两岸经贸交易会暨23届福州海交会；10月组团参加在山东济南举办的第九届中国茶叶博览会，同月组织企业参加首届福州（仓山）茉莉花茶文化节活动，现场展示福州茉莉花茶窨制技艺，并展示产品、宣传文化。三是指导企业开展宣传活动。3月在晋安区宦溪茶山助力春伦集团开展春茶开采节活动；7月世遗大会期间，助力闽榕茶业在福州茉莉花美学馆、M17广场举办专场活动，演示茉莉花茶窨制技艺，讲解窨制工艺技术要点，为大众展示福州茉莉花茶芬芳的秘诀、宣扬福州茉莉花茶文化。四是主办各类宣传展示活动。5月国际茶日期间主办“交融互鉴·茶香世界”福州市庆祝第二个“国际茶日”活动；12月在五里亭茶叶市场主办“福州茉莉花茶茶王首场品鉴会”，向市民展示福州茉莉花茶。

（4）强化遗产传承。

一是举办好传统工艺赛事活动。2021年10月成功举办2021年福州茉莉花茶茶王赛，评选出福州茉莉花茶茶王6个、金奖18个。推荐5位茶人入选市级非物质文化遗产代表性传承人名录。至此累计授予28人“福州茉莉花茶传统工艺传承大师”荣誉称号，17位入选国家级、福建省和福州市非物质文化遗产代表性传承人名录。二是举办专题培训班。开设2021年福州市（茶产业专题）高素质农民培训班，专题讲述福州茉莉花茶文化和花茶制作技艺。三是做好茉莉花种质资源保存工作。支持福州市农科所做好茉莉花种质资源保存工作，在福州市果树良种场保存15种茉莉花。四是探索做好茶（花）文旅融合项目。指导东来集团和春伦集团分别在长乐营前和永泰春光村等地广泛种植茉莉花，推广“企业＋基地＋农户”生产经营模式，开展茶（花）文旅融合发展探索，助力农民增收。

（5）加大科研投入。

在农业文化遗产信息监测方面，与福建师范大学合作开展深入研究；在种质资源保存方面，委托福建农林大学进行单瓣基因组研究；在产业标准化建设方面，委托闽江师范高等专科学校进行标准化评估报告，并制定茉莉花生态园地方标准；三项科研正式签订技术服务合同，

预计投入70万元，2021年度已拨付36万元。

4. 遗产地保护制约因素

福州市全球重要农业文化遗产福州茉莉花与茶文化系统保护管理，以及动态保护和可持续利用过程中存在的主要问题包括以下几个方面：

一是基地面积较小，缺乏保护。20世纪90年代中后期，由于城市建设发展引起仓山、闽侯等近郊地区大量茉莉花种植土地被征用，原有的茉莉花种植基地大部分都已消失。虽然近年来福州市采取了一系列措施加强茉莉花保护与发展，但是仍有不少茉莉花基地缺乏配套保护。二是农业文化遗产底蕴待深入挖掘，福州茉莉花茶产业在茶史上的地位未得到充分理解和有效传播。三是产品创新及产业链有待延伸。目前，福州市对茉莉花香气的利用还停留在制茶方面，在精油、制药等领域研究有限，产业链没有得到有效延伸。

5. 下一阶段工作计划

下一阶段，福州市将按照市委市政府部署要求，以九条措施和专项规划的贯彻实施为抓手，进一步加强全球重要农业文化遗产的传承保护和开发利用。

(1) 发展茉莉花种植，筑牢农遗基础。

一是持续扶持茉莉花种植，对新植茉莉花基地实行每亩3000元奖励，鼓励各县（市、区）进行配套奖励，创新发展“企业＋基地＋农户”产业运营模式，切实推进乡村产业发展，促进农民增收。二是加强核心区分级保护，将落实茉莉花种植基地分级保护制度纳入县（市、区）绩效考评范畴。三是加强种源保护，加快推进“全球茉莉花种质资源保护与创新基地项目”基地建设。四是推进生产基地建设，优化国土空间布局，用好农村土地经营权流转政策，在适宜的区域内划定茉莉花种植基地。五是优化市花种植，鼓励企业认种认养茉莉花，力争“十四五”期间新增茉莉花种植面积1066.67公顷。

(2) 实施品牌战略，重塑农遗形象。

一是实施名茶精品工程，以福州茉莉花茶茶王赛和传统工艺传承人

传承大师赛为抓手，提升品质，传承工艺，引导消费。二是强化品牌宣传，统筹做好福州茉莉花茶宣传策划方案，深入挖掘福州茶港历史和茉莉花茶文化底蕴。三是做好文化传承，发挥福州茉莉花与茶文化系统全球重要农业文化遗产示范引领作用，建立研学基地。四是强化“市花”“市茶”概念，推动福州茉莉花元素和茉莉花茶进机场、进铁路、进高速、进酒店、进景区，扩大福州茉莉花茶品牌影响力。

(3) 推动融合发展，用好农业遗产。

一是重视科技创新发展，支持茉莉花种质资源保存引进改良、茉莉花茶制茶工艺提升、茉莉花机械采摘设备开发应用等领域的关键技术攻关。二是鼓励特色产品开发，研发茉莉花特色餐饮、花茶饮料、花茶食品、花茶保健品等药用康养方面的系列衍生产品，培育福州茉莉花产业发展新动能。三是整合文化资源，创新茉莉花茶文化衍生产品，开发茉莉花茶文旅基地、现代茶庄园、体验店等项目，打造集采花、采茶、制茶、品茶和购茶于一体的“茉莉花茶文化之旅”。围绕“产业＋科研”“产业＋文化”“产业＋旅游”等多业态布局，培育壮大茉莉花茶产业集群。

(4) 完善标准体系，引领行业风向。

一是加强标准化建设。推动茶产业标准化试点示范建设，动态完善茶产业标准体系。二是加强行业商标行政保护。要不断加强茶叶类商标的注册、使用、管理和保护工作，积极培育茶叶类企业品牌。三是发展壮大地标产业。发挥政府导向作用，进一步整合资源，引导更多企业进入茶叶类地理标志产业的上下游产业链建设；培育一批茶叶类知识产权优势企业和示范企业，推动地理标志茶叶企业运用知识产权提升市场竞争力。四是加强质量管控，落实“一品一码”。建立健全茶叶质量可追溯制度，确保产品来源可溯、去向可追。

(二)“安溪铁观音茶文化系统”遗产地发展报告

总结“安溪铁观音茶文化系统”遗产地在涉茶用地、人才服务、金融创新、三产融合、科技研发、品牌推广、开拓市场、资本运作等方面

的发展成效，并从增强产业动能、构建产业高地等方面提出推动安溪县茶产业进一步发展的政策建议。

2022年5月17—19日，全球重要农业文化遗产科学咨询小组在意大利罗马召开会议，中国的安溪铁观音茶文化系统，因其独特的传统生产方式和知识体系，在食物与生计安全、重要的农业生物多样性、社会价值与文化以及杰出的生态价值、景观等方面具有显著特点和全球重要性，符合GIAHS评选标准，被联合国粮农组织正式认定为全球重要农业文化遗产。粮农组织副总干事玛丽亚·海伦娜·赛梅朵表示："全球重要农业文化遗产已通过非凡的生态农业方法证明其可持续农业模式的巨大潜力。通过对农业体系原有特色加以利用，它能为农村注入新的活力，推动农村发展。"

1. 安溪铁观音茶文化系统遗产地概况

遗产地所在的安溪县，位于福建省东南部，总面积3057平方千米，是泉州市地域最大的县。气候为亚热带海洋性季风气候，地形以山地、丘陵为主，约占全县总面积85%。人口以汉族为主，少数民族主要为畲族。安溪县是中国乌龙茶之乡、世界名茶铁观音的发源地。独特的气候环境以及"天、地、人、种"完美结合的生产制作体系，造就了铁观音独一无二的高贵品质——天然"兰花香"和独特"观音韵"。由安溪铁观音衍生出来的生态系统、生产系统、文化系统，更是成为中国茶产业的突出代表和符号。

安溪铁观音茶文化系统遍及全县的所有乡镇，其中，核心保护区位于西坪镇、芦田镇和虎邱镇，总面积40018.7公顷，海拔350～950米。总人口13.4万人，其中乡村人口11.6万人。

2. 安溪铁观音茶文化系统的特征与价值

(1) 为农民提供主要生计来源。

福建安溪铁观音茶文化系统最为主要的农产品即安溪铁观音茶叶。遗产地人民依托茶园的建设，打造了一个由"森林—茶园—农田"组成的复合农业生产系统，还生产粮食、蔬菜、水果、肉类、菌类及其他产

图 3-6　安溪铁观音茶园（沙赵摄）

品，为当地人民提供丰富的农产品。茶业是遗产地的支柱产业，茶农通过参与种茶、制茶、茶产品精深加工、茶叶营销等环节，实现了就业，提高了收入。遗产地农民收入的 70%以上来自茶产业。特别是，遗产地妇女积极参与当地茶产业发展，占总劳动力的 44.6%。

(2) 农业生物多样性。

安溪县茶树种质资源非常丰富，其中栽培品种 100 多个，1985 年全国首批认定的 30 个国家级茶树良种中，安溪就占了 6 个。安溪还拥有丰富的陆生野生动植物资源。遗产地茶园采用“自然农耕，生态管理”，有丰富的乔木、草本植物，以及多样的动物、昆虫种类等，具有涵养水源、调节气候、保持水土等生态系统服务功能。

(3) 精湛的传统种茶制茶工艺。

安溪产茶历史起源于唐末，发展于明清，兴盛于当代，有 1000 多年的历史，为中国茶产业发展做出三大重要贡献。

第一大贡献，发明创制了半发酵乌龙茶制作技艺。15 世纪 70 年代，安溪人发明创制半发酵乌龙茶制作技艺，为中国茶类家族成员中增加了“青茶”种类，并使之最终成为六大茶类之一。对比其他茶类，安溪铁观音制作技艺极为玄妙，采用半发酵乌龙茶制作技艺，历经3大阶段、10道工序、36小时连续制作。精湛的加工工艺形成铁观音独特的色、香、韵，其中，最难、最核心的工序是做青，需要“看天做青、看青做青”。

第二大贡献，发现了铁观音茶树优良品种。1723年，安溪铁观音这一珍稀茶树品种被发现，其非常适合制作乌龙茶，香高韵长、醇厚甘鲜，是乌龙茶中之极品。

第三大贡献，发明了短穗扦插茶树无性繁殖技术，该技术推广到中国各产茶省，传播到世界主要产茶国，解决了数千年来茶树繁殖容易变种问题，为世界茶产业贡献甚巨。

(4）茶文化积淀深厚、内涵丰富。

茶已渗透到遗产地的衣食住行、婚丧喜庆、迎来送往的礼俗和日常交际之中。安溪至今仍然保留着传统的茶叶种植制作技术的师徒传承制度。

(5）传统茶园种管模式景观优美。

立体循环景观。水源林—茶园与村庄—农田与村庄—河流的景观结构，构成了一个垂直物质循环系统。山顶森林涵养水源，为林下茶园和村庄用水提供了充足的保障，同时为茶树生长提供养分与良好的生长环境。

复合生态景观。安溪茶园为梯田式茶园，采用梯壁留草、套种绿肥、茶林相间等复合生态种植模式，蕴含了天人合一的生态智慧，不仅提高了茶园生态系统稳定性和茶叶品质，也令茶园景观更富美学价值。

文化景观。古茶树及古茶园景观已成为独具特色的景观类型；茶文化古建筑景观和古制茶作坊记录了安溪茶人的千年种茶、制茶、经营茶的艰辛历程。

村寨镶嵌景观。遗产地人民长期生活在山地自然环境下，创造了一个村寨镶嵌的循环立体生产系统，既保障了生计安全，又保证健康稳定的生存环境。

3.“安溪铁观音茶文化系统”遗产地发展现状

(1)茶产业发展现状。

安溪县以创建国家级农业现代化示范区为载体，以茶业数字化为突破口，促进三产融合，提升品牌效应，努力构建安溪茶产业发展新格局，推动茶业转型、高质量发展，建设现代茶业强县，助力乡村振兴。

第一，全域生态化。一是坚持生态优先。创新推行“山河共治”，从县域大生态、茶山小生态、土壤微生物、绿色生产技术推广四个维度入手，实施茶山生态提升工程，构建山、水、林、草、茶和谐共生的生态栽培模式。2021年，安溪县获得“中国天然氧吧”称号。二是坚持绿色发展。在全省率先开展有机肥替代化肥、去化学农药等“减量化”行动，推行生态修复、农艺改良、物理防控和生物防治等绿色植保技术；综合运用声、光、电、生物干扰技术，创立全国首个生物信息对抗与智能虫害防治系统；引入司雷植保、大司农等植保专业化服务组织，实施茶叶绿色防控全程托管、统防统治。近三年来，安溪茶园化肥、农药使用量分别减少27%、20%。2020年，安溪县被纳入首批全国农作物(茶叶)病虫害“绿色防控示范县”创建名单。三是坚持质量严管。在全国率先创立县域农资监管与物流追踪平台，实现农资购买、使用精准定位；实施信息化、数据化监管模式，构建质量安全全程可追溯体系；近三年来污染物检测合格率稳定在99.5%以上，农残监测零超标，出口茶叶质量安全连续15年100%通过输入国官方检测。

第二，生产组织化。安溪县引导茶农、返乡农民工、高校毕业生等主体与社会资本、龙头企业、合作社、专业大户建立“1+X”的利益联结形式，打造“五个共同体”(产销共同体、质量共同体、植保共同体、创业共同体、茶庄园共同体)，推动“五变”(变茶园为庄园、变农民为股民、变就业为创业、变创意为创收、变劳动为活动)。全县现有茶叶专业合作社1613个，家庭农场822家，通过加入茶业产业化联合体，茶园生产合作、质量联控比例达48%以上，有效规避了小农生产应对大市场的产业风险，实现了规模经营、质量联控、集约管理，让农民分享更多增值收益。2021年，全县农民人均可支配收入20909元。

第三，产业数字化。一是建设数字福建（安溪）产业园。构建“151”数字茶业管理与服务体系（“1平台”即安溪“数字茶业”云平台，“5应用”即安溪铁观音数字地标监管平台、县域农资监管与物流追踪平台、茶叶气候品质认证、食用农产品质量全程追溯体系建设、茶都交易市场一品一码标准化改造，“1支撑”即天空地一体化安溪县茶园生态种植及其全流程监测工程）。2022年，与泉州中科星桥空天技术有限公司、长光卫星技术股份有限公司共同合作，成功发射“安溪铁观音一号”卫星和“安溪铁观音二号”卫星，将全面加快茶园数字化管理步伐。二是倾力扶持电子商务。2021年全县累计网络零售额268.34亿元，同比增长25.7%；县域茶叶电商销售收入达66.89亿元，同比增长37.8%，占全国茶叶电商近1/4的市场份额，名列全国县域茶叶电商第一位；淘宝镇增至10个、淘宝村54个；安溪县位居2021年全国农产品数字化百强县排名第一。三是数字赋能茶加工。推动加工清洁化、连续化、智能化，茶叶机械研发、制造、销售引领业界。依托三安中科生物，利用LED光谱技术，采用自动化环境控制及智能化装备，建设茶叶植物工厂；探索基于大数据和物联网的智慧农业关键技术研发与应用。四是规范茶叶电商市场。与京东、天猫、抖音等头部电商平台密切协作，开展知识产权专项整治，强化地标监管与茶叶品质管控，促进茶叶电商市场健康发展。

第四，传承活态化。2012年10月，安溪铁观音茶文化系统启动中国重要农业文化遗产申报工作；2014年5月入选中国重要农业文化遗产；2019年1月成立全球重要农业文化遗产申报领导小组，全力推动申遗以及保护发展工作；2021年4月21—23日，“茶香农遗——驻华使节走进遗产地”活动在安溪成功举办；2022年5月20日，安溪铁观音茶文化系统被联合国粮农组织正式认定为全球重要农业文化遗产。一是保护与管理贯穿始终。制定《福建安溪铁观音茶文化系统管理暂行规定》《安溪铁观音茶文化系统保护发展规划》，全面加强农业文化遗产管理保护。二是技艺传承贯穿始终。安溪开办了茶业职业技术学校，与福建农林大学合作办学，建立了全国唯一的涉茶全产业链本科院校——福

建农林大学安溪茶学院。举办安溪铁观音大师赛，支持建设大师名匠工作室。目前，已评选铁观音大师8名，名匠26名，拥有中国制茶大师20名。建立国家级非遗乌龙茶制作技艺（铁观音制作技艺）项目非遗传承人四级体系，形成全链条“传帮带”机制。深入实施茶业人才建设“万、千、百、十”工程[“万”，即常态化开展“茶业万人培训”，每年开展茶业技术培训2万人次以上；“千”，即每年培育新型职业农民2000人以上；“百”，即每年培育茶业领军人才100人以上；“十”，即每年建设技艺传习所（基地）10个以上]。三是遗产价值挖掘贯穿始终。挖掘和登记包括史料、古建筑、古茶园等一批涉茶文化资源。系统总结安溪铁观音茶文化系统丰富内涵，收集撰写研究论文和书籍。编写中国重要农业文化遗产丛书《福建安溪铁观音茶文化系统》等农遗科普书。

第五，经营品牌化。一是标准引领。出台《地理标志产品，安溪铁观音》等“四个标准体系”。全国茶业标准化技术委员会13个工作组中，安溪县有2个（乌龙茶组、有机茶组）。2021年获批创建全国绿色食品原料（茶叶）标准化生产基地县。二是认证提升。安溪拥有SC认证茶叶企业349家，发展培育“三品一标”、全国名特优新农产品认证产品97个，授权使用企业230家，其中绿色食品茶叶认证面积1415.07公顷，有机食品茶叶认证面积804公顷；“三品一标”获证产品种植面积4.33万公顷，占安溪食用农产品生产总面积的58.36%。推动628家农产品生产主体纳入福建省食用农产品承诺达标合格证与一品一码追溯并行系统监管，全面落实源头赋码、一品一码、贴码销售，实现源头可追溯、信息可查询、流向可跟踪。三是品牌拓市。坚持以集体品牌支撑企业品牌，以企业品牌开拓市场。打造形成以福建八马茶业有限公司、福建安溪铁观音集团股份有限公司、华祥苑茶业股份有限公司、中闽魏氏茶业股份有限公司等24家农业产业化国家、省级重点龙头企业为引领的“头部”企业，规模以上茶叶企业82家；组织龙头企业抱团到法国巴黎开设安溪铁观音品牌营销中心；参加米兰世博会、匈牙利中国出口商品展览会、马来西亚福建商品展等国际活动；在欧盟、俄罗斯、日

本等46个国家和地区完成商标注册，成功入选首批“中欧100+100”地理标志产品互认互保产品清单。以国礼茶、国宾茶身份登上国际活动舞台，成为厦门金砖会晤、上合组织青岛峰会和中英、中印、中朝领导人会晤等重大外交活动用茶。2020年，安溪茶叶出口东南亚、美国、欧盟等63个国家和地区，年出口量达1.5万吨。

第六，布局园区化。安溪县建设两个电子科技园区（弘桥智谷电商产业园、中国国际信息技术福建产业园），两个国家级茶叶检验监测中心（国家茶叶检测重点实验室、国家茶叶质量监督检验中心），三个国字号科技平台（福建农林大学安溪茶学院、泉州国家农业科技园区、国家茶叶质量安全工程技术研究中心），三个加工商贸物流园区（中国茶都市场、中国茶博汇市场、安溪城区工业园品牌茶企总部区），22家茶庄园，27家市级以上创新创业基地（包括国家级、省级星创天地，福建省互联网孵化器，国家农业科技园区示范企业等），以产业高端平台，有效地推动现代要素集聚，技术集成应用水平提升，一二三产深度融合。

第七，资源资本化。一是金融支持茶产业发展。推进茶园抵押贷款，积极开展林权办证和林权抵押贷款试点，截至2021年12月末，全县完成林地流转并办理林权证1.73万公顷，累计办理抵押登记7047.2公顷，每公顷评估价16.65万元，累计贷款4.3937亿元。其中茶园累计办理抵押登记5114.13公顷，每公顷评估均价21.60万元，累计贷款3.8936亿元。二是在全省率先开展财政补贴型茶叶种植保险工作。对全县4万公顷茶园进行统一投保，2017年以来，县财政累计投入1200万元用于茶园保险，增强茶叶种植抵御自然灾害的能力。三是创新茶产业金融产品。农行安溪支行首创的“金穗快农贷”业务，依托安溪农资监管平台与物流追踪平台，充分运用大数据技术，实现批量化、标准化、模式化发放农户小额信用贷款，获《人民日报》、中央电视台等国内一线主流媒体报道。农行安溪支行累计发放“快农贷”30.52亿元，平均办理1笔“快农贷”仅需10分钟。安溪农商银行坚持“小额分散”原则，打造适合茶叶生产、供应、销售的产供销一条龙“茶三通”（茶

农通、茶店通、茶企通）融资供应链融资产品，截至2022年4月，“茶三通”贷款共有4.71万户，金额38.42亿元。

第八，业态多元化。一是“庄园旅游+”。创新“现代农业+文旅”发展模式，在全国率先发展茶庄园业态，建成22座各具特色的茶庄园，“海丝茶源·茶旅圣地”线路入选农业农村部2020年中国美丽乡村旅游（秋季）精品线路，每年吸引120万人次以上的“铁粉”莅临安溪体验消费。二是“茶叶产品+”。大力发展茶叶精深加工，开发袋泡茶、速溶茶、茶含片、茶水饮料等快捷茶品，在茶多酚、茶氨酸等茶叶生物科技产品研发等方面取得突破。三是“茶叶配套+”。壮大茶机械、包装、器具、物流等，培育文化创意、健康养老等新兴业态。其中，茶机械年产值4亿元，修剪机、烘干机占据全国80%以上的市场份额；茶包装年产值近40亿元，市场份额占行业同类产品的1/3，在全国同行业水平居于领先地位，已经成为国内最大茶叶包装生产地和集散地；新茶饮基底茶年供应量2万吨以上，基底茶供应链初步形成，已成为全国重要基底茶供应基地。四是“茶供应链+”。建有中国茶都、特产城、中国茶博汇三个茶叶集散中心，入驻全国六大茶类和茶配套的店铺近4000家，县内共有茶叶个体经营户11968户；县内外茶业营销人员达30万（其中县外近18万人），据业内分析，安溪营销大军掌握着全国50%以上的茶叶营销渠道。

（2）茶产业发展主要措施。

近年来，安溪县坚持市场导向、问题导向、创新导向和惠民导向，从补短板、强弱项入手，先后出台了《安溪县人民政府关于印发〈安溪县扶持茶业三产融合发展若干措施〉的通知》（安政综〔2019〕84号），《中共安溪县委、安溪县人民政府关于印发〈安溪茶产业高质量发展“二次腾飞”的实施意见〉的通知》（安委发〔2020〕3号），《安溪县人民政府关于印发〈安溪县扶持茶产业高质量发展暂行规定〉的通知》（安政综〔2020〕18号），《安溪县关于统筹做好“茶文化、茶产业、茶科技”这篇大文章，推动茶产业高质量发展的实施意见》（安委〔2022〕4号），《安溪县茶产业链提升行动计划（2021—2025）》（安委办

〔2022〕1 号）等一系列政策文件，推动茶产业高质量发展。

第一，倾斜涉茶用地。优先支持涉农项目用地，对纳入县级及以上年度重点建设项目的茶产业项目，符合国土空间规划和国家产业政策的，优先安排规划用地指标、年度计划指标。对涉及占用耕地的项目，优先统筹补充耕地指标给予优先保障，促进涉农项目落地建设。

第二，强化人才服务。将安溪县涉茶人才建设纳入安溪县“港湾人才”计划，每年投入不少于 1000 万元人才工作专项经费，对被认定的人才，给予固定津贴、个税返还奖励，配套提供医疗、住房、子女教育保障和落户支持。支持中国制茶大师、安溪铁观音大师（名匠）、安溪铁观音制茶工艺大师、农民讲师团成员等各类茶业领军人才开展大师沙龙、专题培训等素质提升工程，发挥人才引领示范作用。整合各级资金开展新型职业农民培训，加快专业技术人才培养。

第三，鼓励金融创新。健全完善茶产业金融支持体系，引导金融机构建立扶持茶业发展的信贷、保险机制，创新金融产品和服务。一是创新“茶产业＋金融”信贷产品。立足本地特色，推进茶园抵押贷款；农行安溪支行首创“金穗快农贷”业务；安溪农商银行打造“茶三通”融资供应链融资产品；建行安溪支行创新推出“闽茶贷”“闽匠贷”金融产品，各类金融产品累计发放贷款 72.8 亿元。二是设立茶业贷款担保机构。设立安溪县振安融资担保有限公司，缓解安溪中小企业的融资难题，成立以来，累计为 129 家茶叶企业提供融资担保 4350.8 万元。三是持续实施茶叶种植保险，每年投入 300 万元开展茶叶种植、绿色防控、食品安全等财政补贴型保险。

第四，突出三产融合。在茶庄园用地用林、手续补办、茶旅融合、电力保障、品牌提升、科技创新、融资渠道等方面给予支持，以茶庄园建设促进三产融合发展；统筹整合茶生态、茶文化旅游资源，打造“民宿·茶香人家”乡村旅游品牌，对符合要求的，参照《安溪县扶持发展旅游民宿暂行规定》(安政办〔2019〕66 号）给予扶持；鼓励打造以茶庄园为载体的茶文旅主题景区，创建国家 A 级旅游区。对获评为 AA 级旅游区奖励 20 万元，AAA 级旅游区奖励 30 万元，AAAA 级旅游区

奖励 50 万元。

第五，加大科技研发。建立科技知识产权奖励制度，县级财政设立安溪县知识产权（专利）专项资金，列入县财政预算，专款专用，年额度 400 万元；设立科技研发创新专项资金，用于支持新型制茶机械研发、深加工产品开发等，进一步完善以市场为导向的科技成果转化机制；加快茶叶科技成果转化，鼓励与中国科学院、中国农科院茶叶研究所、浙江大学、湖南农业大学等科研机构、高等院校深入开展合作，合作科研课题、成果转换和项目实行“一事一议”，报县政府研究同意后给予支持。

第六，支持品牌推广。县级财政设立品牌发展专项扶持资金 1000 万元/年，用于支持开展“年年有主题，月月有活动”公用品牌推广行动，扩大安溪铁观音的品牌效应；推动安溪铁观音参与中国品牌价值评价活动，进一步释放品牌溢价效应；与新华社、人民日报社、央视等主流媒体开展合作，宣传推介安溪铁观音区域公用品牌，进一步提高安溪铁观音的美誉度。

第七，鼓励开拓市场。县级财政设立市场开拓专项扶持资金 600 万元。对获评农业产业化国家、省、市级重点龙头企业的，分别给予 10 万元、5 万元、1 万元的奖励；对县级涉茶部门组织企业参加国内外展览展销活动的，展位费、特装费等公共推广费用由县财政承担；对县级涉茶部门推荐企业参加国内外展览展销活动和各地茶业发展促进会开展安溪茶叶宣传推广活动，给予适当补助。

第八，支持资本运作。鼓励有实力的企业跨区域整合资源、组建产销集团，引导龙头企业、相关科研单位和社会组织建茶产业联盟；茶叶企业改制上市的，按照《安溪县人民政府关于印发〈安溪县支持企业改制挂牌上市，实现高质量跨越发展的若干措施〉的通知》（安政综〔2021〕17 号）相关政策给予扶持。

（3）茶产业发展制约因素。

第一，一产分析。一是组织化程度偏低，一家一户的小农经营仍占相当比重，茶农收入大部分来自茶叶销售收入，收入渠道较为单一，分

享二三产增值收益少。农村青年劳动力大量进城，茶叶种植生产人员老龄化趋势加剧。二是标准化程度不高，家庭作坊式的生产模式与日益严格的茶叶卫生质量标准和市场快捷消费要求不相适应。第二，二产分析。一是政产学研用结合不够紧密，茶叶生产加工创新不足，工业化标准化水平不高。二是缺乏“航母级”龙头茶叶企业，深加工企业较少，茶叶产业链、价值链条偏短。第三，三产分析。一是金融资本、社会资本进入茶山的通道尚未打通。二是茶旅结合处于初步发展阶段。三是茶产业领军人才队伍建设亟待加强。

4. “安溪铁观音茶文化系统”遗产地发展对策

(1) 实施提升产业链“八大行动”，增强产业动能。

第一，文化铸链。挖掘茶文化特色，建设茶文化载体，培育茶文化人才，彰显茶文化魅力，持续提升安溪铁观音知名度、美誉度和市场占有率。以安溪铁观音茶文化系统被正式认定为全球重要农业文化遗产为抓手，进一步挖掘福建安溪铁观音茶文化系统的生态价值、人文精神和情感力量，建设安溪铁观音茶文化系统核心区、溪禾山铁观音文化园、世界茶艺茶道文化交流中心等一批茶业地标工程，让安溪铁观音茶文化系统更好地保护与传承。

第二，生态固链。践行“绿水青山就是金山银山”的发展理念，推进全域绿色、全域生态、全域低碳，“一控两减三基本”取得明显成效，绿色低碳循环发展长效机制基本建立。制定实施茶产业主体功能区规划，实施茶叶产区分级管理。

第三，合作串链。加强外部资本力量与内生力量的培育与融合，打造一批在业界联合度高的茶产业链条，互惠共赢。大力扶持茶业全产业链企业及龙头企业上市，支持龙头企业通过兼并、重组、收购、控股等方式整合中小企业，打造茶企“航母”和“舰队”。

第四，加工延链。突破茶业生产加工清洁化、机械化、标准化、数字化、智能化、功能化等方面的科技瓶颈，利用先进的科学技术和生产要素装备农业。支持茶叶精深加工，重点支持八马茶业数字化茶叶生产线和老茶陈化仓储、安溪小罐茶现代化茶叶生产车间、禅心缘茶业新式

茶饮基底茶生产基地、桃源有机茶新一代功能性茶产品等一批精深加工项目建设，应用现代提取、分离、纯化技术，开发新一代功能性茶产品，向食品加工、生物医药、日用化工、茶生物提取等行业延伸。布局茶纤维新材料应用、茶食品加工企业。

第五，科技淬链。密切“政产学研用”，瞄准行业最前沿，综合运用现代生物技术、云计算、5G、大数据、人工智能等新一代技术，千方百计抢占科技发展制高点，牢牢把握行业发展主动权，提升核心竞争力。2022年，安溪县举办首届中国茶科技创新大赛，以茶产业需求为导向，向国内外征集相关技术、人才与项目，以“张榜领题”的形式搭建起需求单位与创新创业项目之间的桥梁，推动产业、人才、技术深度融合，助力乡村振兴和生态文明建设。

第六，品牌强链。坚持安溪铁观音区域公用品牌与企业品牌良性互动，传递安溪铁观音绿色健康正能量，打造一批高品质、有口碑的茶业“金字招牌”。以创建“安溪铁观音国家地理标志产品保护示范区”为契机，明确品牌定位，开展“观音铁韵，王者归来”宣传营销，走出去“神州行”“世界行”，请进来“庄园游”“观光游”“体验游”，持续推进“年年有主题，月月有活动”公用品牌推广行动。与新华社、人民日报社、央视等媒体开展合作，宣传推介安溪铁观音区域公用品牌。持续开展国际茶日、开茶节等各类茶事活动。办好各类“安溪铁观音”短视频大赛和歌咏、诗词比赛等。

第七，融合壮链。跨界配置茶业与工业、商贸、文旅、物流、信息等现代产业要素，推进茶产业纵向融合，形成以产业链条延伸为特征的融合业态。推进功能横向融合，促进茶业与文化教育、康养旅游等产业融合，形成拓展农业功能、以休闲体验为特征的融合业态。推进新技术逆向融合，促进茶业与生物技术、信息产业融合，形成以信息化为引领的融合业态，全链发展，全茶利用。

第八，市场拓链。发挥安溪茶叶营销大军优势，拓展“一带一路”茶香通道，在现有“买全茶，卖全茶”的基础上，进一步形成“国内国外并进，线上线下融合”的发展格局，打造“线上茶都”，实现茶叶交

易的“买全球，卖全球”，形成全国乃至全球最有影响力的茶叶交易总部和国家茶业电商中心。

（2）打造“七大中心”，构建产业高地。

第一，茶业制造中心。规划建设茶叶精深加工园区，建设提升城东茶叶新城，发挥福建农林大学安溪茶学院智力优势，与中国科学院、中国农科院茶叶研究所、中华全国供销合作总社杭州茶叶研究院深度合作，推动茶叶向精深加工、萃取应用、生物科技等领域延伸；支持龙头企业与各地茶叶基地、品牌、企业开展产销合作、品牌营销、资本运营；引进国内外龙头茶叶企业在安溪建设“中央工厂”、精深加工中心；抓住新式茶饮迅猛发展的窗口期，设立新式茶饮基底茶生产加工园区，打造知名新式茶饮基底茶产业链供应基地。

第二，茶叶交易中心。发挥安溪茶叶营销大军优势，借力互联网，以创建国家电子商务进农村综合示范县、全国“互联网+”农产品出村进城项目试点县，以及安溪中国茶都创建国家级农产品（茶叶）产地专业市场为载体，支持电商平台安溪铁观音官方旗舰店做大做强做优，整合弘桥智谷电商产业园、中国茶博汇、福茶网安溪分中心和龙头企业电商平台资源，设立茶叶电商专业园区，打造业界领先的茶叶电商供应链和仓储物流体系，促进电商集聚发展、支持电商应用创新、推动跨境电商发展，拓展“一带一路”茶香通道。

第三，茶配套生产中心。加大茶机械研发力度，研发适合全国六大茶类制作工艺的茶机设备，进一步提升安溪茶包装、茶机械、茶器具在国内外市场份额。整合世界各地茶配套市场资源，发挥世界藤铁工艺之都和中国茶都的优势，在产品创新、工艺设计、需求对接等方面下足功夫，推进茶包装、茶机械、茶器具专业园区建设，大力扶持茶配套产业发展。

第四，茶业数字中心。以世界茶贸指数研究中心落户安溪为契机，以产业数字化、数字产业化为发展主线，借力高端平台，依托数字福建（安溪）产业园，整合现有数字茶业平台，通过物联网、区块链、大数据、人工智能等数字技术应用和商业模式创新，推动茶叶种苗、种植、

包装、加工、交易、仓储、物流等全产业链条数字化。同时，大力开发数据资产潜在价值，发挥数据辅助决策分析的效能，使数据“资产化”成为茶产业新动能转换的源泉，形成茶产业数字经济中心。

第五，茶业科技创新中心。与中国科学院、中国农科院茶叶研究所、中华全国供销合作总社杭州茶叶研究院、福建农林大学、福建省农业科学院、浙江大学、湖南农业大学、安溪茶学院等科研机构、高等院校深入开展合作，打造“政、产、学、研、用”一体化平台。依托国家茶叶检测重点实验室、国家茶叶质量监督检验中心等国家级茶叶检验监测中心，福建农林大学安溪茶学院、泉州国家农业科技园区、国家茶叶质量安全工程技术研究中心等国字号科技平台，加强基础课题和实用课题研究，致力科技创新，推动现代科技要素集聚，提升技术集成应用水平，支持优势企业和科研机构承担国家科技发展涉茶项目，突破茶产业发展存在的共性技术难题，打造茶产业硅谷。

第六，茶文化旅游中心。以安溪铁观音茶文化系统核心区、中国茶都、茶博汇、溪禾山铁观音文化园、安溪茶学院、茶庄园等为阵地和中心，集聚茶业制造中心、茶配套生产中心、茶叶交易中心、茶业金融中心、各类博览会等带来人流、物流、信息流、资金流，发展茶园生态观光、茶文化体验、休闲度假、研学等业态，打造知名茶文化休闲旅游中心和重要目的地，辐射带动全域旅游。

第七，茶业金融中心。支持金融支农产品创新，成立茶产业碳中和研究院，打造中国茶都特色金融。积极搭建平台、招商引资，引入基金、债券、风投等资本，鼓励支持福建八马茶业有限公司、华祥苑茶业股份有限公司、日春股份公司、安溪小罐茶庄园有限公司等头部茶叶企业有序进军资本市场，在安溪集中开展茶业投资业务，创新金融工具，优化金融服务，打造茶业华尔街。

二、武夷岩茶优势特色产业集群项目建设报告

中央农业生产发展专项资金安排 1 亿元，以闽北乌龙茶区为中心，

构建特色产业集群，在武夷山市、建瓯市、建阳区、沙县区和泰宁县实施产业集群项目，着力打造“一龙头两重点两带动”（以武夷山市为龙头，建瓯市和建阳区为重点，辐射带动沙县区和泰宁县）的空间布局，按照“绿色引领、品牌支撑、龙头带动、三产融合、集聚发展”的总体思路，不断优化一产、深化二产、强化三产，力争到2022年5个实施县（市、区）的武夷岩茶总产量达4万吨。通过优化一产，即在项目县（市、区）选择相对集中连片的茶叶基地20个以上，建设绿色高效标准化茶叶生产基地1333万公顷以上；深化二产，即引进茶叶加工、包装连续化生产线，开展标准化加工厂房等设施建设等；强化三产，即开展茶文化展示、产品展销、休闲体验、大数据服务、交易平台与仓储物流建设、品牌宣传推介等；提升公共服务，即强化标准规划、示范培训、茶叶保险、服务平台、区域公用品牌宣传等社会化服务，开展集群科技支持项目及区块链技术应用等；大力提升福建省武夷岩茶产业发展水平，打造中国乌龙茶核心产区和产业集群。以武夷山市、建瓯市和建阳区重点县（市、区）为案例，详细介绍特色产业集群项目背景下优化一产、深化二产、强化三产的发展情况。

（一）武夷山市茶产业篇

总结武夷山市茶产业在组建“三茶”工作专班、明确“三茶”工作任务、制定“三茶”工作要求、推动“三茶”统筹协调发展方面的发展成效，并从巩固产业发展基础、提升产业发展内动力、强化产业管理营销、健全产业发展体系等方面提出了推动武夷山市茶产业进一步发展的政策建议。

2021年3月22日下午，习近平总书记在福建武夷山市星村镇燕子窠生态茶园考察调研指出：“武夷山这个地方物华天宝，茶文化历史久远，气候适宜、茶资源优势明显，又有科技支撑，形成了生机勃勃的茶产业。要很好总结科技特派员制度经验，继续加以完善、巩固、坚持。要把茶文化、茶产业、茶科技统筹起来，过去茶产业是你们这里脱贫攻坚的支柱产业，今后要成为乡村振兴的支柱产业。要统筹做好茶文化、

茶产业、茶科技这篇大文章，坚持绿色发展方向，强化品牌意识，优化营销流通环境，打牢乡村振兴的产业基础。要深入推进科技特派员制度，让广大科技特派员把论文写在田野大地上。”武夷山市牢记嘱托、凝聚全市之力，着力打造“三茶”统筹示范，取得了一定成效。

图 3-7 星村茶园（丁李青摄）

1. 茶产业发展成效

武夷山市现有茶园面积 1.31 万公顷，涉茶人员 12 万。全市注册茶叶经营企业 8858 家，规模以上茶叶企业 40 家，农业产业化市级以上重点龙头企业 21 家，其中农业产业化国家重点龙头企业 2 家，通过食品生产许可（SC）1247 家。2021 年，茶叶产量 2.39 万吨，茶叶产值 22.85 亿元，实现茶产业产值 120.08 亿元，同比增长 9.3%。茶产业主体实现税收 1.1 亿元，同比增长 29.43%。武夷岩茶连续 5 年位居中国茶叶类区域公用品牌价值第二，品牌价值 710.54 亿元，荣获 2021 年度“三茶”统筹先行县域、茶业百强县、区域特色美丽茶乡等称号，省农业农村厅以燕子窠为重点打造全国武夷岩茶产业集群“三茶”统筹先行区，茶产业全产业链发展势头良好。

(1) 组建“三茶”工作专班。

武夷山市成立由市委、市政府主要领导任组长，市政协党组书记任常务副组长，市委市政府分管领导任副组长，市委政法委、统战部、茶产业发展中心、市场监管局、农业农村局等相关单位负责同志为成员的武夷山市“三茶”统筹创新推进工作专班，工作专班下设“一办三专班”，即“三茶”工作综合协调办公室、茶文化工作推进专班、茶产业工作推进专班、茶科技工作推进专班，具体负责组织协调“三茶”工作，振兴茶文化、做强茶产业、发展茶科技，以确保各项工作落实到位。

(2) 明确“三茶”工作任务。

始终“牢记一个嘱托”，让茶产业成为乡村振兴的支柱产业；“严守两条底线”，即生态环保底线和食品安全底线；“推进三大提升”，即实现武夷茶品质、品位、品牌的提升；“实现四个增强”，即增强武夷茶品牌的竞争力、带动力、影响力和公信力，致力让茶产业成为武夷山乡村振兴的支柱产业，加快全面建设人与自然和谐共生现代化先行示范区。

(3) 制定“三茶”工作要求。

出台《武夷山市“三茶”统筹创新发展行动方案》，一是振兴茶文化，围绕建设“世界茶源、中国茶都”目标，突出文化引领，不断丰富和提炼武夷茶文化资源，实现茶叶从单一营销向综合营销转变，有效提高茶文化的品位，强化品牌的带动力、影响力。二是做强茶产业，围绕“质量优先、品质一流”目标，加强茶叶种植、加工、销售各个环节质量监管。强化武夷茶公用品牌保护；持续开展违规开垦茶山整治专项行动、茶叶市场整治行动，严厉打击以次充好、假冒伪劣、过度包装等行为，进一步提升茶叶品质和竞争力。三是发展茶科技，围绕实施“科技引领、创新驱动”目标，按照“品牌引领、龙头带动、项目支撑”的要求，持续深化科技特派员制度，全力实施“补链、延链、强链”措施，达到全产业链高质量发展，围绕“三茶”统筹创新提出具体措施20条。

（4）推动“三茶”统筹协调发展。

第一，茶文化方面。编著《茶韵文脉》《武夷茶名丛研究》《武夷山一百个茶故事》等武夷茶文化书籍，编排《武夷茶香飘万里》茶歌舞，完成“敬世界一杯武夷茶”歌曲创作，对外发布15期“这就是武夷茶”宣传短视频。建立武夷山市茶文化艺术型专家人才库，首批入库专家12人、顾问9人。打造武夷茶世界文旅融合项目，开演国内首部茶文化主题光影秀《我在·万里茶路》，首批签约百强茶企，正式开业54家，武夷星茶业有限公司、武夷山香江茶业有限公司、福建武夷山国家级自然保护区正山茶业有限公司、福建八马茶业有限公司、华祥苑茶业股份有限公司、日春股份公司、中国茶叶股份有限公司等一批重点企业已入驻，并开展品牌展示营销。由市四套班子主要领导及“三茶”专班领导牵头，开展8家“大众茶馆”建设工作。规范武夷茶文化内容，重点对武夷星茶业有限公司、福建武夷山国家级自然保护区正山茶业有限公司、武夷山香江茶业有限公司、福建省武夷山瑞泉茶业有限公司等知名茶企的茶文化展进行审核指导，加强宣传讲解人员培训，规范宣传内容，提升讲解水平。启动中国武夷茶博物馆建设项目，确定项目优化方案。完成武夷岩茶（大红袍）制作技艺申报世界非遗拍摄工作。成功举办国际茶日、喊山祭茶仪式、第二届武夷岩茶（大红袍）制作技艺制茶大会拜师仪式、武夷山市茶膳大赛、世界遗产大会百企茗茶品鉴、首届中国武夷红茶国际交流、第二届全国评茶员职业技能竞赛总决赛、首届“武夷茶舞”大赛、武夷山茶文化推广等活动。启动茶产业乡村振兴助力发展大会、中国（南平）茶科学家论坛筹办工作。

第二，茶产业方面。完成武夷山“三茶”统筹规划编撰。制定产业地图、招商地图，开展产业链“延链补链强链”招商，摸排茶饮料、茶食品、茶器具、茶护肤品、茶日用品、茶包装、茶设计招商重点企业22家，在省级、南平市级等平台签约涉茶项目8个。推进武夷岩茶优势特色产业集群项目建设，重点建设生态茶园、改造升级机械设备及公共服务提升等，争取2021年项目资金投向3000万元，重点扶持全国武夷岩茶产业集群燕子窠“三茶”统筹示范区创建，规划建设“三茶”统

筹展示馆、燕子窠岩茶体验中心、福建省绿色生态茶园技术推广中心。对重点茶叶企业采取“一对一帮扶”措施，扶持做强做大，培育有潜力“小升规”茶叶企业6家，现有年销售额500万元以上茶企56家，八马茶文化研学体验园、正山茶业综合实践区、武夷星武夷岩茶工程技术研究中心等一批产能提升项目加快建设，抖音直播基地落户凯捷岩茶城，目前基地进驻服务商家6600多家。加快茶产业专业园区规划建设，在仙店生态创业园区规划用地面积146.67公顷，重点引进茶衍生品生产企业。与中茶所合作，启动小武夷中国茶树种质资源圃项目建设，已完成首期33.73公顷征地调查工作，清理项目用地2公顷。组建茶领域科特派人才库，建立科技特派员服务团队43个，选派省、市茶相关领域个人科技特派员62人，对茶种质资源、茶叶种植、科学精制、智能仓储、电商交易等茶全产业链各环节开展服务指导，累计培训茶叶技术人员500人次。成立茶企上市工作专班，与中国投资开发有限公司、华商集团开展整合茶企上市战略合作商讨。推出8条茶旅融合线路，“大安一日红色传统教育线路”获评百条红色茶乡旅游精品路线。打造全国武夷岩茶产业集群燕子窠“三茶”统筹示范区，中国茶产业联盟授予星村燕子窠生态茶园、武夷星生态茶园最美生态茶园称号。加强茶业市场乱象整治专项行动，向全市茶企茶农发布三封公开信，引导茶企代表签订诚信经营承诺书，反对“虚标价格”、过度包装和使用恶俗化名称。

第三，茶科技方面。开展生态茶园建设工程，召开生态茶园建设现场会，下发《国家级生态茶园示范基地行动方案》，全市11601户茶农、1683户茶叶企业自觉向社会作出禁用除草剂生产无公害茶承诺，建立茶树病虫害绿色防控与统防统治融合示范片2个，建设生态茶园示范片10个，在全市范围全面建设绿色生态茶园5360公顷。推动茶检中心项目建设，已完成主体工程量95%，已对接省质检院达成合作建设国家级茶叶检测中心初步意向。持续推进茶山整治，2021年整治违规违法开垦茶山75.40公顷、茶山生态提升143.47公顷。与中国工程院刘仲华院士合作，完成武夷岩茶品质化学特征与保健功能研究分析，启动武夷红茶品质研究，拟发布《武夷岩茶品质化学与健康密码》成果。完成

武夷岩茶和武夷红茶实物标准样品复制。市茶业同业公会对《斗茶赛》《武夷岩茶陈茶》《武夷红茶陈茶》等团体标准立项，完成团体标准《武夷岩茶茶器（盖碗）》起草。发布实施武夷龙须茶团体标准、陈年武夷岩茶团体标准、陈年武夷岩茶仓储技术规范，海峡两岸茶业交流协会在武夷山设立茶包装委员会。

2. 茶产业发展对策

武夷山市将围绕“三茶”统筹发展要求，注重提升产业整体效益和一二三产融合，全面落实发展措施，推动茶企茶农增产增效，努力把茶产业建设成为乡村振兴的支柱产业。

（1）巩固产业发展基础。

在全市建成各种类型生态茶园的基础上，持续推广福建农林大学廖红教授茶园土壤环境优化技术、陈宗懋院士绿色防控综合技术、福建省农业科学院张艳璇以虫治虫以螨治螨生物防治技术为主的生态茶园建设模式，进一步提升茶园管理水平和茶叶品质。重点打造燕子窠“三茶”统筹先行区。同时进一步加强对农药、肥料服务网点管理，加大农药、肥料农资等相关知识培训力度。对购买农药、肥料等购买者或企业实行实名登记，建立销售台账。对有发放补贴的新型农业经营主体，要求其回收未用完的农药、肥料、农膜，督促其建立农药、化肥采购及施用记录台账，建立废弃物回收处置记录台账。建立农药包装废弃物回收处置制度。加强巡查督查，对有污染环境行为的企业或个人加大处罚力度。

（2）提升产业发展内动力。

加快武夷茶陈茶团体标准制定和武夷岩茶国标保存期修订工作。加强与刘仲华院士合作，推进武夷岩茶、武夷红茶品质研究，通过科学研究发布武夷茶陈茶健康作用和优良品质，提高武夷茶陈茶价值和销售量，达到“去库存”和增效目的。积极与科研院校合作，探索开展茶叶产品研究，通过引进科技企业，利用茶废弃物发展特色产品，提升茶产业链附加值。通过科技创新，提取分离纯化茶叶主要成分，延伸发展健康产业、功能食品、酒、化妆品等行业。依托武夷星港澳台综合培训中心、省对外科技文化交流协会南南合作培训基地等，培养一批茶文化传承大使。加大对非遗传承人技艺传承推广力度，评选一批茶技艺非遗项目传承人。充分发挥传承人“传、帮、带”作用，提高全行业技艺交流与传承水平。

（3）强化产业管理营销。

加强武夷茶地理标志管理。探索整合武夷茶地理标志标识管理办法，落实“认标购茶”、正本清源措施，加大原产地茶叶品牌宣传推广和市场营销力度，在巩固南方市场的基础上，重点加大华北、东北地区市场拓展，提升武夷茶市场占有率，助推茶企茶农增产增效。加快“大众茶馆”建设。实行市领导挂点工作制，推广平价优质民生茶。创新产品形式，以喜茶、奈雪、茶颜悦色、茶宴等更加符合年轻人消费需求的模式拓宽茶叶市场。

（4）健全产业发展体系。

完善茶叶溯源体系建设。持续规范“一品一码”管理，探索建立武夷茶追溯中心，利用科技手段和茶产业大数据平台，从茶叶采摘、运输、生产加工、包装、销售等重点环节进行全程跟踪，掌握每片山场、每泡茶生产销售轨迹，并对茶园茶叶产量和销量数据进行实时更新、动态监管。建立常态化茶叶市场监管体系。通过建立联合执法机制，定期开展茶叶市场专项整治行动，重点对未明码标价、过度包装、价格虚高、标签标识不符以及使用庸俗花名、“非卖品”“品鉴茶”等行为进行常规检查，并采取书面警告、限期整改、行政处罚等整治措施，持续净化武夷茶叶市场。

（二）建瓯市茶产业篇

总结建瓯市茶叶种植、茶企规模的发展成效及在夯实基础、弘扬北苑贡茶文化、做强茶产业链条、提升茶产业科技等方面的举措，对茶产业发展中的重大问题进行分析，并从实施遗址保护、讲好北苑历史故事、做好“三茶”文章、深度融合创新发展、拓展对外交流窗口等方面提出推动建瓯市茶产业进一步发展的对策和建议。

建瓯产茶历史悠久，自五代时期开始生产贡茶，历经 6 朝 42 帝，

持续上贡458年，素有“中国乌龙茶之乡”“中国水仙茶之乡”的美称。

1. 茶产业发展现状

（1）建瓯市茶产业。

第一，生态环境优越，品种资源丰富。建瓯全市现有茶园面积7910公顷，茶叶产量1.84万吨，年产值5亿元。茶品种繁多，良种覆盖率95%以上，有水仙、矮脚乌龙、奇兰、肉桂、梅占、奇兰、黄玫瑰等50多个品种，其中水仙占全市种植面积65%。

第二，制茶技术成熟，产业规模壮大。建瓯是闽北茶叶的传统精制中心，制茶历史最早可追溯到唐贞元年间的建州刺史常衮创制研膏茶，尤以宋时北苑龙凤团茶为极致。近年来，建瓯市先后引进了一批乌龙茶制茶的新技术、新工艺，有效地促进了茶叶产品升级，名优茶、精品茶和高档茶比例从30%提高到60%左右，茶叶生产加工技术得到提高。全市从事茶叶生产经营企业276家、专业合作社77个、个体户1287个，从事茶叶生产加工销售的人员近10万人，茶产业已成为建瓯农民增收的重要产业之一。

第三，人才队伍壮大，制茶水平提高。全市已建立比较完整的专业人才支撑体系。通过人才培育计划培养了一大批茶叶加工技术人员，为建瓯精制茶叶的扩大再生产提供了有力的技术人才保障；搭建校企合作平台，为企业招聘专业人才；鼓励企业选送人员到高校进修，为全市茶产业可持续发展提供了技术支撑。现有国家职业资格证书茶产业人才2756名，其中，高级人才497人，北苑御茶制作技艺省级传承人1人。闽北乌龙茶科技小院连续两年获“十佳中国农技科技小院”称号。

（2）提升建瓯市茶产业发展的主要措施。

第一，夯实三茶发展基础。成立建瓯市统筹“三茶”高质量发展领导小组，抽调农业、科技、文化、流通、重点产茶乡镇等部门人员组建茶产业工作专班，加强茶产业工作力量，通过定期召开协调会，及时解决“三茶”发展中的重大问题。制订《建瓯市统筹“茶文化、茶产业、茶科技”高质量发展实施方案》《绿色生态茶园建设与管理的指导意见》，按照“工作项目化、项目清单化、清单责任化”的思路，安排部署绿色生态茶园、扶持龙头企业、品牌宣传提升等 15 个方面工作，细化分解 37 个目标任务，挂图作战、对账销号，有效推动各项工作落细落实。

第二，弘扬北苑贡茶文化。一是加大遗址保护开发利用。以全国唯一的茶主题国家级文物保护单位北苑御焙遗址为支点，抢占中华茶文化的皇冠。邀请福建省考古研究院启动北苑御焙遗址勘探，已完成北苑御焙遗址考古勘探基础资料收集。为北苑贡茶重点文物（重要遗址）“东峰北苑御焙遗址（摩崖石刻）”和“小桥镇北苑贡茶古道”分别投保 3 亿元和 1 亿元，加快构建北苑贡茶文化体系。二是做足北苑贡茶文化文章。积极推动茶神祭祀、喊山节等茶事活动非遗申请；举办茶神张三公 Q 版像及文创产品发布会，把茶神张三公作为北苑贡茶宣传推广的重要文化符号；在喜马拉雅 APP 开设“北苑贡茶”频道，上稿 28 篇（幅）；南雅镇、东峰镇、小桥镇等乡镇完成茶主题宣传片制作，并在学习强国、中国茶业公众号等媒体上刊播。先后举办“北苑贡茶知识竞答”“寻找古茶树”“千年建州，梦回北苑——宋代点茶研习班”等 5 场系列活动，加大北苑贡茶文化宣传力度，进一步丰富建瓯“千年建州、理学名城”文化内涵。三是做好茶文旅融合发展。联合建发商管公司，打造集北苑贡茶文化展示馆、体验中心、一条街、主题公园于一体的北苑贡茶文化中心，已完成方案设计，正在进行项目招投标。持续推进东峰北苑贡茶特色小镇、五韵南雅生态茶园 AAA 景区、小桥十里茶文化长廊等项目建设，推动集文化创意、古法制茶和休闲度假于一体的北苑御茶茶庄园项目落地，协助谋划“大地指纹”茶宿集群和鱼茶共养茶科技文旅融合示范园等茶文旅融合项目。

第三，做强茶产业链。一是强化龙头企业培育。百年乌龙茶厂获批农业产业化省级重点龙头企业，中茶公司完成“小升规”；结合武夷岩茶产业集群项目，凯捷集团有限公司、福建省建瓯市百聚丰茶业有限公司等茶企完成不落地生产线改造升级，沐山茶叶合作社、韵鸿农业专业合作社、张声宾家庭农场等完成全天候温湿度不落地生产线建设。北苑贡茶被省农业厅评为 2021 年度福建十大农产品区域公用品牌。二是推

进专业园区建设。探索打造“北苑贡茶”城，在城区周边选址谋划建设集生产加工、贸易展示、文化体验等于一体的茶产业专属园。加快总投资3.17亿元的小桥北苑贡茶加工园区建设，目前一期已竣工投产，招商入驻企业7家，二期建设加快推进，电商街项目已进入设计招标阶段。三是加快补齐产业短板。主动融入“福茶”集群，鼓励企业建立技术研发中心，构建产学研用平台，推荐成龙茶厂、松清茶业、龙兴茶叶等3家茶企申报省茶科技研究院（武夷山）分中心。积极对接中茶公司，争取中茶闽北原料中心项目落地，推动凯捷公司茶饮料项目，引导龙兴公司茶粉项目做大做强。与市场局共同修订简化优化SC规程，全市新增SC茶企9家。

第四，提升茶业科技。一是大力建设生态茶园。整合项目资金，积极稳妥推进茶园生态化建设与管理，组建茶产业科技特派员团队，全面加强技术指导，提升绿色生态茶园建设水平，超额完成南平下达绿色生态茶园25%的建设任务。二是提升数据化应用水平。通过推广物联网等科技应用，改造传统茶产业，推动茶叶初制加工标准化升级。投入100万元项目资金，推进集数字茶园、茶工厂、茶仓储、茶质量溯源、社会化服务、茶旅于一体的全市茶业大数据平台建设，已完成基础数据框架搭建，项目平台通过了验收。三是深入实施人才培育工程。加快制茶工艺师和北苑茶制作技艺（非遗）传承人培养，建立“三茶”专家库，推动茶产业科技特派员制度创新发展。近年评选出县级制茶工艺师20人、北苑茶非遗传承人31人；组织各类茶业技能培训，完成培训人数2000人次；结合科技特派员制度，成立科技特派员联合体3个。

2. 茶产业高质量发展对策

（1）更高起点，加强遗址保护利用。

第一，加快规划编制报批。加强与省文物局和国家文物局对接，争取2022年8月前完成北苑御焙遗址考古调查勘探，形成考古调查勘探成果；2022年底前编制完成并通过《北苑御焙省级考古遗址公园》审核，列入福建省第二批省级考古遗址公园名单；同年，《北苑御焙遗址文物保护规划》通过省文物局评审，2023年上半年通过国家文物局审批。

第二，提升展示利用水平。立足1995年发掘发现的50多个600余平方米遗迹单位，积极向国家文物局申请“北苑御焙遗址展示利用项目”立项，科学编制实施方案，推动原考古发掘成果复原展示利用。适时组织向国家文物局申请“主动性考古发掘项目”立项，分阶段分区域对御茶堂官署遗址区、御泉遗址区、推测遗址点、周边环境及更大考古工作等开展遗址考古发掘，谋划北苑御焙遗址博物馆、茶神庙、中国宋元茶文化博物馆、北苑茶饼制作工艺体验馆、北苑名人展示馆等项目，不断提升北苑御焙遗址活化利用水平。

第三，加强周边环境整治。对标《北苑御焙遗址文物保护规划》和《北苑御焙遗址省级考古遗址公园》项目建设要求，抓紧做好遗址周边村庄环境整治、山场林分调整、绿色生态茶园建设、茶园彩化美化以及临时通行道路、旅游标识公厕等改造提升，稳步推进考古发掘遗迹保养维护、茶事摩崖石刻石质文物保护修缮以及河道挡墙防护、消防设施等项目建设。

第四，建立考古技术支撑。聘请北苑御焙遗址原考古队成员、文博专家、当地历史文化学者等专业人士，组建北苑御焙遗址考古专家顾问团，成立专门研究机构——北苑文化研究院，定期召开会商会、研讨会，及时研究解决北苑御焙遗址考古遗址公园项目建设过程中出现的重大事项，定期发布遗址公园考古发掘计划和进展。

（2）更有内涵，讲好北苑历史故事。

第一，理清历史主线脉络。加大北苑贡茶历史文化的挖掘、整理力度，从历史典籍、文献资料中寻找记载，进一步佐证北苑贡茶的历史地位、时代价值。以申报省级遗址考古公园为契机，组织知名历史学家、考古专家开展研学和考古，编纂文集，讲好北苑贡茶历史故事。持续弘扬北苑贡茶点茶、斗茶传统文化。

第二，加大宣传推介力度。围绕北苑御焙遗址保护利用、茶产业发展、品牌打造、项目推进等，通过组织拍摄《千年建州·北苑贡茶》宣传片，编纂北苑贡茶文化丛书，制作北苑贡茶主题微电影、动漫、H5图文、宣传画册，面向全国举办北苑贡茶微视频、主题征文，在央视等

主流平台投放广告等方式，开展立体化宣传。

第三，策划多样地域特色活动。持续举办中华北苑贡茶节、北苑贡茶高峰论坛，开展高品质的斗茶赛等民间茶事活动，组织开展“千年建州·北苑贡茶”文艺演出、茶神张三公文化节、北苑贡茶主题宣传等文化活动。加强与抖音、快手、喜马拉雅等平台合作，开展“网红说北苑贡茶”等系列活动，切实提升北苑贡茶影响力，让北苑贡茶有声有色、有体有韵。

(3) 更大力度，统筹做好“三茶”文章。

第一，强化品牌形象塑造。收回北苑贡茶商标权属，统一打造“北苑贡茶”公用品牌，建立北苑贡茶 LOGO 和 IP 整体推广体系，开发茶神张三公、茶衙、建盏等文创产品，延伸品牌深度和广度，贯通线上线下营销体系。

第二，推进品种溯源保护。聘请福建农林大学、福建省农业科学院等高校科研机构，加大对北苑贡茶品种资源遗传多样性分析及育种鉴定等研究，开展北苑贡茶原生茶树资源与矮脚乌龙，台湾以及其他地区青心乌龙与矮脚乌龙的亲缘关系论证，做好北苑贡茶矮脚乌龙等系列品种资源的分子身份证精准识别工作，建立品种资源库，积极申报省、国家级优质茶树种质资源库。

第三，做好技艺传承活化。加大北苑贡茶技艺非遗传承人培育，鼓励成龙茶厂、建州北苑御焙贡茶研习所等龙头企业和研究团队恢复北苑贡茶古法制作，推动点茶技艺流程化。加快制订北苑贡茶蒸青研膏茶、末茶技艺团体标准，搭建北苑贡茶产业标准体系。

第四，延伸产业发展链条。发挥闽北乌龙茶科技小院作用，建设科技特派员创新创业示范基地，研发末茶机器和适合年轻人消费的末茶产品，推动北苑贡茶现代化发展。引导中茶公司建设北苑贡茶生产基地，利用中茶销售网络优势，把北苑贡茶推向海内外；加快凯捷集团有限公司茶饮料项目落户，延伸产业链条。

(4) 更深融合，加速协同创新发展。

第一，编制茶旅融合发展规划。以创建 AAAAA 级景区为标准，

高起点编制《北苑茶旅融合发展规划》。推进北苑御焙遗址核心景区、古法制茶互动体验区、宋代茶坊观光区等茶旅融合项目，加快焙前村旅游配套设施改造，完善游客服务中心、入口广场、停车场建设，努力把焙前村打造成为北苑御焙遗址文化体验村、金牌旅游村。

第二，打造茶旅融合示范项目。依托北苑御焙遗址、茶神张三公、闽台同根茶园等历史文化名片，落地一批茶旅研学基地、茶旅民宿、特色茶庄园、观光茶工厂等特色茶旅项目。建设集茶文化展示馆、体验馆、活动馆和主题公园街区为一体的北苑贡茶文化中心，推进“大地指纹”茶旅集群、“北苑山居”高端民宿等项目建设。

第三，规划茶旅融合精品线路。以北苑贡茶为主题，设计“寻茶之旅”，串联北苑御焙遗址、百年乌龙园、茶神庙、闽北乌龙茶科技小院、茶文化休闲体验中心等茶旅景点，开发半日游、一日游精品旅游线路。创新“+旅游”新业态，结合5G、VR等技术，融入科技元素，增加互动感、体验感，逐步实现“线上北苑游”。

(5)更高水平，拓展对外交流窗口。

第一，夯实对外交流基础。每年评选一批建瓯市北苑茶、盏制作技艺非物质文化遗产项目代表性传承人。2022年，将斗茶（茗战)、茶神张三公、北苑喊山祭、点茶公布为建瓯市级保护项目，并推荐申报一批南平市级北苑茶、盏非物质文化遗产项目代表性传承人。同时，积极做好省级和国家级北苑贡茶、建盏非物质文化遗产项目及其传承人申报工作。

第二，搭建对外交流平台。深入挖掘开发万里茶道北苑贡茶文化资源，推进闽台同根茶园项目建设。加大北苑贡茶非遗传习所建设投入，在博物馆新馆茶历史展厅充分展示建瓯丰富的北苑贡茶历史文化，深入挖掘北苑贡茶历史底蕴，讲好北苑贡茶历史故事，扩大北苑贡茶的认知度和影响力。

第三，开展对外交流活动。组织茶叶企业踊跃参加东亚文化节、武夷茶博会等各大茶展、茶博会，借力茶文化交流展示平台，持续宣传北苑贡茶在促进闽台文化、东亚文化交流方面的重要作用。

（三）建阳区茶产业篇

总结建阳区茶产业基础与优势，对建阳区茶产业发展制约因素进行分析，并从强化产业保障、做强精深加工、争创产业品牌等方面提出了推动建阳区茶产业进一步发展的政策建议。

建阳区是“小白茶”“水仙茶”的发源地，发展茶产业具有天然优势。茶产业是区委、区政府选准“绿色增长”的主攻方向。

1. 基础与优势

（1）茶文化历史悠久、底蕴深厚。

建阳自古以来就是茶叶的重要产地，曾是全省五大产茶县之一。水仙茶发源地岩叉山祝桃仙洞、宋代点茶器具之瑰宝建盏等，充分展示了建阳茶厚重的文化底蕴。全区现有涉茶非遗项目 4 个（小湖水仙、建阳白茶、建窑建盏、宋代点茶），为弘扬茶道、茶艺、茶诗、茶俗等茶文化提供有力支撑。乾隆皇帝曾赋诗《建阳茗事》：“佳茗春深盛建阳，武夷溪谷挹清香。携筐采摘沿芳渚，雷后雨前事益忙。”伴随着水仙茶树品种的问世，建阳茶业迈入鼎盛时期，史称“茶市之盛，不减崇安”。“大湖水仙之名并驾武夷”，以至于“商贾多有不入内山（武夷山）者”。1925 年，小湖本地茶商选送水仙茶参加省名茶大赛，获当时省长萨镇冰题写“武彝春色”金匾，水仙茶身份倍增。当时在水吉、大湖一带，每年初春，南浦溪客船南来不断，各地茶商为预购茶叶，以轻舟载白银而来，本地茶商则广聘戏班，唱戏竟月，歌舞升平，共祝茶丰。

（2）茶产业基础坚实、持续向好。

近年来，建阳区大力推进茶叶生态化种植、标准化加工、品牌化营销，努力构建现代茶产业体系。一是规模不断壮大。2021 年，全区茶园面积 5683 公顷，主要种植品种有：水仙 2742.53 公顷，占比 48.26%；优新品种 2336.6 公顷，占比 41.11%；菜茶 604 公顷，占比 10.63%。主要产茶乡镇有：漳墩镇 1978 公顷，黄坑镇 877.27 公顷，将口镇 740.4 公顷，麻沙镇 588.33 公顷，小湖镇 385.67 公顷，其他乡镇（街道）1113.47 公顷。茶叶产量 6615 吨，其中，青茶 2772 吨，白

茶1593吨，红茶1448吨，绿茶762吨。全产业链产值突破7亿元。注册茶企、合作社、家庭农场561家，其中，78家获得SC认证，3家通过ISO9001国家质量体系认证，2家通过ISO22000食品安全管理体系认证，1家通过GAP国家良好农业标准认证，14家通过绿色食品标准认证。福建省白塔山茶业有限公司、福建和翼生态茶叶发展有限公司获得农业产业化省级重点龙头企业称号，武夷山市天地和茶业有限公司、福建武夷丘苑茶业有限公司、南平市建阳区叶施甘霖茶业有限公司、福建武夷嘉应龙茶业有限公司4家茶企获得农业产业化市级重点龙头企业称号，天地和合作社、大岭后合作社、畲乡合作社共3家获得省级示范社荣誉称号。二是产业逐渐聚集。茶业已成为建阳特色农业主导产业，漳墩镇打造中国小白茶文化产业园，茶获“中国小白茶之乡”这张独一无二的金名片。建阳获批全省武夷岩茶优势特色产业集群项目实施县(市、区)，连续两年合计安排1900万元，区财政整合745万元，对岩茶集群项目进行重点扶持的同时，打造建阳区级水仙茶文化展示馆、建阳国际茶文化节、建盏文创园等茶文旅项目。三是品牌不断打响。初步建立以“武夷山水”区域公用品牌为统领，“建阳白茶”“建阳水仙”等地理标志证明商标为主导，以丘苑、白塔山、天地和、畲乡等企业专有品牌为基础的区域茶叶品牌体系。持续举办建阳茶文化节、建阳区水仙茶初制技能竞赛、漳墩贡眉白茶制作技艺代表性传承人评选、中国小白茶“国际茶日”品鉴交易会等茶事活动，提升建阳茶业品牌知晓率。

(3)茶科技紧跟时代、持续创新。

一是在茶树种质资源和土壤改良方面，依托建阳区小白茶树、水仙茶树基因优势，打造小白茶、水仙茶茶树优异种质资源圃。依托福建农林大学郭玉琼教授团队，推动“林下小白茶种植经济”“水仙茶树母代基因优势研究工程”项目建设。以漳墩杭头村为“林下小白茶种植”试点，在樟树、闽楠、樱花树中套种小白茶，目前已套种小白茶苗约2万株。全区茶园中推广绿色防控综合技术、以虫治虫、以螨带菌治虫、土壤优化，有机肥替代化肥技术，增加土壤有机质、提高土壤肥力。二是

在抚育绿色生态茶园方面，着力推进全域绿色生态茶园建设，开展全域绿色生态茶园建设三年行动。近百家茶叶企业自愿签订《南平市建阳区生态茶园建设管理承诺书》，改善茶园生态环境，让茶园做到“头戴帽、腰束带、脚穿鞋”。现阶段，已完成全区生态茶园建设面积2613.33公顷，占总面积比例46.01%。三是在科技队伍培育方面，注重同福建省农业科学院、福建农林大学等科研院校开展合作，全区每年引入及选派20名以上茶产业科技特派员到茶企（合作社、基地）开展技术服务。连续多年选派优秀茶人茶企到福建农林大学、福建农业职业技术学院等专业茶院校学习深造。四是在机械化智能化水平提升方面，支持现有茶企引进自动化标准化精制加工生产线，中谷茶业引进全套日本进口先进制茶设备，丘苑茶业建成茶叶包装线一条，天地和、建设茶厂等茶企打造乌龙茶智能智控生产线，不断提高茶叶生产品质。

2. 短板与问题

一是茶叶龙头企业数量有限。建阳区现有农业产业化省级以上重点龙头茶企2家，农业产业化市级以上重点龙头企业4家，与其他产茶大县相比，差距较大，带动产业发展能力不足。二是品牌建设仍需加强。近年来建阳茶品牌特别是“建阳白茶”品牌知名度虽有较大提升，但品牌价值仅19.3亿元，宣传起步晚，宣传时间短。三是产业融合程度不深。目前，建阳茶产业主要集中在一产的种植栽培和二产的初加工，产业规模化程度不高，在提升产品附加值、延伸产业链方面能力较弱。四是“三茶”统筹融合不深。政府、企业把主要精力放在发展壮大茶产业上，对茶文化、茶科技重视还不够，围绕茶文化、茶科技的谋划不深，对茶叶种植、生产、流通等领域标准体系建设不足，以茶产业为发展主体，茶文化、茶科技助力发展的“一体两翼”发展架构尚未形成。

3. 思考与建议

(1) 强化产业保障，统筹做好“三茶”大文章。

一是强化要素保障。围绕统筹“三茶”发展目标，谋划编制《南平市建阳区“十四五”统筹茶文化、茶产业、茶科技高质量发展专项规划》，出台“三茶”统筹发展扶持政策，区财政将每年预算1000万元，作为茶产业发展资金，重点对茶文化宣传、绿色生态茶园建设、龙头企业培育、茶叶精深加工发展等多方面工作给予扶持和奖励。确保建阳区“三茶”工作的顺利开展。二是树立长远目标。将“统筹做好茶文化、茶产业、茶科技这篇大文章，深化茶盏结合，延伸茶产业链条”写入区党代会报告，作为今后五年农业发展、乡村振兴的重要工作，坚持党委领导、政府引导、企业主导。三是建立“9＋6”工作机制。按照“三化”运转、专班推进的工作思路，制订一个行动规划、一份政策文件、一批招商项目、一批骨干企业、一批茶品牌、一套行业标准、一串文化故事、一些产业业态、一系列茶科研项目等9张清单，组建全域绿色生态茶园建设、产业培育、品牌标准创建、科研提升、文化宣传、业态拓展等6个专班，负责协调解决茶产业发展过程中出现的重大问题。四是健全行业社会组织。强化茶业协会建设，将白茶协会、红茶协会充分融入区茶业协会，统一牵头组织全区茶业领域的茶事活动，加强行业引导，促进行业自律。五是做足绿色健康文章。深入开展全域绿色生态茶园建设三年行动，推广生物防控、绿肥套种等技术，持续推进减肥减药，构建“林、茶、水”立体生态系统，打造一批绿色生态茶园示范片，力争在“十四五”期间完成全域绿色生态茶园建设目标。

（2）做强精深加工，提升制茶产业竞争力。

一是注重古法技艺传承。持续开展建阳白茶非遗传承人、建阳水仙茶制茶技艺能手、制茶工程师等技艺评选工作，推动建阳白茶制作技艺申报国家级非物质文化遗产。二是注重龙头培育。加快推进建阳经济开发区食品专业园、漳墩小白茶产业园建设，加大招商力度，积极引进有实力的知名茶企落户。用好用足武夷岩茶产业集群项目经费1900万元、区级茶产业专项资金750万元，带动全区茶产业发展。同时，加强茶企梯度培育，选准16家骨干企业，推动向规模以上茶企和市级以上龙头企业发展。三是加强校企合作。引导茶企同福建农林大学、福建省农业科学院等院校合作，打造产教研试点，学习运用先进技术理念，不断提升产业科技创新能力。

(3) 争创产业品牌，增加茶叶产品附加值。

一是重视文化挖掘。围绕环武夷山国家公园保护发展带建设，认真梳理建阳茶历史发展脉络，挖掘建阳茶文化，大力推进“茶旅”“茶盏”融合，规划4～5条建阳茶精品寻茶之旅线路，推出3～5个建阳茶网红打卡点，开发特色旅游，如茶园采摘体验、茶艺表演、茶叶品鉴、艺术创作、摄影等茶文化创意旅游业。二是加快标准制定。有序开展《建阳水仙乌龙茶》团体标准、《建阳小白茶（水仙白茶）品饮》等标准制定工作。开展建阳白茶宣传培训活动，引导和监督各茶企严格按照工艺流程对标生产，科学设定产品质量等级，建立种植、加工、包装、标识、储运、检测等从茶园到茶杯的标准体系。三是积极打造品牌。已成功创建建阳白茶、建阳水仙、小湖水仙、漳墩贡眉白茶4件国家地理标志证明商标，大力开展建阳小白茶、建阳小白、建阳建茶、建阳正山小种、建阳龙凤团茶等国家地理标志证明商标和地理标志保护农产品创建工作，积极争创中国茶业百强县。四是做好展示展销。持续开展“鉴盏吃茶”体验活动，引导茶协、茶企开发建盏、白茶“经典黑白配”茶旅伴手礼，推动茶盏文化一体化、品牌化。建设中国水仙茶文化展示馆、建阳区电商产业发展平台，依托建盏火热的直播平台，引导京东、抖音、快手等平台到建阳拓展业务，带动建阳茶业拓展网销渠道，线上线下茶盏品牌互补推进。

三、省级现代茶业智慧园项目建设报告

福建省省级资金100万元在福鼎市实施该项目，智慧园建设引入5G、物联网、信息化、大数据、云服务等智慧农业核心技术，以促进企业自动化、信息化，提升企业生产效率和经营效益为目标，将智慧农业核心技术应用于茶叶种植、加工、销售全过程，探索企业高产优质的生产管理模式，提升茶企管理水平和产品质量，起到智慧园推广示范效果，带动数字化技术在茶产业方面的应用，打造“5G＋现代农业”智慧茶产业园。智慧园主要围绕以下六点进行建设：一是通过物联网环境

监测、设备远程控制、视频监控设备建设实现生产自动化管理；二是通过系统的互联互通推进农事作业及投入品的有效管理和农产品的质量安全追溯；三是通过加工仓储的标准化建设提升管理的智能化水平，帮助企业提质增效；四是通过农产品流通的网络化，拓展农产品销售空间；五是通过移动通信网络服务能力，打造“5G＋现代农业”白茶产业智慧园；六是通过企业展示中心的建设，塑造企业良好品牌形象、提升企业知名度和认知度、提升品牌价值。

2021年，福鼎市茶园面积1.70万公顷，茶叶产量2.72万吨，同比增长15.57%；白茶产量2.65万吨，同比增长4.74%；茶产业综合产值137.26亿元，同比增长14.8%；茶企纳税额达1.29亿元，同比增长148%。福建品品香茶业有限公司、六妙白茶股份有限公司、福建省天湖茶业有限公司等14家茶企纳税100万元以上。截至目前，全市共有571家茶叶生产加工企业取得SC认证，364家茶叶企业获得福鼎白茶证明商标使用授权，农业产业化国家、省、市、县级龙头企业167家，其中国家级3家、省级51家、宁德市级35家、福鼎市级78家。福鼎茶产业提供就业岗位10万余个，有效带动38万涉茶人员增收致富，全市茶农人均收入从2007年的几百元增长到1.5万元，为促进农业发展、农民增收作出重要贡献。

（一）福鼎市茶产业发展现状

1. 茶产业发展成效

（1）夯实茶产业基础，做好绿色发展文章。

一是全力创建国家现代农业（白茶）产业园。产业园涵盖管阳、点头、白琳、磻溪、太姥山等5个乡镇65个行政村和山前街道南乾点。中央财政项目资金重点用于产业园中的高标准生态茶园、福鼎白茶数字化平台、茶旅线路设施和品牌建设。

二是全面推进基地化生态茶园建设。坚持把绿色发展作为高质量发展的重要路径，全面推行茶园不使用化学农药全覆盖，严禁茶园及其周边使用除草剂。一年来，在全市建立11个茶叶病虫害测报点，定制有

图 3-8 春晨茶香（福鼎）（陈昌平摄）

效茶园病虫害绿色防控技术方案，指导和支持村党支部领建合作社，整村推进茶园病虫害绿色防控工作。在点头镇江美、观洋村建立 200 公顷高标准生态茶园示范基地，以村党支部领建组织化、专业化、社会化的村企协作绿色防控机制，成立茶叶加工主体并与茶农签订优质优价收购茶青协议，形成紧密型利益联结机制，保证茶园不使用化学农药全覆盖工作取得成功。2021 年 9 月 15 日，福鼎市全面下架全市 150 余家农资经营部的茶叶化学农药，这在全省乃至全国都是领先的，将为几十年来茶农使用化学农药的历史画上句号。全国首家“白茶诊所”在福鼎市点头镇揭牌成立，同时成立全市农资行业协会，引导行业自律、规范经营行为。福鼎白茶质量安全进一步提升。

三是强化政策激励，做好保障服务。2021 年 6 月，福鼎市出台了《关于统筹做好茶文化、茶产业、茶科技推进福鼎白茶产业高质量发展超越行动计划》，重点扶持福鼎白茶领军企业发展，引领带动全产业链提档升级，致力补齐发展短板。制定了《福鼎市茶产业“十四五”规划

与2035年编制纲要》，努力提高茶产业质量效益和竞争力，构建茶业新发展格局。为营造全国一流的营商环境，成立了服务茶叶企业发展工作队，下设5个组，分别由市领导带队，深入茶企开展走访调研、座谈了解、现场办公，进一步把握茶产业发展动态，帮助茶叶企业解决生产经营存在的困难和问题。市茶产业发展领导小组还针对产业发展过程中的问题创新成立了绿色防控、大数据、全媒体及茶园纠纷调处4个工作组，并多次组织开展茶产业创新与高质量发展、福鼎白茶大数据溯源等调研督导工作，以及定期召开福鼎市茶企双月分析会，针对当前茶产业的热点、难点问题进行探讨，为政府和企业搭建起沟通协商互动的新平台。

(2) 创新茶科技引领，做好产业服务支撑。

一是全面推进信息化溯源体系。2021年3月10日开始，全市茶青采摘、交易及茶叶生产、销售过程全面纳入福鼎白茶大数据溯源平台系统，茶叶企业、茶青经纪人、茶农在茶青交易时凭信息卡交易。不到一年，已入驻大数据溯源系统企业2422家、经纪人6886个、茶农72149多户；多数茶农学会使用茶园信息卡并凭卡交易，已出售茶青3.5665万吨，总金额17.03亿元；有104家企业申领大数据溯源码，已发放溯源码200万枚。核查充实全市茶园茶企大数据信息库，配备大数据管理队伍，推广溯源防伪标运用，在三级等保、茶企非现金交易自主管理、增设乡镇及茶企APP管理端口等方面持续升级完善大数据溯源平台功能。福鼎白茶大数据溯源系统建设经验在第十七届中国茶业经济年会主题报告会暨茶与健康专题论坛上分享。

二是积极开展茶业数字化建设。推进福鼎白茶智慧茶园监控、8K+5G高清视频系统连接央视专线和福鼎白茶茶园立体气象监测等系统建设项目。磻溪镇、硖门乡等加快实施“数字茶镇”“智慧茶园”项目，加快建设乡镇茶园数字监控系统，整合资源，信息共享，在重要道路卡口、偏远难行茶区等部位设置监控等措施，加强对茶园管理、茶农用药可视化监管力度，力争最集约、更全面地实施茶叶质量安全监管。结合白茶可收藏特点，利用5G、物联网、大数据技术、云计算等信息技术，

提供对茶仓、窖藏环境的智能感知、预警等服务，实现智能化、可视化管理。六妙白茶建立了“新茶预订+云仓储+茶金融+商城交易”组合式窖藏服务；昌泰仓储与金融部门成立的“白茶宝”，能以快捷、优惠的方式帮助客户从银行贷款，是目前国内唯一一个以福鼎白茶为核心的“电商+实体仓库+投资”的物联网综合平台。全省首创的农村生产要素平台结合福鼎白茶大数据系统，依托农户茶园、白茶存货、茶企厂房、林权、农村土地承包经营权、“福鼎白茶”商标使用权等要素，创新茶园信息贷、茶贷通、茶企托管贷、兴茶贷、兴农林权贷、农村土地流转贷、邮茶贷等，创新要素金融服务实现金融有效供给，提供更灵活的供应链金融、免担保等金融服务。

三是大力构建产学研创新体系。加强与茶业科研院校的交流合作，发挥好中国白茶研究院共商共建共享的开放性机制平台作用，构建以龙头企业为主体、产学研结合的茶业科技创新体系。2021 年，中国白茶研究院引导有资质的茶企业共同合作设立了 17 个非公茶叶企业研究所，开展 7 个开放式课题研究，促进科技成果孵化落地，是全国茶产业首创的院企合作先例。同时，福建农林大学茶产业链科技创新与服务体系建设项目示范基地也正式授牌成立。

四是加快科技兴茶进程。福鼎市不断强化科技支撑，依靠科技提产增效。一是开展科技培训。举办福鼎市茶叶绿色防控及信息化建设培训会、福鼎市茶叶质量安全技术培训、大数据溯源培训、福建省现代农业（茶叶）产业技术体系福鼎市茶叶技术人员业务培训等，邀请院士专家授课，提高茶农、茶企、基层茶技干部的科技水平，每年开展 50 期茶叶科技培训班，参训人员达 10000 多人次。二是加快产学研合作。福鼎市加强与福建农林大学、浙江大学、湖南农业大学、宁德师范学院等高校交流合作，与福建农林大学合作成立中国白茶研究院，充分利用高校科技资源优势，开展茶产业共性、关键科技攻关和政策研究。三是注重标准建设，深化产学研合作。福鼎市发布《福鼎白茶》（T/FDSCX 002—2020）、《福鼎白茶，紧压白茶》（T/FDSCX 003—2020）团体标准；推出福鼎白茶标准样，印刷《福鼎白茶国家标准文件汇编》，启动中国首家《家庭藏茶团体标准》，获得立项，加强与浙江大学等科研院校交流合作，开展“白茶储藏年份判别的研究”。四是推动茶业技术人才队伍建设。福鼎市每年选派30名茶叶种植大户、茶企技术骨干到福建省新型职业农民大专班深造学习。2021年，福建省第二届制茶高级工程师职务任职资格评审委员会授予9位茶人制茶高级工程师任职资格，人数位居宁德第一。此外，福鼎市组织相关部门、企业到杭州、漳平等地学习电商平台搭建、茶园绿色管理等经验。

（3）突出茶文化赋能，提升公用品牌影响力。

一是隆重举办开茶节。2021年3月28日，福鼎市顺利举办第十届福鼎白茶开茶节和中国白茶高峰论坛，受到全国主流媒体关注，纷纷报道。

二是注重品牌宣传推介。福鼎市继续实施“区域公用品牌＋企业品牌”协同发展战略和国家农产品地理标志保护项目，前后10批次组织近200家茶叶企业抱团参加成都、杭州、呼和浩特、哈尔滨、武汉、厦门、济南、广州、西安、福州等地的茶博会，拓展福鼎白茶销售渠道。展会期间，福鼎市还举办了“相约海峡，茶和天下”福鼎白茶福州品茗会、“相约蓉城·茶会天下”福鼎白茶成都推介会、福鼎白茶山东品茗会等活动。福鼎白茶亮相“2021中国农民丰收节晚会”。福鼎市融媒体中心打造全新茶业类访谈资讯节目《福鼎白茶说》。“浙江之声”为福鼎白茶量身策划制作《福鼎白茶仙子乐游记》轻综艺。在中国南方航空股份有限公司深圳始发的国内68条航线投放福鼎白茶航空头巾广告。福建奇古枝茶业有限公司、福建省万氏留香茶业有限公司等23家茶叶企业在中央电视台以及国家级、省级媒体上播出双品牌广告。

三是加强茶文化建设。福鼎市全面落实福鼎白茶开茶节申请非物质文化遗产、福鼎白茶制作技艺申报世界非遗、福鼎白茶文化申报全球重要农业文化遗产等申报工作；开展茶文化“六进”（进机关、进企业、进军营、进校园、进家庭、进社区）工作，举办形式多样的福鼎白茶文化宣传推广活动。2021年11月18日，全市中小学生倡议“小手拉大手，向着生态白茶走”的活动在管阳中心小学启动，之后全市各小学相

继开展，活动通过每双小手把“质量安全是茶产业发展的生命线”的科学理念传递给每双大手。

四是推动“白茶+”新模式新业态发展。福鼎市创新开展“白茶+电商”“白茶+旅游”“白茶+美食”等新业态。结合“白茶+”，先后举办了“爱在太姥，茶香福鼎”为主题的2021年中国旅游日茶旅系列活动、“学党史，讲好红色故事”——“百年圆梦”主题茶新闻发布会暨产品首发式、福鼎白茶“三茶”统筹发展研讨会、第二届福鼎白茶文化周暨收藏茶发布会、“品品香福鼎白茶杯”2021首届宁德铁人三项公开赛和第三届“生态清新·福鼎白茶杯”闽浙边界男子篮球邀请赛、2021年中国白茶始祖小镇太姥山直播专场双十一网红直播带货、“乡村振兴的青年力量——茶乡青年与北大青年的对话”线上直播等，展示和推介福鼎丰富的旅游资源和深厚的白茶文化，促进茶旅、文体旅等深度融合发展。

五是积极组团参展。福鼎市为企业牵线搭桥，搭建参展推介平台，每年组织12批次近200家茶叶企业组团赴全国各地参加大型茶叶展会，有力地促进了福鼎白茶文化在国内外的宣传和推广。展会期间，福鼎市举办福鼎白茶长三角推介会、福鼎白茶区域公用品牌粤港澳大湾区推介会暨老火靓汤遇见福鼎白茶“盛世茶兴·美好生活”福鼎白茶（中原）文化论坛等活动。

2021年，福鼎白茶品牌价值又创新高，以52.15亿元名列2021中国茶叶区域公用品牌价值评估第五，并被授予最具品牌发展力的品牌。福鼎市获批国家地理标志保护示范区，并先后荣获“2021年度茶业百强县”“2021年度科技兴茶富民典型县”“2021年度区域特色美丽茶乡”称号，“福鼎白茶，茶乡之旅”入选百条红色茶乡旅游精品路线名单。由中华茶人联谊会组织的“百茶·百县·百人”公益推选活动，福鼎市荣获“百县”称号，福鼎白茶荣获“百茶”称号，陈兴华荣获“百人”称号。福鼎市磻溪镇获评农业农村部第一批全国种植业“三品一标”基地。福建品品香茶业有限公司入选第七届福建省政府质量奖和宁德市政府质量奖，实现福鼎市省政府质量奖“零”的突破，这也是全省七届质量奖以来唯一的获奖茶企。

图 3-9　白茶香万里（福鼎天湖山茶场）（陈萍摄）

2. 茶产业发展制约因素

一是产业规划相对滞后、用地及其指标紧缺。二是大龙头企业与小企业产销协作不充分，茶叶企业在茶青收购、加工、生产、经营等环节，尤其是中小企业存茶量的情况，资金周转存在较大压力，存在贷款难的问题。三是对全市而言，还存在仓储设施严重不足，缺少大型茶叶交易，文创、电商平台等短板弱项。四是外部市场冲击严重，省内外茶叶市场以及互联网上销售伪劣假冒福鼎白茶的现象比较普遍。五是少数茶企、茶农共同维护品牌意识有待进一步提高。六是个别单位责任落实还有差距，大数据溯源、绿色防控等重点工作宣传不够到位、推广不够深入，群众知晓率不高。

（二）福鼎市茶产业发展对策

福鼎市围绕优势农业（福鼎白茶）提效专项行动，推动落实全市“十四五”茶产业发展规划及“世界白茶之都”远景目标，扎实推进国

家现代农业（白茶）产业园、国家地理标志保护示范区和国家农业现代化示范区建设，补齐短板、健全机制、创新模式，着力构建“三产”深度融合的现代茶产业体系，进一步提升产业核心竞争力和品牌带动力，促进乡村振兴。2022年重点实施“三个年”行动：

1. 成果巩固拓展年

一是巩固茶园不使用化学农药全覆盖、全面下架化学农药的成果。发挥绿色防控指导组和农资协会的作用，加强行业规范。开展茶园与固氮作物共生共益示范片建设，推进有机肥替代化肥，改良土壤结构现状，大力修复茶园生态系统，同时，计划筹建资源化利用茶枝茶梗生产有机肥基地项目。以点头江美模式为基础，进一步完善多种模式并存的联农带农合作机制，有效推进基地化生态化茶园建设。

二是完善福鼎白茶大数据溯源体系建设。推进福鼎白茶大数据溯源系统全面运行，加强大数据系统软件升级、管理和维护，将市场分析、气象因子及土壤酸碱度等信息纳入大数据平台，科学指导生产、加工、经营行为。结合茶园、茶企现有监控和气象设备，创建茶产业链AI智能化分析终端，实现数据自动采集功能，提高茶园、加工仓储、销售智能化水平。督促茶企之间、茶企与茶青经纪人之间交易落实非现金线上支付，实现茶青扫码交易全覆盖。全面施行原产地福鼎白茶赋码销售，拟成立福鼎年份白茶等级评定工作组，组织开展老白茶年份、产地等第三方鉴定工作。加强福鼎白茶大数据赋码贴标工作监管，对未经凭证扫码交易的茶叶，视同收购外地茶青，对不履行追溯体系要求的生产经营者，市场监管局和农业农村局等部门将依照食品与农产品安全有关法律法规给予处理。2022年大数据溯源信息完整度（精准度）达到95%以上，茶企与经纪人非现金线上支付比例达到98%以上。

三是加强“福鼎白茶”地理标志证明商标授权监管。对接天猫、京东、抖音等线上平台与线下销售渠道同步跟踪管理，严格商标授权使用准入门槛，建立部门与行业协会协同监管机制，充分运用大数据溯源平台，落实商标授权动态管理。

四是全面推行伏季休茶。2022年5月15日至8月14日，全市茶企

暂停生产毛茶。通过伏季休茶，实现节本增效、提高品质、培肥地力、培壮树体的目标。此外，还要严禁毁林开垦种茶，一经发现坚决依法查处，切实保护好生态，坚决守住绿水青山。

五是不断加强执法联动。执法关口前移，转全面执法为重点有针对性执法，充分利用智慧茶园监控系统和茶产业链 AI 智能化分析系统，实现精准执法；全面实行茶园茶青不定点速测抽检，对疑似农残超标的茶青进行送检，对确实农残超标的茶农实行取消或限额扫码交易，并在公共平台通报，对公示后仍收购农残超标茶青的茶叶企业进行通报，取消其评先评优资格及各类政策扶持，并坚决销毁质量不合格产品。

2. 短板弱项攻坚年

一是结合国家现代农业（白茶）产业园、国家农业现代化示范区和中国白茶特色小镇建设，科学规划布局，集约节约用地，破解茶企用地瓶颈。在点头、磻溪、佳阳、太姥山等产区规划 67～100 公顷的茶产业用地。其中 20～33 公顷作为十大龙头企业工业用地，另 20～33 公顷作为五十家创新型企业工业用地，13 公顷左右用于仓储用地。继续拓展点头柘头洋及周边标准厂房的面积和体量，支持国有企业参与现代小微园和茶仓储的建设运营。

二是加快推进融信息化、品牌化运营理念于一体的中国白茶交易中心规划建设，打造以福鼎白茶为主的全国性茶叶交易、文创、电商、仓储、物流为一体的现代茶产业综合体。适时启动融白茶博物馆、科技馆、会展中心于一体的“两馆一中心”建设。新建点头镇茶青交易市场。推动茶饮料、茶点茶食、茶衍生品等研发、生产取得新进展。支持茶机械、茶器皿、茶包装等配套产业发展。

三是有效增加茶产业联合体数量，发挥十大重点龙头企业示范带动作用，出台茶产业联合体激励政策，大力支持龙头企业与小企业进行产销协作，实现优势互补、合作共赢，加快解决茶叶加工小、散、乱和产品品质无保证问题，扩大产业分工协作覆盖面。推进村企结合模式，助力“百万村财、千万乡财”行动计划。重点培育龙头企业前三强作为白

茶领军企业，促进上市发展，打造中国茶叶航母，提高福鼎白茶核心竞争力。

四是支持中国白茶研究院开展开放性课题研究。加快福鼎白茶基因库项目和种质资源保护研究，建立茶树种质资源基因库，绘制福鼎大白茶、福鼎大毫茶种质资源基因图谱。推动国家进出口税则增设白茶税号，促进白茶国际贸易。促成《福鼎白茶产业高质量发展蓝皮书（2022）》出版，提升智库服务决策能力。

3. 宣传营销创新年

一是构建“1＋N”的宣传营销模式，办好“三茶统筹共同富裕，福鼎白茶喜迎党的二十大”为主题的第十一届福鼎白茶开茶节，筹办好“中国白茶大会”、2022“白茶庆冬奥，一起向未来”福鼎白茶主题活动；支持企业开展自身品牌与公用品牌结合的宣传推介，推进“福鼎白茶”公用品牌进入中国茶叶区域公用品牌前四；继续组织重点茶叶企业抱团参加2022年国内外博览会、推介会10场以上；拟在若干个重点销区设立福鼎白茶文化交流中心；继续对接北大、清华等高等学府开展福鼎白茶进校园宣传活动；支持校企合作，在全市推行一校一茶园实践基地，将茶文化、茶科技持续传播到每一位学生中。

二是推动“白茶＋，＋白茶”的新模式新业态发展，促进白茶文化与畲族文化、美食文化、红色文化等资源交相辉映，做到优势叠加、互促共赢。促进一批企业在天猫、京东、抖音等电商平台上做优做特，支持“双创”，培育白茶网红经济。推进茶文旅融合发展，鼓励支持茶叶企业通过景观改造，美化茶园环境，适度开发茶庄园、茶民宿、茶创意基地等项目，帮助符合条件的茶庄园创建AAA级旅游景区，开展最美茶山、茶园评选。通过《白牡丹》歌曲及影视精品的发布推行，开展以白牡丹热销带动寿眉等新一轮促销。

三是加强与顶级科研机构合作，运用AI和全息技术，将动漫中的白茶仙子打造成具有交互性的可亲可爱可信的福鼎白茶品牌IP形象，让高科技为福鼎白茶代言赋能。

四是以全力推动福鼎白茶制作技艺申报世界非物质文化遗产，以及福鼎白茶文化系统申报全球重要农业文化遗产为契机，提升福鼎白茶的国际影响力。

四、实施新型经营主体发展特色农业项目建设报告

中央农业生产发展资金安排2400万元，在永春县、漳平市、大田县、松溪县、福安市、蕉城区实施该项目，项目围绕支持新型农业经营主体发展特色现代茶业，全产业链发展，补齐产业发展短板；扶持对象为农民合作社、家庭农场、农业企业等各类农业新型经营主体，优先扶持农业产业化联合体和列入“百千”增产增效行动的重点企业；主要用于打造标准化核心示范基地，提升农产品加工能力和促进产业融发展。以永春县、福安市、蕉城区为案例，详细介绍新型经营主体发展特色农业项目建设情况。

(一）永春县茶产业篇

永春县利用自身资源优势大力发展茶叶生产，近年来茶产业稳步发展，取得明显成效。2007年通过福建省“无公害农产品产地整体认定”，2010年被中国绿色食品发展中心批准为“全国绿色食品原料（茶叶）标准化生产基地县”，是生产天然茶叶饮品的最适宜区；先后被授予“福建省十大产茶大县”“全国重点产茶县”“中国名茶之乡”等称号，是全国最大佛手、闽南水仙生产与出口基地。

1. 茶产业发展现状

(1）产业发展初具规模。

全县涉茶农户3.8万户、茶业从业人员8万多人，茶叶初制加工厂9000多家、精制加工厂7家，拥有农业产业化省级重点龙头企业4家、农业产业化市级重点龙头企业12家，茶叶年产值9.5亿元，涉茶总产值15亿元。茶业是永春县农村重要的支柱产业和农民收入的主要来源之一。

(2）种植面积与产量稳步增加。

永春是佛手、闽南水仙发源地，2021年全县茶园面积5421公顷，

茶叶产量 1.16 万吨。其中佛手 3333.33 公顷、产量 7000 吨，铁观音 1126.67 公顷、产量 2400 吨，水仙 800 公顷、产量 1500 吨，其他茶类 160 公顷、产量 600 吨。

（3）茶叶质量全面提升。

截至 2021 年底，全县共完成 4200 公顷生态茶园建设，占全县茶园面积 77.5%，进一步促进了永春生态名茶优势产业的形成与发展。全县年产优质茶 0.9 万吨，优质茶率 82.28%。绿色食品认证企业 3 家，SC 认证企业 14 家，一品一码注册 61 家。

（4）品牌建设初见成效。

1997 年，永春佛手荣获中国农业博览会名牌产品称号，2001 年，永春铁观音荣获中国国际农业博览会金奖、闽南水仙荣获中国国际农业博览会名牌产品称号，三大茶叶主栽品种先后获得农产品的国家级最高荣誉。

永春佛手 2006 年获得国家地理标志产品保护、2007 年获评“中国申奥第一茶”、2008 年确定为第六届全国农运会礼品茶、2009 年获国家地理标志证明商标、2013 年入选农业部名优农产品名录，2021 年参与浙江大学中国农业品牌研究中心开展的“中国农产品区域公用品牌价值评估”，品牌价值 17.1 亿元。闽南水仙 2009 年获国家地理标志证明商标。

（5）茶叶市场有效拓展。

目前，全县茶叶企业和茶庄茶店有 1200 多家，且在北京、上海、广州、深圳、济南、福州、厦门等大中城市均有销售窗口，改变了原来主要靠外贸外销的局面，茶叶产品销售渠道通畅。

（6）茶叶价格稳步增长。

永春茶叶步入了规范生产经营的轨道，再者生态环境好，所产茶叶质量上乘、具有地域特色，深受茶商和消费者喜爱，市场疲软的影响不大，2021 年全县毛茶平均价格达 70 元/千克。

（7）经营组织不断壮大。

目前，全县有县茶叶同业公会 1 家，会员 220 多名；乡镇茶农协会

5家，会员650多名；工商登记注册的茶叶专业合作社126家，社员5000多人。

2. 茶产业发展举措

近几年来，永春县高度重视茶叶发展工作，把茶产业列入全县特色主导产业之一。始终坚持以“绿色生态、安全高效”为发展理念，以“做大做强茶产业”为宗旨，以“提高茶叶经济效益”为中心，以“促进农民增收”为出发点和落脚点，切实抓好茶产业特别是佛手茶产业的各项工作。

(1) 做好产业导向，致力品牌培育。

一是取得永春佛手国家地理标志证明商标，全县从事生产、经营永春佛手的单位或个人均可依据证明商标使用管理细则使用“永春佛手”证明商标，有效保护、发展永春佛手品牌，增强永春佛手在国内外市场竞争力。

二是强化合作联动，引导永春县魁斗莉芳茶厂、北硿华侨茶厂等佛手茶主要生产企业与福建农林大学、福建省农业科学院等开展合作，提高茶叶制作工艺。早在20世纪80年代，北硿华侨茶厂生产的佛手茶就获得福建省人民政府、商业部优质产品称号，永春县魁斗莉芳茶厂“绿芳”牌茶叶先后被评为泉州市知名商标、福建省著名商标。

三是组织全县茶农、茶企选送茶样参加海峡两岸茶王赛、海丝名茶斗茶赛等茶叶赛事，组织永春县魁斗莉芳茶厂、北硿华侨茶厂等企业参加海峡两岸茶业博览会、“6·18”中国·海峡项目成果交易会绿色农业展——现代茶叶产业专题展等茶叶展览，提升永春佛手的知名度和美誉度，进一步打响“永春佛手茶”品牌。

四是聘请福建农林大学老师编排茶艺，在各类茶事活动中表演；2019年编写出版永春县第一本茶叶专著《八闽茶韵·永春佛手》，此外协助省市有关部门编写《福建茶志》《泉州茶志》《百年名茶》等，推动永春佛手茶品牌文化建设。

(2) 破解关键因素，致力产业发展。

一是积极拓展国际国内两个市场。永春佛手全省各地均有销售，主

要销往泉州、厦门、福州等地以及全国19个省份的300多个市县。支持永春县魁斗莉芳茶厂、诗坛茶业有限公司、金斗洋生态农业有限公司等企业在北京、上海、福州、厦门、泉州等城市建立品牌连锁经营店18家，发展茶叶电商12家，以线上线下双渠道促进销售。大力拓展海外市场，目前已销往德国、英国、日本、美国、新加坡、澳大利亚、马来西亚等26个国家和地区，年出口茶叶1500多吨。

二是出台扶持措施。2009年永春县出台《加快茶产业发展意见》，2018年又制定《关于进一步推动茶产业持续发展的意见（2018—2022年）》，落实加快全县茶产业发展的主要措施，进一步推进茶业产业化进程，全力做大做强茶产业。

三是培植龙头企业。加大对龙头企业的培育扶持力度，鼓励企业、合作社进行土地流转承包茶园，提高规模经营水平，引导企业、合作社建立“企业＋合作社＋基地＋农户”的生产经营模式，培植壮大农业产业化省级重点龙头企业4家和市级重点龙头企业12家。

(3) 依托科技动力，致力技术引领。

一是大力推广茶叶清洁化加工技术集成应用，使用茶叶清洁化生产线新工艺，覆盖加工全过程，实现茶叶生产清洁化、智能化、自动化，确保茶叶质量。全县已建设不落地机械化、自动化生产线4条，年可加工茶青500多吨。

二是加强产品研发，与福建农林大学等专业科研机构深度合作，在改进佛手乌龙茶工艺、品质的同时，开发加工永春佛手红、金花香橼等佛手系列新产品，在国内茶叶市场普遍不景气的情况下逆势而上，销售与利润稳步增长。引导永春县魁斗莉芳茶厂加大对泉州市科技进步三等奖“永春佛手标准化品质提升关键技术研究与示范”成果转化，永春县魁斗莉芳茶厂投入5500万元建设厂房，扩建乌龙茶精制加工生产线，为厦门茶叶进出口有限公司加工金花香橼砖型茶8万片、80吨，销售额1亿元。

(4) 着力生态建设，致力品质提升。

一是立足生态茶园建设，以茶园“头戴帽、腰系带、脚穿鞋”为建

设模式，大力推行山顶等重要生态部位退茶还林、茶园套种绿肥、梯壁留草种草、园面铺草、路边空地种树，建设高标准生态茶园示范基地。2008年以来，共投入资金6000多万元，建设现代茶园83片、3666.67公顷。

二是加大力度支持规模大、基础好的茶叶加工企业，积极引进和利用先进设备，改进生产技术，改进加工工艺，提升茶叶生产加工水平。2011年以来，共投入资金4600多万元，建设完成72家清洁化茶叶初制加工厂。

三是建立健全茶叶质量安全保障体系，推广“德盛安全植保模式”，创建茶叶标准化生产基地，严格控制化肥、农药的使用，确保茶叶产品的农残及有毒、有害物质达到标准限量要求。推进茶叶质量认证，建设永春县魁斗莉芳茶厂茶叶质量安全可追溯体系，树立永春茶叶品质的良好形象。

四是加强功能性研究，助推永春佛手康养产业发展。2016年与湖南农业大学开展合作，2020年又与中国农业科学院茶叶研究所合作开展“永春佛手茶关键成分及对结肠炎辅助保护功能研究”，发现佛手茶具有独特的化学成分黄酮糖苷类；清香型、浓香型、陈香型佛手茶对结肠炎均具有明显的辅助保护功能，其中浓香型佛手茶对于结肠炎辅助保护功能最佳。研究论证结果为佛手茶发展康养产业提供科学依据，促进佛手茶康养产业发展。

3. 茶产业发展制约因素

一是茶产业不大不强。突出表现在当家品种永春佛手种植面积小，产量少，规模不大，总产值不高。二是龙头企业带动不明显。全县茶叶加工企业小而散，缺少带动全县茶产业发展的龙头企业，特别是内销龙头企业。

4. 下阶段工作思路

(1) 茶产业。

第一，打造茶叶基地，壮大龙头企业。编制规划优势茶产区、特色

茶基地、美丽茶庄园，培育壮大茶叶龙头企业，打造精品，塑造品牌。打造苏坑、玉斗佛手茶优势产区和若干个佛手茶生产基地，打造东关、湖洋水仙茶优势产区和若干个水仙茶生产基地，规划建设3～5个茶叶庄园和现代茶园。

第二，提升茶叶品质和竞争力。制定一套茶叶质量标准及监管体系。大力推广无公害茶叶生产技术、有机肥替代技术、病虫害统防统治技术、质量可追溯技术。开发高中档及普通若干种的特色包装，提升茶叶市场竞争力。

第三，开拓茶叶市场。积极探索现代营销方式，通过“线上＋线下”的方式，利用福茶网、京东等知名网站，鼓励支持引导茶叶企业和茶农、茶商设立永春茶叶旗舰店、专卖店、专柜、连锁店等，建立全国茶叶营销网络。

（2）茶文化。

第一，关注养生文化。突出佛手茶的保健功能。利用中茶所对“永春佛手茶关键成分及对结肠炎辅助保护功能研究”的结果，即永春佛手茶对结肠炎具有明显的辅助保护功能，对接各级茶协会、各类养生协会，推介永春佛手茶养生功效，提高永春佛手茶知名度。

第二，关注乡愁文化。“一杯家乡茶，一抹家乡情”，发挥各地侨联、商会的作用，激发海内外永春乡贤对永春佛手茶、水仙茶的热爱，推介、宣传、品味永春佛手茶、水仙茶，拓宽海内外市场。

第三，关注禅茶文化。以佛手茶名字起缘，讲好禅茶故事。对接国家、省市县宗教协会，打造禅茶文化，拓宽市场，提升知名度。

（3）茶科技。

第一，扶持茶叶技术创新。鼓励茶叶企业开展技术创新，与专家团队、大师团队或高等院校、科研机构建立技术依托关系，对实施具体研究开发项目并在永春转化的企业，进行项目资金重点扶持。

第二，培养本地技术创新带头人。选择有实力的茶企、茶场或公司，组成永春佛手茶、水仙茶创新团队，承担科研成果转化，对接大师，参与制定茶叶加工标准、品质标准、评定标准等。

第三，培养本地茶农大户。依托茶叶同业公会推荐选送有潜质的茶农大户到茶叶院校、产区进修学习，采取多样化、个性化培养模式，逐年培养各类茶产业适用人才。

(4) 茶品牌。

第一，重点打造佛手茶公用品牌。提高品牌的市场认知度，推出传统清香型、浓香型及直条佛手、金花佛手等系列产品。扶持培育茶企品牌，着力培育永春县魁斗莉芳茶厂“绿芳”、蓬壶茶厂“全特”、金斗洋生态农业有限公司“金斗洋”等企业品牌，支持其到外地开专卖店、连锁店。

第二，创新茶王赛组织方式方法。引导茶农生产加工传统永春佛手茶，由专家与大众评委组成评委组，设置中准样，对样审评，提高茶王赛评茶的精准度，提升茶王赛的影响力。

第三，加强茶叶宣传。制定一套精准的宣传策划方案，全方位、多领域宣传永春佛手茶的品牌、功效、文化，对准目标客户群体，通过各种不同的渠道，利用新闻媒体、微视频、知名网站及公益宣传等媒介，大力宣传推介永春茶产业。

(二)福安市茶产业篇

茶业是福安农业的传统特色优势产业和富民产业，全市现有茶园面积 2 万公顷、涉茶人口约 40 万，全市农村居民人均可支配收入的三分之一来自茶业，茶业成为福安名副其实的乡村振兴支柱产业。近年，福安市先后获得“国家区域性良种繁育基地”“中国红茶之都”“中国茶业百强县”“全国茶业生态建设十强县”“国家级茶叶标准化示范县”等荣誉称号。2021 年，全市茶叶产量 2.72 万吨，同比增长 3.05%；毛茶产值 19.43 亿元，同比增长 10.4%；综合产值 100 亿元，同比增长 11.1%。

1. 茶产业发展成效

(1) 制定优惠政策，促进产业健康发展。

历年来，福安市委、市政府一直高度重视茶产业发展，先后出台

《关于加快现代茶产业发展的意见》《福安市进一步促进“坦洋工夫”红茶产业高质量发展若干措施（试行）》等一系列促进茶产业发展的优惠政策和措施，深入实施良种保育工程、茶园生态工程、质量安全工程、龙头带动工程、品牌提升工程、市场营销工程等六大工程，茶产业取得持续健康发展。

（2）注重培育龙头，不断壮大产业规模。

全市现有大小茶叶加工企业 600 多家，其中规模以上企业 29 家，农业产业化省级重点龙头企业 15 家，农业产业化市级重点龙头企业 25 家，国家级茶业专业示范社 2 家、省级 9 家、宁德市级 8 家。目前，有 7 家茶叶企业拥有自营出口权，获得国际雨林联盟认证 1 家、ISO 认证 8 家，具有食品生产许可证的企业 141 家。

（3）推行绿色生产，改善茶园生态环境。

全市有机茶生产示范基地超 200 公顷，全国绿色食品（茶叶）原料标准化生产基地 8.13 万公顷，拥有全省最大的茶树良种繁育基地，年出圃良种苗木 6 亿多株，全市茶树良种化率达 98%，茶树品种丰富，推动了多茶类生产发展。全市推广种植优新茶树良种超 1 万公顷，建成标准化生态茶园近 5333.33 公顷，推广绿色防控面积约 5333.33 公顷，农垦 5G 智慧茶园被列入 2020 国家数字农业试点县建设项目（茶叶），坦洋茶谷成功入选“2019 中国美丽茶园”、2020 年首个国际茶日“春季踏青到茶乡——全国茶乡旅游精品线路”。

（4）加强质量管理，完善质量监测体系。

全市茶园通过省级无公害产地认定，是福建省首个全国绿色食品原料（茶叶）标准化生产基地县（市）。率先在全省茶业系统建立茶叶质量检测中心，有效监控全市茶叶农药残留。《地理标志产品坦洋工夫》国家标准、《坦洋工夫茶感官分级标准样品》实物样国家标准、《花果香坦洋工夫，闽科红》《福安白茶》团体标准、《绿茶（A 级绿色食品）综合标准》《陈香坦洋工夫》等 10 项企业标准经批准发布实施。组织福建农垦茶业有限公司、福建隽永天香茶业有限公司等 251 家茶叶企业开展“一品一码”全过程追溯体系建设，其中福建隽永天香茶业有限公司被列入国际标准农产品示范基地。

(5) 强化品牌推广，品牌建设成效显著。

全市有“坦洋工夫”“新坦洋”2件中国驰名商标，省著名商标13件，福建名牌产品14件，宁德市知名商标22件。历史名茶“坦洋工夫”先后获得“国家地理标志产品保护”“国家地理标志证明商标”“中国驰名商标”“农产品区域公用品牌”等荣誉称号，坦洋工夫茶制作技艺被列入国家级非物质文化遗产代表性项目名录，“坦洋工夫”品牌价值达44.47亿元，被列入中欧地理标志产品互认互保“100＋100”的中方地理标志产品清单，入选中欧地理标志协定保护名录。2021年，福安白茶、福安绿茶成功注册国家地理标志证明商标。

(6) 扩大流通渠道，积极拓展销售空间。

2020年，富春茶城建成使用，并不断向周边扩展。目前，富春茶城用地面积近3万平方米、总建筑面积约14万平方米，拥有茶叶商户600多户，年交易量4万多吨，交易额超40亿元。目前，福安市在北京、天津、武汉、济南等重点销区建立坦洋工夫文化推广中心，充分发挥茶叶销售大军作用，支持全国各地3万多茶商开设专卖店、连锁店和专柜超8000家，坦洋工夫首批签约入驻福茶网。全国电子业务标准化技术委员会茶叶电子商务工作组设在福安市，制定福建省地方标准《电子商务交易产品信息描述规范——茶叶》(GB/T 38126—2019)，引导规范全市茶叶电子商务发展。

2. 茶产业发展制约因素

一是市场竞争日趋激烈。国内茶叶产能过剩，市场竞争激烈，以坦洋工夫为主的品牌知名度尚不够高，茶文化系统性开发滞后，茶产业链拓展不够，缺乏竞争力。二是茶叶质量存在隐患。目前，国内外对茶叶质量要求愈加严格，而茶叶种植涉及千家万户，统一管理存在实际困难。三是龙头带动力不强。福安市茶企规模小、标准化产业化水平仍较低，产业链以松散型为主，各自为政，没有形成利益共同体，产业集群规模和综合效益低下，带动能力和市场竞争力不强。四是茶叶加工依然以粗加工为主，产品附加值较低。茶叶标准化加工水平低，部分茶叶初制厂厂房简陋、设备落后，还有部分茶叶企业加工以家庭作坊为主，整体制茶标准化、清洁化、自动化程度较低，劳动强度大、生产效率不高。五是营销流通体系配套滞后。富春茶城配套公共设施有待提升，市场集散功能和定价功能还未能有效发挥。六是茶叶科技创新不足、人才缺乏。企业对产品开发投入少，创新能力缺乏，技术工人层次低，企业管理、生产和营销队伍薄弱，市、乡两级茶技推广人员严重不足。

3. 福安市茶产业发展对策

下一阶段，福安市将坚持以绿色高质量发展为引领，深入实施乡村振兴战略，推进茶产业一二三产深度融合，提升全产业链整体效益和核心竞争力。

（1）强化监管，构建长效机制。

继续加强出口示范基地建设，引导企业规范示范茶园基地建设，参照出口卫生企业的标准，进行加工厂清洁化改造，规范厂区车间布局。重点推进生态茶园建设，严控化肥、农药使用。支持使用茶叶专用肥、商品有机肥，推广配方施肥、缓控释肥等高效新型肥料和水肥一体化。对适度规模连片的茶树生产基地茶园推广应用绿色防控技术，开展茶树病虫害统防统治试点，提高防治效率，提升防治效果。示范推广茶园机械化栽培管理技术，建立茶园机耕机剪示范基地，改善生产条件，提高劳动效率，降低人工成本。

（2）科技引领，夯实产业基础。

充分发挥福安市国家良种繁育基地优势，重点推广金牡丹等适制性广的优新品种，加快品种改良，重点组织实施甘棠全国区域性茶树良种繁育基地建设，拓展茶树良种繁育产业链，建成以集科技研发、文化融合、管理服务、质量保障于一体的国家级区域性茶树良种繁育基地200～267公顷，年出圃标准茶苗8亿株。持续抓好社口茶叶产业强镇示范建设项目，以点带面，发挥示范带动作用。依托福建省农业科学院茶叶研究所、宁德职业技术学院技术力量，深入开展共建茶产业协同创新服务平台，重点在提高茶叶质量效益技术示范推广、茶树良种繁育标准化示范基地建设、茶叶实用人才培训、富春茶城公共服务设施建设等方面开

展共建活动，提升福安市茶产业科技水平。鼓励茶叶科技人员通过创办科技型企业，建立科技示范点，开展科技承包和技术咨询等服务形式，提高茶叶科技成果转化率和贡献率。引进、培养茶叶专业人才，特别是营销管理人才和茶叶企业家的培养，着力构建茶叶科技和管理队伍。积极创建茶产业大数据中心，鼓励企业利用互联网、物联网、大数据技术改造提升茶产业，组织福建农垦集团茶业有限公司实施数字农业建设试点项目，重点建设全市茶业大数据平台系统、茶叶质量安全管理追溯系统、茶叶电商销售平台、业务支撑和服务平台，提高数字茶业发展水平。

(3）核心打造，推进产业集群。

第一，发挥福建省农业科学院茶叶研究所、福安市坦洋茶场、坦洋村、白云山地质公园等区位的科技、文化、产业、社会、自然资源优势，依托坦洋茶谷、数字农业试点县（茶叶）项目建设，强力打造社口镇坦洋工夫红茶核心区，将社口镇建成福建省茶业数字中心、全国茶叶产学研销合作基地、国内外红茶交流中心，从而示范辐射带动全市。在坦洋村规划建设一个党建馆、修复一批古民居、重现坦洋十二景、改造提升一批仿古立面、打造一个党建培训基地、打造一批特色民宿、改造一个茶文化主题公园、打造一个景观茶园，突出坦洋工夫茶文化建设，将“坦洋工夫”文化和白云山世界地质公园相融合。整合福建省农业科学院茶叶研究所、福安市坦洋茶场、坦洋村、白云山地质公园等丰富的自然、文化、社会、科技、产业资源，集茶叶种、产、研、销、文、旅、养等于一体，形成福安茶旅大文化格局，构建产业融合体系，延伸茶产业链条，促进一二三产融合发展。

第二，重点扶持龙头茶企和规范发展、带动性强的合作社，在抓好茶旅结合、三产融合、产品研发上先行先试，起到龙头示范作用。鼓励龙头企业建设规模化标准化茶叶加工厂，新建、扩建不落地标准化多茶类加工生产线，加工园区实现茶叶初制加工清洁化、连续化、标准化生产，提升和稳定产品质量。加快推进社口镇、坂中坑下茶叶集中区建设，争取尽快投产，同时根据产业发展需要，积极谋划建设茶叶集中加

工区。

(4) 加大推介，提升品牌效益。

高层次打造坦洋工夫品牌，加强与科研院校和策划机构的深度合作，突出坦洋工夫的卖点和宣传推广亮点，采取政府搭台、企业唱戏等方式，大力宣传坦洋工夫品牌，提升品牌知名度。在动车及电视台、报刊等媒介及网络上大力宣传坦洋工夫品牌，提升品牌知名度。争取“坦洋工夫”农产品地理标志登记获批。积极组织企业参加全国重要茶事活动，举办中国红茶大会、制茶赛、斗茶赛、开茶节、品鉴会等茶事活动。策划文创驻村，吸引人流人气集聚坦洋村。支持做好社口镇坦洋村、福安市坦洋茶场、福建省农业科学院茶叶研究所社口基地、闽东职业技术学院梦顶茶园、富春茶城及多地坦洋工夫茶文化推广中心等茶文化展示中心、陈列馆、茶体验馆等，扩大福安茶文化影响力。同时深入挖掘坦洋工夫茶文化内涵，推进坦洋工夫红茶申报中国重要农业文化遗产。

(5) 拓宽渠道，扩大市场空间。

以富春茶城为中心，逐步扩大范围，形成以富春茶城为中心，涵盖富春茶城、富春路茶叶一条街、岩湖村联建商住房、建材市场、京都美景商业街等建筑群，并完善相关配套的基础设施，吸引周边县市的茶商茶人到福安投资兴业，形成具有2000多家店面，涉及茶品牌专卖、茶叶批发、茶具、茶艺、培训、茶旅和检测等多方面、多层次的红茶中心市场，使之成为闽东北、浙南的区域性茶叶市场，在福建省甚至是全国范围内规模最大、影响力最强的红茶专业市场之一，年交易额达到100亿元以上的规模。在重点销区设立坦洋工夫茶文化推广中心，推动产销联盟，建立健全营销网络体系，更好地建立与各大销区市场的联系沟通机制。大力培育茶叶电商企业，发展线上线下电子商务，加强与第三方电商或者物流企业的沟通合作，开展直播卖茶等多种形式的网络营销。强化招商引资力度，吸引社会资本、金融资本和外资进入茶业，参与云仓、茶叶专业市场等公共平台建设，为茶企、茶商提供仓储、融资、交易等平台服务。

(三) 蕉城区茶产业篇

2020年以来，宁德市蕉城区贯彻落实绿色发展质量兴茶战略，坚持“稳面积、提质量、增效益”总体发展思路，按照中央、省、市、区有关农业农村工作的决策部署，围绕茶园基地提升、龙头企业培育、公用品牌打造、质量安全监管等重点工作任务，推进全区茶产业持续发展。2021年，全区茶园面积6256公顷，茶叶产量7914吨，茶叶产值8.7亿元。2021年，蕉城区连续两年荣获“中国茶业百强县”称号，2020—2021年“天山绿茶”中国茶叶区域公用品牌价值评估分别达到19.19亿元和21.89亿元，全区新增涉茶类农业产业化省级重点龙头企业6家。

1. 茶产业工作开展成效

宁德市蕉城区高度重视茶产业发展，2020年出台了《蕉城区茶产业振兴实施方案》，加大财政扶持力度，从2020年起区财政安排茶产业振兴项目资金1500万元，推动茶园基地提升、龙头企业培育、公用品牌打造、质量安全监管等建设，有效促进了全区茶产业发展，茶产业发展稳中有进、稳中提质、稳中增效。

(1) 着力推进茶园设施建设。

一是推进茶树品种改造。2020年以来全区完成茶叶种植户茶树品种改造面积203.6公顷，三改一提升面积66.67公顷。二是推进茶园基础设施建设。完成茶园主干道硬化路建设38.05千米，步道5.26千米，路坯建设24.33千米，建设蓄水池180立方米，茶园生态建设种植行道与绿化树6420株，茶园基础设施不断完善。三是创建洋中镇际头村天山菜茶、赤溪镇班竹村天山菜茶、八都镇吴山早清明、飞鸾镇澳里村小种菜茶、石后乡林下洋村千地坪天山菜茶茶树种质资源保护点5个；建立优质农产品标准化示范基地3个。四是推动茶产业“五方共建”试点工作，石后乡大岭村茶园种植基地项目完成16.67公顷茶树新植。

(2) 着力提高茶叶加工水平。

一是蕉城区已形成多茶类发展格局，生产加工天山绿茶、天山红

图 3-10 宁德市蕉城区八都平湖茶园（宋经摄）

茶、白茶、乌龙茶、茉莉花茶等系列茶叶产品，并不断推动制茶工艺创新，提升产品质量和市场竞争力。二是推进实施新建标准化茶叶加工厂房、新购置茶叶加工设备项目。全区新建、改建扩建厂房 12 座，新增茶叶加工厂房面积达 19017 平方米，新购置烘干机、包装机、色选机、压茶机等茶叶加工设备 34 台套，进一步促进企业整体加工装备水平提高。

（3）着力提高茶叶产品质量。

一是开展“放心茶”宣传活动，分发了茶叶质量安全手册等宣传材料，引导茶企茶农科学施肥，合理安全用药，从源头控制，确保鲜叶质量安全。举办了 2020 年蕉城区茶叶技术、2021 年茶叶合格证与“一品一码”追溯并行制度、花香白茶加工技术等培训班。近年来蕉城区茶叶抽检合格率均达 100%，落实企业“一品一码”追溯体系 61 家。二是根据《福建省农业农村厅办公室关于抓好当前茶叶生产有关工作的通知》（闽农发明电〔2020〕41 号）和《福建省农业农村厅关于进一步推进茶产业绿色发展的通知》（闽农综〔2019〕57 号）要求，实施省厅下达的不用化学农药绿色示范茶园 793.33 公顷、不用化学农药茶叶绿色生产示范基地 6 个、不用化学农药绿色核心示范茶园 80 公顷的建设任务，制定实施方案，指导建设单位按照《福建茶叶绿色发展技术规程》，采取生态调控、农艺改良、物理防控、化学防治等手段防控病虫害。三是新增企业 SC 认证 2 家，ISO9001 认证 6 家，HACCP 认证 1 家，有机认证 2 家。四是全区实施茶叶有机肥替代化肥茶园面积累计 2600 公顷，施用有机肥 3 万多吨，畜禽粪污综合利用率累计提高，带动全区农用化肥使用减量。

(4) 着力推进茶叶品牌建设。

一是加大公用品牌宣传。在电视、报纸、杂志和新型媒体以及“宁德天山茶”微信平台，开展国际茶日宣传“宁德天山茶”活动。在区内公交站站点广告宣传“宁德天山茶”，其中闽东路 17 面、福宁路 9 面、疏港路 4 面。宁德动车站候车厅、福州火车站出站区设立“宁德天山茶”平面灯箱广告，宣传推介“宁德天山茶”茶叶公用品牌。二是注重展会推介。组织茶企参加第八届中国茶叶博览会、2020 中国（深圳）国际秋季茶产业博览会、第 11 届中国（武汉）国际茶产业博览会以及“蕉城夜市”2021 年乡村振兴宣传推广暨第三届“双品网购节”活动茶叶展示、蕉城区“美丽乡村乐 go 行”网络直播带货活动，宣传推介“宁德天山茶”茶叶公用品牌。组织茶企参加宁德市“茶文化、茶产业、茶科技统筹发展”高峰论坛活动。三是组织茶企参加各类茶事活动，扩大品牌影响力。组织茶企参加“六妙杯”2020 首届中国白茶茶王赛、海丝国际杯茶王赛、第十七届“闽茶杯”、2020 年“福茶杯”茶叶鉴评赛、宁德市第九届茶王赛、宁德市首届红茶评比大赛等茶叶评比活动。福建仙洋洋生物科技有限公司生产的立醇鲜茶荣获中国十大自主创新品牌大奖。四是加强品牌管理。修（制）定了《天山绿茶》《宁德天山白茶》团体标准。启动组织申报宁德天山茶区域公用品牌，强化《天山绿茶》《天山红工夫红茶》区域公用品牌管理。

2. 蕉城区茶产业制约因素

(1) 品牌影响力弱。

“宁德天山茶”品牌打造还处在起步阶段，品牌影响力还不大。大多数茶叶企业营销手段单一，自主品牌影响力弱，在提升“宁德天山茶”影响力方面，蕉城茶企参与度还不高，还需茶叶企业在品牌建设上

齐心协力共同打造。

（2）企业市场竞争力不强。

宁德市蕉城区茶叶种植、加工、销售等环节产业化程度不高，精深加工龙头企业少，茶叶龙头企业相对弱小，大多数经营者为初制茶加工，附加值低，市场竞争力不强，龙头支撑产业发展的作用不明显。

3. 宁德市蕉城区茶产业发展对策

紧紧围绕蕉城区“一茶一鱼”产业振兴工作思路，立足资源优势，结合全区茶产业发展现状，以“稳面积、提质量、增效益”思路，以塑品牌、育龙头、强基地为抓手，推行“绿色发展、质量兴茶”，持续加大扶持力度，促进茶产业高质量发展。

（1）推行生态茶园建设。

一是持续推进茶树品种改良，加大对衰老、低产低质茶园品种改造力度，引导和鼓励茶企茶农对老化低产茶园进行换种更新，引种国家级、省级高新优茶树品种，进一步调整茶树品种结构。二是积极引导茶企提升生态茶园、绿色有机茶园、优势农产品标准化茶园示范基地建设。三是加大对“天山菜茶”种源保护与开发，计划与福建省农业科学院茶叶研究所合作，推进天山菜茶种源繁育工作。

（2）推动茶叶精深加工能力。

加大培育龙头企业带动能力，引导和鼓励在外茶商、茶企回乡创业，鼓励吸引社会资本参与茶产业发展。重点培育加工型龙头企业，扶持规模较大的标准化的新建、改扩建茶叶加工厂房；鼓励扶持企业自主科技创新，研发茶叶新工艺、新产品，促进“以企业带产业、以产业带农户”。

（3）培育创响公用品牌。

一是公用品牌与企业品牌双轮驱动。推动蕉城区茶叶公用品牌战略定位及公用品牌设计，对蕉城茶叶公用品牌从品牌形象、广告宣传、市场营销、组织形式等方面进行策划，形成公用品牌带动企业品牌、企业品牌支撑公用品牌的体系，做大做强“宁德天山茶”公用品牌。二是鼓励有条件的茶叶主产乡镇建设茶博物馆、茶文化展示中心、茶体验馆等，扩大“宁德天山茶”的茶文化影响力，鼓励有条件的企业在茶叶重要销售区开设茶文化推广中心、茶体验店等。三是促进品牌产品走向市场。参与国内外重要茶博会、茶叶评比等茶事活动，引导企业积极对接茶叶市场，提升品牌产品市场占有率。四是推进“宁德天山茶”集体商标注册。

（4）挖掘茶文化资源。

挖掘蕉城历史文化与茶叶品牌有效融合，总结出具有群众基础，易于宣传推广的品牌故事，组织人员编撰《宁川茶志》。同时积极引导涉茶人员参加制茶工程师、高级制茶工艺师评审（选）活动和茶叶加工工职业技能竞赛等，培育中高级茶叶专业技术人员、国家非物质文化遗产茶叶制作技艺传承人、制茶大师等高技能人才。

（5）扎实推进质量可追溯体系建设。

加强农药市场监督管理，健全完善全区茶叶农资产品准入和报备制度。加强茶叶科技培训，确保茶叶质量安全，建设统防统治与绿色防控融合示范片，推广绿色防控技术。扶持推动绿色、有机食品认证，ISO体系、GAP、HACCP、环境管理体系认证，以及“一品一码”质量可追溯体系、SC认证。

（6）促进三产融合发展。

一是持续推动赤溪宁德天山茶产业融合发展示范园等项目建设，力争实现包括蕉城区茶叶市场在内的综合体项目尽快建成投入使用，带动区域茶产业的发展。二是加大涉茶服务行业培育力度。鼓励有条件的茶企开发建设智慧茶园、茶庄园、茶旅游，支持茶叶电商、物流、包装和仓储行业发展，使茶产业配套服务更加完善。

第四部分　福建省重点龙头茶企发展案例

总结福建省主要茶产区的农业产业化重点龙头企业发展情况，通过对福建省茶产业发展案例的解读，运用6个茶产区的经典案例，从农业产业化国家级、省级、市级重点龙头企业不同层面，从企业标准化建设、智慧农业、改革重整、产业体系创新、品牌建设与科技创新、茶旅融合等角度，全面解读福建省茶叶企业发展历程，对壮大福建省重点龙头茶叶企业、提升福建省茶产业发展水平做有益的解读。

一、福建省重点龙头茶企发展情况

农业产业化国家重点龙头企业是指以农产品生产、加工或流通为主业，通过合同、合作、股份合作等利益联结方式直接与农户紧密联系，使农产品生产、加工、销售有机结合，相互促进，在规模和经营指标上达到规定标准并经全国农业产业化联席会议认定的农业企业。

农业产业化省级重点龙头企业是指以农产品生产、加工或流通为主业，通过合同、合作、股份合作等利益联结方式直接与农户紧密联系，使农产品生产、加工、销售有机结合，相互促进，在规模和经营指标上达到规定标准并经省农业产业化联席会议审定、省政府批准后认定的农业企业。

农业产业化市级重点龙头企业是指以农产品生产、加工或流通为主业，通过合同、合作、股份合作等利益联结方式直接与农户紧密联系，使农产品生产、加工、销售有机结合，相互促进，在规模和经营指标上达到规定标准并经市农业产业化工作领导小组审定、市政府批准后认定的农业企业。

福建省培育壮大168家涉茶类农业产业化省级及以上重点龙头企业，积极发展农业产业化联合体，实现“以企业带产业、以产业带农户”，创新“联农带农”机制，保障茶农稳定增收，让茶农尽享产业发展红利。截至2021年9月底，福建省涉茶类农业产业化省级及以上重点龙头企业227家，其中国家级15家，约占涉茶类农业产业化省级及以上重点龙头企业总数的21.6%。

（一）福州市重点龙头企业发展情况

截至2021年底，福州市共有农业产业化国家重点龙头企业3家，农业产业化省级重点龙头企业9家，农业产业化市级重点龙头企业5家，总资产超21亿元，年产量近5万吨，年加工能力近6万吨，年销售量约6万吨，年销售额近55亿元，从业人员近5000人（表4-1）。

表4-1　福州市重点龙头茶企业基本情况

企业名称	总资产（万元）	年产量（吨）	年加工能力（吨）	年销售量（吨）	年销售额（万元）	从业人数
福建省南湖山茶业有限公司	5249	28.5	50	31.45	2211	60
福州文武雪峰农场有限公司	6000	50	150	40	1000	80
罗源生春源茶业有限责任公司	15610.48	1500	2000	1200	23021.3	121
罗源县西洋农林牧专业合作社	1549.24	180	400	150	1852.64	15
福建省麒麟山茶业发展有限公司	6000	460	510	450	10563	680
福建省卢峰茶业有限公司	4895	301.6	385	279.52	5390	37
闽榕茶业有限公司	20954.9	250	350	225	63935.9	380
福建春伦集团有限公司	38351	460	360	450	189598	363
福州市帮利茶业有限责任公司	18418	11662	12000	11662	59923	121
福州东升茶厂	6500	5000	10000	4600	8200	320
福州福民茶叶有限公司	7079.72	1345.17	1345.17	1155.22	6180.44	236
福建省蓝湖食品有限公司	5600	245.39	485	234.16	3512	172
福建闽瑞茶业有限公司	3292.73	2768	2530	2428	15584.22	280

续表

企业名称	总资产（万元）	年产量（吨）	年加工能力（吨）	年销售量（吨）	年销售额（万元）	从业人数
福州鼎寿茶业有限公司	6831	778	850	750	9756	298
福建满堂香茶业股份有限公司	20949.81	9148.72	12000	8594.3	84693.84	785
福建茶叶进出口有限责任公司	46822	14219	15000	11832.03	59797.69	428
福建联合闽津茶叶有限公司	3180	556	602	512	3020	213

数据来源：福州市农业农村局。

（二）厦门市重点龙头企业发展情况

截至2021年底，厦门市共有农业产业化国家重点龙头企业2家，农业产业化省级重点龙头企业1家，农业产业化市级重点龙头企业1家，总资产超过5.56亿元，年产量超过0.697万吨，年加工能力超过0.98万吨，年销售额接近13亿元，提供就业岗位1173人，经济社会效益明显（表4-2）。

表4-2　厦门市重点茶企业基本情况

企业名称	总资产（万元）	年产量（吨）	年加工能力（吨）	年销售量（吨）	年销售额（万元）	从业人数
厦门茶叶进出口有限公司	35926	4466	6000	3000	47893	640
华祥苑茶业股份有限公司	6894	655	1000	600	64759	200
厦门山国饮茶艺茶业有限公司	5056	250	300	200	10002	265
厦门同安区恒利茶叶有限公司	7731	1600	2500	1455	4273	68

数据来源：厦门市农业农村局。

（三）宁德市重点龙头企业发展情况

2021年，宁德全市茶园面积6.79万公顷，毛茶产量11.83万吨，毛茶产值45.78亿元，全产业链产值达210亿元，分别比2019年增长9.51%、13.42%、14.94%和30.14%。全市1/3人口、70%的农户从事茶叶生产及相关产业，茶区农民茶叶收入已占人均可支配收入的30%以上，部分重点茶区超过50%。全市拥有各类茶叶生产经营主体6900多家，农业产业化市级及以上重点龙头企业232家，占全市企业总数的48.84%。农业产业化省级及以上重点龙头企业111家，占全市企业总数的58.73%，农业产业化国家重点龙头企业3家。按照龙头企业动态监测系统上报的数据，2021年度监测的107家省级以上重点龙头企业总资产超过76亿元，年加工量超过5万吨，年产量约3.4万吨，年销售额达92.62亿元，从业人员达14000余人（表4-3）。

表4-3 宁德市重点龙头茶叶企业基本情况（2021年）

企业名称	总资产（万元）	年加工量（吨）	年产量（吨）	年销售额（万元）	从业人员（人）
福建品品香茶业有限公司	80876.16	1865	1865	45664.23	523
六妙白茶股份有限公司	67854	1380	1336	29624.01	305
福建省天湖茶业有限公司	16581.21	6389		35067.77	885
福鼎润古今白茶有限公司	5773.32			6883.07	45
宁德市白马山茶叶有限公司	6895.76			7136.91	148
福建大宝峰茶叶股份有限公司	6103	175	175	5322	120
宁德市万恒绿园农业发展有限公司	5521.5	600	600	6581.6	10
宁德市宝田农业发展有限公司	4609	230	230	5015	52
福建省天禧御茶园茶业有限公司	7383	1295	1295	5875	86
寿宁县春伦茶业有限公司	2017.36			4376.8	46
寿宁县兴昌茶厂（普通合伙）	4023	200	200	4553	30
寿宁县裕发茶业有限公司	5027	206	254	8932	260
寿宁县天池峰茶业有限公司	2100	30	130	5200	85
寿宁县梦之乡农业综合开发有限公司	4432.5	78	78	6353.5	47
福建永和春农业综合发展有限公司	5326.16	1000	1000	8131.34	42
寿宁县满堂宏茶业有限公司	4562			7906	128
福建圣丰农业有限公司	3798.42	300	1500	5335.5	52

续表

企业名称	总资产（万元）	年加工量（吨）	年产量（吨）	年销售额（万元）	从业人员（人）
宁德畲韵红茶业有限公司	4137.56	650	650	5080.76	21
福建省归来客有机茶叶有限公司	4873.34	268	268	5205	21
福建新坦洋集团股份有限公司	14768.02	75	175	6313.82	139
福建万润达茶业集团股份有限公司	10907.89	45	64	5015.43	27
福建鼎白茶业有限公司	15428.87	712	712	16694.62	226
福建广林福茶业有限责任公司	8170.9	20	20	17954.7	194
福鼎市芳茗茶业有限公司	6246.24			10088.42	232
福建裕荣香茶业有限公司	5971.42	537.32	537.32	6444.32	163
福建省莲峰茶业有限公司	23307	652	652	69668	178
福建省三山源茶业有限公司	5378			5704	100
福鼎市七碗李家农业发展有限公司	6112.52	37	37	5512	45
福鼎市品茗香茶业有限公司	6034.36	495.78	386.59	7259.64	203
福鼎本境茶业有限公司	4762.58	43	45	6150	87
福建省古素茶产业有限公司	3246.11	125.43	125.43	3315.78	57
福建省华羽村茶业有限公司	3857.25	180	180	4637.02	75
大荒（福建）茶业有限公司	5903.73			6447.95	498
福鼎市雁云青茶业有限公司	4560.7		250	5407.86	65
福鼎市绿意浓茶业有限公司	1768.65			5035.47	76
福建省海上茶香茶业有限公司	6425.26			6286.3	89
福建省峻山野农业发展有限公司	5051		100	7935	58
霞浦县目海茶业有限公司	4633.05		540	5426.33	13
寿宁县闽轩茶叶有限公司	4123		820	7163	78
寿宁县叶叶香茶厂	4016		800	6315	65
寿宁县锦山茶业有限公司	3983		700	7263	48
福建省周宁县绿立茶业开发有限公司	5785		8000	4868	53
周宁县莲峰生态农业发展有限公司	1890		3500	4027	105

续表

企业名称	总资产（万元）	年加工量（吨）	年产量（吨）	年销售额（万元）	从业人员（人）
福建省天荣茶业有限公司	5729.36		250	5100	65
福安市金福龙茶业有限公司	3014.24		1345	4892.67	16
春润（福建）农业发展有限公司	5922		506	8390.5	
福建誉达茶业有限公司	7013			34207	99
福建省高山香白茶产业城有限公司	5479		42	5051.5	93
福建瑞达茶业有限公司	7193.3		386	13342.2	223
福建省大沁茶业有限公司	7441			9367.23	380
福建康来颜茶业有限公司	7290.6		600	16968.2	500
大荒（福建）控股有限公司	5547.31		3.7	9810.88	425
福鼎长品白茶有限公司	6923.23			7032.71	19
福建省万氏留香茶业有限公司	7055.21		3213	7023.33	38
福建柏洋茗鼎茶业有限公司	6132.52		511	7532.12	56
福鼎国号茶业有限公司	604.87		61.29	1726.16	16
福建省福鼎市名山茶叶有限公司	6000.4			5905.2	65
福鼎市霁雪春茶业有限公司	5635	280		6090	38
福建省宁德市赤溪茶叶有限公司	5587	343		5198	36
宁德市弘春茶业有限公司	5102	432		5235	55
福建省盛世大翔茶业有限公司	4570			9184.2	196
福建梓丰农业发展有限公司	4609.5	394		7053.7	59
福建省霞浦县元宵茗农业发展有限公司	7181.25	757		12562.77	82
福建大南山茶业有限公司	5870	1000		8560	78
寿宁县东泰茶业有限公司	2600	3000		4248	22
福建白芽银仓茶业有限公司	4273.62	500		5337.89	22
周宁县华兴茶叶有限公司	3942	2000		4479	50
福建省碧源生态农业发展有限公司	3732.1	93		5988	186
福建海雾茶业发展有限公司	3708.7	320		6125	100

续表

企业名称	总资产（万元）	年加工量（吨）	年产量（吨）	年销售额（万元）	从业人员（人）
福建张一元茶业有限公司	3664			5328.06	98
福建宝丰源茶业有限公司	4702.88	1725		5355.73	22
福安市艾绿茶业有限公司	5144.33	376		5106.11	30
福安市红新茶业有限公司	5103	1200		5700	60
福建隽永天香茶业有限公司	7280.34	550		9256.73	78
福建林芝友缘茶业有限公司	5563.2	330		5006	108
福安市茗春馨香茶叶有限公司	4581.62	700		6385.45	65
福建省兴旺茶业有限公司	4930.45	3500		6558.78	70
福建省同泰春茶业有限公司	3767.79	300		5525.81	53
福建大地春茶业有限公司	5960.24	9000		9298.22	360
福建省京福茶业有限公司	4554	800		6842	55
福建省广福茶业有限责任公司	5794.58	366		10212	171
福建顺茗道茶业有限公司	9369.1	185.8		12759	192
福建董德茶业有限公司	4658.5	45		5845	95
福建永香茶业有限公司	6463.12			7231.23	78
福鼎市西坑孔家茶业有限公司	5036.53	220		7139.18	60
福鼎市闽翕茶业有限公司	5533.15			6036.66	65
福鼎汉仪楼茶业有限公司	6235.86	24.29		7260	35
纪生缘（福建）农业发展有限公司	5015.65	62.11		6313.01	34
福建省中镇茶业有限公司	5790.12	702		6794.71	131
福建叠石云雾茶业有限公司	3891.8	300		5108.45	50
福鼎市京福源茶业有限公司	5343.08	615		6990.18	98
福鼎市梅氏京福茶业有限公司	5248.15	12		6932.84	110
福建省白天鹅茶业有限公司	9981.6	560		7063.2	85
福建四季盛茶业有限公司	6856.11	462.19		6948.13	115
福建奇古枝茶业有限公司	7670.3	941		9513.6	108

续表

续表

企业名称	总资产(万元)	年加工量(吨)	年产量(吨)	年销售额(万元)	从业人员(人)
福鼎市晒鼎香茶业有限公司	4490.22	43		6897.18	85
大不同茶业(福建)有限公司	8540	568		5117	280
福建江南茶业有限公司	4532	100		5136	118
福鼎大廷茶业仓储有限公司	5698	210		5655.3	2000
福建瑞隆农业综合开发有限公司	5120			4050	36
福建华香茶业有限公司	6318.24			7315.69	33
福鼎市昌泰仓储物流有限公司	7220			9568.95	20
福建福鼎东南白茶进出口有限公司	6213			13210	56
福鼎阿甘茶业有限公司	5252.2			6908.87	420
福建合熹堂茶业有限公司	10593.8			15808.2	102
福鼎仙居林生态茶业有限公司	1135			865.85	12
福鼎市悟明茶业有限公司	5227.13			7569.52	20

数据来源：宁德市农业农村局。

(四)莆田市重点龙头企业发展情况

截至2021年底，福建金溪茶业有限公司为农业产业化省级重点龙头企业，年产量4000吨，年销售额达25000万元。莆田市天林茶业有限责任公司年产量300吨，年销售额达10700万元。莆田市天林茶业农民合作社为省级示范社，年产量950吨，年销售额5980万元。(表4-4)。

表4-4　莆田市重点茶企业基本情况

企业名称	总资产(万元)	年产量(吨)	年加工能力(吨)	年销售量(吨)	年销售额(万元)	从业人数
福建金溪茶业有限公司	25000	4000	4000	3800	25000	110
莆田市天林茶业有限责任公司	6900	300	700	270	10700	180
莆田市涵江天林茶业农民合作社	8900	950	950	950	5980	89

数据来源：莆田市农业农村局。

（五）安溪县重点龙头企业发展情况

截至2021年底，安溪县共有农业产业化国家重点龙头企业2家，农业产业化省级重点龙头企业18家，农业产业化市级重点龙头企业9家，总资产超过26亿元，年产量超过1.13万吨，年加工能力超过2.63万吨，年销售额接近27亿元，提供就业岗位5000余人，经济效益明显（表4-5）。

表4-5 安溪县重点龙头茶叶企业基本情况（2021年）

企业名称	总资产（万元）	年产量（吨）	年加工能力（吨）	年销售量（吨）	年销售额（万元）	从业人数
福建安溪铁观音集团股份有限公司	22469.22	1000	5000	800	20469.9	128
福建八马茶业有限公司	42086	958	1000	900	32298	328
中闽魏氏茶业股份公司	30800	150	200	120	22430.33	195
安溪华祥苑茶基地有限公司	6205.35	750	770	700	12280	150
福建省安溪县冠和茶业有限公司	6811	447	355	335	7954	530
福建龙馨茶业有限公司	5455.01	45	126.18	80	3608.12	62
福建安溪岐山魏荫名茶有限公司	12235.65	800	500	230	8687.55	100
福建省安溪县兴溪茶业有限责任公司	5310	500	2000	1779	12280	151
福建省中闽华源茶业有限公司	23488	300	3000	1500	54150	430
福建年年香茶业股份公司	6879	85	160	85	6604	385
安溪县桃源有机茶场有限公司	9306.35	350	500	150	8528.13	547
福建省誉丰国心茶业有限公司	16573.68	62	60	38	4998.24	68
福建省安溪举源农业综合开发有限公司	6300	300	320	300	7100	260
福建省高建发茶业有限公司	7156.08	1580	3200	1358	5070.27	26
福建儒家茶业有限公司	6627.2	120	200	100	6315	192
安溪茶叶批发市场开发有限公司	7759.75	0	0	21500（交易量）	225800（交易额）	47

续表

企业名称	总资产（万元）	年产量（吨）	年加工能力（吨）	年销售量（吨）	年销售额（万元）	从业人数
福建省华虹茶业有限公司	4058	362	680	350	3128	36
福建省安溪凤岩保健茶有限公司	2145	800	1800	468	2307.61	224
福建省安溪县颖昌茶厂	1460	330	300	280	2650	70
安溪县蜈蚣山农业发展有限公司	224.84	40	20	20	6.24	50
福建省安溪县一农茶叶有限公司	3050	35	40	120	5130	15
福建省绿色黄金茶业有限公司	6017	100	50	100	9568	120
福建省安溪刘金龙茶业有限公司	4600	240	300	280	5050	260
安溪萌皇茶业有限公司	5209.47	126	100	93	5713.55	52
安溪县慧芳生态茶业有限公司	3152	6	6	6	489.23	30
福建康士力茶业有限公司	2023	1325	5000	1325	3545.15	200
福建安溪春水秋香茶业有限公司	5892	11	232	128	7521	145
福建庆芸茶业有限公司	4933.7	420	300	290	6485.55	203
福建省安溪县荣景茶业有限公司	4660.74	33.57	58.66	161.9	5005.68	202

数据来源：安溪县农业农村局。

（六）漳州市发展情况

截至 2021 年底，漳州市共有农业产业化国家重点龙头企业 2 家，农业产业化省级重点龙头企业 11 家，总资产超过 29 亿元，年产量达 1.25 万吨，年加工能力超过 3.5 万吨，年销售额近 20 亿元，提供就业岗位 2200 余人（表 4-6）。

表 4-6　漳州市重点龙头茶叶企业基本情况（2021 年）

企业名称	总资产（万元）	年产量（吨）	年加工能力（吨）	年销售量（吨）	年销售额（万元）	从业人数
漳州天福茶业有限公司	115726	1475	2200	1607	80988	851

续表

企业名称	总资产（万元）	年产量（吨）	年加工能力（吨）	年销售量（吨）	年销售额（万元）	从业人数
大闽食品（漳州）有限公司	109543.8	9369	30313	8281	59978	445
福建省漳州茶厂	5564	63.23	60.26	54.50	765	26
漳州茶之序文化发展有限公司	741	26	30	25.32	2126	15
南靖洋顶岽茶业有限公司	3000	15	60	12	2400	50
漳州福星茶业股份有限公司	4923.17	300	500	287	5694.43	68
福建哈龙峰茶业有限公司	12065	350.56	856.12	378.12	15937	285
漳州光照人茶业有限公司	7950	285.34	290	280	14831	181
福建省日进茶叶有限公司	3563	75	100	55	2863	35
福建省天醇茶业有限公司	3721.31	237	300	231.2	6939.65	85
漳州九龙江阳明投资有限公司	17233.93	25	25	10	309.25	90
福建硒来乐生物科技股份有限公司	3000	200	400	200	3600	40
福建裕健龙生态农业股份有限公司	4800	50	200	50	2100	60

数据来源：漳州市农业农村局。

（七）龙岩市重点龙头企业发展情况

截至 2021 年底，龙岩市共有农业产业化省级重点龙头企业 5 家，农业产业化市级重点龙头企业 15 家，总资产超过 6 亿元，年产量 6973 吨，年加工能力近 1 万吨，年销售额近 5 亿元，提供就业岗位 1700 余人（表 4-7）。

表 4-7　龙岩市重点龙头茶叶企业基本情况（2021 年）

企业名称	总资产（万元）	年产量（吨）	年加工能力（吨）	年销售量（吨）	年销售额（万元）	从业人数
福建漳平鸿鼎农场开发有限公司	10197	80	100	80	6915	300
福建漳平台品茶业有限公司	2500	100	100	80	2000	200

续表

企业名称	总资产（万元）	年产量（吨）	年加工能力（吨）	年销售量（吨）	年销售额（万元）	从业人数
福建大用生态农业综合发展有限公司	3650	6.5	15	3.5	700	16
福建漳平尚顺农场开发有限公司	1000	60	70	40	800	130
福建漳平生富农场发展有限公司	1000	48	60	40	800	100
漳平市九鹏茶叶有限公司	1022.2	15	35	30	1009.13	16
福建秀雨农业发展有限公司	3600	12	25	15	360	45
福建漳平勇福茶叶有限公司	800	46	60	40	920	120
福建品昕农业发展有限公司	700	23	30	30	600	50
福建陈泰昌茶业发展有限公司	814.54	15	15	15	457.61	25
漳平市岳山茶业有限公司	5000	10	80	8	240	80
福建漳平佑泉茶业有限公司	5000	16	16	15	400	100
福建漳平九德茶业有限公司	1000	50	100	35	500	100
福建漳平茶博士综合农场有限公司	1000	180	200	30	500	130
福建省漳平市璞玉茶业有限公司	1260	15	15	15	320	60
金绿源（中国）生物科技有限公司	9037	1200	1200	1050	6500	105
福建省松花寨生态农业股份有限公司	2100	20	23	21	630	35
武平县如金茶叶有限公司	300	15	18	15	400	20
福建好日子食品有限公司	11890	5039	7000	4985	22989	90
福建省上杭县儒溪茶叶有限公司	1014	22.5	35	20	600	12

数据来源：龙岩市农业农村局。

（八）三明市重点龙头企业发展情况

截至2021年底，三明市茶企共有10家农业产业化省级重点龙头企业，总资产近5亿元，提供就业岗位1800余人（表4-8）。

表 4-8 三明市重点茶企业基本情况（2021 年）

企业名称	总资产（万元）	从业人数
福建双秋农业有限公司	4509.45	185
福建省苏福茶业有限公司	3798.87	264
三明市鹤翔春生态农业有限公司	3547.32	132
福建一笔峰茶业有限公司	4739	116
福建大田大方广茶业有限公司	6131	158
福建仙顶实业有限公司	4925.7	28
福建省状元茗茶有限公司	2140.04	193
福建省友定白茶有限公司	3160.38	421
福建省沙县宏苑茶业有限公司	3863	273
福建三明华达茶叶有限公司	12245.84	56

数据来源：三明市农业农村局。

（九）南平市重点龙头企业发展情况

南平市现有农业产业化国家重点龙头企业 2 家、省级重点龙头企业 33 家、市级重点龙头企业 32 家。其中 35 家农业产业化省级及以上重点龙头企业，总资产达到 31.47 亿元，茶叶年产量 12613.5 吨，年加工能力 19625.8 吨，年销售量为 11416.3 吨，年销售额为 33.10 亿元，提供就业岗位 4000 余人（表 4-9）。

表 4-9 南平市重点龙头茶叶企业基本情况（2021 年）

企业名称	总资产（万元）	年产量（吨）	年加工能力（吨）	年销售量（吨）	年销售额（万元）	从业人数
武夷星茶业有限公司	52924	390	650	384	53762	430
福建武夷山国家级自然保护区正山茶业有限公司	20600	305	600	230	39605	532
福建省武夷山市永生茶业有限公司	17725	582	800	497	20129	320
武夷山香江茶业有限公司	23653	191	1000	196	9217	274

续表

企业名称	总资产（万元）	年产量（吨）	年加工能力（吨）	年销售量（吨）	年销售额（万元）	从业人数
福建武夷岩生态茶业有限公司	8127	31	50	31	6676	48
武夷山市绿洲茶业有限公司	43206	310	420	296	40884	320
武夷山市北岩岩茶精制厂	4520	150	200	150	4850	40
武夷山市正袍国茶茶业有限公司	4018	185	216	185	6953	42
武夷山市骏德茶厂	1870	15	15	14	2000	43
武夷山市桃渊茗茶叶科学研究所有限公司	6556	300	400	200	8590	127
武夷山市九龙袍茶业有限公司	5409	43.7	50	39	5936	96
武夷山市其云岩茶有限公司	4987	75	75	65	5082	85
武夷山永胜生态茶业有限公司	4859	92	92	86	5601	87
武夷山山峰一号生态茶业有限公司	5761	36	36	35	4362	78
武夷山岩茶世家茶业有限公司	4768	35	35	32	4202	65
武夷山市瑞芳茶叶发展有限公司	4867	37.8	37.8	35.8	5434	59
福建和翼生态茶叶发展有限公司	8316	62	150	83	6834	52
福建白塔山茶业有限公司	4477	280	300	260	5047	60
福建省建瓯市龙兴茶叶有限公司	5110	758	3000	725	3901	30
福建御壶春茶业有限公司	2926	1977	2000	1850	8684	50
福建省建瓯市苑北茶叶有限公司	5500	1000	1600	550	6500	60
福建省百年乌龙茶厂	2000	130	150	60	240	22
福建省华韵武夷茶业有限公司	7484	180	180	175	7253	36
福建湛峰茶业有限公司	12084	600	1059	800	9403	98
福建省龙源茶业有限公司	7067	75	100	75	4502	13
福建省茗博茶业有限公司	5463	280	500	350	4873	34
福建省政和云根茶业有限公司	5316	300	350	200	6269	163
福建省瑞茗茶业有限公司	4867	260	500	231	5860	62

续表

企业名称	总资产（万元）	年产量（吨）	年加工能力（吨）	年销售量（吨）	年销售额（万元）	从业人数
福建省隆合茶业有限公司	7974	700	900	600	10210	106
福建省政和县峥茗茶业有限公司	3860	860	1500	835	5650	112
福建省政和一品红茶业有限公司	2960	72	120	60	2528	36
福建省泰云春茶业有限公司	4396	316	380	280	5100	65
政和县骏皓生态茶业有限公司	3636	850	850	795	5102	104
福建二五区茶业有限公司	3512	225	400	157.5	4302.5	135
福建省香入林茶业有限公司	3874	910	910	854	5431	132

数据来源：南平市农业农村局。

二、福建省重点龙头企业案例

（一）福州篇

1. 福建春伦集团有限公司省级农业标准化示范区建设案例

福建春伦有限公司成立于1985年，位于闽江沿岸城门经济开发区。集团作为农业产业化国家重点龙头企业，是国家农产品加工技术研发茉莉花茶专业分中心、全国茶叶标准化技术委员会花茶工作组秘书长单位、“中国茉莉花茶传承品牌”企业、中国茶业行业十强企业、“世界茉莉花茶传承世家”、三品一标企业、守合同重信用企业、全国五一劳动奖获得者、省市质量奖企业、福建省劳动和谐企业。

公司现有绿色茶园基地2800公顷，茉莉花生态种植基地466.67公顷，年生产量超4600吨。在福州地区设有53.33公顷的生态旅游观光生态园，在闽东、闽北高山地区建立了超1800公顷的绿色茶园。

春伦在发展自身的同时，积极回馈社会，履行社会责任。在落实精准扶贫工作中，与永泰春光村、坂埕村，罗源中房村、叠石村等开展结对帮扶建档立卡贫困户，既带动了十多万茶农、花农的增收，又通过将生态环保技术应用于基地的生产建设，有效推动了当地农村的生态文明建设，同时企业通过设立专项扶贫基金，用于贫困生就学、孤寡老人和孤儿等困难群众救助。集团被授予“全国社会扶贫先进集体”“全国‘万企帮万村’精准扶贫行动先进民营业”等荣誉称号。

(1) 建设基本情况。

第一，配套设施建设。

公司在晋安区宦溪镇南口工区投资建立 66.67 公顷示范茶园基地，采取“公司+基地+农户”的形式，带动周边超 200 公顷茶园，并带动周边更多的农民投入绿色茶叶高效农业的生产中，将基地建设打造成具有国际标准的现代化加工生产基地。茶园标准化建设总投资约 1000 万元，已建设标准化生态茶园超 66.67 公顷，其中有机茶园面积 3.33 公顷，绿色茶园面积 50 公顷。道路硬化道路总长 3.5 千米，步道 1.6 千米。项目实施地目前建有加工厂占地面积 0.81 公顷，加工车间 2 栋，具备自动化生产线两条，计划年加工 1000 吨茶叶。公司已套种豆科植物圆叶决明面积约 0.33 公顷，建成容量 35 立方米蓄水池 3 个。公司已建成化验室一间，配套操作电脑一台，生资、农资仓库一间。投放第一批绿色防控捕虫灯与第一批茶园监控探头。

第二，标准化项目建设。

一是切实加强组织领导。2017 年，公司成立省级农业综合标准化建设项目领导小组和技术小组，由公司董事长任组长。领导小组的主要职责是负责标准化建设工作的组织领导、方案实施、经费筹集、人员与设备配置等工作，及时协调解决标准化项目建设过程中存在的相关问题，形成高效运作的组织体系和保障体系。领导小组下设标准化办公室，负责标准化建设的日常工作。

二是加大品牌创建力度，提高市场竞争力。企业荣获农业产业化国家重点龙头企业、国家茶叶加工技术研发专业分中心、首家重点特色茶叶实验室、“世界最具影响力品牌”企业、“中国茉莉花茶传承品牌”企业、中国茶业行业十强企业，“春伦”商标为中国驰名商标、“三品一

标”。为了完善生态原料基地，集团建立了高山绿色生态茶园和茉莉花基地，采用科学管理和先进生产技术，每道工序采用数字化管理和无尘化生产，企业已通过 SC、ISO9001/14001/18001、HACCP、无公害、绿色食品、有机食品等多项认证。2010 年农业部授予企业“福州茉莉花茶加工示范基地”；2011 年农业部授予企业“国家农产品加工技术研发茉莉花茶专业分中心”“全国绿色食品示范企业”；2012 年荣获“福建省茉莉花茶工程技术中心”等称号，为集团生产优质产品和服务提供强有力的保障，同时还被中国茶叶流通协会授予“中国茶叶行业标准化实物标准样示范基地”。

图 4-1　春伦高山有机茶园

三是扎实推进项目实施。制订方案，明确年度工作任务。围绕《农业综合标准化项目目标考核评价》等要求，科学制订了《春伦集团有限公司省级茶叶农业综合标准化示范区建设项目实施方案》。按照实施方案的三年总体目标和序时进度要求，明确分解每年度的工作计划，做到围绕任务定计划，围绕计划抓实施，并在每年底进行一次工作总结，及时总结经验，分析存在问题，提出整改措施，为推进下一年度的项目实施工作打好基础。完善规章制度，建立健全标准体系。与福建省标准化研究院共同合作，制定茶叶标准体系。围绕茉莉花茶生产的关键技术，完善各个环节的标准化控制程序与技术，形成从产地环境、生产管理、投入品、加工、产品质量的产业链条，以国家标准、行业标准、地方标准为基础，按照“有标采标、无标制标”的原则建设完善企业标准体系，健全生产环节技术和管理标准。目前，标准体系共有标准139份，其中国家标准39份，行业标准74份，地方标准17份，企业标准9份。保障投入，确保专款专用。自纳入标准化建设以来，公司始终以自身为主力，按照既定的目标任务与实施计划，确保各项资金及时到位。为做好省级农业标准化示范区工作，公司结合发展实际，对照任务书计划经费投入，制定《标准化专项资金使用和管理办法》，严格依照有关规定做到专户管理、专款专用，确保专项资金使用安全。广泛宣传，强化技术培训与推广。首先，通过福州新闻网、茶叶资讯、中经新闻、福建省林业厅、福建省农业农村厅、春伦茶叶门户网、微信公众号平台等媒体，宣传报道福建春伦茉莉花茶的生产加工、绿色/有机茶园建设、茶文化及农业综合标准化示范区建设等新闻和信息，不断提高企业对外宣传和品牌的影响力。其次，邀请专家开展培训，传授茶叶标准化种植加工知识，进行规模化生产，提高产量，增加效益。培训内容包括“无公害食品，茶叶生产技术规程（NY/T 5018-2015）”“绿色食品农药使用准则（NY/T 393-2013）” “绿色食品肥料使用准则（NY/T 394-2013）”“有机茶生产技术规程（NY/T 5197-2002）”等有关标准规定，提高农户依标生产的能力和水平。同时还穿插“茶叶种植关键技术”“无公害食品茶叶质量安全知识”“茶叶安全生产关键技术”培训内容，先后举办了茶叶绿色生产模式及配套技术培训班、全国绿色食品审核员培训班、茶叶标准化生产技术培训班、茶叶质量安全生产技术培训班，共有5000人次的茶农和茶叶相关工作者得到这方面的培训。

（2）建设成效。

第一，社会成效。

加强培训，强化标准化意识。开办培训班7期，印发技术资料1000余份。通过对《茶叶绿色生产模式及配套技术》《生产技术规程》《茶叶标准化生产技术》《茶叶安全施肥和安全用药》《农田管理良种繁育技术》《绿色食品加工》等10项专技知识的培训和推广，提升标准化

意识，强化生产技术。加强合作，建立院士工作站，长期与中国农业大学、福建农林大学、国家杭州茶叶研究所等多家科研单位建立合作联系，成立茶叶科技与经济研究所。公司具有较完善的研究、开发、试验条件，有较强的技术创新能力和较高的研究开发投入，建立了福建农林大学茶叶科技与经济研究所示范基地，研究开发能力与创新水平在同行业中处于领先地位。积极开展闽台农业交流合作，与台湾地区合作联合推进、共同建设山地有机茶可溯源制度；与福州一中、三中、师大附中等多所学校建立校企合作。

第二，经济成效。

年产值不断递增。通过标准化建设和与其他项目的融合发展，公司在不到4年的时间里，迅速提升发展，年产值不断递增（表4-10），突出产业融合发展，推动产业转型。集团立足全球布局，让福州茉莉花茶香飘全球，已在法国成立分公司、美国设立展示中心等。集团先后获得福州市政府质量奖和福建省政府质量奖。集团将福州茉莉花茶千年窨制工艺与现代化生产完美融合，现已成长为集产品研发、生产制造、营销推广、品牌运作于一体，规模化、多元化、国际化的综合性民营企业，业务涉及茶品、化妆品、服饰、文化、旅游、电子商务等多个领域。同时，通过建设生态型的美丽乡村来发展旅游业，吸引游客。在促进产业发展、提升茉莉花茶市场竞争力的同时，发展旅游业，带动周边经济。

表4-10 2017—2021年春伦集团年产值情况

年份	资产总计（元）		
	年初	年末	差值
2017	302300062.85	302760096.10	460033.25
2018	302760096.10	306302359.53	3542263.43
2019	306302359.53	313360502.21	7058142.68
2020	313360502.21	326104137.51	12743635.3
2021	326104137.51	359314800.03	33210662.52

第三，生态成效。

项目从源头上严格控制农药残留，建立可追溯体系示范区，茶叶抽

检合格率100%，建立了高山生态绿色茶园和茉莉花基地，通过推广周边示范区茶园66.67公顷按标准化规范进行操作，采用科学管理和先进生产技术，每道工序采用数字化管理和无尘化生产。套种豆科植物，改善土壤质量；使用绿色防控捕虫灯，减少药物的使用，投放茶园监控探头，提升效率，加强监控，降低劳动成本。

（3）今后的思路。

培养标准化人才，加强合作。由于标准化建设工作涉及面广，企业中既懂生产加工技术又懂得标准化技术的复合型人才紧缺，对标准化工作的有力衔接和进一步拓展延伸造成一定制约。同时，要在后续的标准化建设与示范推广过程中，进一步充分发挥院士工作站、中国农业大学、福建农林大学、国家杭州茶叶研究所等相关科研机构和院校的科技人才及成果优势，强化彼此间密切协作，加强创新，无缝对接科技成果转化，努力带动和培育企业自身的管理人才和科技人才，以促进企业不断提升发展。

示范推广工作亟待加强。标准化示范区建设不仅事关企业成长，同时也是一项系统的社会化工程；不仅是企业自身发展的需要，也是广大辐射区范围种植户发展和成果推广应用的需要。下一阶段，公司将在各级市场监督管理等有关部门的指导下，持之以恒加大标准化建设力度，尤其在进一步加大宣传培训力度、持续优化生产管理水平、总结完善标准体系、组织科研攻关、推广应用科技成果和精准带动周边区域发展等方面，再接再厉，努力实现标准化示范区建设，积极带领更多的茶农花农一起致富，努力生产质量更好、香韵更加自然的福州茉莉花茶，把福州茉莉花茶有容乃大的文化内涵与闽茶浓韵沉香的千年神韵紧密创新结合，让闽茶千年技艺弘扬海内外。

2. 闽榕茶业有限公司数字赋能茶产业案例

闽榕茶业有限公司（原福州市城门敖峰闽榕茶厂）成立于1982年，传承于百年老字号大经茶庄。公司坐落于世界茉莉花茶发源地——福州，现为农业产业化国家重点龙头企业、国家高新技术企业，获国家知识产权局授予使用国家地理标志保护产品专用标志。

公司自成立以来，始终以一颗至诚之心，追求卓越，致力于向消费者提供纯正、优质、生态、安全、健康的福州茉莉花茶产品。公司技术团队攻克多项技术难题，福州茉莉花茶核心技术《一种单瓣醇香茉莉花茶的窨制方法》国家发明专利（专利号：ZL 2009 1 0044159.2）荣获福建省科学进步三等奖、福州市发明专利奖，该技术成为福州茉莉花茶制作历史上具有里程碑意义的创新发明。

公司以国家专利为支撑，融合现代科技，不断创新茉莉花茶窨制工艺，被中国茶业流通协会评为“中国茶叶行业综合实力百强企业”，被国家农业部评为“全国农产品加工示范企业”“全国乡镇企业创名牌重点企业”。公司出品的福州茉莉花茶更是深受消费者喜爱，多次获得海内外众多奖项，先后获得上海世博会福建馆绿茶类茉莉花茶指定用茶、中国茶叶博物馆“馆藏茶”、连续五届数字中国建设峰会星级服务赞助商、第44届世界遗产大会接待用茶赞助企业等殊荣。

目前，公司在福州、霞浦、寿宁、福鼎、安溪等地海拔800多米的高山建立2万多公顷有机绿色、无公害茶园基地。在福州长乐空港工业区建立1万平方米花茶深加工工厂。公司采用“公司＋基地＋农户”发展模式，联合多家合作社及家庭农场，大力推行“订单农业”，牵头制订制度，成立闽榕茶业有限公司茶业联合体。公司收购联合体成员的农产品，指导联合体成员开展“三品一标”认证；牵头整合品牌资源，做强公用品牌；统一技术标准，统一社会化服务，统一营销推广；指导联合体成员开展农产品质量安全建设，推行“一品一码（合格证）”，实现所有食用产品可追溯。2021年12月，闽榕茶叶产业化联合体荣获福建省农业农村厅“2021年度农业产业化省级示范联合体”称号。

在构建联合体过程中，闽榕茶业紧跟互联网大数据时代要求，建设“茶叶＋互联网”智慧农业项目，一期投资近300多万元，建成了智慧园可视化管理ERP系统；完成生产智能化管理系统建设，实现了从种植基地气候环境监测，农户的施肥，虫害预警监测管理，到生产加工智能生产，并应用省农业农村厅农产品质量监管系统，实现对本公司产品的质量信息追溯；搭建公共信息服务管理系统，积极应用农业电子商务

图 4-2　霞浦高山有机茶园（闽榕茶业有限公司供图）

系统，实现与天猫、京东、拼多多、国铁商城等电商平台合作；成立闽榕茶业企业数据中心，打通溯源系统与内部生产系统、仓储系统、第三方电商平台，实现产销一体化供应链体系，分析结果以可视化一张图、数据报表等不同形式进行展现，实现与省农业农村厅“农业云 131”平台的数据对接及共享。公司通过技术手段，探索茶园碳汇核算，服务于碳达峰、碳中和战略，为茉莉花茶“碳达峰碳中和”应用起到试点示范作用；通过数字化技术直观体现福州茉莉花茶文化，让全国各地通过信息化技术体验国家非物质文化遗产——福州茉莉花茶窨制工艺。

近年来，茶产业紧跟数字化、生态化时代风口，以数字化平台链接茶叶生产、加工、检测、物流、销售等全过程，构建数字化产供销的现代农业全产业链，推进原生态精品农业尤其是茶产业朝着绿色化、数字化、品牌化方向不断前行。

公司致力于从生产、加工到销售实现数据化、信息化、智能化转

型，这是推动茶产业高质量发展的必然趋势。其中，茶叶初加工设施装备实行更新升级，将生产、加工、流通信息全部纳入追溯管理，实现全程监管、阳光消费。这对于茶产业发展中减少劳动力成本、提升产品品质、加强行业自律、推动茶产业效益最大化有着深远的意义，从而进一步推进公司可持续高质量发展。

公司不断探索通过数字化、互联网技术推广和运用，建设茶园物联网、茶园生产管理和茶园数字化运营系统，打造“一亩茶园”数字化标准示范基地，实行全程认证，形成品牌效应。

通过实施数字赋能、文化加持、品牌提升，茶叶将成为助农增收致富、撬动乡村振兴的关键。公司将顺应时代召唤，积极响应政府号召，数字赋能产业，实现共同富裕。

3. 福建满堂香茶业股份有限公司稳步发展案例

福建满堂香茶业股份有限公司创办于1985年，2012年至今已连续五轮成为农业产业化国家重点龙头企业，2021年荣获中国十大茉莉花茶经典品牌企业称号，“满堂香”是中国驰名商标。

2021年9月8日，公司与政和县政府在厦门“中国国际投资贸易洽谈会”上正式签订建设“满堂香—览悦白茶精加工一体化”项目。该项目总投资5.05亿元，截至2022年5月已投入近亿元建设集产学研游于一体的览悦白茶产业园。项目包含保护与建设40公顷龙焙贡茶核心生态茶园与历史文化街区；完成园区三通一平9600平方米，5000平方米标准化车间建设、内装修及生产设备安装，并投入一期生产。目前，公司正式推出中国高端年份白茶——览悦12款精品老白茶，已在北京、深圳、兰州、西安、福州等节点城市开出线下直营形象店与加盟店9家，同时线上产品开发与网红直播正有条不紊展开，“悦小白”动漫主播即将上线。公司与中国供销农产品批发市场控股有限公司旗下企业——中农批云仓（南平）科技有限公司正式签署白茶供应链金融全方位合作协议，旨在共享物流仓储和线上线下营销资源及渠道，进一步推动白茶更好地发展和持续提升白茶品牌影响力。2020年，公司稳步推进“甘肃国际茶文化广场”项目的报批与土地选址工作，项目总规由国

内顶尖的华东设计院全程介入，该项目现已被列入2021年兰州市重点投资推进项目。建设集丝绸之路茶文化博物馆、茶主题特色餐厅、酒店、养生茶坊、非遗传承人工作室、茶人剧场等等于一体的大型茶业综合体，形成特色明星的茶旅与中小学生社会实践基地，拓展中国茶融合发展的新模式。

公司坚持守正创新，其福州茉莉花茶手工传统加工技艺已传承三代。20世纪80年代中期开始，公司团队大胆创新，开发出“国色天香”“金丝银钩”“牡丹绣球”“阳春白雪”等至今还是国内茶行业内公认并使用的特种花茶。2020年，新品“茉莉灵芽”“金喜红”获福建省茶产业创新联盟颁发的“首届老百姓喝得起的好茶品牌最佳推荐品牌和入围推荐品牌”，深受广大消费者与行业协会的认可。同年，公司创办的“星创天地”入选福建省科技厅和福州市科技局星创天地名单。满堂香星创天地提供优质的服务与优惠的价格吸引了国内20余家创业青年团队在此头脑风暴与技术孵化，让入驻团队安心在此创业，同时将各级科技部门的优惠政策快速传达落实到每个创业团队。

公司严格遵循国家食品安全相关法规，严格确保茶叶安全，对茶叶种植、加工、包装、储运等关键环节进行严格的质量管理，实行产地、质量、等级标识，建立了全程可追溯制度。2020年，公司对现有的生产车间和设备进行全面的改造和升级，完成了五大茶类（绿茶、花茶、乌龙茶、红茶、白茶）生产许可流程的严格测试，并通过了新一轮相关质量与管理体系认证。2020—2021年，公司共投入550余万元专项用于职工与茶农的职业技能培训，旨在与时俱进，不断提高生产一线员工茶叶技术掌握水平与茶农生态茶园管养技能。

“茶香引领美好”不仅是企业的目标，也是中国茶行业的愿景。公司将不断深化企地合作，促进当地产业发展，持久带动更多茶农增收，稳定助力乡村振兴；将一如既往地积极参与和推动中国茶产业、茶科技、茶文化的融合发展，为中国茶乃至中国品牌农产品走向世界而继续努力。

4. 福建茶叶进出口有限责任公司多方位发展案例

1950年2月20日，福建茶叶进出口有限责任公司（以下简称中茶福建公司）成立，是中粮集团旗下中国茶叶股份有限公司全资的专业实业公司。1996 年在福兴经济开发区设立福兴茶叶加工厂。2014 年 6 月，公司总部从福州鼓楼区正式搬入福兴经济开发区。在福兴经济开发区的支持和引导下，中茶福建公司跑出了“加速度”，产量连年突破新高，规模和效益也实现连年增长，形成了国际品牌业务、国内品牌业务、国内外饮料原料业务齐头并进的发展格局。

与福兴开发区共奋进，夯实发展根基。1994 年，福兴经济开发区成立伊始，中茶福建公司位于福兴经济开发区的 3.33 公顷土地就开始动工建设福兴茶叶加工厂。1996 年，工厂 1 期建设完工正式投产，并分别在 2001 年、2010 年、2017 年先后进行 2 期、3 期、4 期产能建设，推动产能从 4500 吨/年提升至 15000 吨/年。结合工厂 3 期、4 期扩建项目建设，公司研发国内领先的自动化生产线，用现代化手段提升传统工艺，使茶叶生产向清洁化、自动化、智能化转型，打造了一个集生产、研发、检验、仓储、消费者体验及品鉴等多功能于一体的“消费者体验式工厂”，也是中国茶叶股份有限公司颁发的首家标准化示范工厂。2014 年 6 月，为提高运营效率、缩短沟通环节、降低运营成本、增强企业竞争能力，公司总部搬离市中心的写字楼，贴近生产一线，到基层工厂办公，展现了公司脚踏实地、求真务实的企业形象，同时把办公楼一楼原来规划的大堂改为茶叶专卖店，既节约了茶店的租金，增加了售点，又是品牌形象、企业形象展示的一个窗口。自此，公司把总部经济落户福兴经济开发区，在不断谋求自身发展的同时为开发区贡献创收，连续多次被晋安区评为“纳税大户”。政府引导、多方联动、资源共享、互利共赢正是中茶福建公司在激烈竞争中的制胜法宝。

一路“蝶变”，打造“福建老字号”品牌。1961 年，“蝴蝶牌”商标经中央工商行政管理局批准注册，专用于出口听装茉莉花茶包装，“蝴蝶”承载着福州茉莉花茶的“冰糖甜、鲜灵香”，飞出了国门。1979 年，“蝴蝶牌”商标续展时扩展到所有茶类产品。2013 年，公司顺势而为，国内业务再次向品牌产品营销转型，定位振兴福州茉莉花茶，复兴福建白茶，大力发展国内品牌业务，业绩迅猛增长，“蝴蝶”品牌产品

已遍及30个省（市、区）和两个特别行政区。从2012年到2021年，9年时间公司国内品牌业务增长了37倍，业务占比也大大提升。72年品牌积淀，不仅记录着中茶福建公司的发展历程，更是一份面向消费者的庄严承诺。公司“蝴蝶”品牌，成为中国名茶特色名片和海外华人寄托乡愁的载体，更成为“老百姓喝得起的放心茶”，载誉海内外。2022年4月，“蝴蝶牌”因其悠久的历史和在行业中的影响力，被福建省商务厅授予“福建老字号”荣誉称号。

严守质量安全关口，筑牢产业优势。为应对日益严格的茶叶检测标准，中茶福建公司最早在茶叶行业中建立了产品可追溯体系，从种植、农药施用、茶园管理等方面严格把关。从2002年开始，每年都定期召开茶叶安全工作会议，对供应商和茶农进行宣贯，引导其规范种植，从源头把住茶叶质量安全第一道关卡。中茶福建公司现有ISO9001、ISO22000、HACCP、FSSC22000、ISO14001管理体系以及美国、日本、欧盟、国内有机产品认证、雨林联盟认证。自2014—2021年连续8年被国家市场监督管理总局列为“重点抽检食品生产企业名单”，自2008—2016年连续8年被中国出入境检验检疫协会评为“中国质量诚信企业”。2020年12月，公司被福州海关授予“AEO高级认证企业”证书，成为茶叶行业首家“AEO高级认证企业”，进一步促进茶产业在国际市场的互动和振兴发展。中茶福建公司始终秉持“好茶在中茶”的品牌主张，打造匠心好茶，不断提升自我管理水平和对产品安全卫生的把控能力，确保为消费者奉献自然健康、营养美味、安全放心的茶产品。

夯实白茶产业根基，发挥白茶产业优势。作为拥有72年悠久历史的中茶福建公司，始终致力于白茶的生产、推广、加工、研发、研究、管理及国内外贸易。2013年，公司依托多茶类和产地、技术优势，恢复和挖掘白茶传统技艺，不仅恢复了20世纪60年代公司首创的新工艺白茶产品，而且恢复了水仙白等正源产地、正宗品种、正统工艺的白茶产品。2013年至今，公司白茶销售呈现阶梯式上升态势，连年创出新高。由于中茶福建公司经营白茶的历史、规模和突出贡献，2018年，

海峡两岸茶业交流协会专项设立并授予“中国白茶发展特殊贡献奖”，2021—2022年，公司被中国茶叶流通协会评选授牌“2020年度中国白茶产业创新十强企业”“2022白茶行业领军品牌”。

弘扬茶文化，打好传承牌。2017年，为了正本清源，复兴福建白茶，中茶福建公司编撰了《白茶经营史录》，阐明“中茶福建公司的白茶经营史在一定程度上就是福建白茶的经营历史”，向国内外消费者介绍推荐福建白茶。2019年，公司整理出版了《中国白茶史（1950—1969）》，进一步普及和推广白茶历史和文化，让更多的消费者认识白茶、了解白茶，该书荣登中国茶行业媒体联盟“2019茶媒推荐阅读十大茶书榜单”。中茶福建公司始终以茶文化的践行者和传播者为己任，在推广饮茶健康、传播茶文化的路上，不忘初心，一路前行。也正因此，公司于2018年被海峡两岸茶业交流协会授予“茶文化建设贡献奖”荣誉称号。

聚焦“四化”（机械化换人、自动化减人、信息化管理、智能化）建设，助推产业升级。中茶福建公司始终紧跟时代步伐，聚焦“四化”建设，为高质量发展积蓄动能。从1992年借鉴当时日本的生产线技术的国内第一条乌龙茶生产线的研发设计，到中国第一条花茶、红茶、白茶全自动化拼配生产线均诞生在中茶福建公司。2017年11月，福兴茶叶加工厂4期项目正式投产，中茶福建公司再次自主研发、设计，新建了两条茶叶精制加工生产线。2021年，为满足日益增长的白茶市场需求，公司对原紧压茶车间进行场所扩大和装修改造，对生产设备进行升级改造；同时为落实中茶“品牌消费品公司”定位，公司引进市场上较为先进的白茶礼盒自动覆膜包装机、饼茶压制机、预制袋小饼干内袋包装机、白茶小泡袋茶包装机、巧克力饼透明膜包装机、巧克力饼内袋枕包机等新型白茶包装设备。2022年，中茶福建公司推动实施二车间红茶生产线更新技改、白茶精制加工生产线升级技改、小包装自动化装罐技改升级等3个项目，持续落实产能提升和设备保障措施，不断提高“四化”水平和生产效率，提升产品质量，使产业升级成为茶产业高质量发展的火车头。

助茶业发展，谋乡村振兴。近年来，茶叶在全面推进乡村振兴道路上发挥着越来越重要的作用，逐渐成为撬动当地乡村振兴的新支点。2021年10月30日，中茶福建公司为三明市建宁县茶企进行茶叶质量安全管控培训，并对下一步帮扶建宁茶产业发展工作提出指导意见。2021—2022年，三明市建宁县政府领导及茶企代表曾多次来访公司交流茶叶生产销售工作，公司也曾多次派员前往建宁县，对当地茶企提供帮扶指导。从消费帮扶、技术帮扶到产业帮扶，中茶福建公司将继续担负国有企业的行业责任和社会担当，在乡村振兴的道路上行稳致远。

（二）宁德篇

1. 福建省天湖茶业有限公司品牌建设、科技创新案例

福建省天湖茶业有限公司成立于2000年，是一家集茶叶种植、加工、销售、出口、科研、茶业人才培训及茶文化推广等于一体的农业产业化国家重点龙头企业和国家扶贫龙头企业。公司连续15年被中国茶业流通协会评为中国茶业综合实力百强企业；是福鼎白茶国家标准和“陈年白茶”团体标准的参与制定单位。公司自成立以来，在做大做强企业的同时，多措并举，因势利导，大力实施品牌战略，加快企业科技创新，有效地提高了产品质量，增强了市场核心竞争力。2021年，公司总资产17593.84万元，其中固定资产2761.30万元，2021年销售总值达35067.77万元，纳税3091.44万元。公司自主品牌“绿雪芽”被评为“福建省著名商标”“中国驰名商标”，“绿雪芽”牌福鼎白茶被福建省人民政府授予“福建省名牌产品”称号。

（1）注重品牌效应，大力实施商标战略。

品牌是企业的形象，商标是企业发展的生产力。公司自创建以来，在20年的发展过程中，大力实施商标战略，坚持对“绿雪芽”商标长期稳定地宣传、使用，以直营专卖和连锁加盟形式，建立了覆盖全国各地主要城市的销售网络和电商销售平台，以北京、广州、上海、西安、济南五大营销中心为重点、覆盖全国各地主要城市的加盟连锁店和销售专柜1000多个、电商网络平台通达200多个城市。公司充分利用央视、

湖南卫视、福建卫视等媒体和北京、上海、广州、西安、济南等地举办的国际、国内茶叶博览会、福建海峡两岸茶业博览会、茶叶经济年会信息平台及各广告媒体，开展“绿雪芽”品牌推广和宣传；积极参加政府组织的“一带一路”及国内外茶事活动，并屡获大奖，这些活动大大提升了天湖茶业“绿雪芽”品牌的知名度，在销区赢得了广大消费者的一致好评，并实现出口美国、日本、欧盟等国家和地区，市场前景广阔。2003 年，“绿雪芽”商标被福建省工商行政管理局评定为“福建省著名商标”，“绿雪芽”牌福鼎白茶获评“福建省名牌产品”“福建名牌农产品”，公司被农业部评定为“农产品连锁经营重点企业”和“全国乡镇企业创名牌重点企业”，2013 年“绿雪芽”荣获中国茶品牌“金芽奖”中国白茶标志性品牌称号、被国家工商总局认定为“中国驰名商标”；2019 年“绿雪芽”品牌价值评估已达到 5.09 亿元。

（2）依靠科技创新，增强企业原动力。

公司十分重视自主创新、科技创新，持续加强技术队伍建设，提升科技创新实力，提高产品科技含量，每年投入大量专项资金用于新产品研制和生产技术改进。2010 年 3 月，公司与福建省农业科学院联合成立福建天湖白茶研发中心，积极与中科院茶叶研究所、福建省农业科学院茶叶研究所、福建农林大学、江西婺源茶学院等高校科研机构合作，引进先进的白茶自动化加工设备和技术，开展福鼎白茶的品质研究及新设备、新产品的开发，推动产学研深度融合。公司自主创制了白茶紧压茶加工智能化、自动化萎凋等先进加工工艺，同时利用福鼎大毫多适制性的优势，发展多茶类加工，全面提高茶业科技和加工水平，改变茶叶由单纯追求数量向追求质量、效益转变。同时，公司大力实施人才发展战略，通过与高校科研机构合作，以走出去、请进来的方式，以老带新，建立有效的人才培养机制，为公司培养输送了茶业专业人才，实现企业发展与人才需求同步。公司先后参与了福建省科技计划项目——白茶规模化生产关键技术研究与新产品开发、福建省农业科技推广示范项目——清洁化复式萎凋白茶示范推广、茶叶程控发酵烘焙技术培训推广等项目，参与福建省科技重大专项——多茶类萎凋系统集成控制与自动化加工技术项目的研究实施工作。同时引进茶叶新品类33个，推出高品质白茶系列产品300多个，自主研发的专利技术13个，授权发明专利4个。

(3) 加强质量管理，提升产品品质。

商标品牌战略的核心，是必须有过硬的产品质量做后盾，为此公司始终坚持“质量是企业生命”的宗旨，狠抓产品质量。一是抓源头建基地，确保原料供应和质量保证。为了确保“绿雪芽”茶叶产品质量安全，公司积极采取“公司＋基地＋合作社＋农户”的形式，在太姥山、磻溪、管阳、硖门等乡镇建设茶叶基地5个，现有有机茶园353.33公顷，以产业联合体方式带动太姥山有机农业专业合作社、盈丰农业专业合作社、章福种植专业合作社、茗贵茶叶专业合作社等43家农民专业合作社组织和茶农联合体发展有机茶、无公害茶园1586.67公顷，其中订单基地848公顷，其他方式带动种植面积738.40公顷。其中太姥山有机茶生产基地100公顷，被列为省级农业标准化示范区和出入境检验检疫局的出口茶叶备案基地。二是狠抓标准化生产和质量管理工作，提高产品品质。公司自主编制《绿雪芽茶（有机茶）标准综合体》，实现绿雪芽有机茶的标准化生产，先后通过了中农质量认证中心有机茶(OTRDC)、瑞士（IMO）有机认证、德国CERES欧盟有机认证、ISO22000国际质量管理体系认证、农业部良好农业规范（GAP）认证及国家质检总局的原产地注册、出口食品生产企业卫生注册和食品安全管理体系SC认证。公司同时完善茶叶质量追溯体系建设，深化从茶园基地管理、原料进厂、产品加工到成品销售的全程监管链条，健全基地监测和茶叶质量监管网络，通过导入质量管理体系、食品安全管理体系和6S管理，努力提升全员素质。全面推动茶叶质量安全上新台阶，通过科技手段创新白茶加工工艺及设备实现品质升级，同时达到节能、减排、降耗，实现企业经济效益和社会效益双丰收，公司自成立至今未发生任何质量安全事故，在各级市场监管部门的抽检中，合格率均达100%，公司所选送的参选茶叶连年获得金奖。

天湖茶业通过不断完善质量控制体系，加强质量管理，以提高企业

质量管理水平，保证产品质量的稳定；通过持续改进创新，提高了顾客满意度和市场竞争力。

2. 福建省兴旺茶业有限公司品牌建设案例

福建省兴旺茶业有限公司坚持以“诚信为本，共同发展”作为企业精神，秉承“兴旺诚心制好茶”的经营理念，大力打造“福兴旺”品牌，建立了茶叶质量可追溯体系，严把茶叶质量安全关，茶叶品质显著提高。通过全司上下共同努力，实现了基地建设、品牌打造、加工能力的全方位突破。

公司原料生产基地建设范围广、规模大，实现了优质茶青的稳定可控的原料基地自给率达 80%以上，品质上的保证使公司成为十几家国内大型食品企业长期固定的原料茶叶供应商，常年为全国各地茶叶公司提供绿茶、红茶、花茶半成品原料，年供应量达到 7000 多吨。同时，公司每年以订单形式向茶农收购茶叶鲜叶，直接带动茶农 5000 多户，辐射带动周边 2 万多户、2000 多公顷茶园。

公司产品连年在福建省名优茶评比、宁德市茶王赛、历届福安市坦洋工夫斗茶赛等各大茶事活动中取得名茶、金奖等一系列荣誉，产品畅销北京、上海、陕西、山东、湖南、吉林、山西等地，在全国各省设立多家连锁加盟店，年生产总值、上缴税款等逐年递增。

(1) 增强创新能力，综合实力取得新的飞跃。

公司十分重视研发及茶叶科研项目建设，2012 年起与福建省农业科学院茶叶研究所建立茶产业科技创新战略合作伙伴关系，实现科企联姻，提高产品科技含量和附加值，科技创新实力在同行业遥遥领先，共同创建了茶产业联合研发中心，挖掘传统和创新茶叶加工工艺和技术，自主创新生产设备，获得 6 个实用新型专利，研发创新产品层出不穷，革新 3 项工艺技术，整体上提升了福安茶叶品质。通过“高香型坦洋工夫红茶工艺（技术）创新及新产品配套开发”以及“工夫红茶产品工艺创新与设备集成应用升级”项目建设，促进茶叶品牌提升。由于研发实力雄厚、技术领先，被福建省人力资源和社会保障厅授予“技能大师工作室”，企业综合竞争实力得到提高。

(2) 注重品牌建设，提升产品质量。

公司坚持以“诚信为本，共同发展”作为企业精神，秉承“兴旺诚心制好茶”的经营理念，从茶叶种植源头抓起，确保茶叶产品生产的每一个过程精益求精。

公司建立了茶叶质量可追溯体系，茶叶质量安全水平显著提高。在品牌建设过程中，公司的“高香型坦洋工夫红茶工艺（技术）创新及新产品配套开发”“坦洋工夫茶叶初加工清洁化改造”“绿色食品茶叶高质量控制关键技术综合管理创新研究与应用”项目建设任务，旨在引领福安本地茶企在新的工夫红茶产品质量方面有新的突破，完成产业的转型升级。

(3) 营销模式新颖，市场营销拓展快速。

公司借助乡村众创空间力量，在产品营销上打造“人人都是主播，处处都可带货”的电商意识，为提升茶叶销售打下基础，促进线上与线下有机融合，实现全民主播，直播带货、助力产品产业化销售。产品营销创新上极具独创性，使公司产品畅销全国各地，主要产品市场占有率居福安市坦洋工夫红茶企业前列。产品销售渠道的拓展，提高了企业的经营效益，增加了农民收入，从而带动茶产业健康、和谐、稳定发展。

(4) 加强标准化建设，打造高标准生态茶园。

2019 年，公司承担起农业绿色高质高效创建项目，示范推广绿色高质高效关键技术的建设任务，通过创建绿色食品茶叶高质量标准化生产示范基地，进行茶叶专用肥、商品有机肥、复合肥对比试验，以测试不同肥料对茶叶的影响，经过春、夏、秋三季度产量测定和加工品质鉴定，对比试验结果茶叶专用肥效果最好，从而达到推广茶叶专用肥提高品质的目的，让当地茶农对茶叶栽培管理充满信心。经过示范引导，公司绿色高质高效的示范茶园真正成为全市的示范点，有效地促进了茶农节本增收，探索筛选出一整套可借鉴、可复制、可推广、适宜福安茶叶高质量发展的生产技术模式。

兴旺公司的发展有力地促进了地方产业增效、茶农增收，也是科技赋能茶产业发展的生动展示。主要体现在：

第一，促进地方茶农持续增收贡献明显。公司采取“公司＋地基＋农户”的经营模式，建立茶叶高质量示范基地667公顷，带动茶农发展茶叶生产，其中绿色食品标准化茶园基地240公顷，是中茶所、省茶叶研究所科研实践、示范基地。通过订单方式，与茶农建立了长期的、稳定的合作关系，年产值上亿元，有效促进了茶农持续增收。公司经营规范，是目前福安市茶叶加工规模最大的茶叶企业之一，在农业经济发展中带动能力强。

第二，企业发展科技贡献率不断提高。随着发展壮大，企业更加注重科技对企业发展的促进作用。2017年，公司获得“福建省科技型企业”荣誉证书，同年被福建省认定为首批省级“专精特新”中小企业，纳入重点监测企业范围并予以重点扶持和服务。为提高企业标准化生产水平和产品质量，降低企业生产成本，公司不断提升加工设备装备水平，引进先进的DVR-2型服部式茶叶色选机和FTR84W型茶叶色选机，企业综合竞争实力不断提升。

“百业农为先，农兴百业兴”，兴旺茶业这个千家万户民生的企业，是福安市规模以上民营企业，在打造茶业品牌、依法纳税、促进就业、增加农民收入、助推贫困山区群众稳定脱贫、持续增收等方面有一定业绩。

（三）泉州篇

1. 福建八马茶业有限公司标准化建设案例

八马茶业是一家集基地种植、生产加工、产品销售、茶文化旅游于一体的全产业链综合性大型茶叶企业，在安溪、武夷山等地拥有大型现代化加工厂和研发中心。至2020年，连续10年获评农业产业化国家重点龙头企业，连锁门店超过2000家，是中国茶叶连锁领军品牌，同时双十一连续六年蝉联乌龙茶类目销量第一。八马茶业是首家入选央视大国品牌的茶企，是2018年唯一入选CCTV“改革开放40年40品牌”茶企。2020年已连续2届获评“中国茶行业标志性品牌”，连续5年入选“中国品牌价值500强”，品牌价值139.66亿元。

（1）科研建设。

公司是全国茶业标准化技术委员会（SAC/TC339）委员单位、乌龙茶国际标准国内成员单位、泉州市企事业知识产权试点单位、国家茶叶产业技术体系泉州综合试验站依托单位、福建省乌龙茶质量与安全控制企业重点实验室承担单位。长期与清华大学、浙江大学、福建农林大学、集美大学、中国农业科学院茶叶研究所、福建省农业科学院茶叶研究所等高校及科研机构开展产学研合作，有效实施茶园可持续发展战略，确保从茶园到茶杯的全程质量安全；持续不断改进生产加工工艺、开发新产品；在农残降解、精制加工、深加工等领域创造了不少标准化研究成果。

2020 年 11 月，公司成功入选国家级博士后科研工作站，引进博士后科研人员进站开展科研工作，实现高级人才向企业的“柔性流动”，推动高等学校和科研院所面向企业，进一步促进产、学、研结合，提高企业的科技创新水平、竞争能力和标准化水平。

（2）基地建设。

第一，全国布局。公司紧紧围绕“中国好茶”战略，深化开发全茶类产品，全面布局中国十大名茶产区，公司与具有当地“地理标志产品”使用资质的优质名茶生产企业建立了合作关系，目前产品覆盖乌龙茶、绿茶、红茶、白茶、普洱、花茶等各类茶叶产品。公司目前在安溪建有自有茶园基地 380 公顷，订单签约合作基地 2966.67 公顷，一贯秉承可持续发展的基地建设理念，开展基地管理相关工作。

第二，推行 GAP 茶园管理模式。公司是国家农业部 948 项目乌龙茶 GAP 示范基地，于 2009 年通过 GAP 良好农业规范体系认证。自推行 GAP 管理模式以来，公司取得了良好的成效，农户直接收益提高了 10%以上，改变了茶农频繁、过度使用化学农药的习惯，提高了茶农保护茶园生态环境的意识；通过示范推广茶园水土保持治理方式，推行坡改梯、前埂后沟、梯壁种植草、合理留养的做法，改变了传统“一片光”的不良茶园耕除做法，茶园生态环境得到明显改善，生态进一步平衡。

第三，推行肥培管理方式。公司以绿色发展理念为导向，推行有机

肥替代化肥的茶园肥培管理方式，示范带动协议农户实施茶叶有机肥替代化肥茶园管理方式。通过大力推广化肥减量增效、有机肥替代化肥等绿色高产高效技术，改良茶园土壤，提升土壤基础地力，营造良好茶树生长环境，有效提高茶叶品质，提升茶叶质量安全水平，促进茶园生态可持续发展。

（3）管理规范建设。

公司通过聘请多名植保专家、教授指导基地建设，制订《茶园管理技术规程》《茶叶初制技术规程》，通过“公司＋基地＋农户”的管理模式，并通过不定期的培训，提高茶农产品安全意识，并加强企业内部管理，推进现代化企业管理制度，构建了企业完整的管理体系，已通过了ISO9001：2008质量管理体系、ISO14001：2004环境管理体系、GAP良好农业规范体系、HACCP体系等认证，成为业内通过最多国际、国内认证的企业。

（4）品牌建设。

多年来，公司通过各种展会及茶事活动，加大推介力度，推介“八马”品牌产品，提高市场营销力。公司积极参与国际、国内各种标准制定。目前，企业已经形成一系列产品标准化、基地管理标准化、精制加工标准化、营销标准化的操作规程和企业标准。

（5）标准培训。

公司每年举办乌龙茶质量安全科技培训大会，组织茶叶质量安全专家、客户专家、企业技术骨干等各方技术力量，为茶叶专业合作社、原料供应商、茶农大户培训最新的茶叶质量安全科技管理技术。把一整套从茶园到茶杯的科学管理技术规程包括茶园种植生产管理技术规程、茶园初加工技术规程、茶叶精加工技术规程装订成册，分发给茶农，让茶农充分了解并掌握茶叶专业知识。培训规模每次超过200人，已连续举办了19年。

公司自创办以来，注重从源头管理开始，把茶园基地当作第一车间，与茶农户、专业合作社、茶叶公司等通过订单模式建立了紧密联系。2002年，公司率先建立可追溯制度和标准化体系，从培训指导、监督管控、科技种茶等方面不断探索、加大投入，最大限度保证产品质量安全。

2. 福建安溪铁观音集团股份有限公司企业重整案例

福建安溪铁观音集团股份有限公司是一家集茶叶种植、生产、加工、销售、科研及茶文化传播于一体的现代企业。公司前身为成立于1952年的国营福建省安溪茶厂，是中国乌龙茶行业历史最悠久、规模最大的茶叶生产企业之一，是国内乌龙茶界的龙头企业，在乌龙茶精制加工、技术研究、产品质量与安全检测、品牌建设等方面，一直走在行业前列，是全国乌龙茶行业中最早获得“农业产业化国家重点龙头企业”的茶企，入选农业部“全国农产品加工示范企业”，被农业部认定为“国家农产品加工技术研究专业分中心”。福建安溪铁观音集团股份有限公司是乌龙茶精制加工业中最先拥有自营出口权、唯一产品荣获国家金质奖的企业。作为乌龙茶地方标准及国家标准制定的骨干企业，参与制定了福建省地方标准《乌龙茶标准综合体》，是当时唯一参与制标的企业单位。公司1980年注册的“凤山”商标，先后荣获“福建省著名商标”“中国驰名商标”。“凤山”牌特级铁观音在1982年至1996年期间连续15年荣获国家金质奖，系列产品拥有7个部优、11个省优产品以及多个博览会金奖，产品远销日本、东南亚、俄罗斯、马来西亚等60多个国家和地区。

（1）企业重整。

2012年6月，福建安溪铁观音集团股份有限公司冲击国内茶叶第一股，进行A股IPO预披露，随后因国家政策及市场变动等因素，于次年终止上市计划。福建安溪铁观音集团股份有限公司逐步陷入经营困境。2015年12月，泉州市政府牵头，安溪县委、县政府成立铁观音集团和安溪茶厂清算组。2016年1月，泉州市中院裁定受理福建安溪铁观音集团股份有限公司及关联企业重整案。2016年5月正式启动两家企业的重整投资人的招募工作，全国有11家企业报名参与。2016年10月确定北京和君集团有限公司为重整投资人并通过北京和君集团提交的重整方案。2016年10月召开两家企业重整案第二次债权人会议暨铁观

音集团出资人组会议，会议高票通过重整计划。

2016 年 11 月，泉州中院裁定批准两家企业的重整计划，并终止两家企业的重整程序。2016 年 12 月完成各类债权的首次清偿工作。2017 年 10 月，泉州中院裁定确认重整计划执行完毕，两家公司财产与营业事务交接仪式顺利举行，标志着两家公司的重整工作圆满成功。2018 年 3 月，最高人民法院公布了十大“全国法院审理破产典型案例”，福建安溪铁观音集团股份有限公司及其关联企业重整案作为福建省的唯一案例入选，也是入选的唯一传统农业企业。最高人民法院指出，本案是通过破产重整制度促进传统农业企业转型升级的典型案例，具有重要的典型意义。

（2）工业化生产。

公司成功重整后，福建安溪铁观音集团股份有限公司确定以“正心诚意，成人达己，规则清晰，共担共享”为经营理念，建立组织化平台机制和合伙创业的商业模式，制定“一体两翼”的发展战略，依托国家茶叶质量安全工程技术研究中心，以打造茶行业的创新孵化器为体，以构建茶产业供应链和资本经营为两翼，实现现代农业转型升级与跨越发展。锚定大健康产业，坚持走国际化、大众化、现代化、工业化的发展道路，做老百姓喝得起的茶。

依托原产地优势和完善的供应链体系，福建安溪铁观音集团股份有限公司整合上下游资源，一方面开展工业化生产，年产能 6000 多吨；另一方面重构营销体系，进行 TDC（直面消费者）转型，通过渠道变革逐步减少品牌端与用户端之间存在的经销层级。

（3）科技创新。

2014 年，经国家科技部批复同意立项，国家茶叶质量工程技术研究中心在福建安溪铁观音集团股份有限公司院士专家工作站的基础上开始筹建。该中心是全国茶叶质量安全领域唯一的国家级工程技术研究中心，也是福建省唯一以企业为依托单位的农业类国家工程技术研究中心。重整成功后，在集团战略指引和各级有关部门的指导下，集团上下克服重整积弱的重重困难，大力开展中心建设，并于 2017 年高分通过科技部验收，标志着集团“一体两翼”发展战略的初步形成。验收通过

后，该中心聚焦行业共性难点痛点，持续加大研发费用投入，不断在茶叶绿色生产技术、茶叶精深加工技术、茶叶有害物检测技术等领域进行基础科研创新。承担中央、省、市各级科技项目5项，发表科研论文19篇，获授权专利10项，参与制修订“GBT30357.9—2020乌龙茶，第9部分：白芽奇兰”等国家、行业和地方标准5项，有力引领了茶行业科技创新发展。同时积极承担企业社会责任，持续开展面向全行业的创新服务。成立专业化第三方茶叶检测机构——福建安农茶叶检验检测有限公司。面对新冠肺炎疫情，为助力茶叶产业恢复，帮助中小茶企渡过难关，公司开展公益茶叶检测，通过实际行动支援广大中小茶叶企业和合作社抗击疫情复工复产。持续开展面向全国各地的茶叶主产区的技术服务，对涉茶贫困户进行技术帮扶培训，开展茶园土壤改良的技术服务与指导，依据地方特色进行技术推广与应用落地，推动地方茶叶产业的健康发展。

（4）茶旅融合。

集团地处闽南厦漳泉金三角——安溪县，地理位置优越，旅游资源丰富，人文荟萃，区域文化特色鲜明。为此，集团积极融入乡村振兴战略，利用安溪铁观音集团的优势，立足老厂区、老工业、新工艺、新技术，着力挖掘安溪茶产业历史，大力发展工业旅游，弘扬工业文明，围绕茶文化、工业文化组织开展工业旅游、中小学生工业文化研学、茶旅精品定制等活动，积极探索第一、第二、第三产业融合的发展模式，现已初步形成以国家工业遗产为主体，研学科普、观光工厂、文化创意等多种文化业态协同促进的发展格局，企业文化、工业生产、工艺流程、科技成果、工业遗产等要素得到充分展示。公司先后被认定为“福建省省级观光工厂”“第四批国家工业遗产”“国家工业文化研学基地”，年接待游客3万余人，带动周边乡村发展，促进县域茶旅融合发展。

（四）漳州篇

大闽食品（漳州）有限公司科技创新案例

大闽食品（漳州）有限公司始创于1995年4月，是一家集研发、

生产、销售于一体，专业从事天然植物深加工的企业。经过二十几年的发展，公司已成为全球技术最先进、生产规模最大的速溶茶、茶提取物、天然植物提取物生产商，年产速溶茶4000吨，浓缩液6000吨，是康师傅、百事可乐、雀巢、王老吉、统一食品、星巴克的重要供应商，同时产品远销43个国家和地区，在国内市场占有率达70%以上，国际市场占有率达35%，极大地推动了中国乃至全球的茶饮料和植物饮料的发展。2019年12月16日，公司入选农业产业化国家重点龙头企业名单。2020年1月7日，入选农业产业化省级重点龙头企业名单。

目前，公司拥有员工450多人，其中博士、硕士及各类高级技术人才120多名，建立起一支由业内著名专家博士所组成的新品研发及技术服务队伍，拥有全国茶行业唯一的博士后科研工作站。自建站以来，大闽食品每年投入科研经费占销售额3%以上，近三年研发投入年均超5000万元，在研的科研项目总计14项，在国内外核心期刊上发表论文100余篇。公司牵头制定《茶饮料的国家标准》和《食品工业速溶茶》等行业标准，参与制定团体标准4项、行业标准3项、国家标准3项，先后获得“国家草本植物加工技术研发专业中心”“博士后科研工作站”“国家CNAS实验室认证”“中药健康产品联合实验室”“福建省企业技术中心”“福建省创新型企业”“福建省企业工程技术研究中心”“福建省重点实验室”“福建省知识产权优势企业”等资质。

大闽国际研发中心拥有进行农产品深加工的多种先进检测仪器和研发设备，如超高效液质联用仪、气质联用仪、原子吸收光谱仪、全自动层析系统、陶瓷膜浓缩液过滤设备、连续逆流提取设备、超高温灭菌机、各种离心分离机、干燥机等，公司长期与中华全国供销合作总社杭州茶叶研究院等国内著名研究机构以及上海中医药大学、福建农林大学、安徽农业大学等高校合作，深入基础理论研究，开发植物提取新技术。公司自主开发的微生物发酵、膜分离、植物提取工艺、连续式逆向萃取、活性物质分离纯化及鉴定等集成技术应用于生产实践中，极大地提高了产品品质，使萃取物的风味更接近产品原味，更好地保留了产品营养成分和感官特征，满足了客户个性化的定制需求。通过自主研发，

公司已取得专利近80项，其中已授权发明专利33件，实用新型22件，外观专利2件，版权2件，并在2021年荣获日内瓦国际发明奖；获得中国轻工业联合会科技发明一等奖1项、二等奖2项；获福建省科技进步奖二等奖2项、三等奖3项，福建省专利奖二等奖1项、三等奖1项，以及厦门市科技进步奖1项、漳州市科技进步一等奖1项等。

面向未来，走向深蓝。大闽的梦想是向全世界的消费者提供既自然又健康的产品，让全世界的消费者健康和快乐地生活。中国的茶叶及各种植物提取物，通过大闽不断地走向全球，大闽也将不断地把世界各地的茶叶引入中国，为推动中国乃至世界的茶饮料、植物饮料的发展做出自己的贡献。大闽食品将继续坚持以技术创新为导向，践行“健康食品功能化，功能食品生活化”理念，不断向功能性食品、保健医药制品领域拓展，服务全球市场，助力美好生活。

（五）龙岩篇

1. 龙岩市松花寨农业发展有限公司茶旅融合发展案例

龙岩市松花寨农业发展有限公司位于有着“客家百姓镇”之称的武平县中山镇，经营范围包括茶业种植、加工销售、家禽养殖、观光旅游、农家乐、茶叶休闲体验等。公司现有茶园25.33公顷，茶厂500平方米，停车场1000平方米，农家乐餐厅800平方米，森林乐园休闲中心1.33公顷。

公司成立以来，坚持“良心、匠心、创新”的理念，发展茶叶生产，利用品种优势，生产优质“松花寨”牌梁野翠珠、梁野炒绿等系列武平绿茶产品；产品通过SC、绿色食品认证，获得绿茶出口备案；公司目前已纳入省质量安全可追溯体系管理，实行“一品一码”，源头赋码。2021年，公司高端茶叶产量近18吨、产值210多万元，产品满足当地需求外，还销往广州、深圳、厦门、杭州等国内大中城市及远销印尼、新加坡等东南亚国家，深受消费者喜爱。

近年，随着停车场、观光亭、农家乐餐厅、森林乐园休闲中心等休闲设施的不断完善，来公司研学、团建等一日游、小型聚会的游客越来

越多。据统计，2020年全年接待游客达6.5万人次，实现旅游收入280万元，茶旅融合发展初具规模。

公司通过几年来的努力，先后被评为全国基层农技推广农业科技示范基地、福建省优质农产品标准化示范基地、福建省新型职业农民实训基地、福建省红领巾校外体验示范基地、龙岩市农业产业化龙头企业、龙岩市科普研学教育基地、武平县扶贫示范车间、武平县贫困村创业致富带头人实训基地、武平县示范文化企业、武平县委党校教学点、武平县乡村振兴示范企业，已成为武平县创建“国家全域旅游示范区”的重要亮点。茶旅融合主要做法如下：

(1) 统一规划，分步建设。

在25.33公顷生态观光茶园中，陆续建设游客集散接待区、武平绿茶文化展示交流区、茶艺文化体验区、制茶工艺观光工厂、森林游乐园、客家民俗体验区、“松花寨乡村大舞台”舞台演艺、高素质农民培训中心、环茶园骑行休闲驿道等主要场所，实现“吃、品、游、学、乐、摄、购、住”八位一体的集生产种植、加工、旅游接待、康养服务、研学科普和文创开发于一体的农文旅康养基地，成为“农业＋文化＋旅游＋健康＋养生”新业态的茶文化创意旅游综合体，以及乡村振兴创新创业农文旅康养一体的茶叶产业园，并实现茶文化与旅游康养、创意设计等多产业的跨界融合发展。

(2) 引进新品种，高标准建园。

为适应绿茶市场需求，公司从浙江引进特早芽茶树品种乌牛早等，在中山镇龙济村松花寨缓坡丘陵地区开垦茶园25.33公顷，同时完善茶园干道、步道、水池等基础设施，建设高标准茶园。

(3) 购置加工机械，建清洁化茶厂。

为保证茶叶加工清洁化，公司在茶园入口处择址，采用轻钢结构材料新建清洁化茶厂500平方米，内设更衣消毒室、加工车间、半成品库、包装间、成品库、产品展示厅及接待厅等，同时购置竹筛竹簾、生物燃料自动投料机、连续杀青机、揉捻机、炒干机、扁形茶机、曲毫机等茶叶摊晾、加工设备。

(4) 完善茶园生态，建设生态茶园。

一是公司多方筹集资金，通过开挖排水沟渠、实行生草栽培、种植行道树、硬化道路、建设蓄水池及喷灌设施等措施，完成生态茶园的建设；二是通过增施有机肥、开展病虫害绿色防控，提高茶青质量，申请绿色食品认证，生产优质茶产品，发展茶叶生产。

(5) 拓展销售渠道，提高产品附加值。

在生产优质武平绿茶系列产品的同时，与易网购、福茶网等平台合作，开展网络直播、短视频等电商模式，实现茶叶线上线下协同发展，拓展销售渠道，提高一产产值。

(6) 体验采茶制茶，传播茶文化。

一是建设武平绿茶文化展示长廊，让游客一到松花寨即能了解武平绿茶的历史、文化。二是配置多个电炒单锅、风扇及竹簾（或簸箕）等设备，在茶叶生产季节，游客在专业技师指导下，自行到茶园采摘茶青，按手工制茶的工艺流程自行炒制，产品自主处置，让游客在游玩中体会劳动的辛苦、制茶的乐趣和收获劳动成果后的成就感。三是聘请茶艺师现场进行茶艺表演，介绍各品类茶叶的品质特点、加工工艺流程，传播武平绿茶及中华博大精深的茶文化，同时带动茶产品的销售。

(7) 建设休闲设施，拓展茶旅融合。

一是在茶园建设观光亭、木屋、休闲长廊、环茶园骑行休闲驿道等休闲设施，拓展“吃、品、游、学、乐、摄、购、住”一体旅游服务功能，让游客在欣赏茶园美丽景色的同时品饮香醇的茗茶，体验休闲之旅。二是在茶园外侧建设森林乐园，内设蹦床、滑草、小动物饲养等娱乐设施，让孩子们流连忘返，爱上松花寨，爱来松花寨。三是建设农家乐餐厅，开发茶膳、茶食品，配置打糍粑、磨豆浆等民俗内容，让游客玩在松花寨、吃在松花寨的同时，体验客家民风民俗，拓展茶园旅游功能。

(8) 开发延伸产品，拓宽收入渠道。

以庄园独具特色的景点、优质的产品及丰富的文化内涵为基础，设计与制作价格适中、包装精美的伴手礼，近年来逐步开发了百家姓十八子糕点的升级版茶香糕等 16 款茶衍生系列伴手礼等文创产品，包括茶

香鸡、茶香蛋、茶香酥、茶香枕、茶香蜜、茶香粉等茶延伸产品，让游客一看就产生给家人带点的想法和冲动，拓宽公司收入渠道。

(9) 开展研学团建，丰富茶旅内容。

与各地学校、幼儿园、中小学校、培训中心、工厂、企业等教育培训机构及团队对接，承接研学、团建系列活动，提供体验、休闲、吃喝、玩乐等服务，丰富茶园旅游的内容。

(六) 南平篇

1. 武夷星茶业有限公司智慧农业案例

智慧农业是农业生产的高级阶段。武夷星于 2019 年 12 月初步完成武夷星现代农业智慧园建设，将现代科技与茶叶种植加工相结合，在行业内率先实现无人化、自动化、智能化管理。近年来，更全面的信息化管理、更透彻的农业信息感知、更集中的数据资源、更便捷的生产流程、更深入的智能控制、更贴心的公众服务，成功助力武夷星“三茶”发展更上一层楼。

21 世纪以来，随着现代科技的迅猛发展，一种新型的农业模式——智慧农业应运而生。历经十余年耕耘，武夷星于 2019 年 12 月初步完成武夷星现代农业智慧园建设，将现代科技与茶叶种植加工相结合，在茶行业率先实现无人化、自动化、智能化管理，助力“三茶”统筹发展迈上新台阶。

(1) 更全面的信息化管理。

武夷星建立智慧农业信息化云平台，依托部署在茶园的各种传感节点，实时展示茶园环境温湿度、二氧化碳、土壤墒情等信息，建立天地茶人一体化监测体系，为茶园生产提供精准化种植、可视化管理和智能化决策服务。同时利用 GIS、大数据等最新技术，展示智慧园企业的综合信息情况，让管理者通过一张图即可掌握整个智慧园企业生产经营情况，树立了茶产业智慧生态种植新标杆。

(2) 更透彻的农业信息感知。

武夷星建立物联网环境监控系统和病虫害监测预警系统，实时监测

茶山环境、茶叶生长过程相关信息和病虫害发生情况，定期采集虫情图像，自动上传到智慧农业信息化云平台，工作人员可随时远程了解田间虫情与变化，便于及时制定防治措施。同时通过车间环境传感器和视频监控，在茶叶加工过程中监控环境的温度、湿度、二氧化碳浓度等关键因素，辅以智能化设备调节控制，实现最佳加工环境来保障茶叶的品质。

（3）更集中的数据资源。

种业是农业的“芯片”，武夷星不仅完成了茶树种质资源云平台的建设，还创新性地完成了国内首个AI育种试验的开发，成为武夷星现代农业智慧园的最大亮点。该平台依托武夷星已有的茶树种质资源圃，对上百种世界各地茶树品种的形态特征、生物学特性、品质特性、抗逆性、抗病性等各类基本信息进行系统的收集和分析，为农业强“芯”，也为满足不同消费需求和新产品的开发提供连续不断的生产资源。

（4）更便捷的生产流程。

武夷星优化企业ERP系统，利用数据获取的智能整合，集成茶叶种植生产加工、供应链全流程、OA与销售系统并联，实现全程追溯管控的智慧云计算平台，实现企业智慧生态运营。同时新增手机端功能，提高系统使用便利性，实时控制经济业务，真正将会计控制职能发挥出来，提升财务的结账速度、库存盘点的准确率、生产工单的完成率和客户满意度。

（5）更深入的智能控制。

走进新建的智能产品中心，数字化生产线令人耳目一新。新建的自动化称量生产线、自动化柔性高空运输线、自动化礼盒包装生产线、智能化后套包装线和智能化运输线，通过智能生产设备、智能信息平台、智能立体库打造一个安全、高效、便利的智慧生产中心，逐步实现“关灯工厂”。

各个车间自由穿梭的AGV小车，采用北斗导航系统，激光自导全自动运行能够实现物流的全自动化。全新的阿童木机械臂是当今最快速的工业机器人之一，在物流分拣方面的速度是人工速度的数倍，能够实

现对人工的完美替代，助力工厂提速增效。

（6）更贴心的公众服务。

武夷星建立数字化生产指挥调度中心，开启“生产有记录、过程留痕迹、质量能追溯、产品可召回”的茶叶安全生产质量管理模式，实现“从茶园到茶杯”的全程监管。辅以米多可追溯系统、米多商城等电子商务平台，使用户可以迅速了解食品的生产环境和过程，便捷地购买到优质放心的产品。同时，武夷星升级改造官方网站，配置汉语、英语和阿拉伯语三种语言，积极开拓、融入“一带一路”沿线国家或地区的市场。

下一步，武夷星将创建“国家数字种植业创新应用基地”，执行建立国家级数字农业共享平台的战略，构建茶叶全产业链智慧生态数字云平台，推动生产制造全流程智慧化，倡导健康生活，让全球亿万茶友共饮一杯安全健康的中国茶。

2.“正山堂·骏眉中国”红茶产业体系创新案例

长久以来，红茶消费市场都是以传统红茶为主。其“红、浓、苦”的口感滋味使得中国红茶迟迟不能在国内市场获得更好的发展。直到2005年，以金骏眉为代表的创新红茶的诞生，带来了全新的骏眉工艺，改写了传统红茶的滋味特点，引领了清饮红茶新潮流，促进了国内茶产业的兴旺发展。2018年，正山堂提倡“清、香、甘”口感风格的骏眉红茶产品体系，不断将原创之骏眉工艺推广至全国，深挖中国红茶的更多可能。从“金骏眉”到“骏眉中国”，“骏眉中国”体系布局全国，严守标准，锐意创新，精准扶贫，为复兴中国红茶做出自己的贡献。

（1）骏眉中国：十大经典产区，一杯中国味道。

“骏眉中国”是正山堂基于骏眉工艺，布局全国红茶产区开发的新的、单独的红茶项目。2010年，正山堂突破地域限制，与全国各大优质茶产区展开合作，严选全国十大经典红茶产区，河南信阳、浙江绍兴、贵州普安、四川广元、湖北巴东、湖南古丈、安徽黄山、云南凤庆、福建武夷山、山东诸城，并向产区布局，打造骏眉中国红茶产业体系。2018年，集结中国红茶“黄金纬度带”经典茶产区精选茶青的

“正山堂·骏眉中国”正式问世，将十大产区的自然风土与人文风情，融于特色红茶之中，让中国人发现红茶的别致魅力。

“正山堂·骏眉中国”项目，将骏眉工艺推向全国，带动红茶产业发展，助力茶产区精准扶贫和生态经济发展，为贫困茶区的致富贡献力量。

(2) 骏眉中国：别人的标准，我们的底线。

2018年11月16日上午，由中国茶叶流通协会、福建正山堂茶业有限责任公司等单位起草的《骏眉红茶》团体标准在武夷山发布。这是首个全国性、跨省份的红茶团体标准。《骏眉红茶》团体标准清晰界定了“骏眉红茶”的定义、产品质量分类、加工工艺、感官品质及理化指标要求等内容，为骏眉红茶的生产及加工提供了重要的技术支撑以及理论依据，让骏眉红茶有了清晰的标准。“正山堂·骏眉中国”系列产品是中国唯一以《骏眉红茶》团体标准作为最低标准（标准中骏眉红茶产品要具有香甜、鲜活、甘醇的品质），在此之上采用精密拼配工艺，使香气滋味平衡、品质更加稳定的红茶产品。

《骏眉红茶》团体标准的发布和实施将有效提升骏眉红茶生产、经营的规范化和标准化水平，推动骏眉红茶的市场化规范运行，助力骏眉红茶产业的健康发展。而骏眉中国红茶产品以标准做底线，致力于为国人生产更高品质的红茶，对中国清饮红茶的高质量发展，推动中国清饮红茶走向世界，向世界传播中华茶文化具有重要意义。

(3) 骏眉中国：以规模化、标准化走向世界。

据统计，红茶占据全球茶叶消费量的75%以上，全球有80%的国家和地区饮用红茶。在外国人眼中，中国红茶即代表了中国茶叶，只有好的产品，才能走向世界市场。

金骏眉红茶的出现，不仅诞生了骏眉工艺，还一度填补了高端红茶的空白，为中国红茶事业乃至整个茶行业发展注入了全新的动力。但金骏眉红茶虽好，却因其产自武夷山国家级自然保护区内，产区有着地理范围限制，存在供不应求的问题。骏眉中国体系，将骏眉工艺推向全国茶产区，突破金骏眉产区产能的限制，推动红茶产业发展，为更多消费

者带来高品质的红茶品饮体验。骏眉中国体系又布局全国，通过将骏眉工艺输出，带动地方红茶发展，形成以骏眉工艺为核心的全国名优红茶体系，从而带动中国红茶发展，拿回世界红茶话语权。

(4) 骏眉中国：让茶甜到茶农心里去。

中国是产茶大国，茶产区如九州明星一般散落各地。很多优质茶产区交通闭塞，经济落后，同时全国茶产区产能过剩，总体供大于求。骏眉中国体系通过输出骏眉工艺，带动各省红茶产区的蓬勃发展，助力精准扶贫和生态经济。

骏眉中国的十大经典产区中绝大部分处于长江经济带一线，这些产区或地处偏远高山，或位于贫困山区，骏眉中国把金骏眉带动桐木茶产业发展、带动桐木茶农致富的经验带到全国各大茶区，为贫困茶区的致富贡献力量，其不仅是在挖掘中国红茶更深刻的内蕴，同时还是在推动长江经济带发展，进行精准扶贫。

湖北巴东，地处神秘的北纬 30 度。该县独特的地理环境，四季分明、温暖潮湿的气候，富含硒等多种矿物质元素的酸性土壤，形成了茶叶生长的绝佳要素。正山堂将金骏眉创新工艺带到巴东，与当地合作开发“正山堂·巴东红”系列红茶产品，致力于以茶产业带动巴东当地农产品经济，助推全县茶产业突破性发展，共同建设长江经济带生态产业链，更为茶友呈现独具巴东地域特色和正山堂骏眉韵味的经典好茶。巍巍云头大山下的普安，200 万年前就是茶树理想的家园，今天在决战脱贫攻坚决胜同步小康的过程中，青翠欲滴的茶叶子正在成为“金叶子”，在“普安红”这个国家地理标志保护产品的带领下，在“正山堂”品牌的助推下，老百姓的脱贫致富梦正在一步一步变成现实。正山堂，以《骏眉红茶》团体标准为标准，采用当地原生态茶青为原料，结合骏眉红茶创新工艺，创制而得大叶种里的金骏眉——普安红，为当地带来扶贫增收。

第五部分　福建省茶产业专题报告

从综合调研专题、海关专题、标准化建设专题、乡村振兴专题以及产业发展专题角度，全方位对福建省茶产业发展中出现的新情况、新趋势和新问题做较为深入的分析。

一、综合调研专题

（一）省委改革办调研专题

统筹“三茶”发展，打造“多彩闽茶”

——福建统筹做好茶文化茶产业茶科技大文章

福建省委改革办调研组

福建产茶历史长达1600多年，源于汉、兴于唐、盛于宋，历史悠久、底蕴深厚。近年来，福建省贯彻落实习近平总书记重要指示精神，统筹茶文化、茶产业、茶科技发展，推动茶产业从脱贫攻坚的支柱产业发展成为乡村振兴的支柱产业。2021年，福建茶叶单产、总产、茶树良种覆盖率、毛茶产值、全产业链产值、国家级重点龙头企业数量、中国驰名商标数量、茶叶出口金额等8项指标均居全国前列，奋力开创“多彩闽茶”高质量发展新局面。

1. 文化塑魂，闽茶添韵

一是深入挖掘闽茶文化资源。深化茶文化研究，编纂《福建茶志》，

支持发展茶文化创意产业，开发新式茶器具、茶摆件、茶空间、茶家具、茶手工艺品等，制作茶文化动漫作品，不断提升茶文化资源应用价值。发挥中国农民丰收节、国际茶日系列活动、中国国际农产品交易会、中国国际茶叶博览会等平台作用，采用线上线下相结合的方式，组织开展形式多样的“福茶”宣传、体验、消费活动，讲好闽茶故事。二是着力打造闽茶文化品牌。强化武夷岩茶、安溪铁观音、福州茉莉花茶、坦洋工夫、漳平水仙茶制作技艺等国家级非遗代表性项目的传承与发展。积极推动安溪铁观音、福鼎白茶茶文化系统申报“全球重要农业文化遗产”保护项目。丰富安溪铁观音文化节、武夷山喊山祭茶节、福鼎白茶开茶节等特色茶文化活动内容，营造浓厚氛围。安溪铁观音、武夷岩茶被农业农村部评为“中国茶叶十大区域公用品牌”，福鼎白茶被评为“中国优秀茶叶区域公用品牌”，全省有 34 个茶叶商标获评中国驰名商标，“多彩闽茶”文化品牌越发深入人心。三是扩大闽茶文化国际影响力。持续开展“闽茶海丝行”活动，组织省内重点龙头茶叶企业赴“一带一路”沿线国家（地区）参加国际茶叶展会，举办闽茶专场推介会，促进茶叶出口。发挥英国、法国、俄罗斯、马来西亚等 12 个境外闽茶文化推广中心作用，搭建闽茶文化展示窗口和经贸合作桥梁。2020 年以来，克服新冠肺炎疫情不利影响，大力开拓国际市场，茶叶出口额保持快速增长，2021 年福建茶叶出口额跃居全国第一。

2. 产业支撑，闽茶聚福

一是做优茶产业。采取政策优惠、资金奖补、项目扶持等举措，全面推广有机肥替代化肥，推动绿色防控替代使用化学农药，推动专业化统防统治替代分散式防治，促进全省茶产业绿色发展，全省生态茶园面积占比达 80%，建成茶叶绿色生产示范基地 1500 多个。提升茶叶精加工水平，支持茶叶企业建设连续化自动化精制加工生产线，推广相关生产设备超过 1 万台（套）。支持发展茶叶深加工，提取利用茶多酚、茶多糖等有效成分，开发茶食品、新式茶饮、茶日用品和茶功能性产品，茶叶资源综合利用率不断提高。二是做强茶产业。优化产业布局，推动茶产业集聚发展，加快建设安溪、福鼎、漳平等国家级现代农业产业园

和武夷岩茶、福建红茶等优势特色产业集群，打造一批茶业强镇强村，形成闽茶产业“圈状”发展新格局。强化龙头企业示范带动，重点支持227家涉茶类农业产业化省级以上重点龙头企业联合全产业链各类主体，组建农业产业化联合体，建立订单带动、利润返还、要素入股等利益联结机制，实现“以企业带产业、以产业带农户”，保障茶农稳定增收、分享产业发展红利。全省茶叶全产业链总产值超1400亿元，茶叶主产县农村居民人均可支配收入中，茶叶收入占比达40%以上。三是深化茶旅融合。提升武夷山“印象大红袍”、漳平永福樱花茶园等茶旅项目，加快建设一批茶庄园，打造一批茶叶特色小镇。启动茶交易中心武夷茶世界项目，融合品牌茶、茶文化交流、茶研学基地等业态，打造“永不落幕的茶博会”。武夷山市在第三届茶乡旅游发展大会荣获“区域特色美丽茶乡”“最美生态茶园”称号，茶、文、旅深度融合，为武夷山旅游产业发展锻造强引擎。2021年，武夷山市旅游收入141.9亿元，其中涉茶收入52.17亿元。

3. 科技赋能，闽茶生香

一是提升茶产业科技创新能力。注重种业创新，加强茶树优异种质资源保护与利用，加快选育推广特色明显、抗性显著、适制性广的茶树新品种，建设全国最大的茶树苗木繁育基地，示范推广金牡丹、瑞香等优良品种，不断优化茶树品种结构。目前共有国家、省级审（认、鉴）定及登记的茶树品种46个，茶树良种覆盖率达96%。开展茶科技相关重大理论和关键技术研究，加快成果转化，提升全省茶产业自主创新能力和核心竞争力，全省已制定茶叶标准86项，茶叶专利数位居全国前列，面向全省茶企推介对接科技成果52个、合作金额1.1亿元。二是以数字化注入产业新动能。积极发展数字农业，建成一批现代智慧茶园，建立茶园物联网应用基地，推广5G、智能装备等现代信息技术，组织实施国家数字农业（茶叶）试点县项目，扶持建设省级数字农业创新应用基地，提升茶叶全产业链智能化水平。围绕茶叶交易、茶叶大数据、茶产业服务和茶文化推广四大功能，建设福茶网，打造专业、权威、具有公信力的茶产业互联网综合服务平台，自2021年6月上线以

来，福茶网交易额超10亿元。三是打造“茶特派”人才服务平台。扩大科技特派员服务范围，由“选派”改为“选认”，由基层直接提出需求，科技人员主动发布成果，实行“菜单式”精准供给模式。升级组团联动方式，支持福建农林大学茶学院、福建省武夷山生物研究所等建立“茶生态医院”，实施茶领域技术服务项目，全省组织茶科技特派员近3500人次，以会诊、网诊、巡诊等形式提供常态化技术服务，打通科研成果服务农业的“最后一公里”。开展制茶工程师、特级制茶工艺师评审（选）活动和茶叶加工工职业技能竞赛，加快培育中高级茶叶专业技术人员，培训高素质茶农10万人。

（二）省、市政协调研专题

加快“福茶”品牌建设，促进茶产业高质量发展专题调研报告

福建省政协农业和农村委员会

闽江师范高等专科学校福州茶文化经济研究中心

摘要： 茶业是福建省重要的特色优势产业，在农业农村经济发展和脱贫攻坚中具有举足轻重的作用。2021年6月，在福建省委省政府的重视和推动下，福茶网平台电商、溯源、数字化营销系统正式上线运行。本课题通过实地调研、座谈研讨等方式，梳理“福茶”品牌发展现状及问题，提出建立良性竞争机制、做好“福茶”品牌形象定位、提升“福茶”品牌效应、加快培育“福茶”全产业链、提高“福茶”品牌文化价值等政策建议，把“多彩闽茶”真正打造成为“生态福建，绿色农业”的亮丽名片。

关键词：“福茶”品牌　品牌建设　茶产业

《加快“福茶”品牌建设，促进茶产业高质量发展》是福建省政协2021年重点调研课题，许维泽副主席为课题指导，农业和农村委员会承办。在课题组深入南平、泉州等地开展调研的基础上，许维泽副主席

主持召开专题座谈会，福建省农业农村厅、福建省商务厅、福建省供销社等省直有关单位负责人和省政协委员代表、专家代表、企业代表、重点调研课题组成员、海丝国际茶文化论坛组委会有关负责人围绕主题结合实际展开探讨交流，形成调研报告如下：

1. 主要情况

茶业是福建省重要的特色优势产业，在农业农村经济发展和脱贫攻坚中有举足轻重的地位。福建省始终坚持打特色牌、走特色路，以绿色发展为导向，致力提升品质、打响品牌。全省获得驰名商标认定保护的茶叶类地理标志商标13件、普通商标26件；在全省570件有效地理标志商标中，茶叶类地理标志商标72件，茶叶类地理标志保护产品9件；全省有34个茶叶品牌获中国驰名商标，“安溪铁观音”“武夷岩茶”被农业农村部评为中国茶叶十大区域公用品牌。同时，培育了众多茶叶类地理标志龙头企业。各茶叶主产区将当地旅游资源与茶产业相结合，开发茶文化旅游，推出茶园生态游、茶乡体验游、茶保健旅游、茶事修学游等茶文化旅游线路，扶持建设了一批茶庄园，培育了以武夷山“印象大红袍”为代表的一批以茶为主题的旅游体验项目，不断丰富茶叶生产、茶艺表演、茶文化交流等旅游活动。全省茶叶主产县农村居民人均可支配收入中，茶叶收入占比达40%以上，成为农民增收的重要来源。

2021年6月，在福建省委省政府的重视和推动下，福茶网平台电商、溯源、数字化营销系统正式上线运行。福茶网平台从产业链角度出发，融合数字科技，围绕茶叶交易、茶叶大数据、茶产业服务和茶文化推广四大功能，以建成国内最专业、最权威、最具公信力的茶产业互联网综合服务平台为目标，树立平台交易公信力，实现产品产地可溯源、企业入驻有标准、产品交易守规则，让老百姓喝得起、喝得放心、喝得安全，让更多的福建茶叶和涉茶产品走向全国、走向世界。

2. 主要问题

(1) 品牌分散，市场认知度不足。

大部分茶园分散在千家万户的茶农中，茶叶生产经营大部分仍以小

作坊为主，相当数量的毛茶加工厂设施设备简陋，90%以上的茶企属于小微企业，实体规模小、经济实力弱、标准化程度低，缺乏市场竞争力。福建茶文化未得到充分挖掘和有效传播，产品附加值低。茶叶产区虽推出几大茶类公用品牌，但整合和使用的企业数量偏少，各县（市、区）各自为政，未能形成合力。茶叶公用品牌宣传起步较晚，地方政府经费投入不足，缺乏统筹协调、整体高层次策划和持续强有力宣传推介。全省茶叶品牌多，但总体知名度不高，大多品牌的知名度、品牌影响力还比较小，整体认知度不足，品牌效应难以充分发挥，茶产业还基本处于“有名茶、无名牌”的现状。

（2）无序竞争，价格和品名乱象时有发生。

龙头企业辐射带动能力偏弱，企业之间的关联度不够紧密，无序竞争、同质化竞争严重，市场价格混乱，产业集群发展水平不高，综合效益低下。一些茶业经营实体的实力不够，品牌经营意识处于初级阶段，在品牌经营方面往往剑走偏锋，打出不少低俗、离奇的品名，成为市场上的笑谈。

（3）隐患依然存在，质量安全措施有待加强。

一些茶企、茶农缺乏共同维护品牌的意识，缺乏专业人才，“五新”技术得不到及时示范推广，不能按绿色生态要求管理茶园、加工不卫生、粗制滥造、假冒伪劣等违规现象时有发生，农残超标、食品添加剂、有害微生物残留等问题控制难度较大，质量安全措施有待进一步加强。

（4）创新能力不足，产业融合有待进一步提升。

茶业上下游产业链短，各环节衔接不够紧密，在茶叶食品、饮料、保健品、茶具研发、茶文化产业发展等领域缺乏深度开发与利用，产品科技含量不高，智慧茶业建设有待提升。茶产业主要是以生产加工为主，产品研发创新能力不强，在综合利用方面还有较大的不足，产品结构较为单一。缺乏系统化茶文化与产业融合发展研究，茶文化产业链尚未形成，已有的茶文旅项目规模小，影响力不足。

3. 对策建议

（1）形成各类闽茶都是好茶的共识，建立良性竞争机制。

目前闽茶品牌多，合则益、分则弊。建议从政策层面规范，形成良

性竞争机制，让“铁观音、武夷岩茶、白茶、红茶、绿茶、茉莉花茶各有特点，都是福建好茶、中国好茶”的理念成为共识，着力提升安溪铁观音、武夷岩茶、福鼎白茶、福州茉莉花茶、坦洋工夫、政和白茶、平和白芽奇兰、漳平水仙茶、大田美人茶、武平绿茶、永春佛手等区域公用品牌，打造一批具有全国影响的茶叶企业品牌，增强“福”字号“多彩闽茶”知名度、美誉度，共同推动闽茶更好地走向全国、走向世界。

（2）突出福建特色，做好“福茶”品牌形象定位。

深入挖掘“福茶”历史文化底蕴，邀请国内外媒体拍摄“福茶”系列专题片，聘请专业设计公司设计独具“福茶”品牌特色的形象logo、IP形象，突出福建特色，强化“三茶”统筹，全方面打造“福茶”IP文化，展示“福茶”品牌形象。加大“福茶”对外宣传力度，大力推荐福建地域特色突出、产品特色鲜明、市场占有率高的“福茶”品牌企业参加中国品牌日、中国国际商标品牌节以及各类地理标志宣传展示活动。用好年轻人喜闻乐见的传播方式，利用新媒体做好品牌推广，如面向全社会征集“福茶”品牌为主题的广告语、短视频、微电影，在全社会推广“福茶”品牌文化，让“福茶”活起来、潮起来、热起来。

（3）完善品牌建设制度设计，提升“福茶”品牌效应。

建立政府推动、市场拉动、龙头带动、部门联动、基层行动的“福茶”品牌建设机制，做好多茶类、多品牌共存、高效多元的“福茶”品牌体系建设。鼓励各地方政府制定配套政策参与福茶网公用品牌建设，支持福茶网入驻企业申请国家地理标志。培育福建若干个品类为代表的茶叶龙头企业，充分利用兼并、重组、合作、上市等方式加快形成企业集团。在北京、上海、广州建立“福茶”品牌运营中心，总部设在福建。在国内重点城市、重点茶叶销区举办“福茶华夏行”活动，适时举办“福茶网带货直播网红大赛”等活动，开展全渠道推广，启动全渠道数字化营销推广，推动福茶网字节跳动茶叶直播基地对接。充分发挥行业协会桥梁纽带作用，做好行业自律，打造诚信、专业、有序的福建茶产业市场环境，让消费者对茶叶品质、价格更加放心。

(4) 促进三产融合，加快培育“福茶”全产业链。

出台《关于培育发展福建省茶全产业链的若干措施》，谋划形成全产业链建设项目库，并建立项目责任清单，统筹利用财政涉农资金、地方专项债券等资金，加大对“福茶”企业科技创新扶持力度，做大做强“福茶”产业集群，实现“产业+科研”“产业+文化”“产业+旅游”等多业态布局，开展品种资源、精深加工、药用康养等领域的关键技术攻关，如研发茶特色餐饮、茶饮料、茶食品、茶保健品等系列衍生产品，建设智慧园可视化管理系统、物联网综合服务前置系统、智慧园智能化管理系统、智慧园企业数据中心。在茶叶重点县域布局“福茶”产业，在全省创建一批茶产业发展集聚度较高、现代技术装备有效集成、三产深度融合发展、绿色发展成效明显的现代农业园区、国家级田园综合体。加快福茶网建设，推动线上线下深度融合，逐步实现茶叶从种苗、种植、加工、包装、仓储、交易、物流和茶叶技术交易、茶叶机械交易、茶叶金融服务、人才服务的全流程服务；以线上为主，再逐步整合线下资源，将福茶网打造成全国乃至全球最有影响力的茶叶交易总部、结算总部、茶产业数字化运营中心和茶文化推广基地。

(5) 讲好闽茶故事，提高“福茶”品牌文化价值。

挖掘福建茶历史文化底蕴，创新“福茶”文化衍生产品，鼓励重点茶产区开发茶文旅基地、茶文旅特色小镇、现代茶庄园联盟、沉浸式体验店、茶博物馆等项目，发展茶文化创意产业，开展走茶道、学制茶、观茶艺、品茶宴、住茶宿、评茶赛、茶论坛等活动；打造一批主题鲜明、特色突出的大众茶馆，举办主题公益演出、文化讲座、茶艺交流，吸引全国各地游客体验福建茶文化；助推“福茶”文化进机场、进商超、进高速、进动车、进景区“五进”工作，推动“福茶”走得更远。推动“福茶”品牌国际化，抓住“一带一路”发展契机，开发适销对路的新产品，不断扩大跨境电子商务，持续推进“人文海丝”“海丝茶道”等重点工程建设，继续支持“闽茶海丝行”“海丝国际茶文化论坛”等系列活动走深走实，拓展提升福茶海外国际影响力，开展福茶“一带一路”系列茶叙外交，构建福茶发展新格局，推进福茶产业高质量发展。

做强福州茉莉花茶产业，唱响福州茉莉花茶品牌

福州市政协农业和农村委员会
闽江师范高等专科学校福州茶文化经济研究中心

摘要：茉莉花是福州市花，茉莉花茶是福州市最具特色的农产品，享誉海内外，久负盛名。近年来，为振兴茉莉花茶产业，福州市多措并举，从政策扶持、品牌建设、文化传承及协同创新等方面予以支持。但是，茉莉花茶产业还存在茉莉花种植规模萎缩、花茶特有品质削弱、市花氛围缺失、标准化建设滞后及产业融合不足等问题。本文作者通过实地调研、座谈研讨、网络征集意见等方式，梳理福州茉莉花茶产业发展现状及问题，提出着力改变茉莉花种植现状、加快培育茉莉花茶全产业链、实施茉莉花茶品牌发展战略、加大产业扶持力度等政策建议，对推动福州市现代农业发展、助力乡村振兴、推动福建多茶类健康发展具有重要意义。

关键词：福州茉莉花茶　品牌建设　科技创新　产业链

福州茉莉花与茶文化系统是“全球重要农业文化遗产”。在《中国名茶志》里，福州茉莉花茶是茉莉花茶类唯一的中国历史名茶。目前，世界茉莉花茶的高端产品也均为福州出产。做强茉莉花茶产业对保护福州茉莉花种植与茶文化系统、推动福州市现代农业发展、助力乡村振兴具有现实意义，对推动福建多茶类健康发展也意义深远。自 2021 年 4 月以来，本文作者深入有关企业、生产基地进行实地调研，召开了数场座谈会和研讨会，并于 7 月 16—29 日在福州新闻网的福州市政协网络议政云平台开展了网络议政活动，访问量超过 72 万人次，收集意见建议 926 条；借助“福州政协协商”服务号组织部分市政协委员和有关专家开展了专题研讨，收集建议 85 条。

1. 福州茉莉花茶产业发展现状

2020 年，福州市茉莉花种植面积 406.20 公顷，年产茉莉花约 1830

吨，花茶1.52万吨，全产业链产值约55.2亿元。近年来，为振兴茉莉花茶产业，福州市多措并举，从政策扶持、品牌建设、文化传承及协同创新等方面予以支持。

（1）扶持政策不断完善。

2014年起，福州市累计投入财政资金2886万元，支持茉莉花基地建设、产业发展、品牌打造和遗产保护。2014年，福州市实施《福州市茉莉花茶保护规定》，对茉莉花基地实行分级保护。同时，市政府先后出台《关于加快特色现代农业发展十条措施》《关于培育农业龙头企业工作方案及政策措施》等政策，加大对茶农、茶企、茶商的扶持力度。2020年4月，出台《关于支持福州茉莉花茶产业发展九条措施》，计划3年内投入约5000万元，从茉莉花种植、花茶加工、园区建设、三产融合、品牌宣传等9个方面给予扶持，有效推动福州茉莉花茶产业技术和业态升级，支持帝封江茉莉花主题公园等各类形态的茉莉花文旅项目建设。

（2）品牌建设不断强化。

2011年4月，“福州茉莉花茶”获得国家质检总局批准，实施地理标志产品保护。为保持品牌优势，福州市认真执行茉莉花茶制作标准，对申领地理标志的企业严格把关。通过“福州茉莉花茶神州行”等活动，推介福州茉莉花茶品牌。对新获得省、市知名农业品牌的企业，新获评全国绿色食品原料标准化基地的县（市、区），新申报并取得有机农产品、绿色食品和无公害农产品认证的产品给予奖励。2021年，据中国茶叶区域公用品牌价值评估，福州茉莉花茶品牌价值达到35.63亿元。

（3）文化传承持续创新。

2014年4月，福州茉莉花与茶文化系统被联合国粮农组织列入全球重要农业文化遗产项目名录；同年11月，福州茉莉花茶窨制工艺被文化部列入国家级非物质文化遗产代表性项目名录。福州市建立遗产监测体系框架，在6个县（市、区）设立9个遗产信息监测点。保护传统技艺，定期举办茉莉花茶茶王赛和传统窨制工艺大赛，2019年6月，

茉莉花茶制作技艺入选国家级非遗代表性项目保护实践优秀案例。推动茉莉花茶回归大众消费，线下面向市民建设15家大众茶馆，以五里亭茶叶市场等茶叶集散地升级改造为重点，打造闽茶市场综合体；线上拟投资270万元推进数字农业农村平台建设，数字赋能推动产业发展。

(4) 茶叶科技协同创新。

近3年来，福州市先后支持企事业单位与福建农林大学、福建省农业科学院联合，围绕茉莉花开展科研攻关和创新研发。认定“福州市茉莉花茶行业技术创新中心”1家，由福建农林大学园艺学院、福建茶叶进出口有限责任公司、福建春伦集团有限公司承担，开展实验室建设、茉莉花茶标准制定和茶产业发展规划、学术交流，建立福州茉莉花茶拼配生产线、生产技术培训等。围绕福州市特色茶产业的数字化管养、生态茶园建设、种源保护、精深加工、进出口质量检测、“茶科技平台”等，由农业产业化市级以上重点龙头企业或规模以上企业牵头申报，鼓励企业与高校、院所联合申报，鼓励科技特派员服务茉莉花产业，支持茉莉花产业一、二、三产业融合发展。

2. 福州茉莉花茶产业发展存在的问题

(1) 种植规模萎缩，制约行业市场地位。

20世纪80—90年代，福州市茉莉花茶产业达到鼎盛，茉莉花种植面积近1万公顷，茶厂近千家。随后，由于城市发展，茉莉花种植面积缩小，茉莉花茶产量锐减。同时，农业用工成本上升，造成了茉莉花种植效益相对较低，抑制了农民扩大种植的积极性。对比广西横州市，其茉莉花生产成本仅为福州的60%，无论是发展潜力还是在茉莉花市场的定价权上都具有更大优势。

(2) 花茶加工外移，削弱特有品质优势。

福州市茉莉花产量不高，难以满足需求，已有20多家企业将茉莉花茶生产加工转移到广西横州市。在闽侯等传统茉莉花种植区域，甚至没有企业从事生产加工。历史上，福州市高品质的茉莉花和独有的窨制工艺共同造就了茉莉花茶品质优势，但大量的加工企业外移，造成茉莉花茶失去本土茉莉花的加持，其独有的冰糖甜也极有可能成为记忆。

(3) 市花氛围缺失，降低品牌形象效应。

在文化层面，茉莉花是福州市花，应成为城市形象的重要标志。但现有城市景观设计中体现茉莉花的元素较少。在产业层面，绝大多数企业缺乏对自主品牌的运作能力和经验，对茉莉花（茶）区域公用品牌的高层次策划与宣传推广也有待提升，致使品牌知名度和影响力远不及省内其他主要产茶地区。

(4) 标准化体系滞后，影响市场拓展。

目前，茉莉花茶生产标准制定周期长、更新速度慢，难以符合茶叶进口国对农残、食品添加剂、有害微生物残留的检验标准。在出口贸易中，个别茶企、茶农缺乏共同维护品牌意识，不按绿色生态要求管理茶园、茶叶加工不卫生、以次充好等现象时有发生，有损福州市茉莉花茶声誉，影响市场拓展。

(5) 产业融合不足，影响综合发展实力。

在产业形态上，福州市茉莉花茶产业还局限在传统的种植、加工等产业形态，一、二、三产融合发展的茉莉花文旅项目少、规模小，文创产品开发相对滞后，辐射带动力弱。在产业平台上，闽清县茉莉花茶产业园建设进度较慢，企业入驻意愿不强，尚未形成集聚发展的规模效应。

3. 福州茉莉花茶产业发展的政策建议

(1) 突出地域特色，着力改变茉莉花种植现状。

第一，加强种质资源保护。以《福州市茉莉花茶保护规定》执法检查为契机，将落实茉莉花种植基地分级保护制度纳入县（市、区）绩效考评范畴；通过财政支持及政策保障，加快推进“全球茉莉花种质资源保护与创新基地项目”基地建设，开发福州茉莉花、茶树种质资源；依托闽侯、长乐、连江、永泰、闽清等县区打造福州茉莉花、茶良种繁育基地和重要生产基地，配套建设茉莉花（茶）精深加工体验基地，切实推动资源优势向产业优势转化。

第二，推进生产基地建设。在茉莉花历史主产区优化国土空间布局，用好农村土地经营权流转政策，划定茉莉花种植基地。鼓励“龙头

企业+合作社+农户（家庭农场)+基地”等组织模式，组建茉莉花茶产业联合体，规模化、标准化种植茉莉花，形成辐射带动型、吸纳就业型、合作发展型等利益联结机制，力争在“十四五”期间全市茉莉花种植面积有较大幅度增长。

第三，优化市花种植布局。在闽江、乌龙江以及大樟溪沿岸等适宜茉莉花种植的地区建设茉莉花生态走廊：结合“两江四岸”景观提升工程，合理布局茉莉花种植空间，鼓励有关企业和市民认种认养；加快推进帝封江茉莉花主题公园建设，在全市各类绿地适当种植茉莉花，全面推广市花形象。

（2）融入乡村振兴，加快培育茉莉花茶全产业链。

第一，强化规划引领。将茉莉花茶产业纳入乡村振兴产业发展规划，在适宜种植生产区域全面布局茉莉花茶产业，力争在“十四五”期间打造1～2个现代茉莉产业园、5个茉莉特色小镇、10个茉莉特色乡村，全力做大做强茉莉花茶特色经济，实现百亿元产业发展目标。在规划基础上，谋划生成相应设施和产业发展项目库，在统筹安排乡村振兴和各类涉农资金时予以重点保障，解决好相关的融资、供地等问题。其中，对涉及茉莉花茶产业的科技创新项目给予优先扶持。

第二，推动融合发展。制定《关于培育发展福州茉莉花茶全产业链的若干措施》，着重围绕“产业+科研”“产业+文化”“产业+旅游”等多业态布局，培育壮大茉莉花茶产业集群。加快产业科技创新发展，支持茉莉花种质资源保存引进改良、茉莉花茶制茶工艺提升、茉莉花机械采摘设备开发应用等关键技术攻关，鼓励研发茉莉花（茶）系列衍生产品，培育发展新动能。结合福州茉莉花茶传统文化特点、民间风俗等，创新文化衍生产品，开发文旅基地、现代茶庄园、体验店等项目，打造集采花、采茶、制茶、品茶和购茶于一体的“茉莉花茶文化之旅”。

第三，完善标准体系。引导企事业单位、行业协（学）会加强茶叶标准的修订工作，推动茶叶标准由茶产品向茶文化、茶旅游、茶展览等领域拓展。加强质量管控，督促生产企业建立从原料供应、生产过程控制、出厂检验和销售管理4个环节的内部追溯和关键控制点记录台账；

建立健全茶叶质量可追溯制度，督促茶叶生产经营者按照《福建省食品安全追溯管理办法》要求，上传信息至食品安全信息追溯管理平台，确保产品来源可溯、去向可追；鼓励大中型茶叶生产企业实施ISO22000、HACCP等质量管理体系与地理标志商标注册人和合法使用企业的联系，建立地理标志维权人名单及联系沟通机制，严厉打击侵犯茶叶类地理标志商标专用权行为。发挥政府导向作用，引导更多企业进入茶叶类地理标志产业的上下游产业链建设；推进地标相关二、三产业链发展，提升地理标志产品的附加值。

(3) 实施品牌战略，重塑福州茉莉花茶市场地位。

第一，突出精品特色。以中高端茶为主体，提升品种品质、工艺水平，创造独特的茉莉花茶品饮文化，培育中高端茉莉花茶消费者；注重培育新市场，根据年轻消费群体的消费特性，突出便利性、新颖性、时尚性，积极营造福州茉莉花茶消费新风尚、新热点。指导茉莉花茶生产企业进一步加快生产技术和工艺设备升级换代，建设茶叶清洁化加工生产线，实现茶叶生产加工的清洁化、连续化、智能化、标准化、现代化。引导优秀茶企积极争创各级政府质量奖，通过导入实施卓越绩效管理模式，建立完善以质量为核心的科学管理体系，提升经营管理质量水平，培育茶叶类知识产权优势企业和示范企业。

第二，强化品牌塑造。深入挖掘福州茶港历史和茉莉花茶文化底蕴，邀请国内外媒体拍摄茉莉花茶系列专题片，设计独具茉莉花茶文化特色的logo、IP形象，在城市VI设计中增加茉莉花元素，全方位打造茉莉花IP文化。鼓励大众创作茉莉花茶短视频、微电影，运用新媒体推广茉莉花茶文化；定期举办“全球茉莉花茶峰会”“全球茉莉花茶论坛”“全球茉莉花茶传承大赛”“全球茉莉花文化节”“福州茉莉花茶品鉴会”“全球茉莉花茶文创设计大赛”等活动，扩大茉莉花茶的影响力。

第三，做好文化传承。建立研学基地，并开展“茉莉花茶文化进校园”活动，结合校园课后延时服务，设立非遗文化课程等，开展茉莉花茶文化经典诵读等一系列特色活动。挖掘整理茉莉花茶的典故、传说以及历代文人雅士和近代名人名家的茶诗、茶词、茶文、茶歌，出版茉莉花茶系列丛书；建立茉莉花历史文化项目保护名录，将相关传统技艺、茶厂（场）、节庆、歌舞、礼仪、民俗等保护对象登记造册，建立档案，设置保护标志，并向社会公布。将茉莉花茶指定为公务接待用茶，积极宣传推介。

第四，打造文化综合体。打造产业科技文化综合体，以仓山区泛船浦为核心，高起点建设“福州世界茶港”；依托15家大众茶馆，定期举办主题公益演出、文化讲座、茶艺交流等，并给予补贴和公共服务配套设施。加快闽清县茉莉花茶产业园建设，推动茉莉花产业集聚发展；发展和完善以茉莉花茶和茉莉花为主的交易市场，构建茉莉花茶营销网络。

（4）统筹整合资源，加大产业扶持力度。

第一，构建多元投入保障机制。持续加大财政投入，市县两级政府统筹土地出让收入、乡村振兴专项资金等涉农资金，设立茉莉花茶产业发展专项资金，予以重点支持。谋划符合条件、成熟度高的项目，通过专项资金补助或发行政府专项债方式给予重点支持。创新金融服务，充分发挥农业产业化“政府基础风险金”和市县两级政府性融资担保机构的增信作用，切实帮助企业解决“融资难”“融资贵”“融资慢”等问题。

第二，形成产业发展系统支撑。推动三产融合，构建茉莉花茶全产业链，建立全产业链发展工作“农业农村部门牵头抓总，相关职能部门专项主抓”的协同推进机制，在资金分配上打破条块分割，在政策举措上协同配合，在人才资源上共建共享，不断完善茉莉花产业的种植、加工、销售、物流、服务、信息、旅游、管理等保障体系。加大对茉莉花种植加工、技术改造、技术创新、品牌建设的扶持，改善茉莉花的流通渠道，建立网络化的供需信息平台，定期发布茉莉花茶产业综合指数等。

第三，强化科技创新工作。依托闽江师范高等专科学校福州茶文化经济研究中心等专家力量，与其他科研院所及龙头企业组建福建省茶科技研究院（武夷山分院）分中心——福州茉莉花茶产业创新发展研究中

心，开展茉莉花茶产业创新研究。开展福州茉莉花茶传统制作工艺推广、保护与创新工作，培养本土制茶能手和非遗传承人，加强茉莉花茶传承人梯队建设，完善传承人评估、监测和退出机制；创新茉莉花茶产业培训方式，打造茶产业职业技能培训品牌，推行茶产业高端培训项目。推广职业技能电子培训券，扩大培训覆盖面。支持相关县域开展种养、加工、销售全产业链培训，探索跨县域开展茶产业从业人员培训。

第四，完善扶持政策措施。明确新种植茉莉花基地的补助对象，及时兑现补助资金；对现有种植基地予以基地维护、使用优质肥等补助；将茉莉花种植纳入农业自然灾害保险，设定茉莉花最低保护收购价，降低农民的种植风险和成本。推进智慧农业发展，从采摘机械和种苗培育入手，提升茉莉花单位面积产量和质量，有效提高鲜花供给力；对建设产业智慧园和数字农业赋能平台的龙头企业予以重点扶持。

（二）地方调研专题

宁德市茶产业发展专题调研情况汇报

宁德市茶产业发展中心　池玉洲

根据2021年4月19日市长周工作例会议定事项的安排，为深入贯彻落实习近平总书记考察福建时关于统筹做好茶文化、茶产业、茶科技这篇大文章的重要讲话精神，2021年5月13—14日，市政府组织市直相关部门深入寿宁、福安、福鼎、蕉城等重点产茶县市调研茶产业发展情况。调研组实地察看了部分茶叶加工厂、茶业公司、茶叶市场和茶旅示范基地等，并与有关职能部门、行业协会负责人和茶叶企业代表进行座谈交流，深入了解当前茶产业发展现状、存在的问题和困难，广泛听取意见建议，共同探讨茶产业发展的对策思路。现将调研情况报告如下：

1．宁德茶产业发展现状

宁德是著名的茶叶之乡，产茶历史悠久，茶叶资源丰富，茶文化底蕴深厚，茶业是宁德的优势特色产业，产业规模位居全国茶叶主产区前列，在全省、全国地位突出。尤其是近三十年来，宁德立足品种资源、生态环境、产业基础、产品特色等优势，借助全国、全省茶业发展的大气候，以科技创新为驱动，以品牌建设为抓手，以茶农增收为目标，重点围绕建设“两个集聚中心，七个特色产区”产业格局，全市上下共同努力，宁德茶业历经了“九五”恢复发展，“十五”“十一五”加快发展，以及“十二五”以来优化升级等重要阶段，在生态建设、质量安全、龙头培育、品牌创建、市场拓展等方面都取得了明显成效，走出了一条具有特色的产业发展之路。

2020年，全市茶园面积6.34万公顷、毛茶产量11.04万吨，分别比2015年增长9.73%和30.65%；毛茶产值42.18亿元，全产业链产值185亿元。拥有各类茶叶生产经营主体6900多家，农业产业化市级以上重点龙头企业232家，占全市总量的48.84%，其中第八轮农业产业化省级重点龙头企业111家，占全市总量的58.73%，农业产业化国家重点龙头企业3家。福安、福鼎、寿宁、周宁、蕉城入选全国重点产茶县，福安、寿宁、福鼎入选全国十大生态产茶县，福鼎白茶被认定为全国第二批特色农产品优势区，蕉城天山绿茶、周宁高山云雾茶、坦洋工夫红茶、寿宁县高山茶、柘荣县茶叶被认定为福建省特色农产品优势区。

宁德市是“国家级出口茶叶质量安全示范区”，福安、福鼎、蕉城、寿宁分别获得“中国红茶之都”“中国茶叶之乡”“国家区域性良种繁育基地”“中国白茶之乡”“中国名茶之乡”“中国茶文化之乡”等称号；“坦洋工夫”“福鼎白茶”“寿宁高山茶”先后入选福建十大农产品区域公用品牌。福鼎白茶、坦洋工夫红茶地理标志保护产品入选国家级非物质文化遗产代表性项目和中欧地理标志协定保护名录，国家茶叶标准化技术委员会白茶、红茶工作组和全国电子业务标准化技术委员会茶叶电子商务工作组先后落户宁德市；全市茶叶类中国驰名商标10件，居全省首位，省著名商标56件，市知名商标95件，地理标志证明商标23件，地理标志保护产品3件。2020年，宁德红茶产量分别占全国红茶总产量的6.09%和全省的44.41%，白茶分别占全国的43.82%和全省

的84.26%，初步形成了“两个集聚中心，七个特色产区”发展格局，带动全市1/3人口、70%的农户从事茶叶生产及相关产业，对区域经济、社会、文化发展和助力宁德脱贫攻坚做出了重要贡献，为打造中国最优白茶、特色红茶以及绿茶、乌龙茶等多茶类协调发展的现代化生态茶产区，进一步推进茶产业高质量发展，助力乡村振兴战略实施奠定了坚实基础。

2. 存在的主要问题

(1) 市场主体实力偏弱。

虽然宁德市各类茶叶生产经营主体6900多家，但真正高水准、上规模的企业不多，95%以上都是小微企业，规模小、标准化程度低，甚至是一些作坊式的，市场竞争力弱，同现代茶业发展要求相距甚远。虽然农业产业化市级以上重点龙头企业数量不少，但总体实力不强，内部管理、生产水平、市场营销、文化推广、科技创新等方面明显不足，辐射带动能力弱，企业之间的关联度不高，同质化竞争严重，产业集群发展还处于成长阶段。

(2) 绿色发展依然面临挑战。

近年来，宁德市在推进农业投入品源头管控、实施茶园基地化管理、推广茶园病虫害绿色防控、初制厂清洁化改造等方面取得可喜进步，但安全问题依然不容忽视：一是由于大部分茶园分散在千家万户，病虫害防治时间及用药无法统一，防治效果大打折扣，加之参与茶叶生产的人员又以老年人为主，无论是技术水平还是受教育程度都比较低，质量安全意识不强，农残源头控制难度较大，更有甚者，由于这几年茶青价格持续上涨，部分茶农滥用生长调节剂等；龙头企业茶叶自有基地规模小，企业生产所需的大部分茶青原料都是从茶农手中收购，质量安全问题无法把控。二是全市茶叶生产加工大部分仍以小作坊为主，相当数量的毛茶加工厂设施、设备简陋，卫生条件有待改善，完全符合食品安全生产规范要求的不多，不仅在生产和销售上摆脱不了小生产局面，而且给后续茶叶精深加工造成严重安全隐患。三是茶叶生产链条较长，涉及生产、加工、包装、储藏、运输和销售等过程，面对点多、面广、线长的局面，有效监管十分困难，加之各级监管部门资源有限，安全隐患依然存在。

（3）品牌引领作用不强。

近年来，虽然各级地方政府和部分企业倾力打造茶叶公用品牌和企业优势品牌，但目前除了福鼎白茶起到一定的品牌效应，其他茶叶公用品牌总体知名度不高，表现在：一是品牌资源整合不力。全市虽推出几大茶类公用品牌，但各县（市、区）各自为政，品牌资源缺乏有效整合，未能形成合力，管理还不够规范，普遍缺少对公用品牌的有效提升，整合和使用的企业数量偏少，品牌规模总体偏小，品牌价值及影响力偏低偏弱，品牌效应难以充分发挥。二是宣传推介不足。茶叶公用品牌宣传起步较晚，地方政府经费投入不足，宣传形式较为单一，缺乏统筹协调、整体高层次策划和持续强有力宣传推介，品牌引领作用还不强，无法满足产业高质量的需求；辖区内绝大部分企业实力弱，品牌运作能力和经验不足。

（4）产业发展方式粗放。

茶叶生产用工依赖性高，由于当前农村劳动力紧缺，用工难、用工贵问题十分突出，生产成本持续攀升。茶产业仍以传统茶叶产品加工销售为主，生产跟风问题普遍，对新资源、新技术、新模式的采纳和利用相对偏低，产品同质化严重、内部竞争激烈、区域间差异化不明显。附加值高的深加工产品和服务业规模有限、延展不足，电子商务等新兴市场渠道拓展不够，连锁经营规模有限，品牌影响力和拉动作用不足。茶叶与文化旅游业的结合深度不够，茶叶生态观光园、现代茶庄园建设薄弱，茶艺展示、茶文化宣传有待加强。产业创新能力还不能适应高质量发展要求，新的竞争优势还没有形成，导致产品价格提升有限，利润空间收窄，带动茶农持续增收、助力乡村产业振兴难度加大，产业大而不强、品牌多而不优的问题更加突出。

（5）产业基础设施仍然滞后。

宁德市茶园大都分布于山地丘陵偏远地区，由于资源条件限制和投入不足，加上生态保护意识不强，原有茶园大都建设标准低、基础设施

落后，抵御自然灾害能力较差。近几年，虽然经过国家和省级现代茶业生产发展资金项目支持等，农业重大项目的建设得到较大改善，但标准化生态茶园面积占比仍然偏低，还留存大量的历史欠账。交通不便，茶园路网、水利设施等不配套，导致茶园生产需要的农业投入品、茶园生产机械难以进基地，所生产的茶青原料不能及时运达加工区，极大地增加了茶叶生产劳动强度和人工成本，制约了茶园适用先进技术设备的推广应用，严重影响了产业的提质增效。同时，全市茶树品种结构还不尽合理，全市仍有近1/3是以福云6号为主植品种的老旧茶园，导致优质绿色茶叶产品供给不足，产品市场竞争力偏弱。

(6) 产区市场建设有待提升。

宁德市作为全省、全国重要的茶叶主产区，茶叶面广量大，虽然近年在原有茶商自发形成的全市茶叶简易批发市场的基础上，各地政府通过多方努力逐步建成了福安富春茶城和福鼎点头茶叶交易市场等茶叶初级交易市场，为解决全市茶叶销售问题起到积极促进作用，但现有的市场规模、配套功能、配套设施、配套服务等软硬件条件都与建成全省乃至全国有影响力的茶产业产品交易集散中心的目标相去甚远，严重制约了闽东茶叶销售渠道的拓展以及在全国知名度的提升。

(7) 政府服务还需要加强。

各级政府在帮助企业发展方面还需要进一步强化服务，特别是企业的产权保护、用地规划、人才培养等方面，各地都有很多诉求。茶企普遍反映用地困难，加工企业急需改造老厂房、旧设备，扩大生产规模，但建厂用地得不到解决，尤其重点产茶乡镇矛盾突出。如寿宁县95%以上茶企用地属于设施农业用地，一方面企业不敢投入，造成厂房缺乏规划，建设标准低；另一方面由于没有土地证和产权证，企业虽然投入大量资金却无法用于抵押贷款进行融资，制约了企业的发展壮大。行业人才力量薄弱，市县两级茶业管理机构专业技术人才严重不足，90%以上的乡镇没有茶技人员，技术力量和人员数量都难以起到真正的行业管理和技术推广指导作用；茶业企业无论是企业管理人才、研发人员、专业人才、茶叶营销（内销、外销、电子商务）人才都十分缺乏，已成为

制约企业发展的主要瓶颈。产权保护力度偏弱，假冒地理标志证明商标现象比较普遍，如近年来白茶市场比较火热，未授权企业和各地冒充福鼎白茶的现象十分普遍，对授权企业的市场销售造成很大压力，严重影响了福鼎白茶的美誉度。另外，目前大多数企业的茶叶生产基地都是通过承包或土地流转租赁经营，期限一般为 15～20 年，承包到期则企业所有投入将一无所有，严重削弱了企业投资基地建设的积极性。

3. 今后一个时期的产业发展思路与建议

（1）产业发展定位与目标。

“十四五”期间，宁德茶业工作将以习近平总书记考察福建时的重要讲话精神为指导，坚持贯彻落实新发展理念，统筹做好茶文化、茶产业、茶科技这篇文章，充分发挥特色优势，以绿色发展为根本，以科技创新为驱动，以文化提升为引领，以品牌创建为抓手，以龙头培育为依托，以促进高质量发展为目标，大力实施茶产业集聚壮大战略，加快优质茶叶生产基地、产业特色优势区的建设，实行国内和国际市场双轮驱动，着力推进产品创新、业态创新、机制创新，在巩固绿茶生产的基础上，大力发展白茶、红茶两大优势茶类，提升乌龙茶发展水平，加快构建“两个集聚中心，七个特色产区”的产业格局，即以坦洋工夫为代表的红茶产业集聚中心和以福鼎白茶为主的白茶产业集聚中心，着力提升宁德天山茶、寿宁高山茶、周宁高山云雾茶、霞浦元宵茶、柘荣高山白茶、古田闽北乌龙茶和屏南岩头云雾茶等七个特色产区，努力把宁德打造成中国最优白茶、特色红茶以及绿茶、乌龙茶等多茶类协调发展的现代化生态茶产区。

（2）推进产业健康发展的几点建议。

第一，坚持生态优先，夯实产业发展基础。以生态环境友好和资源永续利用为导向，统一规划、合理布局，提高茶业生态价值和可持续发展能力。一是加快推进茶叶绿色发展。完善茶叶产区的区域性发展规划，合理开发利用资源，注重茶叶生产基地建设与生态环境保护相结合。鼓励支持企业和茶农按照《福建茶叶绿色发展技术规程》加快推进现有茶园的高效安全生态建设，集成茶园生态改良、配套水利设施、茶

园土壤管理、茶园绿色防控等技术，实现茶园化肥农药减量增效，力争到2025年基本实现全市茶园绿色防控全覆盖，生态茶园覆盖率达80%以上。二是实施项目带动战略。积极争取和抓好红茶产业集群和白茶产业园、茶叶有机肥替代化肥试点县等重大项目在宁德的布局和建设，加快推进福安市数字农业试点县、坦洋茶谷文旅基地、茶叶出口示范基地等项目建设；按照《中共宁德市委关于深入学习贯彻习近平总书记回信重要精神努力走出一条具有闽东特色的乡村振兴之路的决定》《宁德市乡村振兴产业规划》的部署，扎实推进茶树品种结构调整优化，增强产业发展后劲。

第二，加快科技创新，增强产业科技支撑。一是加强人才队伍建设。大力实施新型职业农民培训工程，加强农村专业人才队伍建设，通过每年举行斗茶赛、茶叶加工技能比赛，传承传统技艺，创新时代工艺，特别是要扶持培养一批种植能手、制茶能手、非遗传承人等，挖掘和培养更多茶专业人才；持续开展茶商培训、茶农培训、阳光工程培训等活动，全市每年培训3000人次以上，不断提高从业者的整体素质。二是加快科技成果转化。鼓励支持科研院校与茶叶企业合作建立茶叶研究中心、院士工作站、专家工作站，开展茶叶精深加工产品开发、关键工艺技术、基础性研究等重大项目攻关，加快推进科技成果转化。依托科研院校加大高效生态茶园建设、测土配方施肥、绿色防控、茶叶生产加工全程机械化、产品仓储、新产品研发、物联网应用等产业综合配套技术的推广力度。尤其在提高茶园机械化管理和自动化连续化加工方面要加大推动力，以解决“采茶难”“用工贵”问题，实现节本增效。三是致力产业业态创新。充分发挥宁德茶叶资源丰富的优势，做精现有特色茶品类，形成“名优茶、大众茶、原料茶”全方位、立体化综合发展格局；立足茶叶又跳出茶叶，做强茶叶全价利用文章，积极发展茶饮料、茶食品、茶保健品和茶食品添加剂、茶日化用品、医药用品等精深加工产品研发和开发，延伸产业链、提高产品附加值。

第三，注重源头管控，强化质量安全监管。一是抓实投入品源头管控。从源头上把好茶园投入品准入关，健全完善农资监管平台，推行茶园农资投入品登记备案和实名购买制度，建立可追溯机制，及时向社会公布茶园专用绿色农药产品目录，严禁违禁投入品进入茶区。二是提高标准化生产水平。加强对企业和农民的示范、培训，加大标准宣传和执行落实力度，提高全社会的质量安全意识，推广、普及标准化生产技术，力争到2025年实现全市茶园90%以上按标生产。鼓励企业积极申报无公害、绿色食品、有机茶和开展ISO、HACCP等相关质量管理体系认证，增强市场竞争优势。三是建立质量可追溯制度。严格落实《福建省食品安全信息追溯管理办法》，加快推进“一品一码”追溯管理工作，力争将辖区内所有工商注册茶叶生产主体全部纳入监管平台，实现“生产主体一张图、产品流向一条线、产地准出一个码”的要求，逐步推进茶叶个体种植户合格证制度，保障茶叶质量安全。四是加大市场监管力度。建立健全部门联合执法工作机制，强化市场监管横向协作，采取日常监管和专项整治相结合的方式，形成市场管理的强大合力；加大茶叶质量抽查抽检监管力度，从严从重查处违法违规行为，进一步规范茶叶生产经营活动。

第四，强化宣传推广，着力提升茶叶品牌。一是加强品牌原产地保护。加大宁德茶叶地理标志保护产品相关标准的贯彻执行力度，严格种植、生产、加工和流通环节的管理规范，强化加工工艺标准的实施，加强地理标志产品保护。规范地理标志证明商标的使用和管理，增强原产地保护产品的公信力，引导茶企主动参与公用品牌的培育、建设和维护，抱团做大。二是加大品牌宣传推介。认真研究提升区域公用品牌宣传推广方式，加大公用品牌宣传推介的政府推动力，促进公用品牌提升取得新突破。主动将宁德各地茶叶区域公用品牌和优势企业品牌融入宁德全市大品牌——“0593宁德号”区域公用品牌打造平台，借助全市优势资源扩大茶叶品牌影响力。支持区域公用品牌在各类影响力大的媒体和固定广告的宣传打造，继续扩大以“喝好茶到闽东”为主题的多县市组团参与集中展示的闽东茶叶品牌推介活动；各县（市、区）要积极组团参与全国大型展会，以展示区域品牌的良好品质、绿色发展理念和品牌文化传承等，不断扩大品牌效应。持续举办福鼎白茶开茶节、坦洋

工夫斗茶展示会以及各地形式多样的原产地茶事活动，进一步提升区域品牌的知名度和美誉度。三是促进公用品牌与企业品牌共同发展。择优培育有规模、有前景、基础实、效益好的知名企业品牌，扶持发展一批品牌企业和名牌农产品，构建“区域公用品牌＋企业品牌”的品牌推广体系，找准品牌定位、实现品牌创新、增强品牌意识，不断激发企业内生动力和发展活力，培育具有全国较强影响力的宁德茶叶优势品牌，以品牌带动产业的健康发展。

第五，加强渠道建设，积极拓展市场空间。一是提升产地市场影响力。提升福安富春茶城、福鼎中国白茶中心建设水平，完善各项市场软硬件设施配套，融合文化、旅游等发展模式，拓展服务功能，定期发布宁德茶叶产品产销供求信息、价格指数，提升影响力和市场话语权。二是优化全国市场布局。加快宁德主要区域茶叶品牌和优势企业品牌在全国重点销区的专卖、加盟连锁销售网点建设；充分发挥闽东10多万在外茶商的优势，利用当前白茶和创新型工夫红茶市场看好的有利时机，引导各地茶叶经销商加入闽东茶叶的营销队伍，支持构建闽东茶叶营销联盟，组织闽东茶商抱团开拓市场。三是线上线下并重。按照“互联网＋”的战略部署，加强与电商平台的合作，完善宁德茶叶展示销售平台；继续实施现代农业智慧园和物联网应用示范，畅通茶叶网络销售渠道，加强线上与实体的紧密结合，提升茶叶电子商务发展水平，促进茶叶品牌的网络推广和市场拓展。四是开拓国际市场。加强出口原料基地建设，从源头控制优质出口资源，强化全产业链质量安全管理，推进生产设备的升级换代和加工工艺技术的创新提升。

第六，培育经营主体，发挥龙头带动作用。一是培育壮大龙头企业。按照“特色化、规模化、产业化”的要求，选择一批省级以上现有基础条件好、市场潜力大的龙头企业，以培育茶业集团公司和龙头企业为重点，整合资源集中配置，支持龙头企业采取合资合作、兼并重组、股份制等方式提高产业集中度、延伸产业链，不断做强做大，发挥示范带动作用，力争到2025年培育年销售收入超5亿元的茶叶龙头企业3～5家，新增国家级龙头企业1～2家。二是大力培育新型农业经营主体。

大力培育专业合作社、家庭农场等新型农业经营主体，通过产业、要素、利益联结机制，建立与茶农之间的紧密型合作关系，实现茶叶基地逐步向产业经营主体集中，合力建设标准化生产基地，带动茶农发展茶叶生产，大力提高农民生产经营的组织化、规模化程度。到2025年，宁德市级以上龙头企业220家以上，全市推行茶园基地化管理比例60%以上，实现茶叶龙头企业优质茶青原料供应基本稳定可控。三是实施龙头企业回归工程。制定优惠政策吸引在外乡贤回乡创业或引进国内产业龙头企业，借助他们已有的完整、成熟的营销渠道，介入宁德茶叶的种植管理、生产加工、产品销售一体化经营，打造全产业链现代茶叶企业，帮助闽东茶叶迅速提高市场占有率，带动茶业一、二产业的发展。

第七，拓展产业功能，促进三产融合发展。一是丰富茶事活动。结合各地举办的斗茶赛、开茶节、旅游节等重大宣传展示活动，充分展示闽东茶文化丰富深厚的底蕴，全方位、动态化拓展茶业功能，以茶事活动提升茶产业文化内涵。二是挖掘茶文化资源。组织力量收集、整理与全市茶产业有关的历史、传说、传奇故事和红色资源，结合茶文化展示馆建设、茶艺表演、拍摄影视剧、创作文学作品、编制出版地方茶志等方式，加强对文化遗产的发掘、保护、传承和利用，丰富闽东茶文化表现形式和内涵。将闽东茶文化与旅游资源、民族习俗有机结合起来，将茶文化推广与世界地质公园宣传紧密相连，与红色教育基地和红色旅游深度结合，实现文化、茶业、旅游相互促进，展示闽东茶文化魅力。三是促进三产融合发展。依托宁德生态环境清新、茶园面积广阔、产业特色明显、文化内涵丰富的优势，深入挖掘茶叶多种功能与多重价值，将茶叶产业从生产功能为主向生产、生活、生态、文化多功能转变。支持茶企以“生态、观光、文化、历史”为主题，创建一批有规模、上档次、具特色的茶庄园和茶旅文化观光园；县市以打造茶叶特色小镇为抓手，重点做好福鼎市点头白茶特色小镇、中国白茶中心和福安市坦洋茶谷文旅基地建设等，打造一批精品景点、线路、茶乡，促进茶产业、文化产业与旅游业融合发展。到2025年，力争建成上规模、上档次的现

代茶庄园、茶旅文化观光园15家以上，创建茶叶特色小镇3个以上。

第八，增强要素保障，促进产业做大做强。一是加大产业发展用地支持。严格执行《关于规范和加强设施农业用地管理的通知》（闽自然资发〔2020〕43号）等文件，做好茶叶一二三产业融合发展的用地规划，将茶产业发展中的茶叶初制加工、仓储、茶青市场、特色茶叶小镇以及休闲茶叶观光园等建设用地纳入设施农用地管理，实行县级备案。对符合国土空间规划和国家产业政策、供地政策的茶产业重点建设项目，市县政府应当纳入地方整体经济发展规划，并优先安排年度新增建设用地计划指标，促进产业做大做强。二是加大财政扶持。在积极争取中央、省级财政支持宁德现代茶业生产发展的基础上，市县两级财政要加大对茶产业的财政投入，用于扶持茶产业发展。支持各县（市、区）政府按照涉农资金统筹整合政策规定，因地制宜选择项目实施，补齐茶产业发展短板。三是优化金融服务。积极发挥市县两级政策性担保公司作用，加大对茶叶经营主体的贷款担保支持力度，执行政策性担保费率。引导金融机构根据茶产业生产特点，开发特色信贷产品，降低企业融资成本。

关于龙岩市茶产业科技支撑工作情况的调研报告

龙岩市科技局、龙岩市农业农村局、
龙岩市海峡两岸茶业交流协会调研组

为贯彻落实习近平总书记来闽考察时提出的统筹做好茶文化、茶产业、茶科技这篇大文章的重要讲话精神，促进茶产业持续健康发展，助力乡村振兴，龙岩市科技局、龙岩市农业农村局、龙岩市海峡两岸茶业交流协会于2021年10月对全市茶产业重点区域、重点企业情况进行了实地调研，分析了龙岩市茶产业技术支撑工作的情况，提出了科技助推龙岩市茶产业发展的建议。

1. 科技对龙岩市茶产业发展的主要贡献

“十三五”期间，龙岩市科技对茶产业发展发挥了重要作用，科技元素渗透到茶产业的方方面面，特别是在茶园基础设施建设、茶园管理、茶厂机械化清洁化水平、产品营销、品牌推广与宣传、茶旅融合、产品质量管理与开发等方面起到了重要作用。茶产业已成为龙岩市农业经济一张闪亮的名片，科技对龙岩市茶产业的发展做出了重要贡献。2020 年年底，全市茶叶面积 13045 公顷，占全省茶叶总面积的 5.88%；茶叶总产量 24240 吨，占全省茶叶总产量的 5.25%；毛茶产值（一产产值）17.76 亿元，占全省茶业一产产值的 7.94%；茶叶全产业链产值突破 40.0 亿，占全省茶叶全产业链产值的 3.34%；龙岩市茶产业规模在全省设区市中排第六。

（1）大力建设生态茶园，提高茶园基础设施水平和单产，走绿色兴茶之路。

一是通过综合采取种树、留草、间作、套种、疏水、筑路、培土、微生物调控等措施，以保持茶园水土，改善茶园生态，维护生态平衡，保护和增加生物多样性，达到生态茶园水平。全市生态茶园面积比例从 2018 年的 48.3%提高到 2020 年的 77.6%；茶叶单产从 2016 年的 1425 千克/公顷提高到 2020 年的 1815 千克/公顷。二是突出生态保护优先，深入实施农药减量化行动。2019 至 2020 年两年全市建立相对集中连片 13.33 公顷农药绿色示范点 22 个、覆盖茶园 1980 公顷，通过“科技引领，典型示范，综合施策”，积极打造茶产业绿色发展新模式，多年来龙岩市茶叶产品在各级、各种检测中，都完全符合食品生产要求，受到社会各界及消费者的肯定与欢迎。其中，2020 年以来无公害认证 2 个企业 443.33 公顷、绿色食品认证 10 个企业 483.93 公顷、有机认证 10 个企业 215.33 公顷，总计 22 个企业 1142.59 公顷，占全市茶叶总面积的 9.44%；每年面积比例基本保持在 10%左右，生态茶园、无公害茶园建设走在全省前列。

（2）全面推进茶叶产品质量安全监督管理可追溯，监管工作上新台阶。

2018 年开始，龙岩市各地茶叶企业（含茶叶专业合作社和家庭农场等实体）在“福建省农产品质量安全追溯监管信息平台”注册，全面

落实茶叶生产主体质量安全责任，严格执行茶叶生产和销售记录档案制度，强化产品出厂检验，并在生产季节及时录入茶园田间管理生产档案，实行“一品一码”销售产品，实现源头赋码、标识销售、全过程追溯，不仅实现了对茶园田间管理用药的实时监管，也有效提高了茶叶企业自律性。目前全市茶叶企业基本实现了“一品一码”。

(3) 大力推进茶叶企业初制厂清洁化改造，提高加工能力、产品产量和单价。

2012 年以来，通过参与实施《福建省茶叶加工清洁化改造与设备提升推广应用》项目，全市共投入资金约 8244.5 万元，其中财政资金 6744.5 万元（包括漳平市 6214.5 万元、武平县 450 万元、上杭县 80 万元），发动项目实施单位自筹 1500 多万元；参与项目实施单位 103 家企业，改造、新建、扩建厂房 2 万平方米，新购置 134 台（套）设备，安装 18 条规模性茶叶加工生产线；漳平市茶农创制出摇青机、压模造型机、全自动真空包装机三项茶机，其中获得专利两项，累计推广 2100 套。

项目实施单位参照《福建省茶叶初制厂清洁化生产规范》，按照“生产环境清洁化、加工燃料清洁化、加工设备清洁化、加工流程清洁化”要求，组织开展茶叶初制加工厂升级改造，重点推广电、气等能源和茶叶初制加工不落地机械化自动化生产线、自动化萎凋设备、离地晒晾青设备等，提高茶叶绿色加工能力与水平，茶厂面貌焕然一新，机械设备及其配置符合工艺流程，茶叶加工能力得到明显提高，茶叶品质得到较大提高；SC 认证企业 43 家；茶叶价格由改造前平均价 86 元/千克提高到目前 115 元/千克。

(4) 丰富茶叶产品品类及包装系列，着力提高产品附加值。

一是龙岩市茶叶产品初步形成了漳平水仙茶饼、武平绿茶、台式乌龙茶、优质铁观音、龙岩斜背茶、保健茶六大品类产品生产格局，目前仿岩茶和红茶也有少量生产；漳平水仙茶饼以漳平市的南洋镇、双洋镇为主产区，2021 年种植面积 3513.33 公顷、产量 5000 余吨，成为龙岩茶叶第一主栽品种；武平绿茶是全省炒绿茶中种植面积最大、产量最多、价格最高（平均单价）、品质最优，以武平北部的桃溪镇、大禾镇

为主产地，2021年种植面积1520公顷、产量3150余吨。二是漳平水仙茶还开发3克、5克产品以适合办公白领阶层和年轻人以及北上广深大城市大部分的消费者需求，同时还开发净含量5克、7克、8克和10克的浓香型新产品，适合大众化需求，便于网络销售。三是包装的多样化及小型化，不仅美观大方，还便于携带，相对于0.25千克、0.5千克等大包装的销售方式，通过包装改进增值不少。

（5）茶叶初精深加工逐渐发展，拓展产业链长度和深度。

一是以福建好日子食品有限公司、福建省龙岩天马茗茶有限公司两家企业为代表，利用茶叶副产品（茶片、茶末）及山区野生（鱼腥草、藤茶等）或人工种植的植物（荷叶、生姜等）等原料为主，通过几年来的技术对接，设备改造与引进，美化产品包装，加强多渠道营销等措施，已闯出了一条日渐发展的路子，年产值已超亿元。二是以金绿源（中国）生物科技有限公司为代表，进入茶叶精深加工行业，能生产经营相应的茶叶提取物，如茶多酚、茶氨酸、茶多糖、儿茶素、EGCG单体等各种系列产品，广泛应用于食品、保健品、日用化妆品和药品。三是以龙岩市松花寨农业发展有限公司为代表的企业，逐年开发各种茶食品，拓宽茶叶使用渠道和方法，如该公司近年来逐步开发了百家姓十八子糕点升级版的茶香糕等16款茶衍生系列伴手礼产品，包括茶香鸡、茶香蛋、茶香酥、茶香枕、茶香蜜、茶香粉等茶叶延伸产品。

（6）大力发展茶旅融合，提高茶产业综合效益。

龙岩市现有茶旅融合点36个，累计投资超过6.5亿元，经营收入达到11亿元。以漳平永福高山樱花茶园、漳平九鹏溪、官田岳山生态茶园、上杭步云蛟潭茶园、永定金丰茶园、武平松花寨茶园等为代表的茶叶生态旅游正蓬勃发展，前景逐步看好。2020年，龙岩市推荐13家茶企单位为海茶会组建的茶旅委员会成员单位并获审批，有力地推动了茶旅融合发展，为进一步拓展茶旅融合打下了良好基础。

2\. 科技支撑茶产业发展的主要措施

（1）以科技计划项目为支撑，开展茶产业技术研发转化。

围绕茶产业发展的科技需求，将良种培育、提质增效栽培技术示

范、茶叶加工、疫病防控、茶园土壤地力提升、有机肥替代化肥等纳入争取省科技重大专项、重点研发计划优先支持领域项目，近五年组织实施省、市级科技项目9项，攻克和解决了一批制约茶产业发展的共性关键技术。同时，针对促进茶产业发展，组织实施科技扶贫茶产业项目，示范推广茶业新技术、新产品、新装备，开展茶叶种植、管理技术培训，强化了龙头企业带动合作社和贫困茶农的联结机制，有力加快了宜茶地区脱贫攻坚步伐。

(2) 以科技特派员为骨干，加快茶产业成果示范推广。

聚焦解决茶产业科技创新“最后一公里”问题，结合实施国家“三区”人才支持计划，抓住科技特派员“选、派、用”关键环节，省市县三级联动，组织科技人员带技术带成果下沉服务，与宜茶地区开展结对帮扶，通过实地指导、技术培训以及推广新技术、新品种、新装备等多种形式，帮助解决茶产业生产中的技术问题。近五年全市围绕茶产业累计选派科技特派员60多人次，开展茶业成果示范推广50余项，带动农户、贫困户1930余户，既扶持了茶产业发展，又帮助农民增产增收、脱贫致富。

(3) 以科技服务体系为依托，推动茶产业做优做大做强。

目前，龙岩市形成了市、县、乡三级科技服务体系，以此抓好科技日常服务，及时解决生产问题。一是农技推广部门，立足本职岗位，发挥技术专长与优势，竭诚为广大茶农、茶企等经营主体做好技术服务，指导他们建设标准化茶园，推广茶业“五新”技术。二是科技部门常年安排科技特派员，挂钩茶叶企业，开展点对点精准服务，解决生产问题，开展科技研发及产品开发服务，受到了茶企茶农的普遍欢迎。

(4) 抓好茶业“五新”技术推广，推进茶产业持续稳步发展。

龙岩市积极推广茶叶新品种、茶叶加工新机具、新工艺，以及茶园建设与管理新技术和茶园施用的新肥新药，为茶产业持续稳步发展与转型升级发挥了重要作用。龙岩市重点推广乌牛早、龙井43、茗科1号(金观音)、金牡丹等茶叶新品种，引进并示范推广萎凋槽、乌龙茶造型机、红茶发酵机、茶叶精选色选机、自动拣梗机、名优绿茶加工理条机等新机具，高香型工夫红茶采制、乌龙红茶加工、东方美人茶采制等新工艺，以及茶园病虫害绿色防控、LED冷光补光萎凋等新技术。

（5）以推广典型模式为抓手，助力脱贫攻坚和乡村振兴。

在宜茶地区推广了“高校院所＋龙头企业＋科技特派员＋贫困户”“科技特派员＋企业＋基地＋贫困户”等一批富有成效的茶产业发展模式，提升了一批龙头企业技术水平，壮大了一批专业合作社等新型农业经营主体，促进了特色茶产业发展。

（6）抓好茶业科技人才培育，为科技兴茶提供人才支撑。

一是组织茶叶企业、新型经营主体、种植加工大户，参加省、市举办的各类培训班、研修班，努力提高广大茶叶从业人员的科技水平。如自2014年以来，龙岩市海峡两岸茶业交流协会联合龙岩市关工委、老促会、扶贫开发协会等社团组织，每年举办一期以茶叶从业人员为培训对象，以茶科技、茶文化、茶市场等为主要培训内容的茶产业发展研修班，对茶叶从业人员开展了系统的研修培训，对提高广大茶叶从业人员科技水平，认知茶文化，了解茶市场发挥了重要作用。二是组织茶叶从业人员参加新型职业农民培训。学习新时期农业生产经营新知识、新理念，提升生产经营水平。三是推荐茶技人员参加省市相关部门组织的制茶能手大赛，培养制茶能手，通过参赛过程的技术交流与观摩，参赛选手加工技术水平有了很大提高。四是相关部门机构组织技术职称评审。2019年以来，龙岩市通过人社局、供销社、工会等多部门合作，培训各级别评茶员、茶艺师拿证人员2500余人，有效扩大了从业队伍并提高了从业人员素质和水平。

（7）内联外引，加大投入，不断提高茶产业标准化水平。

近年来，与福建农林大学、福建省农业科学院茶叶研究所等相关科研院所通力合作，开展了多项标准研究与制订，使全市茶产业标准化水平进一步提高。如由福建农林大学园艺学院、龙岩市农业农村局、漳平市农业农村局等单位及部分台资企业参与制定的《台式乌龙茶》和《台式乌龙茶加工技术规范》两项国家标准通过审定，并于2020年6月1日正式实施；由漳平市农业农村局牵头组织有关专家学者，按照《行业

标准管理办法》等要求立项起草的《漳平水仙茶》标准报中华全国供销合作社总社审批并发布，标准号为GH/T1241—2019；由福建农林大学园艺学院、龙岩市经作站、武平县农业农村局等单位及部分武平茶叶企业参与制定的《武平绿茶》省级标准通过审定，并于2020年11月12日正式公布实施。此外，龙岩市各大主要茶叶品类在生产、加工、产品质量控制等方面，不断加快推动茶产业标准化建设水平。

3. 主要困难和问题

(1) 茶业科技人员缺乏，科技开发主动意识不强。

目前，龙岩市、县、乡茶叶专业技术人员缺乏，全市农业系统从事茶叶专业技术人员也不足30人，个别县、茶叶重点生产乡镇没有茶叶专业技术干部；人才队伍小，技术力量薄弱，个别地方茶叶专业技术人员未能从事茶叶技术推广工作，大部分茶叶企业配备极少甚至没有配备茶叶专业出身的技术人员，极大限制了茶业“五新”技术的推广应用及科技研发。

(2) 茶叶企业科技开发能力低，应用新技术、新设备的主观意愿不强。

不少茶叶企业只能依靠现有的生产设备，按照传统工艺生产一般的传统产品，引进新技术、新设备开发生产具有较高科技含量新产品的科技开发能力低，主观意愿也不强；如有个别地区有较大面积的优良品种梅占茶园，十分适宜开发生产具备较高档次的中高端产品，但大部分茶农还是按照多年来形成的老采粗制工艺加工生产，由于产地海拔较高，虽然加工产品有一定的特色，但品质档次不高，不利于品牌打造与市场推广。近年来由茶叶企业承担的科技项目不多，即使个别企业承担了省、市科技项目，但对茶产业科技支撑的作用不明显。

(3) 市级茶业科研机构较少，现有机构发挥作用有待提高。

近年来，市农科所设立了茶叶研究室，龙岩农校也开设茶学专业，但科技研发能力未能充分发挥，与茶叶企业等生产经营主体的对接、联系也不够紧密。

(4) 科研投入资金有限，设施设备科技含量不高。

龙岩市现有重点茶叶企业均为2000年以后逐步发展起来的中小企

业。近年来，茶叶市场大幅波动，企业生产经营普遍较为困难；大部分企业和新型经营主体经济能力十分薄弱，投入科技研发的资金有限。市级农业科技投入有限，对茶科技投入更少。目前，龙岩茶企只装备有生产大众产品的机械设备，但机械的自动化程度不高，能在生产加工过程中自动调节温度、湿度、时间等因子的设备不多，能自动调控空气（氧气）的设备则没有；能用于茶园基地环境因子如温度、湿度、水分等观测的设施几乎没有，不便于开展科技研发。

4. 相关对策、措施与建议

（1）加强科技投入。

完善科技经费投入机制，增加茶产业科技支撑投入，在继续支持茶叶企业及新型经营主体引进新品种、新设备，开发新技术的同时，支持具备较高学术水平、较强科技研发能力的茶叶专家领衔组织茶产业科技研发，支持制茶大师、工匠等专门人才投入科技研发。建议市、县两级财政每年安排一定的经费，主要用于茶叶科研方面的科技资金投入和扶持重点茶叶企业引进一批自动化程度较高，能自动调控茶叶生产过程中的温度、湿度、氧气等因子的机械设备，为科研开发茶叶新产品提供支撑和资金保障。

（2）加强科技研发与创新。

一是加大产学研对接力度，为产业发展提供技术支撑。市农科所茶叶研究室、龙岩农校茶学专业班加强与茶企、茶商、茶农的对接联系，共同开展茶叶科技研发，提高茶叶生产科技水平，为茶产业持续健康发展提供技术支撑。二是自主创新研发机械设备。加强茶企与高等院校、科研院所合作，加大对定量称重、分级拼配、造型定型等机械化生产技术和新产品、冲泡茶器具、茶包装等的研发力度，提升生产效率。三是建立茶叶大数据平台，加强对茶青来源的大数据管控及茶产品精准管控，实现茶产业全产业链数字化管理。四是进一步加强龙岩野生茶树种质资源收集，将更多品类列入福建省茶树种质资源保护项目，并与科研院校合作，鉴定其基因谱系，筛选出优良茶树品种应用于生产。

（3）加强科技成果引进与推广。

一是根据龙岩市茶园主要病虫害发生特点，以绿色发展为理念，继续引进“以螨治螨”、异色瓢虫、赤眼蜂、天敌友好型LED杀虫灯、茶小绿叶蝉天敌友好型色板、苏云金杆菌等绿色防控技术，配套推广应用茶园割草机及“植保无人机＋绿色植保”病虫害防治模式，提高茶园害虫绿色防控技术水平。二是建立茶园基地省级物联网可视化平台，提升茶园管理水平。

（4）加强茶产业科技队伍建设，注重人才培养和引进。

一是结合全省高素质农民培训计划，积极组织动员和推荐广大茶农参加高素质农民培训，提高广大茶农、茶企生产经营负责人等科技文化素养。二是有针对性组织重点茶叶企业负责人、管理人员、技术人员参加全国性或省、市举办的各类茶叶科技培训班，提高茶叶生产科技水平，如茶园病虫害绿色防控培训、名优茶加工技术培训、评茶员培训等。三是参照工业企业支持重点茶叶企业引进中高端人才。如对农业企业、茶叶企业引进专业对口人才，建议参照工业企业对新引进的初级、中级、高级专业技术人才分别给予500元、1000元、2000元逐月补助政策，将有利于加快整个茶产业科技水平的大幅提高。四是深入实施科技特派员制度。选认较高层次的茶科技人员为科技特派员，服务龙岩茶企业，依靠科技特派员的技术、信息优势，提升全市茶产业科技水平。

二、海关专题

福建省茶叶出口现状分析及对策建议

福州海关　王进喜、黄明娟、李晓斌、王婷、吴鹏、孟璇、赖春强

摘要：茶产业是福建省特色优势产业之一，在出口创汇乃至文化输出中具有特别重要的意义。通过分析福建省茶叶出口贸易现状，探讨茶叶出口贸易面临的机遇和挑战，从茶文化推广、加强政府引导、打造龙头企业和品牌、加强国际市场营销以及加大政府间贸易磋商谈判力度等

方面，提出优化福建省茶叶出口国际竞争力的对策建议。

关键词： 福建省　茶叶　出口贸易

1. 福建省茶叶出口贸易现状

（1）出口量止跌回升。

2018年，福建省茶叶出口量在时隔17年后再次跨越2万吨大关，达2.4万吨，当年度出口规模达到了历史最高值。随后出口量连续两年出现负增长，特别是2020年由于受到新冠肺炎疫情影响，茶叶出口量呈加速下降态势，当年出口量萎缩至2.2万吨，同比减少8.3%；出口金额29亿元，同比下降7.4%。随着国内疫情防控成效显现，加之国外茶叶需求复苏，2021年福建茶叶出口量止跌回升，出口2.6万吨，同比增长18.8%；出口金额33.1亿元，同比增长14.1%。

（2）出口大省地位进一步提升。

从全国看，自2014年来福建茶叶出口量稳居全国第四位，历年来在全国茶叶整体出口中的比重互有升降。2021年，福建茶叶出口形势明显优于全国（同期全国茶叶出口量增长5.9%），占全国茶叶整体出口的比重，由2020年的6.3%提升至2021年的7.1%。

（3）出口茶类集中在乌龙茶和绿茶。

福建省茶叶主要出口茶类为乌龙茶、绿茶。其中，乌龙茶为最大的出口茶类，2021年出口1.3万吨，同比增长10.9%，占比48.8%。绿茶为第二大出口茶类，2021年出口9532.6吨，同比增长45.2%，占比36.5%。花茶、红茶出口相对低迷，2021年花茶、红茶出口同比下降2.7%、5.6%，分别占比7.4%、6.6%。普洱茶出口同比增长11.5%，占比0.6%。黑茶出口56.4吨，上年无出口记录，占比0.2%。

从出口均价看，黑茶出口均价最高，2021年达273.9元/千克。其次是红茶，出口均价230.1元/千克，同比下滑2.8%。绿茶和普洱茶的出口均价分别由2020年的198.7元/千克、64.7元/千克，下滑至2021年的159.1元/千克、40.4元/千克。乌龙茶和花茶的出口均价上扬，分别由2020年的88.5元/千克、71.3元/千克上升至2021年的

95.1元/千克、86.5元/千克。

(4) 出口市场主要集中在亚洲。

福建省茶叶出口主要面向亚洲市场，但依赖度有所下降。2020年，出口亚洲茶叶量占全省茶叶出口量的81.2%，2021年下降为73.8%。其中，日本、马来西亚、中国香港地区居茶叶出口市场前三位，出口量合计占比由2020年60.5%下降至53.9%。从出口量增量看，马来西亚市场增长迅速，2021年对其出口量增长80.9%。日本和中国香港地区出口较为疲软，2020年、2021年分别降幅13.7%、6.2%。值得一提的是，2021年福建省对"一带一路"沿线国家茶叶市场开拓成效显著，出口量达9685.4吨，全省茶叶出口占比较2020年提升5%；出口增量达37.7%，高出同期全国茶叶对"一带一路"沿线国家出口量增幅的29%。

2. 当前福建省茶叶出口贸易面临的机遇和挑战

(1) 茶叶出口贸易面临的机遇。

第一，健康消费需求为茶叶消费带了新动力。茶是世界三大饮品之一，全球产茶国和地区达60多个，饮茶人口超30亿。随着人们生活水平的提高，以及新冠肺炎疫情对人们生活方式和健康理念的改变，健康消费需求将会不断增强，茶叶作为健康饮品的代表，其绿色保健养生作用将迎来高度受关注的契机。

第二，"一带一路"建设、"国际茶日"为茶叶出口带来了新机遇。茶起源于中国，盛行于世界。茶文化是在西方传播影响最为深刻的中国传统文化之一，其最为主要的传播途径就是古代的海上丝绸之路。在当前"一带一路"建设的背景下，我国茶文化传播有望迎来第二春，巨大的潜在市场也为扩大茶叶出口提供了发展空间。此外，联合国将每年5月21日定为"国际茶日"，体现了国际社会对茶叶价值的认可与重视，有助于中国同世界各国茶文化交融互鉴，对振兴茶产业、弘扬茶文化具有重要意义。

第三，《中欧地理标志协定》的实施为茶叶拓展欧洲市场提供了新契机。2021年3月1日正式生效的《中欧地理标志协定》将我国28个茶叶地理标志保护产品纳入首批保护清单，福建省有安溪铁观音、坦洋工夫、

福州茉莉花茶、正山小种等 8 个茶叶地理标志进入名单，入围数量在全国各省市中处领先地位。此外，福建政和白茶等 4 个茶叶地理标志产品在协定生效后的第一个四年期内获得保护。《中欧地理标志协定》将为福建省茶产业对欧贸易注入新动力，有利于扩大福建省茶叶对欧出口。

（2）茶叶出口贸易面临的挑战。

第一，国内外茶叶消费习惯存在差异。国外的茶叶消费习惯与我国存在较大差异。从消费品种上看，国外消费者对红茶的偏好远超绿茶，红茶占世界茶叶贸易比重高达 80%，而我国的茶叶种植和消费以绿茶为主。从消费方式上看，国外追求便捷快速的茶叶消费，偏向于调饮、袋泡茶和茶饮料等品饮方式，受到人工成本、生活节奏等因素的制约，对清饮冲泡茶水的品饮方式接受度较低，而我国传统的品饮方式是“热饮慢啜”。从消费文化上看，品茶是欧洲皇室尊贵奢华的象征，红茶品茶文化代代相传并深受欧美国家人们的喜爱，而我国深蕴的品茶文化在海外影响力有限，在国际市场受众者大多局限于海外华人。

第二，出口结构失衡。从产品结构看，国际市场以红茶为主，绿茶为辅，其他茶类作为补充。但一直以来，乌龙茶、绿茶是福建茶叶出口的主打产品，红茶出口占比小，2021 年仅出口 1722.8 吨。从市场结构看，长期以来，福建省茶叶出口中近 9 成主要面向非洲及亚洲，对全球茶叶主要消费市场如印度、土耳其、巴基斯坦、俄罗斯、美国、英国、埃及等开拓力度不足，2021 年福建省茶叶对上述市场出口仅 1533.8 吨，仍有较大提升空间。

第三，国际化品牌缺失。我国虽是著名的产茶国，但饮誉全球的茶叶品牌却凤毛麟角。茶叶出口贸易以大宗散茶类为主，依靠向发达国家出售价格较低的茶叶原料获取收益，品牌附加值较低，创造品牌溢价能力较弱。数据显示，2021 年福建茶叶出口中无品牌的大宗散茶占比超六成。

第四，面临严苛壁垒。贸易技术壁垒方面，欧盟对茶叶卫生安全要求日益严苛，频繁修订农残标准，并大幅度提升对我国茶叶的抽检频率，对我国输欧茶叶造成冲击，2021 年福建茶叶出口欧盟下降 13.1%。

2013年2月至2018年2月，日本对我国乌龙茶出口实施长达五年的命令检查，导致我国对日茶叶出口总量持续减少，2021年福建茶叶出口日本下降6.1%。2019年7月1日起，我国茶叶出口最大市场国摩洛哥执行茶叶农药最大残留限量标准，对我国大宗珠茶、眉茶的出口产生较大影响，2021年福建茶叶出口摩洛哥仅25.5吨。关税壁垒方面，受中美贸易摩擦影响，2019年9月1日起美国对我国茶叶加征15%关税，2020年2月14日下调至7.5%，部分美国进口商减少甚至停止进口我国茶叶，对我国输美茶叶产生明显影响，2021年福建茶叶出口美国仅1290.9吨。

3. 促进茶叶出口高质量发展的对策建议

(1) 加大茶文化海外传播力度。

一是组织、引导茶文化传播，推动海内外茶文化交融互鉴，组织参加国际茶展，开展品牌推介、文化交流、茶艺表演，适时设立茶文化推广中心和茶文化展示中心，通过文化交流和推广，“茶传五洲，世界共享”，让各国人民在感受中国文化魅力的同时接受中国茶。二是支持和鼓励行业组织、重点茶叶企业在“一带一路”沿线国家等新兴茶叶消费市场举办形式多样的博览会、品鉴会和交流会，通过宣传、体验、培训、指导，普及推广中国茶的品饮方法和生活方式，提升我国茶文化软实力，增强闽茶在国际市场的知名度和影响力。通过茶文化的输出，引导市场需求的建立。

(2) 加强宏观引导和专业指导。

一是引导广大茶农和茶叶生产企业注意产销平衡和产品结构平衡，既要生产主要供应内销高档产品，也要生产符合国际消费需求档次的产品，以发挥产能效应。二是指导茶企强化安全管控体系和产品可溯源体系建设，实现安全茶、品质茶生产，助力茶产业规范化、规模化、高质量发展。三是密切关注和评估国际茶叶农残标准及相关政策变化，开展主要出口市场的动态监测和分析研究，帮助企业有效应对技术贸易壁垒。四是优化营商环境，打造出口绿色通道。优化出口企业备案、出口茶叶检测等服务，提高通关效率；深入开展信用帮扶，培育茶叶AEO

高级认证企业，降低企业运营成本。

(3) 扶持龙头企业，打造国际化知名品牌。

一是选取具有一定市场占有率以及市场影响力、技术领先、专业化程度高的国内茶企，加大资金、财税、技术等方面的扶持力度，加快资源整合力度，打造具有国际竞争力的茶叶企业和茶叶品牌。二是充分利用《中欧地理标志协定》实施的契机，以此为基础推进品牌国际化营销策略。三是借“一带一路”东风，实施“走出去”战略，通过兼并或收购目标国茶叶本土品牌等手段，扩大我国茶产业影响力。

(4) 加强茶叶国际市场营销。

一是加强对目标市场、目标消费群、消费习惯的调研分析，进行市场细分和产品定位，形成产品结构的多元化，适应各个层次多样化的消费需求。二是加强茶产品创新，调整优化产品结构。在拓展茶叶消费市场的同时，加强对花草茶、果味茶等产品的开发，依托茶叶深加工技术的提升，推进茶叶深加工终端产品的国际化，提高产品的附加值。三是加大电商渠道投入，尽快实现体验式消费，谋求营销模式的新突破，使跨境电商成为茶叶出口重要销售渠道，有效降低交易成本。

(5) 加大政府间贸易磋商谈判力度。

在双边贸易协定谈判时尽可能将茶叶纳入立即降税范围，降低我国茶叶进入海外市场的成本。持续推进与韩国、泰国等相关国家的政府间谈判，秉承双向互惠原则，将我国茶叶进入对方市场的关税税率降低至合理水平。进一步加大与摩洛哥的协商力度，建立双方沟通机制，要求摩方充分考虑茶叶生产的实际情况，制定并执行合理的农残卫生安全标准，促进中摩茶叶贸易稳定和良性发展。

武夷山市茶叶出口贸易现状分析及对策研究

武夷山海关　林荣铨　连学用　周俊萍

摘要： 通过调研新冠肺炎疫情前后武夷山市茶叶出口贸易现状，分析武夷山市茶叶出口存在困难，提出促进武夷山市茶叶出口的相关建

议，对提高武夷山市茶叶出口贸易有重要的参考价值。

关键词： 武夷山市 茶叶 出口贸易

1. 武夷山茶叶出口现状

(1) 新冠肺炎疫情对武夷山茶叶出口影响。

新冠肺炎疫情在多个方面影响了武夷山的茶叶出口：一是出口总量减少，2019 年武夷山辖区出口茶叶共计 946.96 万美元、166 批次；2020 年出口茶叶共计 790.7 万美元、154 批次，同比分别下降 16.5%和 7.2%；2021 年下降更为明显，出口茶叶 404 万美元、53 批次，同比分别下降 48.9%和 65.6%。二是出口产品种类减少，2019 年乌龙茶出口量占比 98.9%，红茶出口量占比 1.1%；2020 年和 2021 年出口茶类全部是乌龙茶，无红茶出口（表 5-1)。三是出口物流费用提高，由于 2020 年我国茶叶出口量大于进口量，港口货柜出现“一柜难求”现象，导致运费成本愈来愈高，在茶叶出口利润偏低现状下，茶叶企业无法承担高额的物流费用。四是企业在国外推广茶文化进程减慢，据调研发现，2019 年武夷山市茶企通过国际志愿者在 26 个国家开展茶文化推广活动，受到国际茶叶爱好者的一致喜爱，收到了一定的宣传效果，但新冠肺炎疫情发生后，茶叶推广活动受到影响，茶叶企业开发国际市场脚步暂停。

表 5-1 武夷山辖区茶叶出口概况

出口量 时间	金额（万美元）		出口批次（批）		生产型企业占比（%）	贸易型企业占比（%）
	乌龙茶	红茶	乌龙茶	红茶		
2019 年	936.8	10.16	165	1	4.2	95.8
2020 年	790.7	0	154	0	7.9	92.1
2021 年	404	0	53	0	58.7	41.3

(2) 备案茶企多数未实际出口。

武夷山辖区备案的出口茶叶企业共 46 家，但近几年实际出口茶叶的仅有 3～4 家，2019 年实际出口茶叶的茶企为 4 家，2020 年受新冠肺炎疫情影响，实际出口茶叶的茶企减少为3家，2021年外贸形势好转，实际出口茶叶的茶企恢复为4家，侧面反映出武夷山茶叶出口不稳定，易受客观因素影响。

(3) 出口茶叶利润微薄。

武夷山出口茶叶以等级低、价格低的散茶为主，主要作为境外生产茶饮料的原料，例如中国香港的可口可乐公司和日本的三得利公司。2019年，武夷山市茶叶出口日本占比95.8%，中国香港占比2.4%，马来西亚占比1.8%；2020年，武夷山市茶叶出口日本占比92.1%，中国香港占比5.0%，马来西亚占比2.9%；2021年，武夷山市茶叶出口日本占比41.3%，中国香港占比14.0%，马来西亚占比12.5%，美国占比32.2%（图5-1）。2019—2020年，武夷山市茶叶出口以日本为主。2021年，武夷山市茶叶出口日本占比下降，美国为新增出口国，占比仅次于日本。作为茶饮料原料出口的茶叶，价格低、利润薄。据调研发现，出口茶叶的盈利几乎全部来自政府退税。

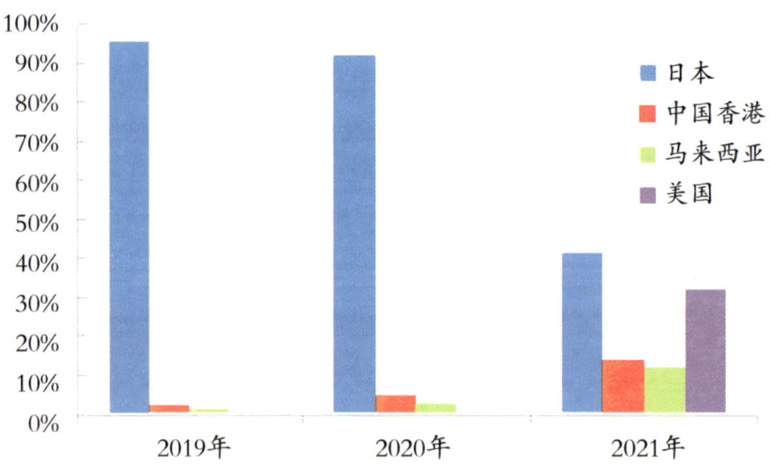

图5-1 2019—2021年武夷山市茶叶出口占比

(4) 武夷山茶叶标准化低，出口新市场难开拓。

出口新市场难以开拓，主要原因是武夷山茶叶制作工艺复杂，受环境和人为经验因素影响较大，每一批武夷山茶叶感官评审结果差异大，造成

武夷山茶叶标准化程度低。英国人酷爱红茶，但对茶叶标准化要求高，印度红茶虽然起源晚，但由于标准化生产程度高，备受英国民众喜爱。

（5）国内市场向好，茶企出口意愿低。

近年来，武夷山茶叶获得多项荣誉，在国内市场的知名度高，例如“武夷山大红袍”2015—2017年连续三年荣获中国茶叶区域公用品牌价值十强、名列中欧地理标志产品互认互保“100＋100”产品清单，2018年“武夷岩茶”品牌价值占全国茶叶类第二位，2020年“武夷山大红袍”“正山小种”“武夷岩茶”列入中欧地理标志协定保护名录、“武夷岩茶”“武夷红茶”入选中国农产品地域品牌价值2020年标杆品牌。武夷山市委市政府高度重视茶产业发展和茶文化推广，在品牌创建、科技创新、生态建设等方面大力扶持茶产业发展，不断提升武夷山茶叶品牌影响力，武夷山茶叶价格普遍高于国内市场茶叶均价，甚至出现了“天价茶”事件，与茶叶出口微利形成巨大反差，因此大多数武夷山茶叶企业出口茶叶意愿低。

2. 武夷山茶叶出口困境分析

（1）价格居高不下，无出口优势。

我国出口茶叶以低价茶为主，根据海关统计数据，2021年出口乌龙茶平均149元/千克，出口红茶平均112元/千克。而武夷山当地的茶叶因人工费高、原料采摘难、工艺复杂等原因导致生产成本居高不下，且近年来由于武夷山茶叶品牌影响力不断提升，导致茶叶原料价格上涨，茶叶成本价格也水涨船高，品质好的正岩茶甚至高达几万元一斤，出口价格可能低于武夷山茶叶平均成本，因此武夷山茶叶在出口价格方面无优势。

（2）品牌意识不强，难以开拓市场。

目前，武夷山作为世界红茶和乌龙茶的发源地，缺乏国际知名品牌的茶叶公司。武夷山出口茶叶企业大多是在国内知名度高的品牌，而出口的茶叶却多为散装原料茶或低端茶，包装上甚至没有公司品牌等信息，反而为国外品牌作嫁衣，在打造自有品牌开拓国外市场方面的意识远远不够。英国人酷爱喝茶，但武夷山红茶却没有出口英国，主要原因是他们更喜欢选择全球知名品牌产品，比如英国、日本、印度等茶品牌。

（3）传统制茶工艺制约了茶叶的标准化。

武夷山茶叶制作工艺复杂，要经过“采摘—萎凋—做青—炒青—揉捻—初焙—簸拣—晾索—复焙”等九道工序，尤其是其中的做青、烘焙工艺，变化因素多，要做出好茶不仅需要制茶师具有丰富的经验和精准的判断力，还需要天时地利，不同天气、温度和采摘地带来的细微差别都会改变茶叶口感，因此每一批武夷山茶叶的感官评审都存在差异性，这种差异化口感备受国内品茶人的喜爱。但正是这种传统的制茶工艺，使得武夷山茶叶生产无法达到标准化水平，这也正是武夷山茶叶不被茶叶标准化要求高的国际市场所接受的原因。

（4）缺乏外贸人才，不善于利用贸易规则。

武夷山茶企多数为家庭作坊式，缺乏外贸人才，在应对国外的茶叶标准和法规时，不善于利用贸易规则来维护自己的正当利益，比如世界贸易组织规则（以下简称 WTO 规则）中有不少的特别条款是有利于发展中国家的，而很多茶叶企业不了解 WTO 各项规范性措施，难以利用 WTO 规则来维护自己的正当利益。

3. 相关建议

（1）加快产业结构转型升级，增强茶叶产品核心竞争力。

优化茶叶产品种植、加工、包装、销售等过程，提高制茶过程的机械化程度，减小人为经验因素、天气、地理条件等对茶叶成品的影响，生产出品质稳定的茶叶产品，全面提升武夷山茶叶达到规模化、标准化水平，增强茶叶产品出口竞争力。

（2）增加茶叶品种，满足不同需求。

武夷山茶叶成品较单一，以原料性茶叶为主，不符合发达国家上班族甚至白领对茶叶便捷、口味多样化的需求。出口茶叶企业应该积极开发不同风味、包装的茶叶成品，充分满足不同群体对冲泡方便、携带便捷、即食即饮和风味标准化的要求，让武夷山茶叶融入全世界人民的日常工作生活中，这样可以转变出口贸易较被动的局面。

（3）以高标准规范生产，打破绿色壁垒。

一是对照出口国家的标准，从源头开始以高标准管理茶叶，例如建立出口茶叶质量可追溯体系，做好从原料到成品各个加工环节的质量控制和批次管理，做到源头可追溯、流向可跟踪、信息可查询、产品可召回。二是主动进行各项产品认证，如欧盟有机认证、美国的FDA认证、英国的BRC认证等，获得相关国家和地区的通行证。三是根据茶叶进口国家和地区采用的质量安全标准，结合现行国家标准、行业标准，制定一套与国际接轨的标准化体系，从根本上冲破发达国家设置的绿色贸易壁垒。

（4）行业协会做好协调，帮扶茶企走出国门。

行业协会可通过做好各项协调工作，帮扶武夷山茶叶企业走出国门。一是协助制定我国农残标准，积极参与相关茶叶国际标准的制定，推动标准合作与互认，提高茶叶国际贸易话语权。二是与国际茶叶行业组织开展合作，举办定期的互访贸易交流活动。三是通过举办国际性的茶叶展销交流会和组织企业出国参展，增加武夷山茶叶企业与国际接轨的机会。

三、标准化建设专题

标准化助力福建省茶产业全域高质量发展

福建省市场监督管理局　蔡智民

摘要：以“政策激励——技术组织——标准体系——标准研制——试点示范”的标准化模式为主线，总结福建省茶产业全域的标准化成果，分析现阶段茶产业全域标准化存在的问题，并对福建省茶产业标准化建设提出相关建议，为福建茶产业高质量发展提供参考。

关键词：福建省　茶产业　标准体系

早在20世纪90年代，福建省已经开展了茶产业的标准化工作。经过近30年的发展，福建省形成了一套完整的茶产业标准体系，规范了树种、种植、加工、销售、品鉴等全产业链活动，并固化茶文化内涵，强化茶科技转化，不断支持福建茶产业做大做优做强，形成了全产业链产值过千亿元的福建特色产业，为脱贫攻坚和乡村振兴作出了重要贡献。

1. 福建省茶产业标准化概况

福建省茶产业标准化的多年发展，逐步形成了“政策激励——技术组织——标准体系——标准研制——试点示范”良性循环发展的创新模式。

(1) 出台涉及茶产业标准化的政策措施。

一是政策方面。研制出台《福建省关于进一步加强农业农村标准化工作的实施方案》《福建省“海丝茶道”建设实施方案（2019—2022年）》《福建省做大做强做优茶叶出口行动方案（2022—2024）》等一系列文件，支持茶产业的全产业链标准化发展，鼓励国际标准研制和外文版标准翻译，助力构建茶产业国内国际双循环的新发展格局。

二是奖励方面。修订《福建省标准化工作专项补助经费管理办法》，明确标准化活动的经费补助额度，如主导研制一项国际标准给予100万元补助，主导研制一项国家标准给予20万元补助，极大地鼓励各科研院校、各企事业单位积极参与标准化活动。完善《福建省标准贡献奖管理办法》，明确团体标准纳入评奖范围。在前8届福建省标准贡献奖获奖项目233项中，涉茶标准获奖14项，发放奖金180万元。

(2) 建设专业标准化技术组织。

第一，组建福建省茶产业标准化技术委员会。

2017年，福建省标准化行政主管部门批准成立福建省茶产业标准化技术委员会（简称省茶标委，编号SAFJ/TC20)，秘书处由福建农林大学和武夷星茶业有限公司联合承担，主要负责福建省茶产业地方标准的制（修）订工作，并对接全国茶叶标准化技术委员会（简称全国茶标委，编号SAC/TC339)，参与国际标准、国家标准、行业标准、团体标

准相关活动，帮助企业开展企业标准化工作，全面提升福建省茶产业标准化水平。经过五年发展，省茶标委拥有3位顾问、56位委员和56位观察员，与省市场监督管理局直属事业单位福建省标准化研究院、省农业农村厅直属事业单位福建省种植技术推广总站、福建农林大学等省内十多家科研院校广泛开展技术交流，与华祥苑、八马、日春、品品香、坦洋工夫等龙头企业建立合作关系，邀请优秀的专家学者和企业代表加入省茶标委，凝聚成一支涵盖茶产业与标准化的复合型专家团队。目前，省茶标委归口管理的省地方标准总共187项，其中现行有效标准79项。

第二，争取全国茶标委的委员资格和工作组秘书处。

在省市场监管部门的积极推荐和争取下，福建省多位专家学者、企业杰出人士加入全国茶标委，在现有的71位委员中，福建省籍14位，占比19.7%；50位观察员中，福建省籍12位，占比24%；全国茶标委的12个茶叶标准化工作组中，有5个工作组秘书处设在福建省，国家茶叶质量监督检验中心（福建）承担乌龙茶工作组秘书处、福鼎市茶业协会承担白茶工作组秘书处、福建新坦洋茶业（集团）股份有限公司承担红茶工作组秘书处、福建春伦集团有限公司承担花茶工作组秘书处、安溪县桃源有机茶场有限公司承担有机茶工作组秘书处。

（3）构建茶产业全产业链标准体系。

福建省积极构建茶产业全产业链标准体系，以通用标准为基础，以茶叶产销链为重点，拓展涵盖茶装备、茶具、茶制品、茶旅游、茶会展、茶文化共8个子体系，实现以“茶”为中心带动机械、器皿、食品、旅游、会展、文化等三大产业的高质量发展。其中，茶叶子体系包含了种植、加工、产品、质量、检验检测、流通销售的全产业链。下一步计划重新修订标准体系，融入“茶文化、茶产业、茶科技”要素，进一步完善标准体系建设。

（4）开展茶全产业链的标准研制。

第一，各级标准研制情况。

一是国际标准方面。作为世界乌龙茶、红茶、白茶的发源地，福建

省历来支持福建茶叶标准走向世界，先后推荐省内孙威江教授等5名茶叶专家注册为ISO专家，为研制国际标准奠定基础。2008年4月，国际标准化组织食品委员会茶叶分技术委员会（ISO/TC34/SC8）年会提出研制乌龙茶国际标准的思路，省市场监管局牵头组织专家组建《乌龙茶　定义与基本要求》国际标准起草小组。历经15年，在国家标准化管理委员会（简称国标委）支持下，国际标准《乌龙茶　定义与基本要求》（ISO 20716：2022）于2022年9月正式发布实施。福建省积极开展中国标准的外文版翻译，如《地理标志产品　坦洋工夫》国家标准、《地理标志产品　福州茉莉花茶》省地方标准已经完成英文版翻译。

二是国家标准方面。2017—2021年，福建省相关单位共参与制（修）订国家标准22项，全部为推荐性标准，其中基础标准4项，产品标准9项，加工标准5项，检测标准4项，主要涉及乌龙茶、红茶、白茶、绿茶、茉莉花茶等产品的相关标准，以及电子商务等新业态的标准。国家标准是全国茶企茶农通用的技术要求，主要集中在基础、产品、加工和检测领域，可以为全国各茶叶主产区提供具有共性价值的技术要求。

三是行业标准方面。2017—2021年，福建省相关单位共参与制（修）订茶产业行业标准11项，其中基础标准2项，产品标准4项，加工标准2项，检测标准1项以及气象标准2项。全国供销合作总社发布7项，主要是对较为特殊的茶叶品种及加工技术如漳平水仙、茉莉红茶进行规范。国家农业农村部发布1项标准，对茶树高温热害等级进行规范。国家林草局发布1项标准，中国气象局发布2项标准。

四是省地方标准方面。目前，在茶产业领域福建省现行有效的省地方标准总共79项，其中地理标志保护产品14项，种植领域22项，加工领域18项，文化领域11项，机械领域12项，其他类别2项。这些省地方标准主要是满足福建自然条件、风俗习惯而制定，是国家标准和行业标准的补充。

五是团体标准方面。团体标准是社会团体协调相关市场主体共同制定满足市场和创新需求的标准，由本团体成员约定采用或者按照本团体

的规定供社会自愿采用。自2017年以来，福建省在全国团体标准信息平台声明公开的茶产业团体标准有73项，其中产品领域52项，种植领域4项，加工领域12项，文化领域5项。产品标准数量最多，占总数的71.2%，说明市场活动在产品方面的需求量最大，产品多样性是发展大势。

六是企业标准方面。企业标准是对企业范围内需要协调、统一的技术要求、管理要求和工作要求所制定的标准。自2017年以来，在企业标准信息公共服务平台上声明公开的茶产业企业标准245项，其中产品领域192项（占企业标准总数的78.4%，其中茶产品标准75项、茶机械产品标准117项），种植领域10项，加工领域14项，文化领域1项，其他领域21项。与团体标准情况相似，企业标准也是以产品标准为主。

第二，重点领域标准研制概况。

一是推动两岸标准共通。2019年元旦，习近平总书记在《告台湾同胞书》发表40周年纪念会上提出“行业标准共通”的重要指示，福建省市场监督管理局大胆先行先试，以“台式乌龙茶”为突破口，创新开展海峡两岸“行业标准共通”工作，成功研制并发布实施“台式乌龙茶”系列标准，包含产品、加工、树种、栽培、品鉴5项标准，其中前2项为国家标准、后3项为省地方标准。该项工作开创了台湾专家共同参与国家标准、省地方标准研制的先河，形成了“四共同三采用”的共通机制（共同选题、共同研制、共同比对、共同使用，大陆先进标准台湾采用、台湾先进标准大陆采用、空白领域标准共同研制采用），解决了台式乌龙茶在生产加工过程中无标可依的困境，打破了两岸台式乌龙茶产品质量指标和加工技术要求不一的技术壁垒，极大地促进了两岸茶叶的贸易和交流。

二是提升茶叶冲泡与品鉴。为进一步提升国内外茶叶冲泡与品鉴水平，从2015年开始，福建省立足标准化的指导方式，结合福建茶叶区域特色，先后研制实施10项茶叶冲泡与品鉴的相关标准，包含武夷岩茶、红茶、白茶、铁观音、茉莉花茶、绿茶、台式乌龙茶7项省地方标准，以及正山小种、白芽奇兰、红边茶3项团体标准。省市场监督管理局下属事业单位福建省标准化研究院联合海峡两岸茶业交流协会，立足福建茶叶的特色与内涵，编著了《福建名茶冲泡与品鉴》一书，将标准收录其中，图文并茂介绍茶叶的故事和冲泡品鉴之法，在全国推销福建茶叶、推广福建标准。

三是助力茶旅融合发展。福建省种植业技术推广总站以外国酒庄园理念为基础，充分调研全省茶园建设情况，在全国率先研制发布《茶庄园建设指南》省地方标准，并在全省推广实施，目前全省已建成 60 多家茶庄园，集茶叶种植、加工、体验、品鉴以及旅游食宿观光于一体，将传统的茶叶外销模式升级成为新型的游客来闽消费模式，开辟了“以茶促旅、以旅带茶”的新业态。省市场监督管理局已批准《茶庄园建设评价》省地方标准立项研制，未来将以统一的要求评价茶庄园建设，更好地推动茶旅融合，创新发展。

四是提升茶文化内涵。福建省立足茶产业特色，丰富地方茶叶赛事标准，研制发布实施《茶叶赛事　组织通则》《茶叶赛事　茶叶感官评定方法》省地方标准，并完善茶技艺、茶工艺方面的赛事标准，促进茶竞技的标准化规范化发展，以标准化方式提升茶文化内涵。推动国家级非物质文化遗产的标准化保护，批准研制《茶文化　武夷岩茶传统制作技艺》省地方标准，固化并推广国家非遗传统技艺，助力茶文化传承。

五是延伸茶产业链前端。先后研制茶树品种、茶园管理、土壤改良等一系列相关标准，强化生产前端的技术基础，发布实施《茶树新选育品种登记技术规程》《茶园水土保持技术规范》《茶园减量化施肥操作技术规范》《改良茶园土壤用大豆种植规范》等多项标准，从提升生产资料质量来保障茶叶的高品质生产。

六是拓展茶产业链后端。加强茶叶销售体验的标准化服务，研制《茶叶体验店服务规范》，明确设施环境、人员素质、服务要素相关要求，提升消费者的感官体验价值。加强茶叶陈化环节的标准化工作，发布《白茶储存技术规范》，规范老茶陈化的技术要求。

(5) 建设标准化示范区与区域服务推广平台。

福建省坚持“示范立标杆”的创新理念，20 多年来坚持在全省创

建农业标准化示范区，累计创建 18 个国家级、44 个省级示范项目，覆盖全省 9 个设区市的主要茶产区，涵盖福建主要茶叶种类。通过指导示范区“构建标准体系——研制适用标准——实施各级标准——辐射带动区域发展”的方式，完善示范区相关标准体系，提升示范区的标准化生产水平，验证标准的可行性和科学性，开展标准化生产技术帮扶，带动周边茶企茶农提升标准化生产能力，进而提升区域茶产业高质量发展。

在省市场监管局的推荐下，福建农林大学、宁德市标准化协会、福建新坦洋集团股份有限公司联合申报“国家茶叶标准化区域服务推广平台”项目，获得国标委批准建设。该项目立足福建茶产业特色，基于优秀的技术团队和多年的实践经验，积极服务于福建地区茶产业标准化提档升级，推动区域产业的高质量发展。

2. 福建省茶产业标准化发展存在的问题

（1）茶产业标准体系不完善。

福建茶产业的标准体系集中在茶叶的种、产、销方面，在茶装备、茶具、茶制品、茶旅游、茶会展、茶文化等全域的标准化存在不足。其原因主要是茶叶生产方面的标准起步早，茶叶生产效益较高，标准较为齐全，而其他茶产业领域标准发展相对滞后，标准体系不完善。

（2）国际标准话语权不足。

目前，ISO 组织发布实施的涉茶类国际标准约 20 项，仅有《绿茶术语》和《乌龙茶　定义和基本要求》是中国主导研制，而《绿茶　定义及基本要求》《红茶　定义和基本要求》等国际标准主要由英国主导制定。

（3）标准化实施不到位。

中国茶叶生产主要集中在中小农户，文化程度不高，生产加工水平不一，对标准的实施运用存在不重视不运用的现象。小农户拥有的茶山分散且面积小，难以机械化、标准化、规模化运营，特别是近几年岩茶价格被拉高，个性化发展成为了主旋律，标准化生产存在脱节情况。

（4）市场主体制定标准能力不足。

近几年，市场主体研制的团体标准和企业标准数量不断增多，但是标准文本质量参差不齐，缺乏专业技术研究成果作支撑，标准编写格式不规范，标准部分技术指标低于国家推荐性标准要求。市场主体存在重研制、轻实施的现象。

3. 福建省茶产业标准化发展思考和建议

（1）强化标准化体制机制建设。

根据福建省茶产业实际情况出台相关鼓励政策，推动产业和标准的良性循环健康发展，明确标准化行政主管部门、标准归口部门、标准制定部门的职能和分工，加强标准的管理，加大标准实施的力度，强化标准化活动的监督，构建一套明确的标准化建设运行机制。推动标准供给由政府主导向政府与市场并重转变，实现政府、市场优势互补，政府主导基础性、全局性、保底线的相关标准，市场主导创新性、时效性、高质量标准。

（2）完善茶产业全域标准体系。

标准体系是标准化发展的四梁八柱，是标准研制的顶层设计，决定标准研制主要方向，与产业发展密切相关。要积极推动茶产业标准由产业与贸易为主向经济社会全域转变，深入开展福建省茶产业全域标准化调研，立足福建实际积极完善福建省茶产业全域标准体系，推动茶产业全域的标准化发展。在茶叶方面，重点向测土配方施肥、生态茶园建设与管理等生产前端以及茶庄园、茶品鉴、茶服务等消费末端拓展延伸，推动茶叶全产业链各个环节标准技术的无缝衔接。在茶产业全域方面，以“茶文化、茶产业、茶科技”为主线，发挥茶叶消费的拉动作用，考虑将代用茶、电子商务等新型产业纳入标准体系中，实现更广阔的茶产业全域的高质量发展。

（3）加强国际标准研制力度。

中国是世界茶叶的主要发源地，茶树品种资源丰富，茶叶产品种类齐全，茶叶出口总额稳居全球首位，是全球茶叶贸易的主要国家，更需要加强茶叶方面的国际标准研制，掌握世界贸易的话语权和主导权。梳理福建在茶产业全域的优势产品和优质标准，加强国际国内标准比对，寻找国际标准的空白点，争取国际标准研制，如争取主导“白茶”国际

标准立项研制，积极构建福建省茶产业全域发展的国内国际双循环格局。

(4) 加强优势产业标准的外文版翻译。

以中欧地理标志互认和RCEP为契机，以福建省列入互认名单的12种茶叶为基础，积极开展标准的外文版翻译工作，推动中国先进标准走出去，实现标准化工作由国内驱动向国内国际相互促进转变。重点开展茶叶产品标准翻译，配套茶具、茶品鉴、茶糕点等优势产品的标准翻译，构建以茶叶出口带动茶产业全域产品出口的创新发展模式。

(5) 加强市场主导的标准化活动。

用好标准贡献奖、标准专项补助经费等政策，推进实施"团体标准领先者""企业标准领跑者"制度，引导优质茶企研制高于国家推荐性标准技术指标的团体标准和企业标准，树立标杆典型，辐射带动周边的茶企茶农提升标准化生产能力。支持茶叶地理标志证明商标研制配套团体标准，鼓励团体标准、企业标准的自我声明公开，推动标准文本免费公开，促进技术的交流融合。支持鼓励实施成效显著的团体标准、企业标准上升为国家标准、行业标准，奠定市场主体在产业领域的话语权。

(6) 加强标准化能力建设。

积极开展"国家茶叶标准化区域服务推广平台"建设，发挥省茶标委、省种植业技术推广总站、省标准化研究院等科研院校的专业技术能力与标准化能力，主动服务于福建省茶产业的标准化发展，实现标准化发展由数量规模型向质量效益型转变。积极开展茶产业标准化的课题研究，组织标准化公益培训，提升茶企茶农的标准化意识和水平。加强产业发展的一线调研，针对福建省重点产茶县的实际情况开展"一县一策"服务，挖掘产业特色，指导标准化能力建设，推动标准化生产，打造区域公用品牌，培育区域优质特色产品。

实施全产业链标准化，为福州茉莉花茶产业高质量发展赋能

福州市市场监督管理局 颜耀鹏 邱春玲 郭文秀

摘要： 标准化是现代农业产业高质量发展的重要途径。福州作为世

界茉莉花茶的发源地和主产区，对福州茉莉花茶产业标准化建设进行了积极探索。本文分析了福州茉莉花茶产业标准化发展现状及存在问题，并就如何更好地促进福州茉莉花茶产业高质量发展提出了相关建议。

关键词： 福州茉莉花茶　产业　标准化　高质量发展

茉莉花茶产业是福州重要的优势特色农业产业，福州市是中国茉莉花茶的主产区。近年来，福州茉莉花茶产业发展迅速，无论是产量，还是效益都得到了快速的提高。在激烈的国际国内市场竞争面前，怎样趋利避害，促进福州茉莉花茶产业的进一步发展，成为急切需要解决的问题。为此，福州市加大茉莉花茶产业标准化工作的政策扶持和资金引导，形成“政府推动、部门联动、企业主动、市场拉动”的良性互动格局，推动福州市茉莉花茶产业加快制定实施先进标准，稳步推进典型示范，逐步健全茉莉花茶产业“福州标准”体系。标准化的实施为福州茉莉花茶产业高质量发展提供了优质高效的技术支撑。

1. 茉莉花茶产业标准化的重要意义

当前，随着消费者对茶叶质量安全关注度的提升，必然要求茶叶质量优化升级，而标准化建设是提高茶叶质量的保证。此外，由茶叶而衍生的茶生产加工装备、茶包装、茶制品、茶旅游、茶展览、茶文化等茉莉花茶产业方兴未艾，但都急需标准化引领发展。而从国际、国内发展趋势看，标准化已逐渐成为茉莉花茶产业发展的主流方向，即使是提倡个性消费的时代，标准仍然是保障消费品质量的抓手，是产品（服务）质量的衡量标尺。标准化是制定标准与实施标准和对标准制定与实施情况进行监督检查的循环过程。推进标准化建设，首先是要有标可依，对产品、过程和服务制定单一和系列标准，对不同产业制定涵盖技术、管理和服务等领域，覆盖全产业链条的标准体系。

福州市茉莉花茶产业发展，以市场需求为导向，以绿色发展为原则，以质量效益为中心，在遵循茉莉花茶产业自然和科学规律的基础上，开展福州茉莉花茶产业标准体系建设可为福州市茉莉花茶产业标准化工作奠定基础、规划蓝图、确定主要范围和重点领域，可为福州茉莉

花茶产业标准制（修）订规划和计划提供依据，可为推进福州茉莉花茶产业转型升级、提质增效、竞争力跃升提供基础保障；对促进农业产业化发展、福州茉莉花茶出口品牌建设提供有力技术支撑，对促进农民增收、带动地方经济、推进扶贫开发起到积极的推动作用，对促进茉莉花茶产业与其他农业产业协调发展、茶叶一二三产业融合发展、茉莉花茶产业与生态文明和谐发展具有重要的现实意义。

2. 标准化助推福州茉莉花茶产业发展成效显著

(1) 政府政策引导茉莉花茶产业集群提质增效。

第一，政策支持。2016 年以来，福州市政府陆续出台《福州市人民政府关于进一步实施标准化发展战略的意见》《福州市地方标准管理办法》《关于支持福州茉莉花茶产业发展九条措施》《关于推进福州茉莉花茶产业高质量发展行动方案》等政策，为推动福州茉莉花茶产业全过程的标准化实施，引导福州茉莉花茶产业高质量发展给予了充分的政策支持。

第二，重点立项。福州市地方标准注重总结提炼传统特色茉莉花茶产业保护发展经验，将福州茉莉花茶等特色农产品标准、农村产业融合标准、闽都文化标准等作为立项重点。仅 2022 年就征集到茉莉花茶产业相关标准立项申请 4 件。近年来，推荐上报 4 项茶叶相关省地方标准并获得立项。

第三，资金引导。标准化战略专项资金对于参与标准制（修）订、承担标准化示范（试点）项目、承担标准化组织工作、获批地理标志产品保护等给予资助；福州茉莉花茶产业发展专项资金对于绿色生态茶园、茉莉花基地、茉莉花茶产业园建设，以及茉莉花茶加工提升、科技研发等予以资金支持，提升了茶叶企业参与标准化活动的积极性。

第四，区域品牌创建。福州市认真贯彻习近平总书记“三茶”统筹重要指示，将标准化作为茶文化传承发展的重器、茉莉花茶产业做大做强的利器、茶科技转化赋能的要器，积极申报茉莉花茶国家级消费品标准化试点项目，并于 2021 年 12 月获国标委批准立项，建设全国首个以设区市政府为创建主体的茶类国家级消费品标准化区域试点项目，打造福州市茉莉花茶产业聚集区全产业链标准体系，突出闽都文化特色的标准化区域品牌，为全省、全国地方特色农产品标准化区域品牌建设贡献可复制可推广的福州经验。

(2) 职能部门持续加强茉莉花茶全产业链标准化工作。

福州市标准化行政主管部门与农业部门密切配合，以农产品质量安全为重点，以农业标准化试点（示范）为抓手，不断健全推广现代农业建设标准体系，推动茉莉花茶产业全过程的标准化实施。

第一，建设高标准茶园。着力打造标准化基地，积极普及标准化生产知识技能，引导群众按规程开展生产活动。福州市市场监管部门结合各县（市、区）地方优势和产业特色，积极引导鼓励龙头企业、农民专业合作社等规模生产经营主体参与7个茶叶种植标准化试点示范项目建设，在示范区建立健全茶叶企业标准体系及集成应用，从源头抓起，按规范化、标准化精细管理推广综合防治、生物防治、生态防治，优化防御措施，推广使用生态综合防治手段和先进的田间管理设施，建立绿色壁垒，培育高质量、高标准的绿色生态茶园。加强宣传推广，推动标准进村入企、落地到田。

第二，推进茶叶精深加工提质。在茶叶加工领域全面推行食品生产许可准入制度，引导93家茶叶生产企业（含农民专业合作社）、2家小作坊纳入取证管理，取证范围覆盖全部茶叶生产加工企业，指导监督茶叶生产环节落实茶叶生产技术规范和质量安全标准，促进茶叶加工转型升级。推动“一品一码”追溯体系与标准化建设同步，做好茶产品产销全过程信息数据采集与跟踪，保障茶叶产品借助信息化手段提升质量安全。

第三，推动科技成果转化。加大科研投入力度，依托物联网技术建立智能化、精准化、可控化的现代茶业智慧园，开展农业文化遗产信息监测，开展茉莉花单瓣基因组研究，促进福州特有的茉莉花种质资源保存，鼓励茶叶企业开展产学研合作，对生产技术进行研发创新，推动产业标准化建设。注重科技研发与标准研制同步，在全国率先开展农业文化遗产信息监测等特色标准研制。

(3) 积极抢占产业标准话语权。

福州作为全国茉莉花茶的发源地和主产区，有着得天独厚的茉莉花茶生产条件和历史传承的精湛工艺，但在全国范围内因为产区、企业、市场的复杂性，茉莉花茶品质良莠不齐，茉莉花茶产业的标准化工作相对滞后于产业的发展需求，制约着茉莉花茶产业的长远发展。在福州市政府的有力支持和职能部门的大力指导下，福州的龙头茶企在标准研制领域积极作为，将技术优势转化为标准优势，再成为产业优势，借标准利器走上产业振兴之路。

第一，标准化专业机构落户福州。2015 年，全国茶叶标准化技术委员会花茶工作组（SAC/TC339/WG10）落户福州，由福建春伦集团有限公司任秘书处承担单位。2021 年，春伦集团加入全国标准样品技术委员会茶叶标准样品专业工作组，在花茶标准领域发出福州声音。

第二，统一质量标准。花茶工作组负责花茶领域的国家标准制（修）订工作，推动福州龙头茶企积极主导或参与标准制修订，紧锣密鼓牵头推动全国首个《茉莉花茶》国家标准（GB/T 22292—2017）及首个《茉莉花茶加工技术规范》国家标准（GB/T 34779—2017）在福州诞生，不仅为茉莉花茶产业的高质量发展送来了“及时雨”，更将千年传承的福州茉莉花茶精湛工艺借助标准发扬光大。2018 年，福州 35 家主要茉莉花茶企业成立福州茉莉花茶产业联盟，签署自律公约，统一实施福州茉莉花茶标准化生产，防止不符合要求的低劣产品进入市场，树立并维护福州茉莉花茶原产地品牌形象。

第三，让新业态“有标可依”。随着传统产业的现代化和产业融合的发展，线下营销向线上渠道拓展，茶叶消费场景更为丰富多元，茉莉花茶产业引入了电商销售、体验式消费、茶旅融合等新型业态。福州茶企积极参与《电子商务交易产品信息描述，茶叶》（GB/T 38126—2019）、《茶庄园建设指南》（DB35/T 1857—2019）、《茶叶体验店服务规范》（DB35/T 2047—2021）等国家标准和地方标准的制定与贯彻实施，促进了茉莉花茶产业新业态的规范发展。

第四，打造名茶的“地方特色”。福州茉莉花茶历史悠久，工艺精

湛，文化内涵深厚。2010年以来，福建省陆续发布了《地理标志产品，福州茉莉花茶》(DB35/T 991—2010)、《茉莉花茶冲泡与品鉴方法》(DB35/T 1634—2016)、《花茶烘青坯加工技术规范》(DB35/T 1910—2020)等地方标准，相关行业协会制定了《窨茶用茉莉栽培技术规程》(T/CSTEA 038—2021)等团体标准，保护推广福州茉莉花茶的独特性和优越品质。

第五，中国标准走向世界。2021年，“福州茉莉花茶”地理标志列入《中欧地理标志协定》第一批中国清单产品，标志着中国的茶标准得到国际认可。次年由福州茶企首创的《地理标志产品，福州茉莉花茶(英文版)》获福建省地方标准立项，让福州茉莉花茶借助中国标准带着中国的文化走向世界。

第六，市场标准助推创新。伴随着国家质量安全管控的提升和消费需求的多元化，福州茶企和相关行业协会不断投入新技术的研发和新产品的开发，并创新性地推出市场化标准。如针对《食品安全国家标准 食品中农药最大残留限量》(GB 2763—2021)中13项农残尚无配套检测方法标准，福建省质量检验协会牵头研制了《茶叶中氯酞酸残留量的测定，气相色谱—串联质谱法》等5项团体标准，目前已通过审定，为市场检测需求及时提供方法和标准；茉莉花与其他茶种“混搭”推出的茉莉白茶等新产品发布了团体标准，规范了新产品生产；《一种单瓣醇香茉莉花茶的窨制方法》等一批获得国家发明专利的新工艺融入企业标准，提升了企业加工工艺。

目前，福州市的茶叶龙头企业共主导或参与茉莉花茶产业领域3项国家标准、1项行业标准、7项福建省地方标准（其中1项在研）制（修）订。这些标准的制定、颁布和实施有利于政府监管部门对福州茉莉花茶产品生产和流通的监管，保证了茶叶产品质量与安全，维护了消费者的利益，引导了福州茉莉花茶产业的持续和健康发展。在福州市的强力推动下，福州茉莉花茶成为首个同时获准核发国家地理标志证明商标、国家地理标志产品保护、国家农产品地理标志保护的茶类产品。在2022年5月发布的中国茶叶区域公用品牌价值评估报告中，福州茉莉

花茶的品牌价值达到38.7亿元。

3. 福州茉莉花茶产业标准化存在的问题

(1) 标准体系结构不合理。

就茉莉花茶产业全链条而言，适应新形势对标准供给的需求，标准体系有待拓展。一产二产标准数量虽然较多，但一些标准有待修订，生产工艺创新和产品细分标准较缺，三产及产业融合方面标准需求较大。

(2) 茶科技成果转化程度不高。

近年来，福州市在茉莉花茶保护与科研方面成果较多，但通过标准化形成产业化的成果还不够多。如对茉莉花种质资源的开发、栽培技术的改进、采茶自动化设备研发、解决单瓣茉莉花数量等方面严重不足。

(3) 标准认知与品牌宣传有待加强。

福州茉莉花茶作为被列入中欧地理标志互认产品及国内区域公用品牌，品牌的标准化建设有待加强。茶产业从业人员标准化素养有待提升。

4. 福州茉莉花茶产业标准化发展对策

(1) 构建闽都特色茉莉花茶全产业链标准体系。

第一，开展前瞻性研究。在福州市新一轮标准化发展战略制定过程中，对标国际和全国现代化城市建设和传统优势特色农产品保护先进经验，开展前瞻性和针对性调查研究，为以福州茉莉花茶为突出代表的闽都文化系列元素的保护传承做好标准化政策、资金和人才等基础保障。发挥全国茶叶标准化工作委员会花茶工作组资源优势，通过举办产业高端论坛等，为国内外专家学者、产业带头人打造交流平台，为福州茶产业高质量可持续发展提供智力支撑。

第二，标准体系构建。围绕建设国家级消费品标准化试点区域，推动福州成为全球茉莉花及茉莉花茶产业核心区，结合地方优势和产业特色，着力构建全要素、全链条、多层次的福州茉莉花茶产业现代标准体系。加大绿色生态种植技术、种质资源保护创新、农业物联网技术应用、现代智慧茶园建设等领域标准研制，为茉莉花茶生产提供优质的茉莉花与茶坯原料；突出茉莉花及相关产业聚集区、新技术和新装备、精

深加工相关标准研制，促进茉莉花茶生产加工产业规模发展，做大做强；突出现代综合性茶叶交易市场、电子交易平台、茶博会等相关标准研制，推动茶叶交易制度的创新和国内国际市场的开拓；突出茉莉花主题公园、“福州茉莉韵”茶道茶艺表演、文化遗产精品旅游、茉莉花茶文化创意园区及特色小镇等相关领域标准的研制，提升茉莉花茶文化对福州城市品质提升的贡献。逐步完善形成与福州现代化国际城市定位相契合、与国内国际双循环格局相适应，具有闽都文化特色的新型福州茉莉花茶产业标准体系，为福州茉莉花茶产业高质量发展提供科学依据和技术保障（图 5-2）。

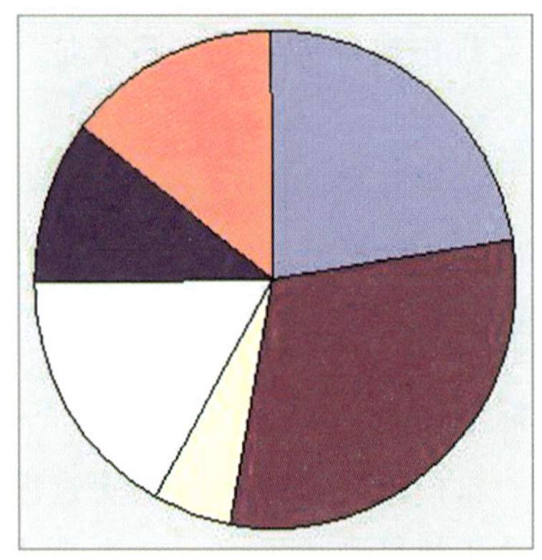

图 5-2　福州茉莉花茶全产业链标准体系示意图

第三，用地方标准推广先进经验。总结福州市开展茉莉花茶保护的创新经验，推动地方标准研制和经验推广。如推动在全国率先开展“农业文化遗产监测”系列标准研制，通过统一规范的标准，提高监测的科学性与系统性，填补我国该类标准的空白；推动开展“福州茉莉花茶生态园建设”相关标准研制，为福州市全面系统开展茉莉花种植环境生态化改良提供指导；推动福州茉莉花茶窨制工艺标准的研制，确保传承千年的文化瑰宝有序传承；推进与文字标准配套的实物标准样研制工作，应用视频和三维图像技术推广和普及。

（2）以标准优势打造福州茉莉花茶产品竞争优势。

通过全产业链标准化战略实施带动，促进福州茉莉花茶的生产由粗

放型向集约型生产转变，向标准化、机械化、清洁化方向发展，通过对茉莉花及花茶种植、加工、销售及延伸产业各个环节实行标准化、规模化、一体化管理，形成产业规模效益和品牌效应，增强国内外市场竞争力。

第一，建设茉莉花茶精加工产业园区。适应产业发展新趋势，推动生产技术改进、工艺设备升级，推进茉莉花茶产业园区的标准化建设，对入驻的茉莉花茶龙头企业、中小企业和包装物流、机械制造企业实施集中引导规范，提升产品品质、质量安全和科技含量，提升产业规模效应。

第二，打造福州茉莉花茶消费品核心品牌。突出茉莉花茶发源地和核心产区的领军地位，应对国内国际双循环格局，引导福州茉莉花茶生产实施差异化发展。对福州茉莉花茶品种选用、种植技术、加工工艺等生产全流程实施统一的地理标志保护产品质量标准，推动茉莉花茶实物标样研制，保障产品品质的独特性和质量的稳定性；注重研究国际贸易的茶叶标准、国际和国内市场的消费心理，对于茉莉花茶产品的档次、口味、形态和文创研发差异性标准，满足不同贸易对象和消费人群的需求；加强传统优秀工艺传承和现代工艺创新研发，以福州茉莉花茶材质精良、工艺精湛、品质稳定的形象定位，精心打造国际、国内市场销售的代表性品牌和差异化产品线，以品牌经营引领茶产业实现高价值市场跃升，形成贸易竞争优势。

第三，引导茶企创新发展和错位竞争。鼓励规模龙头企业积极完善企业自身的标准体系，在生产、经营的全过程实行标准化管理，开展企业标准化良好行为评价，积极参与企业标准“领跑者”活动，制定并公开核心指标严于国家标准、行业标准的企业标准，推动优质的团体、企业标准上升为国、行、地标，引领企业产品质量持续优化，市场竞争力持续增强。鼓励茶叶企业开发生产其他花茶产品及个性化的新式茶饮，让茶饮更多元、更好喝、更健康，填补市场空白，实行错位竞争。开展茶叶生产加工装备、茶食、茶器、茉莉花成分提取及衍生品开发等行业技术创新研究，落实专利加持和标准研制，推动产业化，提升茉莉花茶产业的生产能力和产品附加值。

(3) 以标准化提升区域公用品牌的影响力和生命力。

第一，公用品牌推广。建立福州茉莉花茶品牌推广标准，以地理标志保护产品（福州茉莉花茶）、全球重要农业文化遗产（福州茉莉花与茶文化系统）、世界茉莉花茶发源地（福州）及国家级非物质文化遗产（福州茉莉花茶窨制工艺）等要素为核心，统一福州茉莉花茶整体品牌形象标识，培育福州茉莉花茶 IP 生态并构建生态链。

第二，推动传统窨制技艺与现代加工工艺的融合。加快收集整理福州茉莉花茶传统文化与非遗传承技艺，将福州茉莉花茶传统窨制技艺借助现代生产工艺和设备推陈出新，不断提升产品质量标准、品质稳定性和产量保障；鼓励茉莉花茶技艺传承人与龙头企业通过强强联合，在茉莉花茶标准制定上发挥更大的主导权，增强福州茉莉花茶加工工艺在产业界的标准话语权。

第三，用标准讲好“福州茶故事”，传播“福州茶文化”。借助新媒体手段和“大众茶馆”等线下体验场所，大力宣传解读《地理标志产品，福州茉莉花茶》《茉莉花茶冲泡与品鉴方法》《茉莉花茶加工技术规范》等重要标准的科普，普及推广福州名茶的品质特征、制作工艺和品饮方法，增强新生代群体中的情感认同和消费选择。

四、乡村振兴专题

多彩闽茶——助力乡村振兴

福建省乡村振兴促进会　福建省乡村振兴基金会　潘奋强

茶，这一古老的植物，已有数千年发展历史，历经了祭品、菜食、药用，并已成为全世界人民喜爱的健康饮料。中国是茶的发源地，历史源远流长，为辉煌民族文化重要组成部分。中华民族在茶的培育、加工、品饮、综合利用，以及茶文化形成和发展中，为人类文明发展史留

下色彩绚丽的篇章。福建是我国重点茶区，全国绿茶、白茶、乌龙茶、红茶、再加工茶、黄茶、黑茶等7类重点茶类中，福建拥有前5种。

1. 福建茶叶独具特色

福建茶业有六大优势：一是得天独厚的自然环境。北纬25°上下，被称为茶叶的黄金纬度区域。福建从南到北，在北纬23°～28°之间，气候温和湿润，遍布山地和有机土壤，植物种类最丰富，也是最适宜茶树生长的地方。同时，福建森林覆盖率2021年末达66.8%，连续43年位居全国首位。好山、好水、好气候造就了福建茶叶品质优异、风味独特。二是茶树种质资源丰富。福建素有“茶树种质王国”之称。全省拥有国家级茶树良种26个、省级良种18个，无性系良种推广面积达95%以上，居全国领先水平。福建茶树种质资源丰富，为茶产业发展奠定了深厚生物学基础。同时，福建省的茶树种质资源保护也走在全国前列。数十年来，全省茶界专家学者，致力于福建省茶树优异种质资源保护与利用。三是历史悠久、底蕴深厚。福建省是全国著名的茶叶产区，生产条件优越，产茶历史悠久，茶叶资源丰富，茶文化底蕴深厚。福建又是国家茶叶援助马里、阿富汗等国家的先驱，新中国成立后在推进茶文化恢复与发展的过程中有着不可替代的作用。如今福建茶叶秉承斗茶遗风，并赋予新的时代内涵，斗茶兴盛助推不断开发福建茶叶市场。茶区各种茶叶节、茶博会、茶王赛、名优茶评比活动层出不穷，是全国各产茶省中展示茶文化茶事活动最活跃、最丰富省份。四是科学技术支撑走在前列。福建首创红茶、乌龙茶、白茶三大茶类和茉莉花茶，同时也是近现代中国茶叶科技、教育的摇篮。1935年，福建省省立茶业改良场和省立农业职业学校成立，成为我国最早的茶叶科研和教学机构之一，为新中国茶产业发展培养了一大批优秀的人才。福建茶叶的科技进步主要表现为推广等高梯田、表土回沟等科学栽培技术；短穗扦插的无性繁殖技术；加工机械的研发与自动化；产品标准化生产；包装应用多样，促进茶产品商品化发展；精深化工产品的开发等。五是各级党委政府的高度重视。茶叶在农业中地位大幅提升，列为10大乡村特色产业之首，农业增效的支柱产业、农民增收的民生产业、农村增绿的生态产业、居

民养生的健康产业。六是茶企茶人协力同心成效好。福建现有涉茶类生产企业上万家，其中农业产业化国家重点龙头企业15家、农业产业化省级重点龙头企业212家，产业化水平居全国前列。创建品牌、发展品牌、壮大品牌、宣传品牌是助力福建茶业升级的又一特色。

2021年3月，习近平总书记来闽考察时强调要“统筹做好茶文化、茶产业、茶科技这篇大文章”，为多彩闽茶助力乡村振兴指明发展方向，提供了根本遵循。各地认真学习领会，坚持绿色发展，强化品牌意识，优化营销流通环境，进一步打牢多彩闽茶助力乡村振兴基础，呈现良好发展态势。政策好，天帮忙，人努力，2021年春茶、秋茶生产期间，全省气候条件相对适宜，茶青品质较好，茶叶制优率高，其中闽南乌龙茶的安溪铁观音销售回暖，漳平水仙茶、诏安八仙茶、永春佛手、平和白芽奇兰等小品种，产销两旺；闽北乌龙茶、红茶、白茶产销平稳，绿茶产量小幅下降。在好政策加持下，全省茶全产业链产值1400亿元，列全国第一；茶园面积23.2万公顷，产量49万吨，毛茶产值228亿元，继续保持稳产增收的趋势。可以说茶产业在推进脱贫致富奔小康、助力乡村振兴中发挥了不可替代的作用。

2. 带动农民脱贫致富

福建涉茶县（市、区）达76个，牵动44个山区、老区、贫困县的经济，影响300多万人口的生活。茶产区往往是贫困区、老区、山区，清明前后茶叶收入是农民一年开春后第一笔较大项目收入，对茶农维持日常生活以及支付子女就学、春耕种子肥料等费用发挥了关键的作用，引领农民脱贫致富奔小康，有力支撑农村经济社会发展。

（1）脱贫致富花为媒。

福建春伦集团2012年在永泰县梧桐镇春光村建立茉莉花种植基地，通过流转承包了村内12公顷土地，辐射周边乡村，133公顷以上土地都种上了茉莉花。在土地流转中，以6600元/公顷价格承包了20年土地使用权，一次性支付村民10年租金，为许多村民提供了一笔可观的发展生产资金。公司聘村民为茉莉花田除草、剪枝，每天支付80～100元工资。花开季节，村民们每采摘一斤，便可收入6元钱，每天的收入

在100元左右，一年的收入就有27000元。如春光村的贫困户陈增言因妻子和儿子身患疾病致贫，如今他每天除早上花一个多小时做好包片景区的卫生，每月有600元的工资外，剩余时间就可到花田里种花、锄草、摘花，有什么事做什么事，2019年当年就领了2万多块钱，平均每月有2000元的固定收入，一家人稳定脱贫。

(2) 产业扶贫样板。

安溪是名茶铁观音的发源地、全国产茶第一大县，茶产业是安溪最大的支柱产业、民生产业。如今安溪农民人均纯收入56%来自茶产业，受益人口多达80多万人。安溪因茶产业实现从“国定贫困县”到“全国百强县”的华丽转身，成为我国依靠产业发展实现脱贫的典型。安溪还大力扶持发展以产业为支撑、产加销一体的茶庄园，现有茶庄园22个，管控茶园1.87万公顷，占全县茶园面积的47%。通过“庄园+基地+农户”方式，实现效益最大化并带动贫困户脱贫。积极依托“茶庄园+”拓展旅游新业态，扶持创建10个“茶香人家”，茶旅结合，实现村美民富。茶文化博物馆、制茶技艺体验中心、“茶香人家”农家乐……安溪特色茶庄园让游客看得见山、望得见水、听得到故事、品得出茶文化的渊源与传播。“茶庄园+”每年吸引消费者120万余人次，年旅游收入12亿元。目前正全力打造“海丝茶源，乌龙圣地”农业文化遗产展示名区的茶产业扶贫升级版，未来将展现更好茶乡新风貌。

(3) 扶贫“定制茶园”。

寿宁县下党乡下党村走出一条扶贫“定制茶园”帮扶模式。该村有309户1341人，曾经的下党村靠山吃山，种植脐橙、锥栗、茶叶，是当地村民主要的经济来源。2013年，下党村集体负债7万多元，32户建档立卡贫困户住在灰暗潮湿的土坯房里。2014年7月，在省派驻村第一书记曾守福策划下，下党村推出40公顷扶贫定制茶园，将原来一家一户零散的种茶卖茶方式，提升为成立专业合作社组织村民按标准化程序科学种植并打造自有茶叶品牌、引入专业茶叶经营公司负责项目推广和销售。依托下党村茶产业成立的梦之乡农业综合开发有限公司，成为下党村产业扶贫的造血器官，其中村委会占股20%，村民占股20%，管理人员占股60%，有力地促进了村民和村财双增收。茶农每年人均仅此一项便多增收3000多元。2016年，全村有27户贫困户脱贫，村民人均可支配收入从2014年的4600元增长到11000元，村集体收入从零增长到22.3万元。

3. 做大做强茶产业

乡村振兴促进会、基金会不论原先主要推进脱贫攻坚，还是当前助力乡村振兴，一直将做大做强福建省茶产业，努力增加农民收入作为重要工作来抓。2021年2月25日，在北京召开的全国脱贫攻坚总结表彰大会上，习近平总书记庄严宣告，我国脱贫攻坚战取得了全面胜利。为适应新形势新要求，2021年3月原福建省扶贫开发协会、福建省扶贫基金会分别更名为福建省乡村振兴促进会、福建省乡村振兴基金会。促进会（基金会）按照巩固拓展脱贫攻坚成果、全面推进乡村振兴，加快农业农村现代化，促进农业高质高效、乡村宜居宜业、农民富裕富足的标准，主动跟进工作重点转移，充分发挥社会组织作用，把集中资源支持脱贫攻坚转向巩固拓展脱贫攻坚成果和全面推进乡村振兴，继续倾斜支持茶产业特别是特色茶叶发展，以增加农民收入、壮大集体经济。

（1）扶持闽北漳墩小白茶产业发展。

一说到白茶，人们最先想到的是福鼎大白茶，建阳漳墩小白茶虽不为大多数人所知，实际上它是白茶的鼻祖，享负盛名。张天福曾提出，关于白茶生产历史是“先有小白，后有大白，再有水仙白”。在脱贫攻坚期间，省和南平市扶贫开发协会深入漳墩镇调研，决定将小白茶产业作为一个重点产业扶贫项目来抓，当即联合当地党委政府，推出一个产业规划、一个茶文化展示平台、一批公用品牌、一个母树基地、一个产业园区、一批龙头企业“六个一”措施，以漳墩为核心，辐射带动周边乡镇。与此同时，省扶贫开发协会除带头补助支持外，还协调省、市和县级农业、林业、科技等部门，南平市级扶贫开发协会持续投入资金，引导漳墩先后成立了30余家茶叶加工销售公司和多个小白茶种植合作社。2021年漳墩镇成功获评“中国小白茶之乡”，“漳墩贡眉白茶制作技艺（建阳）”被列为省级非物质文化遗产；“漳墩贡眉白茶”获得国

家地理标志证明商标后，“漳墩小白”被评为公用品牌。2021年5月，省乡村振兴促进会、基金会，南平市扶贫开发协会，建阳区人民政府，南平市海峡茶业交流协会在建阳漳墩联合举办了2021年中国小白茶“国际茶日”品鉴交易会，促进漳墩小白茶产业战略升维、品牌升维和白茶小镇建设。省乡村振兴促进会、基金会还与漳墩镇政府签订了推进小白茶发展战略合作协议，将漳墩小白茶项目列为20个产业联系点之一，实施长期性的帮扶。至2021年末，全镇白茶种植面积超1300公顷，小白茶年产量超2000吨，辐射周边5个县市10多个乡镇近7000公顷茶园，茶叶年产值突破4亿元，涉茶农户5000余户，人均年增收3000多元，形成了“村村有茶企、户户有茶人”的良好发展格局，成为福建省乡村振兴特色支柱产业。

（2）支持特色茶叶种植。

2019年10月，平和县扶贫开发协会针对本县白芽奇兰茶品质较差的情况，组织平和三平绿源生物技术有限公司推广使用“甲壳素茶叶专用肥”提升白芽奇兰茶叶品质。甲壳素又名甲壳质、壳聚糖，是一种化学结构与纤维类似的高分子多糖，被誉为第六生命要素，广泛存在于昆虫、甲壳类动物的硬壳以及菌类的细胞壁中。种植试验表明，甲壳素肥不但可以提高茶叶产量和品相，还可以有效地减少白芽奇兰茶广泛存在的苦涩感，显著提升茶品质。省、漳州市和平和县扶贫开发协会引导绿源公司重点为茶农做四件事：一是优先向基地茶农提供甲壳素茶叶系列专用肥，派技术人员到茶园指导规范栽培、管理与施肥。二是以科技扶贫的方式，组织农业专家到现场为茶农培训甲壳素茶叶种植管理技术，举办了6场培训班，受训茶农200多人。三是在推广茶叶统一标准、统一基地、统一肥料、统一采收、统一制作、统一价格“六统一”之外，还将标准化标志供茶农分享使用，从源头上确保甲壳素茶叶的品质、生产和销售。四是组建崎岭村制茶大师何炳生为首的甲壳素茶叶制作研发团队，不断改良传统的制茶工艺，并以炭焙技术为主，保证甲壳素茶叶特有的鲜、香、甘。依托绿源公司组建平和甲壳素产业联盟，推进产加销结合，把技术专家、专用肥料生产商、基地茶农、销售商等组织起

来，形成产、供、销为一体的团队联盟，协调解决产、供、销过程中存在的各种问题，聚焦发展的合力。因推广使用甲壳素茶叶专用肥，绿源公司2020年实现总产值250万元，成为当地服务农村农业的重点企业。绿源公司还联合福建宇鑫茶业有限公司建设一座可储存1.5万～2万千克茶叶的保鲜库房，帮助贫困户存放毛茶。据宇鑫茶业公司测算，仅通过保鲜库调节供求关系一项，成品茶价格可提高80～100元/千克。与此同时，引导鼓励绿源公司联合平和坤元茶业有限公司、宇鑫茶业等企业，拓展韩国、俄罗斯等国外市场，在福州、漳州、厦门等地设立专柜，为甲壳素茶叶的对外销售打开窗口。2021年，因绿源公司在帮助贫困户种茶脱贫中发挥的重要作用，以及在助推产业振兴中的潜力，省乡村振兴促进会、基金会将之列为产业联系点，长期推动支持。

（3）推动干坑红茶发展。

光泽县司前乡干坑红茶历史悠久，早在17世纪，干坑小种红茶就被誉为“天字号”先锋茶，通过古栈道卖给崇安等地茶商，经武夷山星村漂洋过海远销欧美。为做大干坑红茶产业，省乡村振兴促进会、基金会2021年5月联合福建省政协农业和农村委员会、光泽县人民政府等单位举办“同心杯”两岸青年乡村振兴研修营——首届两岸红茶文化节，以“茶文化、茶产业、茶科技”为抓手，引进台湾见学馆团队对干坑林场的烟熏红茶进行产业规划提升，协助设计干坑红茶识别标志、注册商标，推动干坑红茶以统一品牌、统一包装，拓展北京、上海、广州，以及台商圈市场销售，推广日本、英国、美国等海外市场，搭配进入跨境电商领域。还利用光泽曾经的闽赣省委、省政府所在地，拓展红色游、茶园游、乡村游、食品游……致力于将干坑烟熏红茶产业打造成推进当地乡村振兴的支柱产业。

（4）开展技术培训和销售。

开展技术培训是为茶农解决生产技术难题的有效途径，货畅其流才能实现价值。2021年12月24日，省乡村振兴促进会、基金会，南平市扶贫开发协会联合建阳区白茶协会，在考亭创业园举办“三茶”培训班，组织110多名建阳区白茶协会会员参加了培训，邀请省茶协专家组

教授高峰以“茶科技、茶文化、茶产业”为题，对建阳白茶产业如何实现持续发展做了深入浅出的讲解，现场解答茶农提出的技术问题。会上省茶产业标准化技术委员会领导向建阳区白茶协会颁发了“福建省茶产业标准化先进单位”牌匾，建阳区白茶协会为协会专业技术委员会成员颁发了聘书。同时，省乡村振兴促进会、基金会2021年推进建阳区白茶协会组织协会会员组团参加“9·6”泉州南安全国农产品订货会、“9·8”厦门国际茶叶博览会和“中国白茶茶王争霸赛”等茶事活动，配合建阳区政府举办第一届“喊山节”和“5·20”国际茶日暨第二届高端小白茶品鉴活动，有力推进建阳及闽北相关区域小白茶产销两旺。

(5) 联合开展茶文化宣传。

茶，恬淡清雅、香味怡人、提神益思，涉及茶事的文学、绘画、书法、戏剧、舞蹈和音乐的创作百花齐放，构成了中华茶文化博大精深的内涵。省乡村振兴促进会、基金会牢记习近平总书记关于“把茶文化、茶产业、茶科技这篇文章做好”的嘱托，多渠道推进茶文化推广宣传。通过“福建乡村振兴促进会”微信公众号、《滴水缘》杂志，联合新华网、人民网、东南网等新媒体，大力宣传各地特色茶叶生产，提升产业科技含量；弘扬地方特色茶俗文化，推广福鼎白茶、武夷岩茶、武平绿茶赋能乡村振兴先进典型等。近几年来，联合国家级劳模示范工作室苏峰劳模工作室团队，在省图书馆、福州市图书馆、福建电视台平台上宣传科学饮茶，引领健康消费。向大众宣传和普及中华民族源远流长的茶文化，带动更多的群众通过茶叶品鉴了解、感悟中国优秀传统文化，感受先人们深邃的思想境界，哲理思考和人生追求，影响和启迪现代人“以茶为媒”，加强沟通交流，让品鉴茶叶成为构建和谐家庭、同事和社会关系的纽带，构建“茶和天下”的好心态、好格局和好境界，助力社会长期和谐稳定发展。

4. 今后推进多彩闽茶发展的思考

作为助力福建乡村振兴的社会组织，将继续围绕工作职能，配合各级党委政府职能部门，鼓励支持社会各方面，不断推出高水准的茶产业与文化研究成果，促进福建在更高水平上做好“茶文化、茶产业、茶科技”这篇大文章，推动千年“福茶”和“福”文化风行全国、远播世界，展现更高水平的福建风采。一是依托“福建乡村振兴促进会”微信公众号、网页、《滴水缘》杂志，联合新华网、人民网、东南网等新媒体，宣传各地茶文化、茶产业、茶科技典型案例，助力多彩闽茶健康发展。二是对已评出福建省40名优秀乡土专家（种植类）中5名茶叶专家，选送院校、科研单位、国家省级茶企进行点对点、零距离提升培养，增强科技素质，引导支持辐射带动周边茶农更高水平种植。三是联合新华网、信息小镇、福农e购等平台，多形式采用现代网络科技手段，激励更多茶产品适应市场需求，推进特色茶叶加工系列广谱化、产加销文旅一体化。四是继续加大对建阳漳墩小白茶、光泽干坑红茶、平和白芽奇兰、武平绿茶等名优茶的扶持，加强当地重点企业、合作社的指导引导，提升产品质量、知名度和辐射力，规范强化产加销各环节紧密度，做大做强特色茶产业。五是对乡村振兴省级“3020”（30个挂钩村、20个产业示范点）工程中涉茶项目，加大考核扶持力度，以实际行动坚持绿色发展、质量兴茶战略，提高品质、打响品牌、促进流通，全力推进福建省茶产业高质量提升。

五、产业发展专题

打造厦门中国茶业品牌之都

厦门市农业农村局

厦门是海上茶叶之路起点之一，已发展成为茶叶出口贸易的重要港口城市。据厦门茶叶商会和相关企业负责人提供的信息，厦门市年茶业营业额超过100亿元，涉茶销售点（含茶叶店、茶馆、超市、网络等）约1.5万家。厦门茶叶包装及茶器设计与生产在全国也具有领先优势，产值在100亿元左右，是全国茶产业创意设计中心之一。种茶、制茶、销茶、饮茶、茶艺以及围绕茶叶的设计、包装、交流等活动，既是市民

生活的一部分，也成为厦门对外宣传茶文化的名片。

1. 主要措施和成效

（1）积极打造全国茶产业重要集散地。

厦门已发展成为福建省最主要的茶叶进出口口岸城市，2020 年，厦门茶叶进出口有限公司是省内最大的茶叶出口公司，年出口 400 余万美元。厦门也是省内茶叶的主要集散地，全市茶叶年销售 100 多亿元，其中 60％以上是销往国内外其他地区。厦门茶企在全国各地设立门店或专柜数千家，仅厦门茶叶进出口有限公司、华祥苑茶业股份有限公司、厦门山国饮艺茶业有限公司等龙头企业就达 3000 多家，其中：厦门茶叶进出口有限公司全国门店 462 家（厦门直营店 29 家）、专柜 1203 家，华祥苑茶业股份有限公司的全国门店 2000 多家（厦门 150 家），山国饮艺全国门店 690 家（厦门 72 家），对全国茶产业发展的影响力不断加强。

（2）大力发展茶企总部经济。

厦门市落实《关于加快总部经济高质量发展的意见》（厦委发〔2020〕12 号），围绕支持总部企业集聚、加大财税扶持力度、总部企业团队建设、空间载体保障、金融资本环境优化、全生命周期服务等七个方面，进一步降低适用门槛、加大扶持力度、集聚各类发展要素、优化发展生态，支持茶企龙头落地企业总部、区域总部以及研发中心、结算中心等职能总部，积极支持包括茶企总部在内的各类总部企业在厦集聚和壮大。华祥苑茶业股份有限公司、厦门茶叶进出口有限公司、厦门山国饮艺茶业有限公司等龙头企业的总部均设在厦门，年销售总额在 8 亿元以上。

（3）加快发展茶产品精深加工。

厦门茶叶进出口有限公司、华祥苑茶业股份有限公司、厦门山国饮艺茶业有限公司、厦门恒利等企业通过校企合作等方式，加快发展茶叶产品精深加工，提升了茶产业的科技含量和附加值。如：山国饮艺与集美大学合作研究白茶有效物质提取物；华祥苑茶业股份有限公司、厦门茶叶进出口有限公司与省内其他大学建立了科研合作关系；荷蓬生物科技公司依托厦门大学生命学院和亚热带植物研究所开展“茶源素”研究，产品从 2020 年 6 月推广以来，已销售 700 余万元。

（4）注重专业人才培养。

厦门市围绕茶产业发展需要和茶叶集散地建设，加强专业人才培养。一是加强产业科研人员培养。厦门大学、集美大学等高校设立了食品类专业和重点实验室，增强包含茶叶在内的食品类科研能力和人才培养。二是加强营销宣传等技能型人才培养。厦门艺术学校 2016 年设立中等职业教育茶艺班，课程包括茶艺表演、茶文化史、茶营销等，与华祥苑茶业股份有限公司合作培养闽南茶文化营销宣传人才，每年开设一个班，每班学生 12～20 人，合格的毕业生由华祥苑茶业股份有限公司全部接收。三是加强创意设计包装类人才培养。厦门大学、福州大学厦门工艺美术学校等高等院校的艺美或设计专业师资和生源竞争力较强，部分优秀毕业生进入茶叶有关的广告和包装领域，另有一部分开办陶艺、编织、设计等工作室，推动了厦门市茶产业相关创意、设计、包装等行业发展。

（5）推动数字化商业模式。

一是加强电商政策支持。先后出台《厦门市促进电子商务发展高质量发展若干措施》《厦门市直播电商发展行动方案（2020—2022 年）》，以及疫情期间网络销售奖励政策等，天福茗茶、润虎茶叶等众多茶企享受了厦门市网络销售奖励政策。据浪潮监测平台监测数据显示，2020 年厦门市网络交易额 1805.2 亿元，其中：茶叶网络零售额为 78.7 亿元，总量位居全省第一，比增 23.9%。二是鼓励茶企探索新业态。直播电商作为商贸零售的新业态新模式备受关注，厦门茶叶进出口有限公司、厦门山国饮艺茶业有限公司等茶产业企业也积极开展“线上＋直播”模式的新品订货会、促销会等，吸引全国网友“寻味”厦门茶。

（6）支持自主品牌创建。

一是鼓励企业参加专业展会。组织华祥苑、陶艺茶具万仟堂等茶产业优秀品牌企业参加 2018 年、2020 年中国自主品牌博览会，通过茶艺表演、茶器展陈等方式，向观众展示厦门独特茶文化，营造品牌发展浓厚氛围，加强线下线上互动，扩大自主品牌消费。其中：万仟堂作为全

国茶器头部企业，年产值上亿元，年设计上市茶器200多款，成为国家故宫博物院合作单位，协助开发文创产品。二是支持知名品牌创建。“海堤”牌、华祥苑茶叶获评中国驰名商标，“海堤”牌获评第二批“中华老字号”。厦门茶叶“海堤”牌、华祥苑、山国饮艺获评福建省名牌农产品，并先后在厦门市举办的茶叶国际博览会获金奖。

(7) 打造“工夫茶”文化基地。

一是组织编写有关茶文化书籍。编写《闽南非物质文化遗产丛书(第二辑)》，其中《乌龙茶（铁观音）制作技艺》一书，较为全面地总结和阐述了闽南乌龙茶制作技艺以及闽南乌龙茶种植、制作、饮用、习俗等文化内涵。二是开展茶文化等旅游宣传。持续投放欧洲旅游大巴车身广告宣传，进一步强化“海上花园、大厦之门”“万里茶道第一门”等厦门旅游品牌形象。在海外社交媒体平台通过茶文化引领，推广厦门城市旅游品牌、传播中国茶文化。在年度“海上花园·诗意厦门”国内旅游巡回推广活动中设专题茶文化体验区，让重点客源城市的旅行商、媒体和市民朋友们现场感受厦门茶文化氛围。每年举办一届“最闽台伴手礼评选”活动，推出更多茶主题伴手礼产品参评。三是打造茶文旅三产融合区。以同安区莲花镇军营村、白交祠村为核心，打造茶文旅休闲区。2011年，军营村被农业农村部评为全国“一村一品”茶叶示范村。采取“国企示范项目＋村集体带动＋村民入股”模式，推动厦门旅游集团与军营村、白交祠村三方共同成立高山红教育有限公司，依托厦门恒利茶叶有限公司、厦门云山茶业有限公司两家当地茶叶龙头企业和西营产业专业合作社，进行茶叶包装设计、茶杯文创产品开发、瓜棚茶文化体验等，开展茶旅结合，培育高山茶品牌，打造多条茶主题旅游线路。四是举办茶文化专题活动。支持和鼓励反映厦门题材、福建元素的优秀影视作品，展示福建和厦门独特的文化历史和精神风貌，重点开展对福建茶文化、茶故事的影视拍摄宣传，让更多人认识福建历史、讲好福建故事。厦门茶企也主动参与相关宣传活动，2020年，华祥苑茶业股份有限公司举办20周年庆典，财经作家吴晓波、导演张纪中、央视主持陈伟鸿等参加，提出“新国货”理念，推动茶企合力推广“工夫茶”。

2021 年，华祥苑茶业股份有限公司在国际茶日又推出“胡润收藏助老班章走向世界”及捐资保护古茶树活动。

2. 存在的问题及今后推动计划

尽管厦门市在茶文旅产业上作出了努力，也取得一定成绩，但总体上与厦门市在海丝中的地位仍不匹配。主要表现在“四缺一散”，一是缺乏专门的茶文化博物馆或茶文创园。二是缺乏一定数量的茶类非遗传承人或项目（厦门市只有一名省级传承人）。三是缺乏反映厦门市茶文化的戏曲、影视、动漫或歌曲。四是缺乏专门的茶文化研究机构。五是茶类协会较散，茶叶协会没有专门机构和人员，成员间联系不够紧，茶叶流通协会又专注流通领域，协会间彼此没有整合，资源和力量分散。

（1）加强统筹规划。

一是规划地区间产业协同。发挥同安北部和安溪南部龙门镇、官桥镇，集美北部与长泰交界陈巷镇、枋洋镇等区域良好的自然生态优势，推动联合开发茶文化旅游、“第二居所”、观光农业和生态休闲联动，加强产业发展协同。二是落实《厦门市全域旅游专项规划（2019—2035年)》。以老厦门“茶桌仔”文化为主题，规划打造呷茶小镇（湖里区闽南古镇），营造“呷茶话仙”的老厦门闲适生活方式，构建集茶文化展示、茶叶茶点茶具销售、演艺娱乐、餐饮住宿于一体的茶文化休闲旅游综合体。在厦门特色茶文化主题下，延展“茶＋动漫”“茶＋侨乡”“茶＋美食”“茶＋民俗”“茶＋音乐”“茶＋花”等复合化旅游产品及活动。

（2）加快茶文化展馆或展区建设。

一是建设以厦门“茶桌仔”文化展示与体验，以及海峡两岸沟通交流为主题的“茶博馆”、厦门本土茶生活体验和创业孵化器属性街区“茶仙街”，集茶文化和侨乡文化、闽台文化观光体验于一体的“茶话广场（天后广场）”，展现厦门独特侨乡风情的生态博物馆“侨乡博物馆”。二是指导和支持厦门茶叶进出口有限公司等开展“海堤”乌龙茶精制技艺的非遗保护传承和宣传展示，建设非遗展示馆（乌龙茶文化展示体验馆），整理和研究乌龙茶制作有关材料，逐级申报非物质文化遗产代表性项目和代表性传承人，帮助厦门茶叶进出口有限公司等厦门茶

叶代表性企业进一步做大做强乌龙茶的非遗保护和品牌文化建设。

（3）多渠道宣传茶文化。

一是成立工夫茶研究会。以企业为主体，相关社会团体参与，建立工夫茶非遗申报后备单位，培养和引进非遗传承人，打造名茶、名品、名师。二是设立工夫茶展示馆。以现有较大茶企为主，以核心门店为场地，建设工夫茶传习所，设立工夫茶展示馆，开展工夫茶体验等活动，弘扬工夫茶文化。三是加强茶文化传承。鼓励各高校开设茶文化讲座或选修课，推广中华传统茶道。中小学校可以开展茶文化讲座、茶手工、茶文化体验等活动，从小培养中华茶文化意识。四是鼓励发展茶器和茶包装设计、推广。整合资源，加强宣传推广，在更广的范围和更深的产业链条上拓展茶文化内涵。

（4）拓展商业新模式。

结合企业需求和市场发展方向，协助茶企对接厦门市重点直播产业园和 MCN 机构拓展线上销售渠道，鼓励茶企将线下网点的长线和线上销售的优惠相结合，把网上直播间搬到原生态茶园和加工车间，助推茶叶消费，宣传推广茶文化。

（5）积极推动茶旅结合。

结合厦门市旅游发展工作实际，开展“海上花园·诗意厦门”全球营销，打造“海上花园·诗意厦门”文化和旅游大 IP，通过茶主题宣传推广、指导伴手礼评选等活动吸引中高端游客，拉动文化和旅游消费，推动厦门旅游业高质量发展，积极助力福建特别是厦门茶产业发展和茶文化传播。继续按照“政府引导＋企业主体＋市场运作”的思路，指导军营村、白交祠村探索设立茶基地，开展茶叶茶山主题旅游。

（6）支持发展影视等推介方式。

一是借助厦门举办金鸡电影节等系列活动及厦门高校成立电影学院的契机，策划拍摄工夫茶文化主题电影、电视剧、动漫、短视频等。二是借助各类社会团体、知名茶企、非遗传承人号召组织“网红达人”、明星名人走进工夫茶博物馆，向世界推广传播工夫茶文化。三是引导影视制作机构讲好厦门故事，创作厦门历史文化包括茶文化题材作品，努力打造“厦门出品”和“闽派精品”。

(7)开发海外茶文化中心。

一是组织重点茶叶企业赴“一带一路”沿线国家开展“茶文化海丝行”等经贸活动，通过参加国际茶展、举办专场推介等多种形式，展示中国茶叶历史悠久、茶类丰富、茶品多样、生态优良、质量安全的良好形象。二是利用厦门市华侨遍布海外的优势，在海上丝绸之路沿线国家的首都或重要城市，依托当地华人华侨社团或企业设立“茶文化中心”，将中国茶文化推向海外。三是支持厦门市重点茶叶龙头企业在境外设立茶叶销售旗舰店，鼓励茶企抱团走出去拓展海外市场，参与国际竞争，真正实现抢占海丝茶旅制高点、打造中国茶业品牌之都的目的。

大田美人茶产业发展现状与对策

大田县茶业发展促进中心技术科　陈联双

摘要：本文通过对大田美人茶产业调查，总结大田美人茶产业的发展现状，分析大田茶产业在茶园建设、加工布局和品牌建设等方面的制约因素，提出提升大田美人茶品牌文化影响力、夯实大田美人茶产业基础、强化大田美人茶科技支撑等促进大田茶产业发展的对策建议，为推动大田茶产业的发展提供参考。

关键词：大田美人茶　发展现状　对策建议

20世纪90年代的海峡两岸交流合作，使台式乌龙茶加工技术和设备落户大田县。2000年8月9日，时任福建省委副书记、省长的习近平同志到大田元沙茶厂调研时指出“政府要重视农业种植结构调整，在茶产业方面加强引导，向生态、绿色、有机方向发展”，为大田县茶产业发展指明了方向，以草生栽培的大田美人茶应运而生，逐步形成了大田美人茶独特的果香蜜韵的品质风格，广受茶界、消费者认可，知名度不断提升。

大田县位于福建省中部，属戴云山脉西麓中段山区，中亚热带海洋

性季风气候，兼具大陆性和海洋性气候特点，温暖湿润，雨量充沛，四季分明，云雾缭绕，早晚温差大。境内多山，千米以上高山有175座，大部分茶园在海拔700米以上的高山区。土壤以红壤、黄红壤、黄壤为主，土层深厚达1米以上，PH4.8～6.1，有机质含量在0.6%～2.5%之间。此环境生长下，经独特的茶叶加工技艺，大田美人茶形成了“外形自然卷缩，色泽红、黄、褐、白、绿五色相间，香气具天然果蜜香，滋味甘甜蜜韵，茶汤呈琥珀色，叶底柔软舒展”的独特品质特征。近年来，大田大力发展美人茶，茶产业发展迅速，对大田的经济和社会发展具有重要的作用。但大田美人茶在发展过程中仍存在诸多问题。本文通过对大田美人茶产业发展现状和茶产业发展存在的问题进行梳理分析，为推动大田茶产业的高质量发展提出对策建议。

1. 大田美人茶产业发展现状

大田县适制美人茶茶园面积4600余公顷，2020年干毛茶产量2160吨，干毛茶产值4.86亿元，2021年干毛茶产量4000吨，干毛茶产值9.3亿元，产量全国最大、品质全国最优。党的十八大以来，大田美人茶产业以“立足生态、着力特色、保障品质、做响品牌”的发展总体思路，突出三明“林深水美茶香”优势，打好“大田美人茶”公用品牌，引领全市茶产业高质量发展，助推乡村产业振兴。

（1）茶产业发展广受重视。

第一，政府重视。福建省农业农村厅把大田美人茶列入福建闽南乌龙茶优势特色产业集群，纳入《统筹做好茶文化、茶产业、茶科技这篇大文章，推动茶产业高质量发展的若干意见》。三明市委、市政府把大田美人茶作为全市茶产业发展主导品牌。大田县将大田美人茶作为主导产业推进，组建县茶产业工作领导小组，设立大田县茶业发展促进中心，建立大田美人茶专家顾问团。

第二，社团支持。《美人茶》（T/CSTEA 00005—2019）、《大田美人茶》（T/CSTEA 00027—2021）、《美人茶栽培技术规程》（T/CSTEA 00001—2019）、《美人茶加工技术规程》（T/CSTEA 00004—2019）、《美人茶冲泡与品鉴》（T/CSTEA 00006—2019）团体标准由海峡两岸

茶业交流协会、三明市海峡茶业交流协会评审和发布。中国农业国际合作促进会、中国国际茶文化研究会、福建省茶叶学会等社会团体共同组织了大田美人茶推介活动。

第三，社会好评。在社会各方支持下，大田县荣获“中国美人茶之乡”称号，同时获得全国绿色茶叶标准化生产基地县、全国十大魅力茶乡、全国十大生态产茶县、全国茶叶优势百强县、区域特色美丽茶乡、全国百条茶乡红色之旅等荣誉；国家质检总局将大田列入福建乌龙茶地理标志产品保护区域，确定大田为第二批福建特色农产品优势区。

(2) 茶产业基础良好。

第一，全县规范生产，产业基础愈加扎实。大田县已创建全国绿色食品原料（茶叶）标准化生产基地3400公顷，有机茶园126.65公顷。2020年，2个茶园基地获评三明市十佳优质茶叶基地。现有县级以上茶叶龙头企业16家，省级以上茶叶示范社5家；20家企业通过SC认证，12家企业28个产品获绿色食品标志使用权。

第二，企业标准制茶，茶叶品质逐年提升。《美人茶》和《大田美人茶》团体标准的制定和实施，稳定、提高大田美人茶品质，形成了大田美人茶独特的品质特征。大田县茶企（茶人）制作并选送的大田美人茶蝉联三届海峡两岸茶王赛茶王；2019年和2020年连续两年获三明市秋季茶王赛茶王；在2021年首届中国美人茶大赛中，大田美人茶获茶王1只、金奖2只、银奖3只、铜奖8只，获铜奖以上奖项占比93.3%、银奖以上奖项占比100%。

第三，培养从业人员，技术力量不断壮大。根据产业发展需求，在大田职业中专学校开设茶叶生产与加工专业，该校现有茶叶生产与加工专业在校生90人。2020年，3位大田美人茶制茶能手在“三明市十佳制茶大师评选活动中”，包揽美人茶组比赛获奖名额；2021年，全市个人茶艺大赛荣获全市十佳茶艺师称号4人；2021年底，全县取得制茶工程师资格21人、制茶助理工程师资格4人。

(3) 茶文化氛围浓厚。

第一，茶文化氛围营造。大田县已举办3届国际茶日福建省系列活

动启动仪式、16届中国高山美人茶文化节、19届大田美人茶斗茶赛、3届大田美人茶开茶节，丰富的茶事活动促进潜在消费者识大田美人茶、赏大田美人茶、饮大田美人茶，提升美人茶消费。

第二，营销与品牌拓展。大田县积极组织参加历届厦门9·8金砖数字保险金融峰会、海峡两岸林博会和海峡两岸茶博会，大力拓展茶叶营销市场，在北京、上海、台湾、香港、山东、浙江、广东及本省各城市等大中城市设立大田美人茶专卖店、茶馆茶楼等营销门店130余家。

第三，茶旅融合共建。以茶文化为主题、茶产区为载体、旅游为内容、茶产业为导向，成功创建茶旅融合示范点4个，其中大仙峰·茶美人景区获国家AAAA级景区、五龙山茶景区获国家AAA级景区。大田美人茶茶文化获得了更具广度、深度的传播。

2. 大田美人茶产业存在的问题

在大田美人茶产业发展的同时，也存在一些不容忽视的问题和短板，目前主要存在"茶树品种单一，茶园机械化程度低；茶叶加工厂多，布局较分散；品牌知名度低，茶叶营销能力较弱"等问题和短板，应正视这些问题和短板，奋力加以解决。

(1) 茶树品种单一，茶园机械化程度低。

大田县现有茶园大部分于2000—2005年开发与栽培，栽培品种主要为铁观音、金萱、茗科1号（金观音），适制大田美人茶的品种相对单一。高产高香品种的效益优势在短期内未能显现，多数茶农、茶企担心短期的产量损失，参与优势品种更替的积极性低。此外，茶农、茶企缺乏科学有效的栽培管理经验是其基础欠缺的根本原因，茶园管理受往年总体经济下滑的影响，茶农收入呈阶段性降低，部分茶农对茶园管理投入少甚至不投入，造成茶树树势老化明显，产量和品质下降快；而城镇化迅速推进后，农村剩余劳动力不足，人工成本高。在全县茶园管理机械率不足20%的大背景下，茶园机械化管理程度未显著提高，茶园管理有愈加脱节的趋向，因此暴露出的产出、投入矛盾愈加突出。

(2) 茶叶加工厂多，布局较分散。

全县有初制加工厂1310家，80%以上的茶叶加工厂仍是家庭式作

坊或小型加工厂，且加工厂布局分散、规模小、效益低。传统的“各自为政”茶叶加工模式为分散经营管理理念，造成小加工厂、家庭作坊与龙头企业的技术交流、利益联结的互动少，龙头企业的带头作用因此被削弱。茶农、小工厂之间缺乏有效的沟通环境，未建立或少数建立可信任的合作关系，茶叶专业合作社等机构在实际生产过程中未能充分发挥作用，茶农个体溢价能力弱，抗自然风险能力差。在技术层面，特别是产学研成果传播较为被动，制茶技术交流程度明显受限。

(3) 品牌知名度低，茶叶营销能力较弱。

一是品牌影响力低。主要体现在品牌宣传投入、规模，茶文化植入、宣传等方面的不足，且线上销售渠道未发挥积极有效的推广作用。二是营销手段传统。市场拓展是拉动产业发展的关键，电子商务的兴起，特别是新传媒营销方式的异军突起，使得传统销售模式受到冲击，多数大田美人茶生产企业、合作社、农场的茶叶销售仍以上门收购、熟客回购、批发零售等为主要销售方式，溢价能力和渠道拓展能力均较弱。三是营销能力薄弱。部分茶企采用线上销售模式，但销售水平参差不齐，缺乏销售专业能力，在线上销售表现欠佳，如主播专业性知识薄弱导致带货能力弱、企业的产品卖点不清晰、新发展的客户黏度不高。

3. 大田美人茶产业发展对策建议

(1) 持续提升大田美人茶品牌文化影响力。

第一，持续营造茶文化氛围。一是办好茶事活动。举办好国际茶日庆祝活动暨大田美人茶开茶节、中国美人茶大赛、大田美人茶斗茶赛，开展大田美人茶文化“五进”(进机关、进学校、进企业、进社区、进家庭)活动，持续营造茶文化氛围。二是讲好美人茶故事。深入挖掘民间茶文化和人文茶文化，组织选编大田美人茶文创产品、选推形象代言人、编撰茶文化书籍、编写茶歌、编排茶艺，运营“大田美人茶”公众号，宣传普及茶文化。三是用好宣传阵地。运用好大田美人茶文创园，引导茶叶企业、文创、短视频营销、茶艺表演培训等不同业态入驻，形成集茶叶展示展销、线上营销、茶艺表演培训、茶叶包装设计、物流配送与仓储等于一体的茶文化产业园。

第二，持续推介大田美人茶。通过政府搭台、协会组织、企业唱戏，协同发展“区域公用品牌＋企业品牌”，宣传推介大田美人茶。一是组织参加重要展会。组织参加中国国际茶叶博览会、中国（厦门）国际茶业投资贸易博览会、海峡两岸茶业博览会等展会。在北京、山东、福州等地举办专场推介会。二是组织开拓线上营销。支持运用新媒体拓展线上营销，发挥新媒体营销“带货力”优势，推进线上线下同步营销。三是组织开设展销窗口。在福州、厦门、三明等地开设大田美人茶展销窗口，鼓励茶企茶农在省内外开设大田美人茶专卖店（专柜），支持茶企与大酒店大公司开展战略合作，将大田美人茶作为酒店、公司指定用茶。

第三，持续深化“三茶”融合。一是加快推进国家茶叶公园建设，依托土堡、民俗、温泉、生态茶园，壮大美人茶闽台合作示范基地，培育茶民宿、茶海跑、茶艺馆、茶餐厅、茶家乐、茶庄园等主题项目。二是加快培育融合“三茶”功能的大田美人茶“茶香小院”，以江山美人茶业公司和广平益铭茶业专业合作社所在的茶区获评“三明市十佳茶香小院”为契机，进一步提升大仙峰·茶美人景区、五龙山茶海景区等的“三茶”融合功能，通过茶旅带来的人流，体验、品鉴大田美人茶，促进大田美人茶品牌知名度提升的同时，充分利用各种新媒体，扩大大田美人茶直播带货等销售渠道，不断提高大田美人茶的销售量。

（2）持续夯实大田美人茶产业基础。

第一，引进开发优良品种。加快推广金萱、青心大冇、金牡丹、软枝乌龙、黄玫瑰等适制大田美人茶优良品种，引进示范瑞香、奇兰、紫娟、四季春等优新品种。按照《美人茶栽培技术规程》，对现有茶园逐年改种适制大田美人茶优新品种。建立浙茶 21 号品种试验示范基地。

第二，改善茶园生产条件。按照“头戴帽、腰系带、脚穿鞋”要求，围绕“茶树新梢被茶小绿叶蝉吸食率 30％～70％”的大田美人茶制作鲜叶质量要求，推广茶园植树、梯壁种草留草、套种绿肥、茶树留高、茶园割草留草等技术。完善茶园路、沟、渠等基础设施，完善茶园蓄水池、滴（喷）灌系统，改善茶园生产、创造茶园机械化条件。推广应用修剪机、割草机、中耕机、名优茶采摘机等机械，提高茶园机械化水平。

第三，加快集中加工区建设。建设屏山、吴山、广平茶叶集中加工核心区，培育梅山加工区，完善屏山、吴山、广平加工区和屏山茶叶烘焙中心建设。新建、改造初制加工清洁化厂房，规范茶叶加工环境，落实《美人茶加工技术规程》，支持茶叶企业注册商标，认证“三品一标”，扶持茶企申报 SC 认证。支持企业联合、资本运作、股份制的发展路子，培育茶叶新型经营主体，推动茶叶专业社和家庭农场联合经营，与龙头企业建立紧密的利益联结机制。

(3) 持续强化大田美人茶科技支撑。

第一，加强科研院校合作。组建茶叶发展顾问团，完善茶叶发展规划。与湖南大学、浙江大学、福建省农业科学院茶叶研究所加强合作，推进大田美人茶有关技术研究、产品研发、自动化成套设备开发等，推进大田美人茶产业可持续发展。

第二，强化茶叶技术攻关。聘请省内外及台湾等知名茶叶专家、制茶大师，举办新型职业农民和职业技能培训，培养制茶工程师、评茶师、茶艺师等技术人才，用好省、市科技特派员。引进浙茶 21 号品种，推进茶叶产品和茶籽油双收效；开展“大田美人茶品质化学特征与保健功能”“不用虫咬能做出果香蜜味美人茶”研究；开展果香蜜味美人茶的自动化成套设备研发等技术攻关。

第三，完善大田美人茶标准。研究制定《大田美人茶销售》标准，规范大田美人茶品质等级、产品包装、销售门店的店面内外设计等。推行大田美人茶质量贵、雅系列标准，依托大田县茶叶协会，开展大田美人茶品质监管指导和鉴评，统一质量标准和包装标识。

统筹“三茶”发展推动松溪县茶产业提档升级

松溪县茶业发展中心　叶昌博　福建省种子总站　林　权

松溪县农业农村局　范鑫晖　福建商贸学校　刘丽英

福建省种植业技术推广总站　苏　峰

摘要：文章概述了松溪县茶产业发展现状及存在的主要问题，并从

茶文化赋魂、茶科技赋能出发，有针对性地提出全面提升松溪县茶产业发展的思路与对策。

关键词： 松溪 茶文化 茶产业 茶科技 产业发展

松溪县是福建省重点产茶县之一，产茶历史悠久，是“中国名茶之乡”“中国茶业百强县”“中国九龙大白茶之乡”“全国绿色食品（茶叶）标准化生产示范基地”，是福建省绿茶、花茶、红茶的重点产区与出口基地县，也是中国白茶四大产区之一。2021 年全县茶园面积 5337.87 公顷，毛茶产量 12000 吨，产值 7.3 亿元，形成了较为完整的一、二、三产的产业链环节，为新时代统筹做好“茶文化、茶产业、茶科技”大文章、谋划茶产业高质量发展奠定了良好的基础。

1. 松溪县茶产业现状

（1）生态优美，茶园基地已具规模。

松溪县茶园主要分布在南部的茶平乡和郑墩镇，以及北部的渭田镇和溪东乡，中部分布较少。其中茶平乡茶园面积 2147.47 公顷，郑墩镇面积 1048.80 公顷，渭田镇 905.67 公顷，溪东乡 482.87 公顷，4 个乡镇茶园面积占全县茶园总面积的 85.90％。松溪县生态环境优越，森林覆盖率 75.5％，绿化率 93.3％，水质达标率 100％，空气质量达国家二级标准，素有“绿色金库”的美称，是国家级生态文明示范县、全国休闲农业与乡村旅游示范县。良好的生态环境是松溪县成为全国绿色食品原料（茶叶）标准化生产基地的基础。2008 年起，通过实施现代茶产业建设项目和国家绿色循环优质高效特色农业促进项目，茶园基础设施不断完善，道路水泥硬化、茶园生态、园貌建设水平更上一层，基地建设已具规模，现代绿色生态茶园占比达 80％以上，产业基础扎实，优势突出。

（2）引进优良品种，茶类丰富。

松溪县在茶叶生产过程中不断挖掘、培育、引进优良茶树品种，选育了省级茶树良种九龙大白茶，引进了福云 6 号、福安大白茶、政和大白茶、梅占、福鼎大白茶、茗科 1 号（金观音）等，目前全县种植茶树

品种高达12种，当家品种种植面积广阔，其中福云6号种植面积1547.67公顷，占全县茶园面积的29.00%；福安大白茶959.53公顷，占全县茶园面积的17.98%；菜茶920.53公顷，占全县茶园面积的17.25%；政和大白茶634.93公顷，占全县茶园面积的11.89%；九龙大白茶532.20公顷，占全县茶园面积的9.97%；福鼎大白茶132.93公顷，占全县茶园面积的2.49%；茗科1号（金观音）等高香型品种611.26公顷，占全县茶园面积的11.45%。丰富的茶树品种种质资源，促成了松溪县成为多茶类产区，绿茶、红茶、白茶和茉莉花茶成为松溪主导产品。

（3）企业众多，产能不断提升。

松溪县茶叶企业（含合作社）共288家，其中获SC认证企业56家，有机认证企业9家，绿色食品认证企业16家。规模企业（年产值2000万元以上）14家，农业产业化省级重点龙头企业3家，农业产业化市级重点龙头企业5家，已形成茶叶生产加工产业集群，能够满足松溪现有的茶叶生产规模。企业呈现出“出口型”“有机型”“原料型”“自产自销型”“代加工型”几种类别，并逐步向品牌型企业发展。规模企业的分布相对集中在重点产茶乡镇，其中茶平乡占50.0%，其次是郑墩镇占28.6%，渭田镇、河东乡、祖墩乡各1家。福建省龙坛茶业有限公司等专门从事茶叶出口，2021年出口绿茶3000吨，约占全县总产量的25%，年出口创汇500多万欧元，在非洲8个国家设有办事处；专业生产有机茶的企业，如福建省龙源茶业有限公司，坚持20余年有机茶生产，有机产品供不应求，其中部分有机产品出口，并在德国注册“金毛猴”商标；大规模提供原料的企业，如福建九龙山茶业公司、福建湛峰茶业有限公司，其生产规模均达千吨以上；专业生产抹茶的企业，有福建日丰生态茶叶有限公司等。

（4）市场广阔，经营方式多样。

目前，国内、国际市场上均有松溪茶叶的身影，且内销市场中营销模式和渠道较多，松溪籍茶商遍布全国各地，在大中城市有700多家茶店，主要集中于山东省济南市、福建省武夷山市、广东省广州市等。茶

叶销售模式逐步多元化，既有传统的订单销售型、门店零售型、自产自销型，也逐步开展了电商网络销售等新模式，实现线上线下同步销售。

(5) 品牌壮大，持续打造初显成效。

松溪县注重品牌建设，较早实施区域公用品牌战略，于2009年、2013年分别注册了“松溪绿茶”“松溪红茶”地理标志证明商标。“九龙大白茶”农产品地理标志已着手申请，目前已通过专家评审。企业品牌也随着产业的发展，在公用品牌的引领下不断发展壮大。松溪县所生产的九龙翠芽、松芽、松萝秋色、金毛猴、九龙大白茶等名优产品深受消费者青睐，品牌建设初显成效。

2. 松溪县茶产业存在的问题

松溪茶业虽然产业链完整，一二三产业齐全，优势明显，但存在发展不均衡、短板突出的问题，整体产业呈现基地与市场两头大、中间加工规模小的“哑铃”状。

(1) 基地规模化与分散经营的矛盾。

松溪县茶叶基地总体规模较大，但生产经营主体较分散，给茶叶质量管控带来困难。全县有机认证企业9家，绿色认证企业16家，但真正严格实施生产规章制度的企业和监管企业为数不多。

(2) 发展现代企业与落后意识的差距。

茶叶企业大多处于资本积累的初级阶段，企业不愿加大投资力度，“等、靠、要”的思想相当普遍，缺乏现代企业管理意识，清洁化、规模化标杆型企业尚未形成，总体呈现“小、散、弱”的局面。以家庭式为主，少数企业具有现代企业的雏形，但生产机械化、自动化水平较低，企业主对生产环境的清洁意识淡薄，呈现出机具乱、环境差的状况。企业管理水平和生产加工清洁化、机械化、自动化水平均有待提高。

(3) 品牌打造与精准定位的困惑。

虽然松溪现有“松溪绿茶”“松溪红茶”“松溪九龙大白茶”等公用品牌，在市场上有一定的知名度，但畅销的仅为品质较好的绿茶、红茶。九龙大白茶作为当地特色茶产品，公用品牌的打造起步较晚，市场

知名度不高，忠实消费者群体还有待培育。

(4) 人员素质与产业需求不相匹配。

松溪县是老茶区，原有的国营茶厂（场）培养了众多的茶业人才，随着时代的发展，他们大多已淡出茶行业。目前松溪县虽有3名高级制茶工程师，26名制茶工程师，57名初级制茶工程师，其中市级制茶工艺大师2名，县级非遗传承人15名，但存在断层严重的问题，懂技术、懂管理、懂经营的企业家尤其缺乏。

3. 统筹“三茶”，推进产业提档升级的对策

(1) 强化目标，上下一心谋发展。

松溪县委、县政府和茶企需深入研究分析市场与松溪茶产业的优劣势，明确发展目标，全县上下形成发展茶产业的共识与氛围，团结协作，齐心发力，抱团发展。松溪茶产业要以“九龙大白茶”为突破口，立标杆、聚人气，从而带动松溪绿茶、松溪红茶等产品的销售。从舆论导向出发，各部门通力协作，企业聚力开拓，形成全县上下讲茶叶、谋茶叶、发展茶叶的良好氛围，一任接着一任干，从而促进松溪茶产业的持续健康发展。

(2) 强化茶文化赋魂，拓展茶叶市场。

强化地方特色茶文化，加强茶文化在产业发展中的作用。要宣传与弘扬茶文化，使之成为本土文化教材进学校、进社区。要有计划地组织中小学老师，特别是对年轻教师的茶文化普及与培训，只有老师了解和喜爱茶文化，才能够更好地传授茶文化知识。松溪应以打造“九龙大白茶”品牌为突破口，规范品牌形象，以“大红袍”品牌为参考，对“九龙大白茶”品牌精准定位，打造为区域特色的产品品牌。要深度挖掘茶文化，讲好松溪茶的故事，充分展示悠久的历史和文化底蕴，要把松溪湛卢山欧冶子铸剑、炼丹文化融入茶文化之中。大力宣扬区域公用品牌，突出重点，精准发力，从而带动区域内其他茶类和重点企业品牌的发展。要在各大销区市场树立起区域公用品牌的美誉度和影响力，让经销商有利可图方能全力推销“九龙大白茶”，从而促成“九龙大白茶”发展为市场热销产品。

（3）强化科技赋能，谋求绿色、清洁化生产。

第一，狠抓绿色生态茶园建设，确保茶叶质量安全。茶园是绿色生态茶园建设的基础，牢固树立绿色发展理念，全面实施生态茶园建设，推广茶园土壤生境优化技术和绿色生态有机管理。应用窄波天敌友好型杀虫灯、天敌友好型色板和"以虫治虫"等生物防治措施，严控禁用农药，科学合理使用生物、绿色农药。企业要严格自律，承担起质量安全首要责任者的职责，严格把控进厂鲜叶和出厂产品质量关，做好茶叶"从茶园到茶杯"各环节质量安全管控工作。

第二，应用现代科技，推进加工清洁化步伐。鼓励规模企业主动与高校、科研院所的专业人员联络，谋求科技成果的转化落地，政府有关部门要积极主动牵线搭桥，为企业与科研人员、科技特派员的联系提供便利，提升茶叶企业用科技、享科技、创新科技的热情，从而推动茶叶企业向现代高新技术企业方向发展，全面提升企业应用科技的水平。

茶叶加工企业需提高清洁化意识，加强加工环境的清洁整治，需不断加强现代企业意识的培养与教育。加大对加工厂房、设备的扶持补助力度，逐步引导企业向清洁化、现代化企业方向发展，实现厂区光、亮、洁，加工生产清洁化、自动化、连续化的目标。

第三，应用信息化技术，提升茶产业数字化水平。大力推广物联网、大数据、5G、区块链、卫星遥感、BIM、农业AI机器人等信息化新技术新装备综合应用，引导和支持茶产业主体依托物联网、云计算及3S技术等现代信息技术与茶产业链各个环节的有机融合，全面实现生产、管理标准化和智能化，实现茶产业链的精准、高效、安全的生产，从而推进全产业链智能化升级，提升企业数字化水平。

（4）强化产业融合发展，提升产业管理水平。

第一，要强化分类管理，培育标杆性企业。对于企业培育可分两步走。一是对全域茶叶企业进行分类，对SC企业、规模企业、不同类别的企业开展分类施策，重点培育有潜力的企业。可集中对有文化、有能力、较年轻的企业主采取重点跟踪帮扶，通过集中培训等方式提高其管理能力，从而引导企业做强做大。二是积极筑巢引凤，吸引在外经营的

茶商回流办厂，并出台相关扶持政策，大力培育龙头企业，从而促进产业发展上新台阶。三是营造良好产业发展外部环境，加大对全县茶产业发展相关环境的整治与扶持，着重整治全县物流企业，降低物流成本，提高物流速度与覆盖面，帮助茶企与物流进行协调，使物流成为茶产业快速发展的助推器。条件成熟时可规划产地交易市场和物流仓储，以改善茶产业发展所需的配套设施与服务。

第二，强化三产融合，全面提升产业发展水平。要充分利用松溪县生态环境优势，将美丽茶山与大自然和谐融合，建设观光、旅游、休闲、体验、文化、培训等为一体的三产融合示范点。扶持各具特色的茶庄园、观光茶工厂、不同主题的茶文化生活馆等特色茶文旅项目，并与当地大旅游项目相融合，拓展茶产业新业态，促进茶产业的全面可持续高质量发展。

附录一 福建省主要茶王赛、斗茶赛（2021）

序号	赛事名称	主办单位	收样数量（只）
1	“海丝国际杯”茶王赛	福建日报集团	1600
2	海峡两岸茶王赛	海峡两岸茶叶交流协会	2000
3	海峡两岸茶叶邀请赛	天福集团	5000
4	闽茶杯	茶人之家	2200
5	福茶杯	福建省茶叶流通协会、福茶网	2500
6	福鼎白茶斗茶赛	福鼎市茶叶协会、福鼎市茶叶领导小组	3000
7	武夷山市春季斗茶赛	武夷山市政府	11000
8	宁德市茶王赛	宁德市茶产业发展中心	500
9	三明市茶王赛	三明市农业农村局	300

附录二 福建省茶科研项目（2020—2021）

附表 2-1 福建省科技计划茶科研项目

序号	立项编号	项目名称	负责人	依托单位	项目类别
1	2020J01408	镁调控武夷岩茶特征物质的代谢机制研究	叶江华	武夷学院茶与食品学院	自然科学基金项目
2	2020J01415	茶树抗寒早期基因的鉴定及其功能验证	辛伟	武夷学院生态与资源工程学院（环境与建筑工程系）	自然科学基金项目
3	2020S2016	黄花远志丰产栽培及黄花远志茶叶加工工艺研究	连文顷	德化县绿佳农产品有限责任公司	福建省科技特派员后补助项目

续表

序号	立项编号	项目名称	负责人	依托单位	项目类别
4	2020N0007	闽北山地“草—茶—菌”复合生产体系优化构建与关键技术研究	刘朋虎	福建农林大学国家菌草工程技术研究中心	引导性项目
5	2020J01544	鲜叶刺吸程度和加工过程对美人茶品质形成的影响机制	金珊	福建农林大学园艺学院	自然科学基金项目
6	2020L3031	中国白茶科技特派员服务平台建设	孙晓伟	政和县茶业有限公司	国家科技项目备案
7	2020S0063	寿宁有机高山白茶标准化加工技术示范与推广	陈昌道	福建省天禧御茶园茶业有限公司	星火项目
8	2020J01406	茶树茶多酚生物合成对外源铝胁迫响应特性研究	石秋梅	武夷学院茶与食品学院	自然科学基金项目
9	2020J01407	茶树根际土壤优势微生物种群重组及其对茶氨酸代谢的影响研究	洪永聪	武夷学院茶与食品学院	自然科学基金项目
10	2020J01648	绿茶提取物表没食子儿茶素—3—没食子酸酯（EGCG）通过 Notch 信号通路抗舌癌实验研究	魏华	福建医科大学附属口腔医院	自然科学基金项目
11	2020J05227	茶树炭疽病抗性基因的共表达网络构建	徐礼羿	宁德师范学院生命科学学院	自然科学基金项目
12	2020J05217	根系分泌物介导的茶树间作根际互作与生态效应分析	李奇松	武夷学院茶与食品学院	自然科学基金项目

续表

序号	立项编号	项目名称	负责人	依托单位	项目类别
13	2020N0024	福建省茶树病毒的种类鉴定、分子特征及快速检测技术研究	沈建国	福州海关技术中心	引导性项目
14	2020J01421	基于深度学习的武夷岩茶鲜叶品种识别	林丽惠	武夷学院数学与计算机学院	自然科学基金项目
15	2020R1029004	细胞色素P450基因在茶尺蠖响应茚虫威胁迫中的作用研究	刘丰静	福建省农业科学院茶叶研究所	公益类科研院所专项
16	2020Y6001	基于茶区电网低利用率下武夷岩茶大规模炭焙改新电焙（类炭焙）工艺设备研究	王剑锋	武夷山市皇龙袍茶业有限公司	引导性项目
17	2020J011367	基于抗氧化谱效的茶叶活性成分膜分离方法构建	林清霞	福建省农业科学院茶叶研究所	自然科学基金项目
18	2020R1021004	“茶—菌”体系废弃物在家禽生态养殖中的应用研究	韩海东	福建省农业科学院农业生态研究所	公益类科研院所专项
19	2020S0034	基于区块链技术的茶产品追溯与质量安全管控系统	俞斌	福建省安溪茶厂有限公司	星火项目
20	2020N0032	优质武夷岩茶根际土壤功能微生物资源挖掘和应用	张秋芳	泉州师范学院海洋与食品学院	引导性项目
21	2020J01409	武夷山地区不同类型岩茶生态化学计量特征与茶叶品质形成关系研究	尹传华	武夷学院茶与食品学院	自然科学基金项目

续表

序号	立项编号	项目名称	负责人	依托单位	项目类别
22	2020T3033	茶梗、猪粪混合高温发酵制备有机肥的关键技术研发与示范	吴成建	政和凯捷生态农业有限公司	STS项目
23	2020S2029	乌龙茶新品种（系）区试及配套加工技术示范推广	朱留刚	建瓯市成龙茶厂	福建省科技特派员后补助项目
24	2020R1022004	铁观音茶叶铅、铬、镉溶出规律及膳食暴露风险评估	林虬	福建省农业科学院农业质量标准与检测技术研究所	公益类科研院所专项
25	2020R1029003	茶树根际微生物组促生菌分离及对宿主协同调控研究	朱留刚	福建省农业科学院茶叶研究所	公益类科研院所专项
26	2020R1032001	富硒武夷岩茶抗氧化及抗炎症功效研究	林斌	福建省农业科学院农业工程技术研究所	公益类科研院所专项
27	2020S0049	武夷岩茶多维生长数据监测技术创新应用与示范	陈建中	武夷山古茶道茶业有限公司	星火项目
28	2020R1029006	白茶有效成分的分离纯化及抑制弹性蛋白酶活性研究	王丽丽	福建省农业科学院茶叶研究所	公益类科研院所专项
29	2020R1029007	桂花茶关键加工技术研究	王振康	福建省农业科学院茶叶研究所	公益类科研院所专项
30	2020R1029008	白茶饼冷压工艺研究	张应根	福建省农业科学院茶叶研究所	公益类科研院所专项
31	2020N0066	建阳小白茶示范茶园创建	熊欣沁	福建省南平市农业科学研究所	引导性项目
32	2020R0176	台湾高山茶产业在福建的地方嵌入、响应与升级	游小珺	福建省自然资源学会	创新战略研究项目

续表

序号	立项编号	项目名称	负责人	依托单位	项目类别
33	2020N0073	茶树种质资源圃建设及优特新品种鉴定	郑作芸	龙岩市农业科学研究所	引导性项目
34	2020R1008002	武夷岩茶种质资源收集与开发利用	杨青	福建省武夷山生物研究所	公益类科研院所专项
35	2020J01369	酸化茶园茶树根际土壤蛋白质数据库构建与代谢调控图谱分析	王海斌	龙岩学院生命科学学院	自然科学基金项目
36	2020D010	福建省闽台茶叶机械工程技术研究开发中心	陈加友	福建佳友茶叶机械智能科技股份有限公司	科技平台建设
37	2020L3030	山区“三生”耦合茶园体系创建与绿色生产原理及关键技术研究	黄水珍	福建省南平市农业科学研究所	国家科技项目备案
38	2020J01587	转录组与蛋白质组联合解析茶树稀土低积累的分子机制	薛志慧	福建农林大学安溪茶学院	自然科学基金项目
39	2020J01424	贮藏时间对茶叶品质和保健功效的影响研究	赵文净	宁德师范学院生命科学学院	自然科学基金项目
40	2020N3015	福鼎白茶中EPSF类成分高效强化技术研究	蔡良绥	福建省裕荣香茶业有限公司	区域发展项目
41	2020J01541	乌龙茶做青过程挥发性与非挥发性代谢物动态变化规律研究	吴亮宇	福建农林大学园艺学院	自然科学基金项目
42	2020J011364	白茶并筛萎凋工艺耦合调控研究	项丽慧	福建省农业科学院茶叶研究所	自然科学基金项目

续表

序号	立项编号	项目名称	负责人	依托单位	项目类别
43	2020J01410	武夷岩茶与真菌性病原菌的互作机制研究	武广珩	武夷学院生态与资源工程学院(环境与建筑工程系)	自然科学基金项目
44	2020J01425	茶树炭疽病生防菌的筛选及拮抗特性研究	郑世仲	宁德师范学院生命科学学院	自然科学基金项目
45	2020J011077	绿茶提取物EGCG通过Wnt/β-catenin/COX—2通路调控脊柱关节炎炎症反应和新骨形成的机制研究	张胜利	福建省立医院	自然科学基金项目
46	2020J01730	闽北乌龙茶的感官蛋白质组学研究	赵峰	福建中医药大学药学院	自然科学基金项目
47	2020R1029001	福建茶园土壤硒赋存形态特征及其对茶叶硒含量的影响	陈玉真	福建省农业科学院茶叶研究所	公益类科研院所专项
48	2020N0009	茶叶多菌种复合发酵剂的研制和应用	王国红	福建师范大学生命科学学院	引导性项目
49	2020N0037	新式茶饮专用茶开发及加工技术研究	蔡烈伟	宁德师范学院生命科学学院	引导性项目
50	2020J011365	茶树新品系春绿2号适应低氮胁迫的分子响应及代谢机制研究	林郑和	福建省农业科学院茶叶研究所	自然科学基金项目
51	2020R1029002	“春绿2号”等茶树新品系性状鉴定及遗传与代谢物分析	林郑和	福建省农业科学院茶叶研究所	公益类科研院所专项
52	2020J01404	茶树Actin基因功能验证与其启动子及相关顺式作用元件研究	李远华	武夷学院茶与食品学院	自然科学基金项目

续表

序号	立项编号	项目名称	负责人	依托单位	项目类别
53	2020J011366	茶树新梢中香叶醇樱草糖苷含量的遗传解析及其功能性SNP分子标记发掘	王让剑	福建省农业科学院茶叶研究所	自然科学基金项目
54	2020N3014	福鼎白茶质量评判研究与示范	邵克平	福建品品香茶业有限公司	区域发展项目
55	2020J01522	纳米Bt生物农药在茶叶中的空间分布与环境安全性研究	潘晓鸿	福建农林大学植物保护学院	自然科学基金项目
56	2020N5005	高效生物农药绿色防控茶叶害虫技术的研发和应用	邱君志	福建农林大学生命科学学院	高校产学合作项目
57	2020J01588	miR529介导的表达调控对茶树EGCG生物合成影响的机制研究	张玥	福建农林大学安溪茶学院	自然科学基金项目
58	2020N5010	白芽奇兰速溶茶粉香气品质提升的酶法新技术	李利君	集美大学海洋食品与生物工程学院	高校产学合作项目
59	2020R1022004	铁观音茶叶铅、铬、镉溶出规律及膳食暴露风险评估	林虬	福建省农业科学院农业质量标准与检测技术研究所	公益类科研院所专项
60	2020J011351	安溪铁观音高氯酸盐污染特征及膳食暴露风险评估	姚清华	福建省农业科学院农业质量标准与检测技术研究所	自然科学基金项目
61	2021J01973	基于铊稳定同位素示踪的土壤—茶树—茶汤体系中铊的来源解析及其迁移模型研究	孙境蔚	泉州师范学院资源与环境科学学院	自然科学基金项目

续表

序号	立项编号	项目名称	负责人	依托单位	项目类别
62	2021R1029001	福云6号等茶树芽叶色泽变异机理研究与应用	杨如兴	福建省农业科学院茶叶研究所	公益类科研院所专项
63	2021R0038	福建省茶农绿色生产行为及其福利效应研究	纪金雄	福建农林大学安溪茶学院	创新战略研究项目
64	2021S0003	“黄樽”薄叶金花茶高效栽培技术示范	吴美强	福州乐亿生态科技股份有限公司	星火项目
65	2021S2044	茶产业物联网实用技术开发及示范	吴成建	武夷山市茗川世府生态茶叶农民专业合作社	福建省科技特派员后补助项目
66	2021S2062	绿色抹茶高效安全生产技术集成应用与示范	林克涛	浦城县鸿鑫农林科技开发有限责任公司	福建省科技特派员后补助项目
67	2021Y4006	荷蓬茶源素对高尿酸血症预防和缓解作用研究及应用示范	左正宏	厦门大学生命科学学院	高校产学合作项目
68	2021N3010	乌龙茶萎凋关键技术装备创新研究与示范	李方	武夷星茶业有限公司	区域发展项目
69	2021N0025	福建茶树春季霜冻害监测预警及风险区划技术研究	陈惠	福建省气象科学研究所	引导性项目
70	2021R1029002	有机种植模式对茶园土壤质量和茶叶品质的综合评价	王峰	福建省农业科学院茶叶研究所	公益类科研院所专项
71	2021J01993	高抗氧化活性茶叶多糖的分子量介导及其结构表征	杨军国	闽南师范大学生物科学与技术学院	自然科学基金项目

续表

序号	立项编号	项目名称	负责人	依托单位	项目类别
72	2021S0051	含茶食品的开发及茶副产物在日化中的应用	李杨	漳州科技职业学院	星火项目
73	2021J01489	生物质炭在酸性茶园土壤的老化机制及其对氮素转化的影响	王峰	福建省农业科学院茶叶研究所	自然科学基金项目
74	2021R1025004	茶园土壤致酸机制与改良措施的研究	颜明娟	福建省农业科学院土壤肥料研究所	公益类科研院所专项
75	2021N0033	中高海拔地区优质白茶种质资源筛选与利用	林燕萍	武夷学院茶与食品学院	引导性项目
76	2021L3052	茶叶多成分模块化同步提取及健康产品的综合开发	凌宁生	福建安溪铁观音集团股份有限公司	国家科技项目备案
77	2021J011135	基于GBS技术开发武夷菜茶SNP标记及遗传分析	李力	武夷学院茶与食品学院	自然科学基金项目
78	2021C0040	智能化茶叶揉捻设备研发与产业化	郭光候	福建佳友茶叶机械智能科技股份有限公司	创新资金项目
79	2021R1034004	茶园氮调控微生物菌剂的研发及其对茶园土壤氮循环的影响	史怀	福建省农业科学院农业生物资源研究所	公益类科研院所专项
80	2021R1029003	野生茶树种质资源鉴定与开发利用	孔祥瑞	福建省农业科学院茶叶研究所	公益类科研院所专项
81	2021S2075	花果茶新饮品规模化生产技术推广示范	刘伟	福建省盛世大翔茶业有限公司	福建省科技特派员后补助项目

续表

序号	立项编号	项目名称	负责人	依托单位	项目类别
82	2021S2041	高山生态茶园肥力提升与化肥减施增效关键技术研发与示范	郭九信	邵武市巫山茶花隘茶叶种植农民专业合作社	福建省科技特派员后补助项目
83	2021N0024	福建省秃房野生茶种质资源挖掘及鉴定评价技术研究	于文涛	福州海关技术中心	引导性项目
84	2021N0016	基于纯茶梗基质的冠突散囊菌液体深层发酵生产黑色素的研究	张国广	闽南师范大学生物科学与技术学院	引导性项目
85	2021J01114	磷对武夷岩茶香气的影响机制	孙丽莉	福建农林大学资源与环境学院	自然科学基金项目
86	2021R0039	福建茶文化遗产的集体记忆建构与活态保护研究	陈佑成	福建农林大学安溪茶学院	创新战略研究项目
87	2021N3013	优质生态金花茶种植及加工技术的研发	赖春槐	福建三丫生态农业股份有限公司	区域发展项目
88	2021J011154	茶树根际土壤多功能性溶磷生物防治微生物族群的侦测、分离、溶磷抑菌机理研究及低价高效安全优质生物防治生物磷肥开发制备	张政雄	宁德师范学院生命科学学院	自然科学基金项目
89	2021R1032006	乳酸菌发酵茶叶米粉丝的制备工艺研究	黄菊青	福建省农业科学院农业工程技术研究所	公益类科研院所专项

续表

序号	立项编号	项目名称	负责人	依托单位	项目类别
90	2021R1009002	武夷山茶区除草剂施用对茶树、茶园土壤及周边环境影响的初步研究	肖博琨	福建省武夷山生物研究所	公益类科研院所专项
91	2021R10100010	观赏型金花茶选择、快繁与盆栽技术研究	吴丽君	福建省林业科学研究院	公益类科研院所专项
92	2021H0061	岩茶初制加工物料智能调度系统关键技术研究	郭波	武夷学院机电工程学院（电子工程系）	引导性项目
93	2021S0064	古田花香红茶加工技术示范与推广	李圆圆	福建省方圆恒达农业发展有限公司	星火项目
94	2021J011137	酚酸类物质与武夷岩茶茶园土壤微生物互作分析	贾小丽	武夷学院生态与资源工程学院（环境与建筑工程系）	自然科学基金项目
95	2021Y6005	一种茶树高钙肥的研发与应用	沈朝增	柘荣县长寿茶业有限公司	引导性项目
96	2021S2078	“下乡的味道”定制茶园品质提升及智慧管理技术集成与应用	林志坤	寿宁县滴水缘农业专业合作社联合社	福建省科技特派员后补助项目
97	2021J01502	茶园生态系统土壤碳储量研究——以福建省安溪县为例	王苗苗	福建省农业科学院科技干部培训中心	自然科学基金项目
98	2021S0056	“茶—草—菌—禽”生态循环农业技术集成推广与示范	廖永忠	武夷山市钦品茶业有限公司	星火项目
99	2021R1022007	生物炭施用对茶园土壤肥力及微生物群落的影响	吕新	福建省农业科学院农业质量标准与检测技术研究所	公益类科研院所专项

续表

序号	立项编号	项目名称	负责人	依托单位	项目类别
100	2021R1029004	乌龙茶烘焙、贮藏过程中对酸类物质的影响	陈泉宾	福建省农业科学院茶叶研究所	公益类科研院所专项
101	2021J01491	乌龙茶品种资源特征风味 mGWAS 解析	孔祥瑞	福建省农业科学院茶叶研究所	自然科学基金项目
102	2021I0026	昌都市高原生态茶种植技术集成与示范推广	李小稳	福建省科技发展研究中心	对外合作项目
103	2021R1029009	茶尺蠖高毒力杀虫真菌菌株的筛选及其颗粒剂的研制	李良德	福建省农业科学院茶叶研究所	公益类科研院所专项
104	2021R1022002	基于品质和产地特征的福州茉莉花茶溯源技术研究	司瑞茹	福建省农业科学院农业质量标准与检测技术研究所	公益类科研院所专项
105	2021R1029005	茶橙瘿螨取食诱导抗、感茶树品种产生的抗性机制	张辉	福建省农业科学院茶叶研究所	公益类科研院所专项
106	2021R1029006	瑞香、白鸡冠等乌龙茶杂交创新种质筛选鉴定	钟秋生	福建省农业科学院茶叶研究所	公益类科研院所专项
107	2021L3058	武夷茶种质资源创新利用与数字化示范	王飞权	武夷学院茶与食品学院	国家科技项目备案
108	2021R1029008	茶树自然杂交后代遗传差异分析与新品系选育	杨军	福建省农业科学院茶叶研究所	公益类科研院所专项
109	2021Y0076	工业茶渣炭化制备新型吸附剂技术研究	林辉	宁德师范学院化学与材料学院	引导性项目
110	2021N5015	政和白茶与竹资源功效成分及风味一体化融合技术研究与示范	黄艳	武夷学院茶与食品学院	高校产学合作项目

续表

序号	立项编号	项目名称	负责人	依托单位	项目类别
111	2021R1029007	“一路香”新品系选育及多茶类加工试验	游小妹	福建省农业科学院茶叶研究所	公益类科研院所专项
112	2021I0034	福建乌龙茶质量智能化识别技术和优异基因资源挖掘利用	陈源	福建省农业科学院农业工程技术研究所	对外合作项目
113	2021S0063	白茶焙火过程美拉德反应对其茶汤滋味及成分的影响研究	李江宏	福安市仙特农业发展有限公司	星火项目
114	2021N0056	下都砂睦团茶（绿茶）的品种筛选及加工工艺优化	苏秋芹	龙岩市农业科学研究所	引导性项目
115	2021N0052	建阳小白茶生态茶园模式的创建及应用	刘龙钦	福建省南平市农业科学研究所	引导性项目
116	2021N0060	茶园套种灵芝对茶园生态及茶叶品质影响的研究	丁李春	宁德市农业科学研究所	引导性项目
117	2021S3008	武夷学院万里茶道星创天地	王波	武夷学院大学生创新创业中心	科技创新平台认定资助

数据来源：福建省科技厅。

附表 2-2 福建省社会科学规划茶科研项目

序号	立项编号	项目名称	负责人	依托单位	项目类别
1	FJ2020B068	“一带一路”背景下福建茶文化传播特征及路径研究	陈荣生	闽江师范高等专科学校	一般项目
2	FJ2021B106	茶产业汉英双语语料库智能构建研究	赵会军	阳光学院	一般项目
3	FJ2021B151	后扶贫时代福建茶叶区域品牌的农户参与和贫困治理	刘丰波	福建农林大学	一般项目
4	FJ2021B190	福建省武夷山茶文化创意在包装设计中的应用研究	郭龙文	三明学院	一般项目
5	FJ2021C041	福建地方志中的茶叶资料整理与研究(1368—1949)	叶国盛	武夷学院	青年项目
6	FJ2021C074	乡村振兴视角下福建省茶农绿色生产行为形成机理与收入效应研究	洪小燕	福建农林大学	青年项目
7	FJ2021C102	福建茶染文化深度挖掘与地域创新路径研究	唐刚	厦门大学嘉庚学院	青年项目
8	FJ2021BF010	茶园生态管理规模效益及适度规模区间研究	郑蓉蓉	福建农林大学	博士扶持项目
9	FJ2021MJDZ018	“一带一路”背景下福建茶的跨文化传播研究	邵的湾	福建师范大学	基地重大项目
10	2021S3008	武夷学院万里茶道星创天地	王波	武夷学院大学生创新创业中心	科技创新平台认定资助

数据来源：福建省社会科学界联合会。

附录三　福建省茶叶相关标准（2020—2021）

附表 3-1　福建省参与的国家标准（2020—2021）

序号	标准编号	标准名称	起草单位	发布单位	发布时间	实施时间
1	GB/T 30357.9—2020	乌龙茶第9部分：白芽奇兰	福建农林大学、福建省茶产业标准化技术委员会、平和县农业农村局、中华全国供销合作总社杭州茶叶研究院、国家茶叶质量监督检验中心（福建）、日春股份公司、福建省天醇茶业有限公司、福建康士力茶业有限公司、福建省泉州市裕园茶业有限公司、平和县市场监督管理局、国家茶叶质量安全工程技术研究中心、泉州海关综合技术服务中心、福建八马茶业有限公司	国家市场监督管理总局、中国国家标准化管理委员会	2020/12/14	2021/4/1
2	GB/T 39562—2020	台式乌龙茶加工技术规范	福建农林大学、台湾茶叶学会、龙岩市漳平台湾农民创业园区管理委员会、中华全国供销合作总社杭州茶叶研究院、鹿谷乡农会、海峡两岸茶业交流协会、漳平市市场监督管理局、漳平市农业农村局、中国绿色食品发展中心、福建漳平台品茶叶有限公司、福建漳平鸿鼎农场开发有限公司、大同茶业股份有限公司、阿里山茶叶合作社、福建省标准化研究院、福建漳平九德茶业有限公司、福建漳平尚顺农场开发有限公司、福州文武雪峰农场有限公司、五指山悦泰园农业科技有限公司、安溪县桃源有机茶场有限公司	国家市场监督管理总局、中国国家标准化管理委员会	2020/11/19	2021/6/1

续表

序号	标准编号	标准名称	起草单位	发布单位	发布时间	实施时间
3	GB/T 39563—2020	台式乌龙茶	福建农林大学、台湾茶叶学会、福建省茶产业标准化技术委员会、龙岩市漳平台湾农民创业园区管理委员会、中华全国供销合作总社杭州茶叶研究院、鹿谷乡农会、海峡两岸茶业交流协会、漳平市市场监督管理局、漳平市农业农村局、中国绿色食品发展中心、福建漳平台品茶叶有限公司、福建漳平鸿鼎农场开发有限公司、大同茶业股份有限公司、阿里山茶叶合作社、福建省标准化研究院、福建漳平九德茶业有限公司、福建漳平尚顺农场开发有限公司、福州文武雪峰农场有限公司、五指山悦泰园农业科技有限公司	国家市场监督管理总局、中国国家标准化管理委员会	2020/11/19	2021/6/1

附表 3-2 福建省参与的行业标准(2020—2021)

序号	标准编号	标准名称	起草单位	发布单位	发布时间	实施时间
1	GH/T 1296—2020	花果香型红茶加工技术规程	福建农林大学、中国茶叶流通协会、福建新坦洋集团股份有限公司、福安市茶业管理局、宁德市茶产业发展中心、湖北怡缘茶叶有限公司、福建省茶产业工程技术研究中心、五指山悦泰园农业科技有限公司、福建省农业科学院茶叶研究所	中华全国供销合作总社	2020/6/4	2020/9/1

附表 3-3 福建省参与的地方标准（2020—2021）

序号	标准编号	标准名称	发布日期	实施日期	代替标准
1	DB35/T 1896—2020	白茶储存技术规范	2020/3/30	2020/6/30	
2	DB35/T 1897—2020	白茶茶树栽培管理技术规范	2020/3/30	2020/6/30	
3	DB35/T 1898—2020	山地有机茶园“茶—草—菌”生产技术规范	2020/3/30	2020/6/30	
4	DB35/T 1907—2020	台式乌龙茶，茶树品种	2020/6/29	2020/9/29	
5	DB35/T 1908—2020	台式乌龙茶，茶树栽培管理技术规范	2020/6/29	2020/9/29	
6	DB35/T 1909—2020	白茶，品种	2020/6/29	2020/9/29	
7	DB35/T 1910—2020	花茶烘青坯加工技术规范	2020/6/29	2020/9/29	
8	DB35/ T1222—2020	闽北水仙茶栽培技术规范	2020/9/29	2020/12/29	DB35/T 1222—2011、DB35/T 1223—2011、DB35/T 1224—2011
9	DB35/T 1953—2020	绿茶冲泡与品鉴方法	2020/12/30	2021/3/30	
10	DB35/T 1977—2021	改良茶园土壤用大豆种植规范	2021/6/21	2021/9/21	
11	DB35/T 1981—2021	漳平水仙茶加工技术规范	2021/6/21	2021/9/21	
12	DB35/T 1987—2021	茶叶赛事茶叶感官评定方法	2021/6/21	2021/9/21	
13	DB35/T 1988—2021	初制茶厂清洁化生产规范	2021/6/21	2021/9/21	
14	DB35/T 2017—2021	台式乌龙茶冲泡与品鉴方法	2021/9/28	2021/12/28	

续表

序号	标准编号	标准名称	发布日期	实施日期	代替标准
15	DB35/T 97.1—2021	八仙茶栽培技术规范	2021/9/28	2021/12/28	DB35/T 97.1—2006、DB35/T 97.2—2006、DB35/T 97.3—2006、DB35/T 97.4—2006
16	DB35/T 2036—2021	茶园减量化施肥操作技术规范	2021/12/29	2022/3/29	
17	DB35/T 2047—2021	茶叶体验店服务规范	2021/12/29	2022/3/29	
20	DB35/T 708—2022	永春佛手茶栽培与加工技术规范	2022/4/25	2022/7/25	DB35/T 708—2006、DB35/T 709—2006、DB35/T 710—2006、DB35/T 711—2006、DB35/T 712—2006

主要参考文献

[1] 福建省茶叶流通协会. 2021年福建茶行业十大新闻 [N]. 中华合作时报，2022-03-01 (B03).

[2] 2022年第三届海丝国际茶文化论坛在福鼎开幕 [N/OL]. (2022-07-01) [2022-07-20]. http://www.mnw.cn/news/wmdt/2648839.html.

[3] 胡晓云，魏春丽. 2020中国茶叶企业产品品牌价值评估报告 [J]. 中国茶叶，2020 (6)：13-24.

[4] 胡晓云，魏春丽，李闯，等. 2021中国茶叶企业产品品牌价值评估报告 [J]. 中国茶叶，2021 (6)：21-36.

[5] 谢向英，郑美玲. 基于地理标志品牌成长的福建茶产业发展研究 [J]. 福建农林大学学报（哲学社会科学版），2011 (6)：25-28.

[6] 胡晓云，李闯，魏春丽，等. 2021中国茶叶区域公用品牌价值评估报告 [J]. 中国茶叶，2021 (5)：32-51.

[7] 胡晓云，魏春丽，陈韬略. 2022中国茶叶区域公用品牌价值评估报告 [J]. 中国茶叶，2022 (5)：22-37.

[8] 叶乃兴，郭吉春. 福建茶树品种资源的研究现状与展望 [J]. 福建茶叶，1997 (1)：42-45.

[9] 杨如兴，尤志明，何孝延，等. 福建原生茶树种质资源的保护与创新利用 [J]. 茶叶学报，2015 (3)：126-132.

[10] 于学领，张雯婧，刘丽英，等. 福建省茶产业“十三五”回顾与“十四五”展望 [J]. 中国茶叶加工，2021 (1)：72-77.

[11] 林浥，于文涛，李小晶，等. 福建省乌龙茶地理标志产品保护现状及其特色分析 [J]. 福建茶叶，2018 (3)：1-2.

[12] 梅宇，张朔，李佳禾. “十三五”时期中国乌龙茶产销形势调

研报告 [J]. 中国茶叶加工，2022 (2)：14-21.

[13] 郭雅玲，赖凌凌. 福建乌龙茶产业现状 [J]. 中国茶叶，2012 (6)：8-9.

[14] 张文锦，冯廷佺. 福建乌龙茶生产现状及闽台茶业合作建议 [J]. 茶叶科学技术，2014 (2)：31-33.

[15] 廖泽明，黄雅雯，郭雅玲. 福建红茶产业优势与发展思考 [J]. 福建茶叶，2017，(3)：1-3.

[16] 侯玉婷. 福州茉莉花茶旅游业发展的 SWOT 分析 [J]. 农业考古，2019 (2)：94-97.

[17] 曾芳芳. 基于价值评价的农业文化遗产产业化开发路径研究——以福州茉莉花与茶文化系统为例 [J]. 海峡科技与产业，2022 (4)：53-56+63.

[18] 苏峰. 加快智慧茶业建设，促进产业升级助推乡村振兴 [J]. 农业工程技术，2020 (3)：40-42.

[19] 中国茶叶流通协会. 2021 中国茶叶行业发展报告 [M]. 北京：中国轻工业出版社，2021.

后　记

2018 年，闽江师范高等专科学校福州茶文化经济研究中心开始编撰出版《福建省茶产业发展报告（2018）》，通过对福建省茶产业的理论探索和创新，服务于福建省茶产业的发展。2022 年发布的《报告》是该系列报告的第三份报告。《福建省茶产业发展报告（2022）》根据习近平总书记来闽考察时关于统筹做好"茶文化、茶产业、茶科技"重要讲话精神，对 2020 年以来福建省茶文化、茶产业、茶科技的发展情况和趋势进行系统梳理与分析。

本报告的编撰工作得到了"三茶"统筹各个单位的大力支持，包括福建省农业农村厅、福建省商务厅、福建省文化和旅游厅、福建省市场监督管理局、福建省教育厅、福州海关、厦门海关、武夷山海关、厦门茶叶进出口有限公司，以及长期坚守在茶产业第一线的福州市农业农村局、厦门市农业农村局、宁德市农业农村局、莆田市农业农村局、泉州市农业农村局、漳州市农业农村局、龙岩市农业农村局、三明市农业农村局、南平市农业农村局等单位，使得本书能够完整、忠实地展现福建省茶产业发展的现状与趋势。本报告是目前福建省内唯一集权威、学术、实用于一身的茶叶年度报告，具有较好的学术价值和参考价值。

在此，我们谨向各单位表示衷心的感谢，也对那些在本书撰写过程中给予我们无私帮助的专家们予以最诚挚的谢意。

同时，需要强调的是，尽管本书的编写立意甚高，编者亦都竭尽心力，逐字考量，但鉴于报告编写汇集全省茶产业发展现状，其改革实践又不断发展，还有许多问题尚在研究探索之中，要编写一本高质量的福建省茶产业发展报告确实还有着相当的难度，加之作者水平尚有欠缺，书中难免存在不足之处。恳请广大读者不吝指正。

编者

2022 年 12 月